晚清大变局:
从辛酉政变到甲午战争

陈俊霖 著

四川大学出版社

项目策划：梁　胜　陈　纯
责任编辑：陈　纯
责任校对：王　静
封面设计：优盛文化
责任印制：王　炜

图书在版编目（CIP）数据

晚清大变局：从辛酉政变到甲午战争 / 陈俊霖著
一 成都：四川大学出版社，2020.12
ISBN 978-7-5690-3332-8

Ⅰ.①晚… Ⅱ.①陈… Ⅲ.①中国历史—清后期
Ⅳ.①K252

中国版本图书馆CIP数据核字(2019)第292704号

书　名	晚清大变局：从辛酉政变到甲午战争

著　　者	陈俊霖
出　　版	四川大学出版社
地　　址	成都市一环路南一段24号（610065）
发　　行	四川大学出版社
书　　号	ISBN 978-7-5690-3332-8
印前制作	优盛文化
印　　刷	成都金龙印务有限责任公司
成品尺寸	185mm×260mm
印　　张	20
字　　数	488千字
版　　次	2021年1月第1版
印　　次	2021年1月第1次印刷
定　　价	86.00元

◆读者邮购本书，请与本社发行科联系。
　电话：（028）85408408/（028）85401670/
　（028）86408023　邮政编码：610065
◆本社图书如有印装质量问题，请寄回出版社调换。
◆网址：http://press.scu.edu.cn

四川大学出版社
微信公众号

前　言

多年前，一次偶然的机会，我观看了中央电视台电影频道（CCTV-6）播出的两部历史片——《火烧圆明园》和《垂帘听政》。这两部电影由李翰祥执导，刘晓庆、梁家辉、张铁林等人主演，讲述了第二次鸦片战争期间英法联军火烧圆明园以及慈禧太后通过辛酉政变垂帘听政的故事。那一年我16岁，读高中一年级，这两部电影给当年的我带来了很大的震撼，也让我对晚清历史萌发了浓厚的兴趣。

大学毕业后，我购买了大量晚清史料与专著，并在工作之余重新学习晚清历史。近年来，通过对晚清史的学习，我感悟颇多，也受益匪浅，遂于两年前动笔，将平时阅读晚清历史的感悟写下，寸积铢累，终于著成此书。

整部晚清的历史，其实是中国蒙受奇耻大辱、饱受内忧外患之苦的惨痛史。1840年，英国人用坚船利炮打开了中国的国门，这是中国历史的一次大转折，也标志着中国近代化进程的起步。鸦片战争后，中国人民不断摸索强国、救国之道，一共历经了三次"觉醒"。

国人的第一次觉醒是在第一次鸦片战争时期。在这个时期，林则徐、魏源等人开启了"师夷长技以制夷"的"海防时代"。

国人的第二次觉醒在洋务运动时期。曾纪泽在《中国先睡后醒论》一文中提出："盖自庚申一炬，中国始知他国皆清醒，而有所营为。"也就是说，在第二次鸦片战争后，又有一部分中国人醒了过来，中国也于1861年兴起了洋务运动，探索自强、求富之道。

国人的第三次觉醒是在甲午战争之后。中国在甲午战争中战败，不但让洋务运动的成果受到致命打击，也让国人痛定思痛。一时之间，国人的救国之道由"造船练兵，铁路电线"变为了"维新变法"，清廷也不得不推行"新政"，极力挽救岌岌可危的王朝统治。

"晚清大变局"，何谓"大变局"？

"变局"一说，源于晚清重臣李鸿章的奏折。面对内忧外患叠加的局面，李鸿章于1872年6月22日在《制造轮船未可裁撤折》中提到中国处在"三千余年一大变局"的转折时期；1873年5月1日，李鸿章上奏时又强调中国所面临的局面是"数千年一大变局"；1874年，日本悍然出兵侵略台湾，中国的东南沿海爆发了边疆危机，这个事件处理完毕后，李鸿章在1874年12月12日的奏折中再次发出了这种呼声："今则东南海疆万余里，各国通商传教，往来自如……一国生事，诸国构煽，实为数千年来未有之变局。"

李鸿章所称的"数千年一大变局""三千余年一大变局"，其实也就是中国在洋务运动时期（上述"国人的第二次觉醒"的时期）即面临的国际和国内错综复杂、云谲波诡的局面。

这个"变局"由 1861 年的辛酉政变拉开帷幕，又以 1895 年中国在甲午战争中战败为终结，这 35 年，中国面临的"变局"是前所未有的。

本书共分为七个专题：一、辛酉政变；二、前期洋务运动；三、同治年间的内政与外交；四、边疆千年危机；五、中法战争；六、后期洋务运动；七、甲午战争。这七个专题涉及的历史，正是中国从 1861 年至 1895 年面临"变局"的缩影。

历史是什么？学习历史的意义何在？梁启超在《中国历史研究法》一书中指出："史者何？记述人类社会赓续活动之体相，校其总成绩，求得其因果关系，以为现代一般人活动之资鉴者也。"笔者认为，学习历史可以鉴往知来，也能不断修缮自己的心灵，只有这样，才能让自己知行合一，臻于至善。

我要感谢我的家人，他们很支持我学习历史，同时，我要特别感谢我的同事谢裕辉先生，以及我的好友龙汐，他们在我著书的过程中为我提供了很多宝贵的意见和建议，他们的支持和鼓励是我写完此书的一大动力。此外，感谢四川大学出版社的编辑陈纯老师，该书的顺利出版，离不开他们的帮助。

基于有限的史料、基于笔者有限的认知能力，该书必定存在不足与谬误之处，还请诸位读者批评、指正。

陈俊霖

二〇一八年七月三十一日

目录

第一章　辛酉政变

引言

1861 年是中国的辛酉年，这一年，北京的宫廷中发生了一场政变，史称"辛酉政变"，又称"祺祥政变""北京政变"。

这年 8 月，咸丰帝驾崩于热河避暑山庄，这意味着不满 6 岁的爱新觉罗·载淳将要登基。就在政权交替前夕，整个清廷的政治局势波诡云谲、暗潮涌动，不同的政治势力围绕着最高统治权力展开了激烈的争斗。

咸丰帝临终前，载垣、端华、肃顺等八名大臣被任命为辅弼幼主的"顾命大臣"，可是，咸丰帝驾崩后，以恭亲王奕䜣为首的政治势力联合了慈安、慈禧两宫皇太后，抓住时机发动了政变，把肃顺等顾命八大臣扳倒，也把咸丰帝遗命的"顾命大臣辅政制度"推翻。短短几天，清廷内部的权力结构被打破，柄权者也再次发生转移，恭亲王奕䜣当上了"议政王"，位列军机，而慈安、慈禧两宫皇太后也开始垂帘听政，登上了政治舞台。

这无疑是一场中外瞩目、惊心动魄的政变，一时之间，叔嫂三人登上了权力最高峰，清朝历史上也随之出现了"亲王议政，太后垂帘"的政治局面。此外，从历史脉络看，辛酉政变不仅是一场"最高权力再分配"的宫廷政变，也是中国近代史上的一个承上启下的关节点（上承两次鸦片战争，下启洋务运动）。自此之后，中国的命运又经历了一次大转折，迎来了"同治中兴"的拓新时代，也从真正意义上拉开了中国"数千年未有之变局"的帷幕。

辛酉政变最大的受益者是慈禧太后，她是中国历史上家喻户晓的人物，同时也是晚清历史中不可不谈的人物。在辛酉政变之前，清王朝没有太后垂帘的先例，正是由于这场政变，才让"太后垂帘"的制度被采用，慈禧太后也借此机会登上了政治舞台。

那么，慈禧太后在政变前的处境如何，是胜算满满，还是听天由命？慈禧太后凭借什么能成功发动政变，又为何能够执掌清廷最高权力长达 47 年之久？另外，晚清爆发了三次宫廷政变（另外两次是 1884 年的"甲申易枢"与 1898 年的"戊戌政变"），巧合的是，慈禧太后均参与了这三次政变，这个女人频频捏控着中国命运的走向，此中又暗藏着怎样的玄机？

这一切的一切，或许能从辛酉政变这场慈禧太后的"发迹史"中找到答案。

第一节 "肃党"

谈及辛酉政变，先要从政变之前的时局说起。

1850 年 2 月 25 日，大清国的道光帝驾崩，年仅 18 周岁的咸丰帝即位。初登皇帝宝座的咸丰帝踌躇满志，很想有一番作为，可是现实并不如意，当时中国面临的局势是内忧与外患并存。

咸丰元年即 1851 年，国内爆发了太平天国起义，太平军随即以摧枯拉朽之势攻占了南京，这让清廷无比震惊。在太平天国起义的带动下，中国的农民起义、会党起义或揭竿而起，或死灰复燃，这些起义包括捻军起义、天地会起义、云南回民起义、贵州苗民起义，等等。为了镇压这些起义，清廷调兵筹饷，元气大伤。祸不单行，鸦片战争之后，英、法、美、俄等几个强大"外夷"为了扩大侵略利益，再次挑起了战争，第二次鸦片战争最终于 1856 年爆发。

内忧与外患在同一时空叠加，这种局面让咸丰帝苦不堪言，仅有的斗志也逐渐被磨灭，他终日沉溺于酒色，醉心于戏曲。关于咸丰帝嗜酒一事，《十叶野闻》有如下记载：

文宗嗜饮，每醉必盛怒，每怒必有一二内侍或宫女遭殃……及醒而悔……然未几而醉，则故态复萌矣。[1]

咸丰帝虽然一蹶不振，但他身为一国之君，奏折还是要批阅，朝事还是要过问，内忧外患的问题也仍然需要解决，久而久之，朝堂之中就出现了一个现象——"肃党"的崛起与独大。

"肃党"是一支朝臣政治力量的简称，这支势力的灵魂人物是肃顺（辛酉政变的主角之一）。

肃顺何许人也？ 他是满洲镶蓝旗人，郑亲王乌尔恭阿的第六子，道光年间授三等辅国将军。咸丰帝即位后，肃顺被擢升为内阁学士，兼副都统、护军统领、銮仪使。多年以来，肃顺"敢任事"的行事风格获得了咸丰帝的赏识，因此，从 1854 年开始，肃顺先后调任御前侍卫、工部侍郎、礼部侍郎、都察院左都御史、理藩院尚书、礼部尚书、户部尚书等职，最终以户部尚书协办大学士的身份跻身清廷的最高统治决策集团，[2] 仕途可谓青云直上。

肃顺之所以受到咸丰帝的重用，在于其不凡的能力，他在咸丰帝在位期间有两大功绩。

[1] 许指严 . 十叶野闻 [M]. 北京 : 中华书局 , 2007: 45.

[2] 赵尔巽 . 清史稿·宗室肃顺传（第 9 册）[M]. 天津 : 天津古籍出版社 , 2012: 3684.

一、整饬吏治

咸丰帝即位后不久，以猛药去病的决心，对败坏的吏治进行了大刀阔斧的改革。踌躇满志的咸丰帝首先对道光朝的穆彰阿、耆英等重臣开刀，在未经军机处拟旨的情况下，亲自撰写了一道上谕，即《罪穆彰阿、耆英谕》，将穆彰阿、耆英两个前朝重臣骂得狗血淋头。

身任大学士，受累朝知遇之恩，不思其难其慎，同德同心，乃保位贪荣，妨贤病国。小忠小信，阴柔以售其奸；伪学伪才，揣摩以逢主意。❶

最终，穆彰阿被革职，永不叙用；耆英降为五品顶戴以六部员外郎回家候补。穆彰阿时任文华殿大学士、军机大臣；耆英也是重臣，时任文渊阁大学士，二人下台一事，正好印证了《左传》中的一句话——"君以此始，必以此终"。可见，道光帝驾崩后，穆彰阿、耆英一直奉行的"多磕头，少说话"的为官秘诀早已行不通了。

咸丰帝扳倒这两个权臣，其实是得到肃顺等人的辅助。自此之后，以肃顺为首的官僚集团异军突起，逐渐成为咸丰年间权倾朝野的重臣。手握重权的肃顺"日益骄横，睥睨一切"❷，在随后的几年中又处理了两件大案，即"科场舞弊案"和"户部钞票舞弊案"。前一案中，咸丰帝在肃顺的建议下，下诏将主考官柏葰处以极刑，另有四人被处死，七人被革职，还有数十人遭降革处分，共计九十余人受到牵连；后一案中，肃顺更是把数十名户部官吏打入大牢。

肃顺以兴利除弊的锐气再次刷新了吏治，不过，这两件案件虽然处理成功，但也让他结下了不少仇家，这些仇家恨极了肃顺，成为了肃顺的死对头。《清史稿》对肃顺整饬吏治的行为这样评价："文宗厌廷臣习于因循，乏匡济之略，而肃顺以宗潢疏属，特见倚用，治事严刻。"❸

二、重用汉臣

清王朝一直倚重满族官员，汉族官员的地位始终不如满族官员，可是咸丰帝面临的国际国内形势已今非昔比，尤其是在太平天国起义爆发后，八旗军被太平军打得落花流水，清廷已然面临统治危机。

关键时刻，肃顺秉持知人善用的原则，主张重用汉臣，极力向咸丰帝推荐曾国藩、胡林翼等汉族官僚，曾国藩的"湘军"也是在这个时期崛起的。自 1861 年之后，汉族督抚的数量明显增多，而满族督抚的数量日趋减少，汉族官僚的势力逐步扩大，这些汉族官僚不负众望，终于在 1864 年成功镇压了太平天国起义，曾国藩、李鸿章等人也成为清朝的中兴名臣。

这些汉族官僚之所以能迅速崛起，并成为日后洋务运动的中坚力量，与肃顺的引荐与重用有直接关系。萧一山曾对肃顺重用汉臣之事做出评价："肃顺于中兴名臣之得握

❶ 萧一山.清代通史（第 3 册）[M].上海：华东师范大学出版社,2006:315.

❷ 赵尔巽.清史稿·宗室肃顺传（第 9 册）[M].天津：天津古籍出版社,2012:3684.

❸ 赵尔巽.清史稿·宗室肃顺传（第 9 册）[M].天津：天津古籍出版社,2012:3687.

兵柄，调护主持之力，其功不可没也。"❶《十叶野闻》一书中也有类似的评价："肃顺辈谋国极忠，且杜绝苞苴，门无私函，汉员之获重用，曾、胡诸人之得握兵柄，皆肃顺主之。"❷《清史稿》对肃顺重用汉臣一事的评价更高："其赞画军事，所见实出在廷诸臣上，削平寇乱，于此肇基，功不可没也。"❸

整饬吏治、重用汉臣的两大政绩，让肃顺成了朝野中炙手可热的人物，而随着其势力的膨胀，其党羽也逐渐丰满。到第二次鸦片战争时期，以肃顺为首的"肃党"基本形成，跋扈独大。

"肃党"除了肃顺这个灵魂人物之外，主要力量还包括两位宗室贵族：怡亲王载垣、郑亲王端华。载垣是怡亲王允祥（康熙帝第十三子）的五世孙，而允祥是清廷的第一位"怡亲王"，这个"怡亲王"虽非清初的"八大铁帽子王"❹之一，却也是被乾隆帝特命的"世袭罔替"的亲王，非同小可。端华是肃顺同父异母的哥哥，是纯正的清初"八大铁帽子王"之一。

载垣于 1825 年承袭怡亲王，端华于 1846 年承袭郑亲王，正是因这两位亲王的引荐，肃顺才得到咸丰帝的重用，所以这三人相互依靠，形成了一股极具影响力的政治力量。按理来说，怡亲王载垣、郑亲王端华都是位高权重、"世袭罔替"的亲王，此二人应居于"肃党"之首，可是此二人平庸无能，缺乏主见，平时"皆依肃顺为用"，❺ 所以肃顺俨然成了三人之中的主心骨。

除了肃顺、载垣和端华之外，"肃党"的成员还包括四个军机大臣：穆荫、匡源、杜翰和焦佑瀛。

穆荫是满族正白旗人，在军机处行走最久，资历最老；杜翰是杜受田之子，而杜受田是咸丰帝的老师，杜翰之所以能在军机处行走，其实是得到了其父杜受田的荫庇，因为"文宗念受田旧劳"；匡源是道光年间的进士，于 1858 年进入军机处；焦佑瀛的文笔不错，所以军机处的诏旨多出其手。❻ 总之，这四人均是肃顺的党羽，而且位列枢垣，各有千秋，在朝廷的影响力不可小觑。

怡亲王载垣，郑亲王端华，协办大学士肃顺，军机大臣穆荫、匡源、杜翰、焦佑瀛，这些亲贵权臣，形成了强大的"肃党"。在这个集团中，载垣、肃顺、杜翰是主要力量，而这三人中，肃顺又是"中流砥柱"。

在咸丰帝那个内忧外患的动荡年代，能有肃顺这样一位敢于担当、雷厉风行、知人善用、坦荡强毅的权臣，诚然是一件好事，但是肃顺骄横跋扈、树敌太多，许多官员都与他结下了不解的仇怨。为此，时人许指严这样评价肃顺："肃顺强毅有胆识，遇事不

❶ 萧一山．清代通史（第 3 册）[M]．上海：华东师范大学出版社，2006：323．

❷ 许指严．十叶野闻 [M]．北京：中华书局，2007：25．

❸ 赵尔巽．清史稿·宗室肃顺传（第 9 册）[M]．天津：天津古籍出版社，2012：3687．

❹ 清初的"八大铁帽子王"，是指礼亲王代善、睿亲王多尔衮、郑亲王济尔哈朗、豫亲王多铎、肃亲王豪格、庄亲王硕塞、克勤郡王岳托、顺承郡王勒克德浑．

❺ 王闿运．祺祥故事 [M]//丛书集成续编（第 25 册）．上海：上海书店，1995：830．

❻ 赵尔巽．清史稿·杜翰传、穆荫传、匡源传、焦佑瀛传（第 9 册）[M]．天津：天津古籍出版社，2012：3670，3685–3686．

馁，其所短者在不学无术，又疏于防患，计智浅露，易招尤悔耳……若平心论之，其为人畸于阳，非阴柔之小人可比，而好贤礼士，留心治术，复异卤莽灭裂之流，若以之比刚毅辈，固高出万万也。"❶许指严的评价颇有替肃顺惋惜的意思，而费行简的评价则是一针见血："肃顺素暴戾，廷臣衔之刺骨。"❷

在肃顺得罪的这些官员中，周祖培对肃顺的仇恨最大，而此人恰好在后来的辛酉政变中参与了扳倒肃顺的一系列行动，可谓出力不少。总之，肃顺"名满天下，谤亦随之"，树敌太多成为他在辛酉政变中沦为政治牺牲品的重要原因。

就君主专制政体的角度而言，无胆识、无远略、无作为的咸丰帝想要牢固执政，又不想让外戚、宦官、后宫的力量来干预朝政，那么他只有依靠肃顺等廷臣的势力，这是其必然选择。咸丰帝的这种选择虽然避免了皇权旁落，也保持了特定历史时空下君权与相权的平衡，但也直接造成了"肃党"的跋扈与独大，更为严重的是，这种"一党独大"的局面也为后来爆发辛酉政变埋下了巨大的隐患，这是咸丰帝始料未及的。

第二节　懿贵妃的处境

懿贵妃，是咸丰帝众多嫔妃之一，她就是中国近代史上执掌晚清朝政近半个世纪的慈禧太后。

懿贵妃的姓氏是叶赫那拉，她生于 1835 年 11 月 29 日（道光十五年十月十日），属羊，乳名唤作"兰儿"。关于懿贵妃的出生地及家世，一直众说纷纭，光是其出生地，就有北京、甘肃兰州、浙江乍浦、内蒙古呼和浩特、安徽芜湖、山西长治等不同的说法。❸根据《清史稿》的记载，懿贵妃于 1852 年（咸丰二年）被选入宫，最初的赐号是懿贵人（一说为兰贵人），❹1854 年（咸丰四年）晋封为懿嫔，1856 年（咸丰六年）生子载淳，晋封为懿妃，1857 年（咸丰七年）晋封为懿贵妃。❺尽管懿贵妃的出生、家世、入宫境遇等方面一直扑朔迷离，但毋庸置疑的是 1861 年的辛酉政变成了她的人生转折点，也正是这场政变使她登上了历史舞台，叱咤晚清政坛近半个世纪。

那么，她是凭借什么手腕登上政治舞台的？要回答这个问题，不妨先看辛酉政变之前懿贵妃的处境。

目前学术界的主流观点认为，辛酉政变是由懿贵妃一手策划并挑起的，因懿贵妃权欲熏天，勾结恭亲王奕䜣（咸丰帝的六弟）扳倒了"肃党"，推翻了咸丰帝遗命的"顾命大臣制度"，确立了"垂帘听政"的制度，进而掌握了最高统治权。时人许指严曾说：

❶ 许指严. 十叶野闻 [M]. 北京：中华书局，2007：89.

❷ 费行简. 慈禧传信录 [M]. 台北：广文书局，1980：4.

❸ 阎崇年. 正说清朝十二帝 [M]. 北京：中华书局，2014：224-226.

❹ 据余炳坤考证，懿贵妃在咸丰四年之前的封号是"兰贵人"，而《清史稿》误载为"懿贵人"。参见余炳坤等. 西太后 [M]. 北京：紫禁城出版社，1985：56.

❺ 赵尔巽. 清史稿·孝钦显皇后传（第 6 册）[M]. 天津：天津古籍出版社，2012：2284.

"那拉氏以子贵，竟出其非常手笔，诛肃顺、端华，排异己党，而成垂帘之局，皆那拉氏为主谋。"❶《清代档案史料丛编》的编者认为："叶赫那拉氏勾结恭亲王奕䜣等人，密谋策划，发动政变，从奕䜣（咸丰帝）遗命赞襄一切政务的八大臣手中夺取了清王朝的最高统治权，是为辛酉政变。"❷就连中学的历史教材在介绍辛酉政变时都持此观点："载淳（同治帝）的生母慈禧太后想借皇帝年幼之机，夺取清朝最高统治权，她指使亲信（董元醇）奏请皇太后'垂帘听政'，结果被辅政大臣（肃顺等八大臣）以'本朝无皇太后垂帘故事'驳回。"❸

按照上述这些观点的逻辑，懿贵妃彻头彻尾地成为了辛酉政变的主谋，仿佛这场政变都是由她一手策划并实施，所以政变还没开始，她就被贴上了"阴鸷、毒辣、心机、缜密、恋权"等标签。真相真是如此？显然不是，这是一种"由结论倒推理由"的逻辑，存在很多漏洞。

当然，学术界也有另一种观点，认为懿贵妃并非辛酉政变的主谋，她是浑浑噩噩地、偶然地、纯属意外地被推上了政治舞台，复旦大学的陈潮教授就持此观点，他的理由有四：①军队对于政变有重要保障，但慈禧并未笼络掌握军权的胜保，无证据表明慈禧参与策划了具有决定意义的军事行动；②"慈禧策动刺史董元醇奏请垂帘听政之事"令人怀疑，因为董元醇是周祖培的门生，他的冒死上奏应该是受周祖培的指使，而且奏折的要点不在"垂帘听政"，而是"并简近支亲王辅政"；③两宫太后与奕䜣于1861年9月5日（农历八月初一）在热河的秘密会面，并无确切史料记载具体的谈话内容，不能臆断慈禧在秘密会面中主动地、全面地策划政变；④慈禧羽翼尚未丰满，当时英法等国公开支持的是奕䜣集团。❹

陈潮以谨慎的态度做出这个结论，其理由也有一定说服力，有力地指出了主流观点中的不合逻辑、不合史实之处。但是，这种观点又彻底"洗白"了懿贵妃，让懿贵妃显得"朴素"和"毫无野心"，这未免又有些矫枉过正。

那么，懿贵妃在辛酉政变之前到底是处于何种状态？是早有发动政变的野心与预谋，蠢蠢欲动，胜算满满？还是听天由命，走一步算一步？这两种观点都不全面，就目前的史料而言，懿贵妃在辛酉政变开始之后固然是主动地拉拢各种政治势力，并与"肃党"明争暗斗，但她在辛酉政变之前的心理状态却并非如此，而笔者认为应当这样定义，"心比天高，命比纸薄，处境不利，伺机翻身"。

一、心比天高——懿贵妃有政治野心

咸丰帝虽然懦弱无能，但起码有一点还是值得褒扬的，那就是他在位期间，避免了"皇权旁落"。所谓"皇权旁落"，就是外戚、宦官或后宫三种势力干政。这里需要说明的是，在第二次鸦片战争时期，咸丰帝虽然让懿贵妃批阅奏折，但根据《慈禧传信录》

---

❶ 许指严. 十叶野闻 [M]. 北京：中华书局，2007: 29.

❷ 故宫博物院明清档案部. 清代档案史料丛编（第1辑）[M]. 北京：中华书局，1978: 82.

❸ 人民教育出版社历史室. 中国近代现代史（上册）[M]. 北京：人民教育出版社，2006: 32.

❹ 陈潮. 慈禧策动辛酉政变质疑 [J]. 复旦学报（社会科学版），1996（06）: 97-99.

记载："时洪杨乱炽，军书旁午，帝宵旰劳瘁，以后（懿贵妃）书法端腴，常命其代笔批答章奏，然胥帝口授，后仅司朱而已。"❶"代笔批答章奏"和"干预朝政"是两个不同的概念，所以，当时的咸丰帝的头脑还是比较清醒的，仅仅是让懿贵妃代笔，决策权始终牢牢握在他自己手中。

凡事皆有正反两面，咸丰帝在位时虽然避免了"皇权旁落"，但懿贵妃的性格争强好胜，她在初尝批阅奏折的"甜头"后，逐步有了觊觎朝政的野心。退一步来说，即使懿贵妃当时还没有这种野心，但批阅奏折之事也大大刺激了懿贵妃干预朝政的权力欲。

二、命比纸薄——懿贵妃的处境极其不利

以当时懿贵妃的处境，她想要发动政变并没有太大的优势，甚至可以说几乎不可能。首先，从"政治正统性"而言，她只是贵妃，并非皇后，况且在当时的政治体制背景下，后宫不容许干政。其次，所谓"枪杆子里出政权"，当时懿贵妃作为后宫嫔妃，手上并无兵权，这是硬伤。第三，"肃党"权倾朝野、跋扈横行，而且肃顺与懿贵妃之间早有嫌隙。

关于肃顺与懿贵妃之间的嫌隙，多种史料均有记载。据《祺祥故事》记载：在第二次鸦片战争期间，咸丰帝逃往热河行宫之时，"供张无办，后妃不得食，惟以豆乳充饭，而肃顺有食担，供御酒肉。后御食有膳房，外臣不敢私进。孝贞（慈安）、孝钦（慈禧）两后不知其由，以此切齿于肃顺"❷。

然而，肃顺与懿贵妃的仇恨远远不止"酒肉之争"那么简单，在辛酉政变前，肃顺与懿贵妃之间早已水火不容，这是因为宫廷之中曾发生过一件"仿钩弋"❸之事。

《清代通史》记载：

载垣等虑其以子贵为皇太后，不利于大臣抚政，日说帝以钩弋故事。❹

《十叶野闻》记载：

（咸丰帝）平时从容与肃顺密谋，欲以钩弋夫人例待之。❺

此外，《花随人圣庵摭忆》《崇陵传信录》等书也有类似的记载。可见，这个"仿钩弋"之事是肃顺和懿贵妃之间结怨的根源。

当时，肃顺眼见懿贵妃具有权力欲，为了防止咸丰帝驾崩后懿贵妃"母凭子贵"（懿贵妃生有咸丰帝的独子载淳），干预朝政，所以向咸丰帝献计，让咸丰帝效仿汉武帝杀钩弋夫人的做法，处死懿贵妃。咸丰帝非常信任肃顺，在肃顺献计之后也意识到了懿贵妃蠢蠢欲动的野心，所以叮嘱肃顺："西宫狡恶，实不可恃，子当力辅东宫，勉襄嗣皇帝，庶几危可复安也。"❻咸丰帝与肃顺密谋一事，最终被懿贵妃得知，所以，懿贵妃对肃顺恨之入骨。

❶ 费行简.慈禧传信录 [M].台北：广文书局,1980:2.

❷ 王闿运.祺祥故事 [M]// 丛书集成续编（第 25 册）.上海：上海书店,1995:831.

❸ 西汉年间，汉武帝担心自己死后钩弋夫人"母后专权"，因此果断地将钩弋夫人赐死，杜绝后患。

❹ 萧一山.清代通史（第 3 册）[M].上海：华东师范大学出版社,2006:503.

❺ 许指严.十叶野闻 [M].北京：中华书局,2007:89.

❻ 许指严.十叶野闻 [M].北京：中华书局,2007: 24.

揆诸事实，在"肃党"执柄朝权的情况下，懿贵妃的处境可以说是非常不妙，甚至可以说是徘徊在死亡的边缘，但那时她似乎没有能力去发动一场政变。

三、伺机翻身——懿贵妃在等待转折和机遇

若说懿贵妃完全处于败势，也不尽然，因为她还有转胜的可能。

在古代，后妃想要在后宫之中立足，就必须争取两件事，一是"争宠"，二是"争子"。当时，咸丰帝为了逃避英法联军的战火，置京城不顾，致英吉利和法兰西两个强盗火烧圆明园，自己躲到了避暑山庄，而且身体状况每况愈下，即将驾崩。在这种瞬息万变的情势下，争宠对于后宫嫔妃而言已经没有实质意义，如果不想终老于后宫，就必须争子。幸运的是，懿贵妃曾于1856年为咸丰帝诞下一个皇子——爱新觉罗·载淳。❶在没有其他皇子竞争皇位的情况下，懿贵妃膝下的皇子载淳成了她最大的王牌。

政变前，伺机翻身的懿贵妃又做了两件机智之事：首先，不失时宜地抓住了救命稻草，即恭亲王奕訢的势力；其次，从容不迫地拉拢了具有"政治正统性"的皇后钮祜禄氏（关于这两件事，后文详述）。这几股势力合一，再加上后来胜保的军队保障，懿贵妃才顺利地把肃顺这帮"死硬分子"打倒，开始了垂帘听政。

从"心比天高""命比纸薄""伺机翻身"等方面不难看出，懿贵妃在政变之前虽有一定的政治野心，但她的处境非常不利，然而，好胜的她没有向命运屈服，而是在牢牢抓住载淳这张王牌的同时，又做了一些联合其他政治势力之事，而她所做的这些事情，不仅是为了自救，甚至是用自己的生命在赌博。

所以，懿贵妃并非辛酉政变的主谋，而真正的主谋其实是咸丰帝的六弟——恭亲王奕訢。

第三节 恭亲王的翻盘之势

纵观辛酉政变史，策划并积极推动这场政变的幕后主谋其实是恭亲王奕訢，准确地说，是以奕訢为首的政治集团，懿贵妃在这些主谋面前，充其量只能算一个"从犯"。

爱新觉罗·奕訢是道光帝的第六子，是咸丰帝（奕詝）同父异母的六弟，他在咸丰帝即位之初，就已被道光帝的遗诏册封为世袭罔替的"恭亲王"。

那么，奕訢为何放着好好的亲王不当，非要在皇权交替前夕发动宫廷政变，这其中有三个深层次的原因。

一、旧恨

旧恨是指奕訢与咸丰帝之间往日的仇恨，这种仇恨源于道光年间的"立储风波"。

---

❶ 咸丰帝其实有两个皇子，长子是懿贵妃所生的载淳，而次子是1858年由玫嫔徐佳氏所生之子，但这个皇子出生当日就死了，连名字都没起，同治帝登基后，才追封这个次子为"悯郡王"。参见赵尔巽编.清史稿·悯郡王传（第9册）[M].天津：天津古籍出版社，2012: 2372.

奕䜣从小就很聪明，天分极高，而且颇具政治才能，道光帝在位时也非常看重奕䜣，并想把皇位传给奕䜣。可是，事情却发生了转折。

相传在道光帝的晚年，道光帝曾召皇四子（奕𬣞，即咸丰帝）和皇六子（奕䜣）入对，让两位皇子回答一些问题，决定密立储位。两位皇子回去后将道光帝的问题转问自己的老师，以求对答之策。奕䜣的师傅卓秉恬认为奕䜣回答问题应当"知无不言"，而奕𬣞的老师杜受田比较圆滑，对奕𬣞说："阿哥如条陈时政，智识万不及六爷，惟有一策，皇上若自言老病，将不久于此位，阿哥惟伏地流涕，以表孺慕之诚而已。"杜受田传授给奕𬣞的方法，是想让奕𬣞扬长避短，以仁爱之心来打动道光帝。结果，两位皇子各自按照老师的话去做，道光帝对奕𬣞的回答非常欣赏，称奕𬣞仁孝，所以决定立奕𬣞为储君。❶

《清史稿》的《杜受田传》也有类似的记载：道光帝晚年，曾率诸位皇子去南苑狩猎，奕𬣞的老师杜受田得知此事后早已看破玄机，知道这是道光帝在考验各位皇子，遂当面向奕𬣞面授机宜。狩猎当天，皇六子奕䜣射杀的猎物最多，可是奕𬣞竟然未发一矢，一无所获。道光帝询问奕𬣞为何两手空空，奕𬣞从容不迫地答道："时方春，鸟兽孳育，不忍伤生以干天和。"道光帝听后龙颜大悦，认为奕𬣞具有仁爱之心，所以决定将奕𬣞立为储君。❷ 其实，奕𬣞并非真的一无所获，而是故意藏拙，这当然也是杜受田传授给奕𬣞的计策。

道光帝立储的这些小道异闻，未必无因，而这些事情恰好也说明了道光帝在立储问题上的昏聩，因为储君不仅需要有仁爱之心，更需要有政治才能。后来的事实证明，奕𬣞的才干确实不如奕䜣，遇到大事时，奕𬣞往往表现得庸懦、无能。

1850年2月，道光帝驾崩后，立储的谜底被揭开，继承皇位的是皇四子奕𬣞（咸丰帝），而颇具才干的皇六子却与皇位失之交臂。奕𬣞捡了一个天大的便宜，荣登皇帝宝座，他为了感激恩师杜受田，甚至擢升杜受田之子杜翰进入军机处。可是，这个事情对于奕䜣而言，无疑是晴天霹雳，试想，到嘴的肉突然飞了，岂能不让人愤懑，更何况这是令人垂涎三尺的皇位！

这场立储风波，虽然没有像康熙朝"九子夺嫡"一样公开化、白热化，但暗中的争斗也颇为惊险。

咸丰帝和奕䜣的旧恨，除了"立储风波"之外，还包括"静贵妃封号"之事。

奕𬣞的生母过世后，受静贵妃的抚养，而静贵妃正是奕䜣的生母。静贵妃收养奕𬣞后，关爱有加，视如己出，甚至是"舍其子而乳文宗（奕𬣞）"，所以，幼年时期的奕𬣞非常孝敬静贵妃，也视其六弟奕䜣如胞弟。道光帝驾崩后，咸丰帝为了感激奕䜣一家，将奕䜣的生母静贵妃册封为"孝慈皇贵妃"，次年，咸丰帝又正式册封奕䜣的生母为"康慈皇贵太妃"。可面对这些恩赐，奕䜣非常不满，甚至"心慊焉"，其认为咸丰帝应当将静贵妃册封为皇太后，而不仅仅是皇贵妃。为此，奕䜣"频以宜尊号太后为言"，而咸丰帝的反应是"默不应"。❸

❶ 萧一山. 清代通史（第3册）[M]. 上海：华东师范大学出版社,2006:313-314.
❷ 赵尔巽. 清史稿·杜受田传（第9册）[M]. 天津：天津古籍出版社,2012:3669.
❸ 王闿运. 祺祥故事[M]// 丛书集成续编（第25册）. 上海：上海书店,1995:830.

为了母亲的封号一事，咸丰帝和奕䜣之间正面矛盾逐步凸显，而之后发生的事，更是加剧了兄弟二人的反目。

《祺祥故事》记载：奕䜣的生母康慈皇贵太妃病重，咸丰帝和奕䜣都常去探望贵太妃。一天，咸丰帝去请安，贵太妃躺在床上，以为是奕䜣来探望，就问："你怎么还在这里？我该给的都给你了！他（咸丰帝）性情叵测，不要让他生疑。"咸丰帝发现贵太妃说错了话，立即叫了一声"额娘"。贵太妃回头一看，知道自己认错了人、说错了话，转身装睡，不再说话。自此，生性多疑的咸丰帝不断揣摩贵太妃的这些话，渐渐对奕䜣心生嫌隙。又有一天，咸丰帝向奕䜣询问贵太妃的病情，奕䜣哭着跪下说贵太妃已经没治了，就等着皇帝册封她为皇太后了。咸丰帝听后，只是"哦"了两声。岂料，奕䜣立即到了军机处，命令大臣准备贵太妃册封为皇太后的典礼，大臣们拿着册封方案找到咸丰帝，咸丰帝大为气愤，却又不好推却，所以勉强同意了册封方案，册封奕䜣的生母康慈皇贵太妃为"康慈皇太后"。贵太妃得到"皇太后"的身份后，不久就病逝了，似乎是死而瞑目。为了此事，咸丰帝对奕䜣非常怨恨，不但诏令奕䜣退出军机处，回上书房读书，甚至逐渐冷落了奕䜣，奕䜣"自此远王同诸王矣"。❶

尽管咸丰帝和奕䜣在表面上没有发生很大的冲突，但皇位继承、母亲封号等事已经造成了咸丰帝和奕䜣之间的不和，手足参商已成定局。

二、新仇

所谓的新仇，是奕䜣在第二次鸦片战争时再次遭到了咸丰帝的冷落。

1860 年 9 月，英法联军逼近北京，京城震动。懦弱无能的咸丰帝在兵临城下之时，不是镇守京师，而是抱着"惹不起躲得起"的态度，以"木兰秋狝"❷为名逃往热河避暑山庄，把灾难留给了京城百姓。随即，英法联军攻入了北京，圆明园被付之一炬。

前往热河的随员中，有咸丰帝的皇后钮祜禄氏、懿贵妃叶赫那拉氏、儿子载淳，也有咸丰帝的一班亲信（以"肃党"为主），而这些随驾人员中恰恰没有奕䜣！这或许是因为咸丰帝没有伟岸的胸怀，故意要远离奕䜣，又或许是奕䜣颇具才干，咸丰帝想留奕䜣在北京主持大局，总之，咸丰帝于 1860 年 9 月 21 日以一道上谕的方式简单粗暴地将其六弟奕䜣留在了京城，任务是"督办和局"，❸说白了就是帮咸丰帝收拾第二次鸦片战争的烂摊子，向英法侵略者议和签约！咸丰帝让奕䜣留京议和，却只是在上谕中"著授（奕䜣）为钦差便宜行事全权大臣"，❹并未授予奕䜣综揽全局和节制留京王公大臣的权力，这种安排对于奕䜣来说是何等憋屈！关于此事，夏笠在其《第二次鸦片战争史》一书中这样评价："咸丰就是用这种分割事权、相互牵制的办法，来达到避免出现第二个明郑王的目的。"❺

❶ 王闿运.祺祥故事 [M]// 丛书集成续编（第 25 册）.上海：上海书店，1995: 830.
❷ "木兰秋狝"是清朝皇室权贵的秋季围猎盛事。
❸ 中华书局编辑部整理.筹办夷务始末（咸丰朝）[M].北京：中华书局，1979: 2335.
❹ 中华书局编辑部整理.筹办夷务始末（咸丰朝）[M].北京：中华书局，1979: 2335.
❺ 夏笠.第二次鸦片战争史 [M].上海：上海书店出版社，2007:428.

一时之间,朝臣分化为两批人马,一部分是随咸丰帝前往避暑山庄的王公大臣,主要依附于肃顺;另一部分则是留守北京的奕䜣等大臣,这些人以奕䜣为首,主要有惇亲王奕誴、醇郡王奕譞、钟郡王奕詥、孚郡王奕譓,以及文祥、桂良、宝鋆、周祖培、翁心存、全庆、贾桢等人。

奕䜣虽然惨遭咸丰帝的冷落,但也不负众望,他费尽周折,最后与英法签订了《北京条约》,平息了战事。这个时期的奕䜣初露锋芒,他不仅展示了超群的外交才能,而且与洋人频频接触后竟然得到了洋人的欢心,与洋人打成一片,暧昧不明,他也由此被别人起了一个不雅的外号——"鬼子六"。

三、翻盘之势

奕䜣与皇位失之交臂,又在第二次鸦片战争中惨遭冷落,最高统治权似乎与他无缘。但是,政治嗅觉敏锐的奕䜣从当时瞬息万变的局势中嗅到了一丝异样的味道,这个味道,让他如同死灰的心灵又重新燃起了希望。

当时,咸丰帝奄奄一息,命不久矣,而皇太子载淳年幼,咸丰帝为了清朝江山的稳固,必定要选定一些大臣或者亲王来辅佐年幼的皇帝。这种辅政的制度在清朝历史上也有过,如顺治年间的摄政王(多尔衮、济尔哈朗),又如康熙年间的辅政四大臣(索尼、苏克萨哈、遏必隆、鳌拜)。奕䜣认为,他如果被选为辅政大臣或摄政大臣,则能直接进入清廷的最高决策集团,进而掌握最高统治权。这个希望对于奕䜣而言,可以说是多年怀才不遇的天大喜讯,也是他"政治翻盘"的希望!

想象很美好,可是摆在奕䜣面前最大的难题,是肃顺及其党羽这些个"眼中钉、肉中刺"。肃顺等人深得咸丰帝的信任,而且肃顺与奕䜣的政见不同,双方素有仇恨。肃顺这些人的存在,直接影响到奕䜣是否可以顺利地辅政。

奕䜣掂量了一下他的力量,目前支持他的政治势力为一群拥护在他身边的大臣(文祥、桂良、贾桢等人),也有掌握军权的胜保,还有与他暧昧万分的洋人势力。但纵然如此,他的实力与"肃党"对比起来仍然悬殊,这时他想到的是再联合另外一支政治势力,即具有"政治正统性"的帝后势力,主要是皇后钮祜禄氏。恰巧在此期间,处境凄凉的懿贵妃也想到了联合皇后钮祜禄氏,这对叔嫂真默契!

综合"旧恨""新仇""翻盘之势"这三个原因可知,奕䜣虽然仕途多舛,但他的权欲之心不死,加之他又遇到了千载难逢的政治机遇,怎能不放手一搏?所以,"新仇"和"旧恨"是奕䜣发动政变的根本原因,而"翻盘之势"则是他发动政变的直接原因。

总而言之,奕䜣在政变之前极具夺取统治权的野心,也具有发动政变的较大优势,他所代表的势力,才是当时朝局中"最不安,最具隐患,最有能力干一票大事"的政治势力。

第四节　咸丰帝的大臭棋

第二次鸦片战争，以清廷与英、法、俄签订《北京条约》结束。

在条约盖印画押的前夕，躲在热河行宫的咸丰帝传谕："此时天气尚未严寒，该夷如能早退，朕即可回銮，以定人心。"[1] 尽管咸丰帝要回京的言辞信誓旦旦，但自从11月初英法联军从北京撤退后，咸丰帝再也没有回京的打算，而是继续留在热河行宫，终日以酒色自戕，无法自拔。正因如此，他的身体也每况愈下，随时都可能驾崩。

在这种形势下，清廷内部具有敏锐洞察力的人士意识到，咸丰帝一旦驾崩，政局必定面临重大变动，所以，这些不同的政治势力开始在暗中展开角逐，互相拉拢、互相依靠，并逐步形成了两支重要的势力：其一是以肃顺为首的朝臣势力，即"肃党"；其二是以奕诉为首并留守京城的另一派朝臣势力。

"肃党"一如既往地跋扈专行，不可一世，他们认为，就算帝王更替，也不会影响他们手中牢牢掌握的重权。留守京城的奕诉等人却出奇的安静，旁人都以为奕诉大势已去，再也不可能有所作为，其实这是奕诉的障眼法，也是他的高明之处。此时的奕诉正在等待一个转机，这个转机就是咸丰帝大限之时，遗诏中将他任命为辅政大臣。

可以说，奕诉对于皇帝指定辅政大臣的遗诏还是充满希望的，以他的角度而言，如果能顺利地担任辅政大臣，则能名正言顺地执掌大权，安安稳稳地做辅政亲王；如果被排除在辅政大臣之外，他才会进一步采取强硬的行动。奕诉深知这个"小不忍则乱大谋"的道理，在咸丰帝颁发遗诏之前必须隐忍，万万不能让旁人抓到"恭王谋反"的把柄。

除了奕诉之外，懿贵妃也是一个潜在的危险人物，但是当时的懿贵妃与咸丰帝同在热河行宫，不但算不上一股政治势力，甚至命悬一线，随时可能被肃顺诛除。只不过，懿贵妃生性好胜，她不会屈服于命运，而是在等待历史赐予的翻身机遇，伺机放手一搏。

咸丰帝驾崩时，懿贵妃终于等到了这个机遇，而这个机遇就是咸丰帝在驾崩之前下的一招臭棋。

1861年8月21日（咸丰十一年七月十六日），咸丰帝病情加重，晚11点45分左右，他突然苏醒过来，神志异常清楚，出现了临死前的回光返照。苏醒过来的咸丰帝知道自己命不久矣，所以立即召集宗人府宗令、御前大臣、军机大臣等到其寝宫，并做了临终之前的三件大事。

第一，立载淳为皇太子。谕旨曰："咸丰十一年七月十六日，奉朱谕：皇长子御名，著立为皇太子。特谕。"[2]

第二，授命"赞襄政务大臣"，也就选出了八个辅弼幼帝的顾命大臣。谕旨曰："咸

[1] 中华书局编辑部整理 . 筹办夷务始末（咸丰朝）[M]. 北京：中华书局，1979：2457.

[2] 故宫博物院明清档案部 . 清代档案史料丛编（第1辑）[M]. 北京：中华书局，1978：82.

丰十一年七月十六日，奉朱笔：皇长子御名现立为皇太子，著派载垣、端华、景寿、肃顺、穆荫、匡源、杜翰、焦佑瀛尽心辅弼，赞襄一切政务。特谕。"[1]

第三，确立"钤印制度"。当时皇太子载淳年纪尚幼，咸丰帝为了避免"皇权旁落"，就想出了一个办法，将两枚私印分别交给皇后和皇子（交给皇后的是"御赏"印，交给皇子的是"同道堂"印）。根据这个"钤印制度"的规定，今后凡是军机处所拟的谕旨，只有在首尾之处分别加盖"御赏"和"同道堂"两枚印，才是皇帝认可的谕旨，否则不具有任何效力。为此，清廷还专门颁发了一道谕旨，将"钤印制度"一事告知京城内外的文武官员。[2]

咸丰帝做的这三件事，第一件事是正确的，因为载淳是他唯一的皇子，但是第二件和第三件事，无疑是臭棋！

先来看"顾命八大臣制度"的三大弊端。

一、激怒了奕䜣

咸丰帝设计这个"顾命八大臣"的制度，初衷是非常好的，因为载淳年幼，朝政大事必须由大臣来辅佐。当然，咸丰帝也吸取了顺治朝和康熙朝的历史经验，[3] 为了避免个别大臣揽权，干脆将辅政大臣的数量定为八个（康熙朝辅政大臣数量的两倍），让他们八人相互牵制，并借其政治经验与集体智慧共同辅佐小皇帝。

这种安排，看似考虑周全、科学合理，但是忽略了一个大问题，那就是没有将恭亲王奕䜣纳入八大臣之列！奕䜣在当时的政局中是一个"不安定分子"，如果能安抚得当，给他一些权力的甜头，那么他也就安心地当他的亲王了。可惜，咸丰帝临终前不知是要什么小性子，硬是把他的六弟排除在最高权力之外，这一次，踌躇满志的奕䜣彻底被激怒了！

二、激怒了懿贵妃

肃顺曾让咸丰帝效"钩弋故事"除去懿贵妃，而此时肃顺等人已经成为执掌最高权力的顾命大臣，懿贵妃可以说是一只脚已经踏进了鬼门关。所以，懿贵妃也彻底被激怒了！

三、"掺水"的八大臣

"肃党"的核心人物原本只有七人（载垣、端华、肃顺、穆荫、匡源、杜翰、焦佑瀛），而咸丰帝为了凑足八人，硬是把一个叫景寿的人拉进来凑数。这个景寿是道光帝妹妹的额驸（恭亲王奕䜣同母妹妹固伦公主额驸），为人木讷老实，并非肃顺的党羽。

---

❶ 故宫博物院明清档案部. 清代档案史料丛编（第1辑）[M]. 北京：中华书局，1978: 83.

❷ 故宫博物院明清档案部. 清代档案史料丛编（第1辑）[M]. 北京：中华书局，1978: 85.

❸ 顺治帝幼年继位，睿亲王多尔衮、郑亲王济尔哈朗两位亲王辅政，但后来演变为多尔衮一人独揽大权；康熙帝幼年继位，索尼、苏克萨哈、遏必隆、鳌拜四大臣辅政，但还是出现了鳌拜专政的情况。

咸丰帝把景寿放在八大臣之列，无疑是让八个大臣的内部增加了一个不稳定因素，事后的事实证明，景寿成了"肃党"被扳倒的因素之一。

以上是"顾命八大臣制度"存在的三个弊端，下面再来看"钤印制度"存在的两个弊端。

一、懿贵妃夺印

咸丰帝为了防止某些人篡改或假拟谕旨，所以设计了"钤印制度"，但是，咸丰帝居然将"同道堂"印章交给不满 6 岁的儿子保管，而懿贵妃作为载淳的母亲，就顺理成章地将"同道堂"印章据为己有，也顺理成章地取得了"代子钤印"之权。这个"钤印制度"是咸丰帝最大的失误，这让处境不妙的懿贵妃突然看到了希望，也赋予了懿贵妃某种意义上的最高决策权（钤印权）。一时之间，手上的"公章"和膝下的小皇帝，成了懿贵妃与群臣抗衡的最大资本。

二、皇后被卷入政治漩涡

咸丰帝的皇后钮祜禄氏是一个心地慈悲、忠厚老实的人，《慈禧传信录》记载："孝贞（皇后钮祜禄氏）素宽和，殊无裁制之术。"●《十叶野闻》也评价皇后"性贤淑长厚，工文翰，娴礼法"。● 咸丰帝将"御赏"印章交给皇后，是想让她不被朝臣牵制和欺负，然而，皇后毫无政治野心，咸丰帝赋予她"钤印之权"，无疑是将她卷入了巨大的政治漩涡，也必然会导致很多心术不正之人联合皇后，利用她手中的"御赏"印章。果不其然，懿贵妃看准时机后，马上拉拢皇后，与皇后结为"同盟"，奕䜣也在不久之后赶到热河行宫，想联合皇后一同与肃顺等八大臣抗衡。

综合以上几个方面不难看出，咸丰帝在临终前的这些部署，纯粹就是一招瞻前顾后、妇人之仁的大臭棋。咸丰帝若想避免政权交替带来的动荡，要么就听从肃顺的建议，将懿贵妃一杀了之，以绝后患；要么就大度地将奕䜣拉进顾命八大臣之列，给予实权，充分安抚。可惜咸丰帝并没有这么做，他的做法意在调适权力平衡，岂料弄巧成拙，不但严重低估了奕䜣和懿贵妃的力量和野心，而且大大加剧了各势力之间的矛盾。在咸丰帝的这种安排之下，内廷之中的不同政治势力必将展开一场争夺权力的厮杀。

咸丰帝交代完这几件事情之后，于 1861 年 8 月 22 日晨（农历七月十七日卯时）驾崩于热河避暑山庄的烟波致爽殿喜暖阁。8 月 23 日，皇后钮祜禄氏被尊封为皇太后，即"母后皇太后"，而懿贵妃也被尊封为皇太后，即"圣母皇太后"。●

9 月 3 日，载垣等顾命大臣为小皇帝载淳拟定了"祺祥"的年号，并开始铸造"祺祥"年号的新币"祺祥通宝"，刊印祺祥元年的历书，这是他们新官上任的第一把火。

● 费行简 . 慈禧传信录 [M]. 台北：广文书局，1980: 2.

● 许指严 . 十叶野闻 [M]. 北京：中华书局，2007: 29.

● 故宫博物院明清档案部 . 清代档案史料丛编（第 1 辑）[M]. 北京：中华书局，1978: 85–86.

第五节　叔嫂联手

咸丰帝在临死之前的所作所为，加剧了各政治势力的冲突，他的驾鹤西去，留下的是一个动荡不安的政局。

幼帝载淳的登基大典不可能在热河举行，而国家不可一日无主，所以，身在热河行宫的幼帝和一帮大臣必将在不久后返回京师。在这个节骨眼上，不同的政治势力面对着风云变幻的时局，又展开了新一轮的角逐。

一、两宫太后"结盟"

咸丰帝驾崩前，懿贵妃势单力薄，只能力求自保，不被顾命大臣诛除，而此时懿贵妃已经贵为圣母皇太后，而且手上有了"同道堂"这枚"公章"，又有小皇帝这个可以号令天下的小宝贝，所以逐渐变得信心倍增，甚至野心膨胀。

圣母皇太后为了进一步满足她的权力欲，开始主动地寻找"盟友"，并积极拉拢身边的母后皇太后。母后皇太后虽然忠厚老实，但与肃顺、载垣、端华等人的关系也非常紧张，于是，圣母皇太后趁机在母后皇太后面前哭哭啼啼，"以肃顺平日抑制宫眷事以挑拨之"，并痛斥肃顺等人蔑视母后皇太后和幼帝。生性单纯的母后皇太后本来就缺乏主见，她被圣母皇太后一顿煽惑之后，又看在圣母皇太后孤儿寡母的份上，居然念及姐妹情谊，暗中扶持圣母皇太后。

自此之后，两宫太后正式"结盟"，成了亲密的伙伴，常常"俯巨缸而语，计议甚密"。❶ 从圣母皇太后的角度而言，她与母后皇太后站到了一条战线后，有了以下几个方面的收获。

首先，两宫太后联手后，孤儿寡母的她们才能免为他人鱼肉。这个说法诚然不假，但却是最浅显、最骗人的理由，是圣母皇太后用来煽动母后皇太后感情的说法。

其次，母后皇太后是咸丰帝的皇后，是具有政治正统性的正牌"国母"，而圣母皇太后仅是一个贵妃。圣母皇太后拉拢了母后皇太后，等于是有了政治根基。

第三，圣母皇太后手中只有咸丰帝御赐的"同道堂"印章，而另一枚印章"御赏"却在母后皇太后手中。虽然这两枚印章的效力是相等的，❷ 但是依照"钤印制度"的规定，只有两枚印章同时加盖在谕旨上，谕旨才具效力，否则是废纸一张。所以，圣母皇太后必须联合并利用母后皇太后，这样才等于把谕旨的生效大权牢牢握在了手中。

圣母皇太后的这三个收获，只有第三个是实质性的收获。然而，尽管两宫皇太后的手中还握有一定程度的决策权，但她们毕竟还是缺少朝臣势力的支持，圣母皇太后想要进一步揽权，就必须要进一步联合其他内外大臣的力量。

❶ 贾熟村.祺祥政变[J]// 余炳坤，王道成，等.西太后.北京：紫禁城出版社，1985：89.

❷ 据吴相湘考证，"御赏"和"同道堂"这两枚印章的效力是相等的，不存在其中一枚的效力高于另一枚。参见吴相湘.晚清宫廷实纪[M].北京：中国大百科全书出版社，2016：200.

当时的朝臣势力主要包括八位顾命大臣的势力（主要是"肃党"）、奕诉势力和地方封疆大吏的势力。肃顺与圣母皇太后有怨，地方大臣又遥不可及，所以圣母皇太后只能争取她的小叔子奕诉的支持。

二、八位顾命大臣的失误

八位顾命大臣依仗咸丰帝"赞襄一切政务"的遗诏，自忖站稳了脚跟，开始得意忘形。

1861 年 9 月 8 日，八位顾命大臣之中的怡亲王载垣连上两折，奏请提拔八大臣之中的匡源和焦佑瀛。同日，内阁发布上谕，匡源兼署户部左侍郎，并兼管三库事务，焦佑瀛补授太仆寺卿。❶ 八大臣的这些举动说明了两个问题：第一，顾命大臣弹冠相庆，其乐融融，正在享受权力带来的果实；第二，肃顺仗着自己"一手遮天"的权力，想要进一步达到笼络党羽的目的。

肃顺等人在得意忘形的同时，逐渐对两宫太后尤其是圣母皇太后掉以轻心。

《慈禧传信录》记载，咸丰帝驾崩后不久，两宫太后召八名顾命大臣入见，想与八大臣议论诏谕、疏章、黜陟、刑赏等事。两宫太后想搬出钤印制度的遗命，与八大臣协商有关皇帝谕旨的起草和发布的流程，兼而讨论大小官员的任免、奖惩程序。可是，肃顺、杜翰、焦佑瀛等人居然对两宫太后说："谕旨由大臣拟定，太后但钤印，弗得改易，章疏不呈内览。"❷ 八大臣的态度非常狂妄，根本没把两宫太后放在眼中，他们的意思很明显，认为谕旨只需由八大臣草拟即可，太后只需要象征性地盖一盖章，不得过问谕旨内容，更是不能更改谕旨内容，朝廷各部院衙门的章疏也不需要呈送给太后看。八大臣的这套说辞，已然隐含着想要推翻咸丰帝遗命的"钤印制度"的味道。

这是八大臣和两宫太后的首次正面冲突，可是，最终的结果却出人意料，双方争论了四天后，肃顺等人没有在钤印制度的具体细节上与两宫太后较劲，而是向太后妥协了，与两宫太后约定"章疏呈览，谕旨钤印，任用尚侍督抚枢臣拟名，请懿训裁定……"❸ 这意味着两宫太后自此拥有了阅看官员奏折之权，也有了官员的任免权，还将谕旨的生效权牢牢握在手中，可以对八大臣所拟的谕旨做出最终的议定和批改。

这个事件充分说明，肃顺等人不但骄横自大，而且还严重地低估了近在咫尺的圣母皇太后的野心。他们之所以向两宫太后妥协，或许是肃顺认为两宫太后根本成不了任何大事，所以既然她俩想看谕旨，想改谕旨，就给她俩改吧，难不成两个身居后宫的太后还能翻了天？显然，八大臣向两宫太后妥协是一个致命的失误，为他们在之后的政变中埋下了失败的种子！

三、奕诉奔丧

按照先帝的遗命，此时的奕诉已被排除在八位顾命大臣之外，可谓彻底失势，尽管如此，心有不甘的他仍然渴望执掌政权，"尤希用事"❹。

❶ 故宫博物院明清档案部.清代档案史料丛编（第 1 辑）[M].北京：中华书局,1978:89-90.

❷ 费行简.慈禧传信录 [M].台北：广文书局,1980:4.

❸ 费行简.慈禧传信录 [M].台北：广文书局,1980:4.

❹ 费行简.慈禧传信录 [M].台北：广文书局,1980:4.

奕䜣深知，他想要登上最高权力的宝座，只有用釜底抽薪的办法彻底搞垮八位顾命大臣。可是问题又来了，凭他一己之力，想要推翻先帝遗诏的顾命大臣制度几乎是不可能。奕䜣虽然贵为恭亲王，身边也有一些党羽，但这些党羽"或希柄用，或快报复"❶，都是各怀目的，另外，他虽然得到了洋人势力的公开支持，但这些洋人也是居心叵测，关键时候不一定靠谱。

奕䜣深思熟虑后认为，自古以来幼主在位，不是顾命辅政，便需太后垂帘，这是非杨即墨的必然之势，❷ 所以他灵机一动，想用一个全新的政治制度来代替现有的顾命大臣制度，这个全新的政治制度就是"恭亲王辅政，两宫太后垂帘"。在奕䜣看来，"两宫垂帘"只不过是一块让自己重登政坛的垫脚石，这块垫脚石可以让他假借太后之手而神不知鬼不觉地诛除肃顺，等到肃顺被扳倒后，自己已经辅政，将来的做法就由不得两个垂帘的寡妇了，而是全在自己的掌控之中。

这个方案虽然可行，但当务之急是联合两宫太后，所以，奕䜣立即向热河行宫奏请前往热河行宫，名为叩谒咸丰帝的梓宫，实则暗中笼络两宫太后。

1861 年 8 月 28 日，上谕允准奕䜣赴行宫叩谒梓宫。❸ 9 月 5 日，奕䜣抵达热河，正好赶上先帝的奠礼，在奠礼上，奕䜣"伏地大哭，声彻殿陛"❹。

此时的两宫太后（尤其是圣母皇太后）也非常盼望得到奕䜣势力的支持，所以她们听闻奕䜣来到热河，立即传旨接见。然而，两宫太后和恭亲王的这些异常举动引起了肃顺等人的紧张，因为咸丰帝尸骨未寒，两宫太后却丝毫不避嫌，在这个时候接见小叔子，于情于理不符。

面对三人的异常举动，八大臣中的杜翰"昌言于众，谓叔嫂当避嫌疑。且先帝宾天，皇太后居丧，尤不宜召见亲王"❺。面对八大臣的阻拦，机智的奕䜣为了不让肃顺等人起疑，居然对郑亲王端华说："既然年轻叔嫂不宜后宫相见，请郑亲王与我共同进见如何？"这可把肃顺一伙弄懵了，肃顺只能自我嘲解地打哈哈说："老六（奕䜣），汝与两宫叔嫂耳，何必我辈陪哉？"❻ 于是，奕䜣用这种"厚脸皮"式的策略，得到了一人单独会见太后的机会。

这是一个千载难逢的机会，奕䜣和两宫太后可以借此机会密谋政变，整合资源。然而，双方在这次会面时具体谈论了一些什么内容，不同的史料却有不同的记载：

《清史稿·孝钦显皇后传》记载："恭亲王奕䜣留守京师，闻丧奔赴，两太后为言载垣等擅政状。"❼

《清史稿·宗室肃顺传》记载："恭亲王至行在，乃密定计。"❽

❶ 费行简.慈禧传信录 [M].台北：广文书局,1980:4.

❷ 高阳.慈禧前传 [M].北京：新星出版社,2015:169,204.

❸ 郭廷以.近代中国史事日志（上册）[M].北京：中华书局,1987:377.

❹ 吴相湘.晚清宫廷实纪 [M].北京：中国大百科全书出版社,2016:191.

❺ 薛福成.庸盦笔记[M]//薛福成,钮琇,著.傅一,陈迹,标点.庸盦笔记·觚剩.重庆：重庆出版社,1999:21.

❻ 薛福成.庸盦笔记[M]//薛福成,钮琇,著.傅一,陈迹,标点.庸盦笔记·觚剩.重庆：重庆出版社,1999:21.

❼ 赵尔巽.清史稿·孝钦显皇后传（第 6 册）[M].天津：天津古籍出版社,2012:2284.

❽ 赵尔巽.清史稿·宗室肃顺传（第 9 册）[M].天津：天津古籍出版社,2012:3685.

《近代中国史事日志》记载："太后及恭亲王合谋对载垣肃顺等。"●

《庸盦笔记》记载："王（奕䜣）乃得一人独进见。两宫皆涕泣而道三奸（载垣、端华、肃顺）之侵侮，因密商诛三奸之策。并召鸿胪寺少卿曹毓瑛密拟拿问各旨，以备到京即发，而三奸不知也。"●

《热河密札》记载："（奕䜣）祭后，太后召见。恭邸请与内廷偕见，不许。遂独对。"●

可见，这些史料根本没有明确说明密谋的具体内容，对密谋的内容均含含糊糊，一笔带过。近年来，王开玺经过考证，推测出了这次叔嫂密谈的主要内容，包括三个方面：

①两宫太后向恭亲王哭诉肃顺等人对她们的轻侮；②两宫太后向奕䜣提出，要彻底解决肃顺等人的问题，不能在热河动手，非还京不可，奕䜣与两宫太后做出回到北京后再发动政变的决定；③奕䜣向两宫太后保证回銮北京后，外国势力不会有任何异议，从而解除了两宫太后有关外国是否会干涉宫廷政变的顾虑。●

尽管我们无法确切得知这次密谈的具体内容，但有一点是可以肯定的，那就是这次密谈促成了叔嫂之间的联手。叔嫂的这次联手非常重要，首先，这标志着奕䜣与两宫太后的联合，其次，事后的事实证明，双方确实在这次会面之中密谋了发动政变的具体措施，进而影响了之后整个事态的发展，基本奠定了辛酉政变的胜局。

双方的这次联手，其实都是在相互利用，而且均极具主动性。从奕䜣的角度而言，虽然他具有发动政变的能力，但是如果不主动争取两宫太后的支持，"垂帘制度"的幌子也无法实现，他最终也难以成事；而从两宫太后尤其是从圣母皇太后的角度而言，若没有奕䜣的支持，她也不能摆脱困局，更无力发动政变，或许只能勉强自保，甚至是在深宫中坐以待毙。

在咸丰帝驾崩前，懿贵妃的处境颇为尴尬，而奕䜣才是积极发动政变的主谋，但是随着事态的发展，到了奕䜣与圣母皇太后在热河密谋的前后，他们都成了发动政变的主谋。对于圣母皇太后的这种心理变化，《十叶野闻》倒是有比较中肯的评价："时慈禧既得慈安之助力，而来恭王等之强有力者，知势已占胜，遂命异帝榇启行，疾趋京师，欲先一日抵京，发肃顺等之罪。"●这句话点明了圣母皇太后此时的心理状态是"知势已占胜"，所以主动地开始了政变的酝酿。另外，《慈禧传信录》中也有一段很有意思的记载："西边自上宾天后，神采焕发。"●此处的"西边"就是指圣母皇太后，而她之所以在这个时候"神采焕发"，正是因为她在这次密谋后看到了通过政变能夺取政权的希望，所以信心倍增，整个人的状态都变好了。

● 郭廷以.近代中国史事日志（上册）[M].北京：中华书局，1987：377.

● 薛福成.庸盦笔记[M]//薛福成，钮琇，著.傅一，陈迹，标点.庸盦笔记·觚剩.重庆：重庆出版社，1999：21.

● 佚名.热河密札[M]//中国社会科学院近代史研究所近代史资料编辑组.近代史资料（总第36号）.北京：中华书局，1978：8.

● 王开玺.慈禧垂帘：祺祥政变始末[M].北京：东方出版社，2014：140.

● 许指严.十叶野闻[M].北京：中华书局，2007：90.

● 费行简.慈禧传信录[M].台北：广文书局，1980：22.

1861 年 9 月 11 日，奕䜣离开热河，开始在北京地区紧锣密鼓地筹划政变前的准备活动。野史笔记为了渲染双方在这个时期积极准备政变，甚至描写了一段圣母皇太后主动联络奕䜣的故事，绘声绘色地记载了圣母皇太后派安德海至京城找宝鋆传话的情形。❶

事已至此，山雨欲来风满楼！政变之前的不同势力基本已经整合完毕，目前只差一个引发政变的导火索！

第六节　莠言乱政的董元醇

正当两宫太后与奕䜣暗中策划政变之时，朝野中发生了一件令人震惊之事，一个名叫董元醇的御史上了一封《奏请皇太后权理朝政并另简亲王辅政折》的奏折，而这封奏折居然请求让太后垂帘，让亲王辅政。

1861 年 9 月 10 日，董元醇的奏折自北京发出，13 日送到热河。奏折的原文如下：

山东道监察御史臣董元醇跪奏，为敬陈管见，仰祈圣鉴事。

窃以事贵从权，理宜守经。

何为从权？现值天下多事之秋，皇帝陛下以冲龄践阼，所赖一切政务皇太后宵旰思虑，斟酌尽善，此诚国家之福也。臣以为即宜明降谕旨，宣示中外，使海内咸知皇上圣躬虽幼，皇太后暂时权理朝政，左右并不能干预，庶人心益加敬畏，而文武臣工俱不敢稍肆其蒙蔽之术。俟数年后，皇上能亲裁庶务，再躬理万机，以天下养，不亦善乎！虽我朝向无太后垂帘之仪，而审时度势，不得不为此通权达变之举。此所谓事贵从权也。

何谓守经？自古帝王莫不以亲亲尊贤为急务，此千古不易之经也。现时赞襄政务，虽有王公大臣、军机大臣诸人，臣以为当更于亲王中简派一二人，令同心辅弼一切事务，俾各尽心筹画，再求皇太后皇上裁断施行，庶亲贤并用，既无专擅之患，亦无偏任之嫌。至朝夕纳诲，辅翼圣德，则当于大臣中择其德望素优者一二人，俾充师傅之任，逐日进讲经典，以扩充圣聪，庶于古今治乱兴衰之道，可以详悉陈说，而圣德日增其高深，此所谓理宜守经也。

至行政多端，首在用人。外而封疆大吏，则洁己率属，责在督抚。督抚贤，则一省赖以安全矣。军务地方，则训卒练兵，责在将帅。将帅良，则一方赖以扞御矣。臣以为宜严旨晓谕，令各洗心涤虑，勿得仍蹈因循欺饰之弊。如大吏中有贪黩营私，不能廉正自持，察吏安民者，及将帅中有退缩不前不能申明纪律运筹决胜者，均即从重治罪，以示警戒，庶人人惕厉，而寰宇可望肃清矣。

臣愚昧之见。是否有当。伏祈圣鉴施行。臣谨奏。❷

董元醇在奏折的一开始就开宗明义地亮出了"窃以事贵从权，理宜守经"的观点，也就是凡事不能过于死板，国家处于特殊时期，所以应该采取特殊的变通权宜之法。具体而言，这篇奏折有以下几个主要的请求：

❶ 高阳. 慈禧前传 [M]. 北京：新星出版社, 2015:162-166.

❷ 故宫博物院明清档案部. 清代档案史料丛编（第 1 辑）[M]. 北京：中华书局, 1978: 91-92.

第一，皇帝年幼，必须请皇太后暂时权理朝政，以防其他朝臣（暗指顾命八大臣）把持朝政，等到皇上能亲自处理政务之后，皇太后再还政。大清虽然没有太后垂帘之仪，但"审时度势，不得不为此通权达变之举"。

第二，太后垂帘的同时，还应有辅佐皇帝的大臣，而辅佐皇帝之人应在"亲亲尊贤"之人中挑选，所以应当在各亲王中再简派一至二人，与顾命八大臣一同辅弼事务（董元醇所指的这位亲王，明眼人一看都知道是恭亲王奕䜣）。

第三，应选择几名"德望素优"的大臣，充任小皇帝的师傅，"以扩充圣聪"。

第四，应加强对文武官员的考察整饬。

不难看出，董元醇的这四点建议，第三、第四点只不过是点缀，可有可无，而第一、二个请求才是本折的核心，即奏请"太后垂帘，亲王辅政"。

董元醇的这篇奏折一石激起千层浪，瞬间引起了朝局"大地震"，也成为了辛酉政变爆发的导火索，这是因为，奏折中所陈之事深深地触动了顾命八大臣掌握朝权的根本政治利益。

一向跋扈的肃顺等人万万没想到，区区一个山东御史，居然敢如此"妄议朝政"，甚至在奏折中暗讽顾命八大臣把持朝政，施行"蒙蔽之术"。另外，此折请求增派一二名亲王进入辅助大臣之列，说这样的好处是"既无专擅之患，亦无偏任之嫌"，又请求两宫太后垂帘听政，还说这是"通权达变之举"。总之，这篇奏折的言语在肃顺等人听来简直是句句刺耳，在肃顺等人眼里，董元醇就是个望风希指的小人，他奏请"太后垂帘，亲王辅政"的行为是在"莠言乱政"！

董元醇只是一个山东监察御史，哪里来的狗胆上呈这种"妄议朝政"的奏折，不要命了？有的学者分析，董元醇上奏的行为是受到了协办大学士周祖培的暗中唆使，《慈禧传信录》也有相关记载："董元醇承周祖培旨，首请垂帘。"[1]可是这些资料都不能确切地证明周祖培唆使过董元醇。但是，周祖培与肃顺积怨已久，而且周祖培本人也是奕䜣的党羽之一，这封奏折中的"简派亲王（奕䜣）辅政"，也符合周祖培等人的政治愿望，所以从这些迹象表明，周祖培是幕后主使的可能性最大。

这是恭亲王势力在辛酉政变准备阶段向八位顾命大臣的放出的第一招，奕䜣的党羽们之所以要这么做，是想率先向八大臣发难，否则等到他们回到北京站稳脚跟后，局面就越发难收拾了。如此看来，董元醇奏折的主要内容中"太后垂帘，亲王辅政"，"太后垂帘"反倒成了幌子，"亲王辅政"才是核心中的核心，这种推论符合奕䜣势力的最终愿望，即只是把"两宫垂帘"制度当作一块垫脚石，真正的目的是让奕䜣执掌政权。

热河方面，奏折既然呈上来了，八位顾命大臣和两宫皇太后都回避不了。

八大臣与两宫皇太后之前协商的政务处理程序是"章疏呈（太后）览，谕旨钤印"，[2]这是八大臣在之前犯下的一个致命失误。按照这个政务处理程序的规定，董元醇的奏折到达热河行宫后，应立即呈给两宫太后阅看，待太后看完奏折后，又会发给八位顾命大臣，一起针对奏折而研究、拟定具体的处理意见。如果敲定了最终的处理意见，两宫太后就会在军机处所拟的谕旨上钤上"御赏"和"同道堂"的印章，谕旨即生效。

❶ 费行简. 慈禧传信录 [M]. 台北：广文书局，1980: 21.

❷ 费行简. 慈禧传信录 [M]. 台北：广文书局，1980: 4.

圣母皇太后看到此折后窃喜，因为这篇奏折所奏之事非常符合她的胃口。1861年9月15日，两宫太后带着小皇帝载淳，一起召见了肃顺等八大臣，明确表明她们决定接受董元醇的几点奏请，并命令顾命八大臣办理几件事：①就有关垂帘听政之事进行讨论，提出具体办法；②开具空名谕旨，等待两宫太后另行任命一二名亲王辅政；③在朝廷中保举数名可充任皇帝师傅之人，亦由两宫太后任命。❶

肃顺等八人这才意识到他们之前同意"章疏呈（太后）览，谕旨钤印"的重大失误，所以立刻与两宫太后展开了激烈的辩论。据史料记载，在双方的这次争辩中，八大臣"哓哓置辩，已无人臣之礼"，❷甚至"声震殿陛"，把小皇帝都吓得尿了裤子。❸其中，杜翰表现得最卖力，高声大吵，"抗言甚力"，为此，肃顺在事后还夸奖杜翰："君诚不愧杜文正（杜受田，咸丰帝的老师）之子也。"❹❺

最终，两宫太后被八个男人的阵势气得发抖，泣不成声，而八大臣意识到他们继续争持下去也没什么结果，所以悻悻而退。

八大臣退走后又心有不甘，决定下一道谕旨痛斥这个莠言乱政的董元醇，并严加治罪，肃顺还认为"（董元醇）按制当立斩"❻。当天，八大臣之一的焦佑瀛就以小皇帝的名义草拟了一道谕稿，对董元醇奏折中的四个问题分别进行了严厉批驳：❼

第一，关于垂帘听政的问题，"我朝圣圣相承，向无皇太后垂帘听政之礼"。

第二，关于另行简派亲王辅政的问题，皇考（咸丰帝）已经诏命载垣等八人尽心辅弼，岂能随意增添辅政大臣，责问御史董元醇"是何诚心"？

第三，关于帝师问题，咸丰帝已派李鸿藻担任幼帝的师傅。

第四，关于整饬吏治问题，皇帝已经明降谕旨，文武官员必能不负重任。

八大臣将谕稿送至两宫太后处，等待太后钤盖"御赏"与"同道堂"的印章。两宫太后深知，她们一旦顺应了八大臣的意见而在谕稿上钤印，就意味着董元醇将遭到斥责，更意味着她们为了争夺权力而做出的种种努力将付之东流，所以，两宫太后决定拖延时间。

一段时间后，八大臣迟迟等不到两宫太后钤印，意识到这两个妇人在拖延时间，所以也搬出了一个杀手锏——搁车（即罢工）。这个招数非常狠辣，因为他们八人是顾命大臣，其中又有好几人在军机处任职，他们一旦罢工，则任何谕旨诏书都无法向清廷的文武官员送达，这等于整个清王朝的中枢机构面临瘫痪。

面对八大臣的狠招，两宫太后彻底没辙了，她们商议后认为，此时发动政变的时机尚不成熟，不宜与八大臣公开争执，应为了政变的大局而暂时隐忍，所以，两宫太后在

❶ 王开玺.慈禧垂帘：祺祥政变始末 [M].北京：东方出版社,2014: 150.

❷ 故宫博物院明清档案部.清代档案史料丛编（第 1 辑）[M].北京：中华书局,1978: 113.

❸ 李慈铭.越缦堂日记（第 3 册，辛集）[M].扬州：广陵书社,2004: 1968.

❹ 赵尔巽.清史稿·杜翰传（第 9 册）[M] 天津：天津古籍出版社,2012:3670.

❺ 许指严.十叶野闻 [M].北京：中华书局,2007: 25.

❻ 王闿运.祺祥故事 [M]// 丛书集成续编（第 25 册）.上海：上海书店,1995: 831.

❼ 故宫博物院明清档案部.清代档案史料丛编（第 1 辑）[M].北京：中华书局,1978: 94.

经历了一番思想斗争后，噙着泪水在八大臣的谕稿上加盖了"御赏""同道堂"二印。八大臣拿到钤盖印章的谕稿后，知道两宫太后服输了，所以立即将这封痛驳董元醇的谕旨发下。

短短几天内，御史董元醇掀起的这股朝堂旋风就平息了下来，尽管八大臣在与两宫太后的争斗中最终取胜，但倘若他们多一点政治敏锐度的话，就应当意识到此时的朝堂已经埋伏着隐患，可惜，他们认为此事只不过是一个监察小吏在"莠言乱政"，对即将爆发的骤变却丝毫没有察觉，甚至在下发谕旨后立即言笑如初，"笑声彻远近"，这又是他们犯下的一个致命错误。

第七节　政变前夕的宁静

董元醇"莠言乱政"之事告一段落，顾命八大臣照常办事，言笑如初。他们根本料想不到，两宫太后和身在北京的恭亲王奕䜣已经在这个期间开始了一系列的秘密部署，这些部署，不仅预示着宫廷即将发生一场政变，也预示着肃顺命不久矣。

这个期间，热河行宫和北京皇宫看似宁静，却发生了几件大事，而这几件大事，决定了之后整个政变的走向。

一、定罪之谕的起草

这一时期，身在热河行宫的两宫太后并没闲着，她们不断收集肃顺等人的罪证，并开始起草定罪的谕稿。

《越缦堂日记》记载：在董元醇上奏之后，醇郡王奕譞的福晋叶赫那拉·婉贞到热河探望两宫太后。婉贞是圣母皇太后的胞妹，所以她不用避嫌，能够随便出入两宫太后的禁宫。在这次的姐妹会面中，两宫太后秘密叮嘱婉贞，令婉贞让其丈夫醇郡王奕譞秘密起草肃顺等人罪状的谕旨，并让婉贞将此谕旨携带至热河，由母后皇太后藏入祖服中。❶

关于两宫太后请求奕譞帮忙一事，《祺祥故事》有不同的记载：婉贞与两宫太后见面后，醇郡王奕譞也到了热河行宫，甚至还与两宫太后见面，两宫太后向小叔子奕譞哭诉肃顺等人的恶劣行径，奕譞遂前往北京，与奕䜣秘密联手。❷

《庸盦笔记》的记载又与以上两种记载都不同，甚至迥异：在1861年9月5日两宫太后与奕䜣秘密会面时，双方就曾"召鸿胪寺少卿曹毓瑛密拟拿问各旨，以备到京即发，而三奸不知也"❸。按照这种记载，肃顺罪状谕旨的草拟人变成了曹毓瑛，而且时间点也与《越缦堂日记》的记载大相径庭。

近年来，根据王开玺先生的考证，当时确实有人起草过肃顺罪状的谕稿，而最初的

❶ 李慈铭.越缦堂日记（第3册，辛集）[M].扬州：广陵书社，2004：1979.

❷ 王闿运.祺祥故事[M]//丛书集成续编（第25册）.上海：上海书店，1995：831.

❸ 薛福成.庸盦笔记[M]//薛福成，钮琇，著.傅一，陈迹，标点.庸盦笔记·觚剩.重庆：重庆出版社，1999：21.

起草人正是急于夺权的圣母皇太后。❶ 尽管起草这份罪证谕稿的内幕扑朔迷离，但不论真相如何，从事后的发展过程来看，两宫太后和奕䜣等人确实起草了一份有关肃顺等人罪证的谕稿。

二、军队势力的动向

清廷在此期间发生的第二件大事，是不同的军队势力开始有了不同的动向。

奕䜣和两宫太后都知道，他们要想成功发动政变，就必须取得军队势力的支持，所谓"枪杆子里出政权"。此时在北京、热河一带握有兵权之人，有瓜尔佳·胜保，还有僧格林沁等人，这些人在干什么？政治倾向又如何？

（一）胜保

胜保是满族镶白旗人，时任钦差大臣、兵部右侍郎，曾于第二次鸦片战争中率兵抗击英法联军。

早在董元醇上奏之前的 9 月 6 日，胜保就向热河行宫呈上了一封《奏吁恳兼程北上叩谒梓宫折》，在此折中，胜保声泪俱下，恳请清廷批准其亲自到热河行宫叩谒咸丰帝的梓宫。为了表明诚意，胜保自称其听闻咸丰帝驾崩后"伏地呼号，五中摧裂"，还说"此时若不即日匍匐北上，叩谒梓宫，稍申哀慕，此心何以克安？！"❷

此时的胜保虽然表面上对八大臣客客气气，但在奏折中已经隐隐然表露出了袒护两宫太后的政治倾向："尤愿皇太后辅导冲圣，调护维持，勿可悲恸。"❸ 不仅如此，胜保、谭廷襄还专门上了一封《请皇太后懿安》的折子，意在向两宫太后示好，最终，这封折子被八大臣以"有违体制""缟素期内呈递黄折，亦属不合"等理由驳回。❹

不难看出，虽然胜保的言行模棱两可，但他在此期间的政治倾向只有以下三种可能：第一，已经彻底倾向两宫太后一边；第二，站在恭亲王一边；第三，持观望、游移的态度，到了千钧一发之时才有所举措，不冒然地做政治牺牲品。不论胜保的内心如何，有一点是可以肯定的，胜保并非服服帖帖、忠心耿耿地倒向肃顺集团一边。

9 月 11 日，胜保叩谒梓宫的请求得到恩准，并率兵经河间、雄县一带兼程赶至热河。

（二）僧格林沁

僧格林沁是蒙古王爷，军功卓著。肃顺等人虽然骄横跋扈，但也没有蠢到连拉拢军队势力都不知道的地步，他们此时很想拉拢僧格林沁。

9 月 11 日，载垣、端华、肃顺等八大臣联名致函僧格林沁，主动邀请僧格林沁到热河叩谒梓宫。这封信函非常肉麻，称各路统兵不用奏请来京（也许是看到胜保奏请叩

❶ 王开玺.慈禧垂帘：祺祥政变始末 [M].北京：东方出版社，2014：155–156.
❷ 故宫博物院明清档案部.清代档案史料丛编（第 1 辑）[M].北京：中华书局，1978：87–88.
❸ 故宫博物院明清档案部.清代档案史料丛编（第 1 辑）[M].北京：中华书局，1978：87.
❹ 故宫博物院明清档案部.清代档案史料丛编（第 1 辑）[M].北京：中华书局，1978：93.

谒梓宫，怕许多武官蜂拥而至，想堵住这个口），但是僧王"受恩至重，非各路统帅可比"，所以僧王"似可具折奏请叩谒梓宫，并请皇上节哀"。[1]肃顺等八人能把姿态放如此之低，也算少有了。

可惜，僧格林沁根本不买肃顺的账，而是态度坚决地支持两宫太后，甚至还挑衅地反问肃顺："为何朝臣上奏的奏折中只能写'皇上'，而不能写'皇太后'？"针对僧王的这个问题，八大臣虽然恼怒，却也不便发作，只是回信称："应请惟用'皇上圣鉴'字样为荷。"[2]"为荷"是"为谢"的意思，可见八大臣的回应也算是很客气了。

最终，肃顺等人没能争取到僧格林沁的支持，但是他们并不觉得可惜，甚至在僧格林沁这种拥兵自重的硬气之下，仍旧是一副稳坐钓鱼台的模样。

（三）奕譞

9月6日，醇郡王奕譞调任正黄旗汉军都统，也从实质意义上掌握了军事权力。

醇郡王奕譞是道光帝的第七子，也是咸丰帝和恭亲王奕䜣的胞弟，他并非肃顺的党羽，而且她的福晋正是圣母皇太后的胞妹。在这种血浓于水的情况下，奕譞的政治倾向是彻底倒向两宫太后和奕䜣的，种种野史笔记也记载了奕譞在这个时期帮助两宫太后和奕䜣谋划政变。

三、顾命大臣被瓦解

顾命大臣中的景寿并非肃顺的党羽，他是被咸丰帝硬拉进顾命大臣之中凑数的。此人是道光帝妹妹的额驸，并不似肃顺等人那么跋扈，反而有些木讷，因此，圣母皇太后抓住时机，采取了一些瓦解八大臣的手段。

据说，两宫太后于某日单独召见了景寿，先是不动声色地问景寿："康熙爷时是谁辅政？"景寿据实回答是索尼、鳌拜等四人，随后，太后又不动声色地问："那么后来呢？"景寿还是没反应过来，茫然地回答说后来就是康熙爷亲政。景寿回答完毕后，圣母皇太后目光犀利地盯着景寿继续追问："我说的是再后来呢？"此时，景寿的脑袋嗡的一下蒙了，吓得急忙跪下，哆哆嗦嗦地说："后来鳌拜被幽禁而死。"圣母皇太后眼见景寿被吓，见好就收，只说了一句话："知道就好，下去吧！"[3]

这段史料未经证实，可信性不是太大，但是许多野史笔记都有相似的记载，似乎并非空穴来风。

四、八大臣确定回京事宜

咸丰帝的梓宫不能一直停放在热河行宫，而小皇帝载淳也迟早要在北京皇宫举行登基大典。针对这些问题，清廷于1861年9月17日传谕，确定了小皇帝的登基时间："依钦天监所择吉日，于十月初九日甲子卯时（公元1861年11月11日早5点至7点），举

❶ 故宫博物院明清档案部.清代档案史料丛编（第1辑）[M].北京：中华书局，1978：93.
❷ 故宫博物院明清档案部.清代档案史料丛编（第1辑）[M].北京：中华书局，1978：99.
❸ 王开玺.慈禧垂帘：祺祥政变始末[M].北京：东方出版社，2014：181.

行登基颁诏巨典，各该衙门遵照旧仪，敬谨豫备。"❶ 9 月 18 日，清廷又传一谕，确定了咸丰帝的梓宫的回京日期："谨择九月二十三日辰时（公元 1861 年 10 月 26 日早 7 点至 9 点）恭奉皇考大行皇帝梓宫回京。"❷

先帝梓宫回京以及幼帝登极的时间敲定后，剩下的事情就是具体的流程安排了。9 月 22 日，八大臣之中的怡亲王载垣等人上了一封《请皇上由间道先行回京》的奏折，对这两件事情做了具体的安排：10 月 26 日，幼帝载淳先在热河避暑山庄的丽正门外恭送梓宫登舆，以表示小皇帝对大行皇帝的孝心。这个仪式弄完后，年幼的皇帝便可与两宫太后及七名顾命大臣（除了肃顺）先行抄近道回京，不必随着浩浩荡荡的梓宫队伍一起走，而肃顺、奕譞等人殿后，慢慢护送梓宫回宫。这样一来，小皇帝一行大约在 11 月 1 日即可回到北京的皇宫，而等到数日后，护送咸丰帝梓宫的肃顺一行也可抵京，小皇帝只需在东华门外跪迎梓宫即可。❸

不得不说，顾命八大臣对于死去的咸丰帝和新继位的小皇帝都是忠心耿耿的，他们的这种安排，既顾及了小皇帝恭送、跪迎梓宫的礼仪，也能让年幼的皇帝不至于过度劳顿。但是很可惜，八大臣的这种安排又犯下了三个致命的失误。

第一，八大臣让两宫太后陪同幼帝先行回宫，这就等于让两宫太后与在京的奕䜣抢先一步会合，给他们提供了进一步策划政变的时间和条件。

第二，八大臣让肃顺护送梓宫殿后，其他七人陪同幼帝先行回京，然而这七人失去肃顺这个主心骨后，根本不足以成事。

第三，肃顺居然与醇郡王奕譞同行，而奕譞并非肃顺的党羽，在关键时刻，奕譞极有可能成为肃顺的"索命阎罗"。

如果说八大臣的上述安排是一个重大失误，那么他们接下来的所作所为，则是不折不扣的愚蠢之举。

10 月 7 日，载垣、端华、肃顺面奏圣上，称他们三人"因差务较繁"❸，所以请求圣上将他们担任的"銮仪卫""步军统领"等职免去。在这种关键的时期，肃顺三人居然主动请求解除手上的部分兵权，这无疑是自掘坟墓！他们或许是过于自负，目空一切，或许是为了让旁人打消对"八大臣专权揽权"的偏见，又或许是为了向皇上表示忠心，"意在彰显其劳勚"，❸ 总之，他们这种愚蠢的行为，实在让人费解！

圣母皇太后看见三人主动请辞这些军务，估计暗中笑得合不拢嘴。此事的处理结果，自然是小皇帝背后的两宫太后"著照所请"，清廷也在 10 月 7 日的当天就颁布了一道上谕，载垣被撤去"銮仪卫""上虞备用处"的职务，端华被撤去"步军统领"的职务，肃顺被撤去"管理理藩院并向导处"的职务，这些职务分别由德牧齐札布、伯彦诺谟祜、瑞常继任，而继任职务的这三人，都与奕䜣有着密切的关系。

❶ 清穆宗实录（第 1 册）[M]. 台北：华文书局股份有限公司，1970：37.

❷ 清穆宗实录（第 1 册）[M]. 台北：华文书局股份有限公司，1970：37.

❸ 故宫博物院明清档案部. 清代档案史料丛编（第 1 辑）[M]. 北京：中华书局，1978：96.

❹ 故宫博物院明清档案部. 清代档案史料丛编（第 1 辑）[M]. 北京：中华书局，1978：98.

❺ 薛福成. 庸盦笔记 [M]// 薛福成、钮琇. 庸盦笔记·觚剩. 傅一、陈迹，标点. 重庆：重庆出版社，1999：21.

五、两宫太后上徽号

1861 年 10 月 4 日，大学士桂良等留守京城的大臣上奏，拟请母后皇太后的徽号为"慈安皇太后"，圣母皇太后的徽号为"慈禧皇太后"。❶至此，圣母皇太后才被世人称作"慈禧太后"。

慈禧太后在不同的时间段有着不同的称谓，不能混为一谈：在 1861 年 8 月 22 日咸丰帝驾崩之前，应称其为"懿贵妃"；8 月 23 日至 10 月 4 日之间，她被尊为"圣母皇太后"；10 月 4 日之后，她才能正式地称为"慈禧皇太后"。

另外，世人常把慈禧太后称谓"西太后"，这是因为慈禧无论是在北京的皇宫内还是在热河的避暑山庄，都居住于西路宫殿，所以人们习惯地将其称为西太后。

第八节 漂亮的政变

在咸丰帝梓宫从热河避暑山庄启程之前，两宫太后和恭亲王奕䜣已经做足了政变的准备工作。万事俱备，只欠东风，一场血腥政变即发爆发。

1861 年 10 月 26 日，大行皇帝的梓宫由避暑山庄起驾。按照之前确定的方案，七名顾命大臣（载垣、端华、景寿、穆荫、杜翰、匡源、焦佑瀛）陪同小皇帝及两宫太后，在丽正门外恭送梓宫登舆后，就先从小道赶回了北京；肃顺与醇郡王奕譞等人殿后，护送梓宫缓缓赴京。

10 月 31 日，两宫太后与小皇帝抵达京郊石槽，奕䜣和许多在京的大臣均前来接驾。

众人在京郊会合后，两宫太后立即与诸大臣秘密会面，并楚楚可怜地对诸大臣涕泣，"缕述三奸（载垣、端华、肃顺）欺藐之状"，周祖培与肃顺有旧怨，回应道："何不重治其罪？"两宫太后说："彼为赞襄王大臣，可径予治罪乎？"周祖培马上献出一计："皇太后可降旨先令解任，再予拿问。"聪明的慈禧太后立即领会了周祖培这个计策的精髓，并回答了一个字："善。"❷

可以说，两宫太后与奕䜣、周祖培等大臣在京郊的这次会面，基本商定了之后发动宫廷政变的具体过程。

同一天（10 月 31 日），手握兵权的兵部侍郎胜保不失时机地上奏了一封奏折，在奏折的开篇，胜保就劈头盖脸地大骂八大臣，指责八大臣揽权、谋逆等罪状："（八大臣）竟以之当秉政巨任，揽君国大权，以臣仆而代纶音，挟至尊以令天下，实无以副寄托之重，而餍四海之心。"紧接着，胜保又提出"太后垂帘，亲王辅政"的建议："惟有吁恳皇上俯纳刍荛，即奉皇太后权宜听政，二圣并崇，而于近支亲王中择贤而任，仍秉命而

❶ 故宫博物院明清档案部.清代档案史料丛编（第 1 辑）[M].北京：中华书局，1978：97-98.

❷ 薛福成.庸盦笔记 [M]//薛福成，钮琇，著.傅一，陈迹，标点.庸盦笔记·觚剩.重庆：重庆出版社，1999：22-23.

行，以待我皇上亲政以前，一切用人行政大端不致变更紊乱，以承郅治于无穷。宗社幸甚！臣民幸甚！"❶

胜保的这一奏折与董元醇的奏折异曲同工，比起董元醇的奏折，胜保的奏折更为具体，而且字字珠玑。此事表明，手握重兵的胜保已经完全倒向两宫太后和恭亲王一边。

11月1日，小皇帝、两宫太后以及七名顾命大臣抵达北京，在京的王公大臣到德胜门外跪迎。

11月2日，政变开始。下午六点左右，恭亲王奕䜣、军机大臣文祥、大学士桂良、大学士贾桢、大学士周祖培等人突然带领着侍卫来到宫内，前来捉拿七名顾命大臣。在众人进宫之前，奕䜣等人特意叮嘱宫内的大臣们"勿知会怡、郑二王（载垣、端华）"，所以载垣、端华二人根本没想到奕䜣会带这么多人闯入宫中。

载垣和端华见奕䜣等人来势汹汹，已知事态不妙，但仍然故作镇定地问："外廷臣子，何得擅入？"❷千钧一发之时，两宫太后命人传来上谕："载垣等肆言不应召见外臣，擅行拦阻。其肆无忌惮，何所底止？……将载垣、端华、肃顺革去爵职拿问，交宗人府会同大学士、九卿、翰、詹、科、道严行议罪。"❸谕旨宣读完毕后，侍卫蜂拥而上，褫去载垣、端华二人的冠带，拥出隆宗门，送往宗人府，其余的景寿、穆荫、匡源、杜翰、焦佑瀛也均被拿下。

当天（11月2日），内阁又发布一道上谕，洋洋洒洒三百余字，主要包含两个方面的内容：第一，痛斥八大臣"朋比为奸"，解去载垣、端华、肃顺的职务，其余五人（景寿、穆荫、匡源、杜翰、焦佑瀛）退出军机处；第二，嗣后具体商议太后垂帘的礼仪。❹

几个钟头的时间内，先帝遗命的八位顾命大臣已有七人被拿下，奕䜣和两宫太后联合发动的政变已经成功一半，他们接下来的任务是擒拿头号政敌肃顺。

此时此刻，护送梓宫的肃顺、奕譞等人刚刚抵达密云行宫，胆大妄为的肃顺居然还带着妻妾随行，他对北京发生的政变毫不知情。

这天晚上，奕譞接到了北京皇宫送来的一封密谕："著派睿亲王仁寿、醇郡王奕譞将肃顺即行拿问，酌派妥员押解来京，交宗人府听候议罪。"❺奕譞接到密谕后，开始与睿亲王仁寿密议擒拿肃顺之事。

深夜，睿亲王仁寿、醇郡王奕譞率领兵丁包围了肃顺的住处，兵丁踹破了肃顺的房门，准备将肃顺一举擒拿。肃顺惊醒后，感觉到事情不对劲，在屋中"咆哮骂詈"❻，"悖逆情形实堪发指"❼。奕譞见状，立刻宣读谕旨，并且命人将肃顺五花大绑，送上囚车，押回北京。

❶ 故宫博物院明清档案部.清代档案史料丛编（第1辑）[M].北京：中华书局，1978：99-101.
❷ 薛福成.庸盦笔记[M]//薛福成，钮琇，著.傅一，陈迹，标点.庸盦笔记·觚剩.重庆：重庆出版社，1999：23.
❸ 故宫博物院明清档案部.清代档案史料丛编（第1辑）[M].北京：中华书局，1978：102-103.
❹ 故宫博物院明清档案部.清代档案史料丛编（第1辑）[M].北京：中华书局，1978：101-102.
❺ 故宫博物院明清档案部.清代档案史料丛编（第1辑）[M].北京：中华书局，1978：103.
❻ 薛福成.庸盦笔记[M]//薛福成，钮琇，著.傅一，陈迹，标点.庸盦笔记·觚剩.重庆：重庆出版社，1999：23.
❼ 故宫博物院明清档案部.清代档案史料丛编（第1辑）[M].北京：中华书局，1978：113.

很快，在北京的宗人府内，肃顺与载垣、端华相见了。冷月孤照，铁窗铮铮，落狱的三人终于意识到这是奕䜣等人的阴谋，开始大骂奕䜣"狗彘不食"，之后，三人又互相埋怨，肃顺埋怨载垣和端华："早从吾言，何至今日？"垂头丧气的载垣反而指责肃顺："吾罪皆听汝言成之也！"❶

事情发展至此，八位顾命大臣或被缉拿，或被革职，"肃党"已经彻底垮台，两宫太后和奕䜣接下来需要做的，就是"论功"与"论罪"了。

一、论功

11月3日，清廷下发两道谕旨："大学士桂良、户部尚书沈兆霖、户部右侍郎宝鋆，均著在军机大臣行走。鸿胪寺少卿曹毓瑛，著在军机大臣上学习行走"；"户部左侍郎，著文祥仍在军机大臣上行走。"❷这两道谕旨让军机处来了一次大洗牌，原来的军机大臣中，穆荫、匡源、杜翰、焦佑瀛已被拿问，四个空缺由桂良、沈兆霖、宝鋆、曹毓瑛四人顶上，文祥之前就在军机处，所以没变动。至此，军机处清一色是恭亲王奕䜣的党羽。

针对政变最大的"功臣"奕䜣，11月3日、4日（农历十月初一、初二日），清廷连续下发了四道上谕：

农历十月初一日的上谕："恭亲王奕䜣著授为议政王，在军机处行走。"

农历十月初一日的另一道上谕："宗人府宗令著恭亲王奕䜣补授。"

农历十月初二日的上谕：恭亲王奕䜣著补授总管内务府大臣。"

农历十月初二日的第二道上谕："恭亲王奕䜣著管理宗人府银库。"❸

刹那间，奕䜣得到了朝廷的许多恩赐，可谓功勋卓著，收获累累，他既成为了"议政王"，又位列清廷的最高权力机构军机处，这两个要职，让他从一个咸丰帝的弃臣一跃成为执掌中央大权的重臣。

另外，御史董元醇是率先在朝堂上提出垂帘制度之人，对于慈禧太后而言，此人应当可以算是大功臣，可是，董元醇此人的相关史料却少得可怜，《清史稿》中也无其传记，只有《国朝御史题名录》中有其小史："董元章：（避醇字讳改）字子厚，号竹坡，河南洛阳县人。壬子科进士，由翰林院编修补授山东道御史，官至太仆寺少卿。"❹根据王开玺的考证，此人虽被八大臣所拟的谕旨降罪，但辛酉政变后免遭发遣之难，甚至还升了官，但到了1862年12月之后，就再也没有他的任何史料记载，此人似乎突然退出了政坛，很快销声匿迹。❺

这个敢于冒天下之大不韪而"妄议朝政"的小人物，以轰轰烈烈的姿态登场，引爆了辛酉政变，而数年之后又以悄无声息的姿态退场，颇为传奇。

❶ 赵尔巽.清史稿·宗室肃顺传（第9册）[M].天津：天津古籍出版社,2012:3685.

❷ 故宫博物院明清档案部.清代档案史料丛编（第1辑）[M].北京：中华书局,1978:106.

❸ 故宫博物院明清档案部.清代档案史料丛编（第1辑）[M].北京：中华书局,1978:106,109.

❹ 吴相湘.晚清宫廷实纪[M].北京：中国大百科全书出版社,2016:196.

❺ 王开玺.董元醇述论[J].安徽史学,2016（1）:61-62.

二、论罪

11月4日、5日，清廷传谕，查抄肃顺在热河与北京的所有家产。

11月8日，奕䜣等二十四位王公大臣拟制了一份八位顾命大臣的罪状，并将此折上奏，提议将作为"罪魁"的肃顺凌迟处死。在这封奏折中，八大臣的罪孽可谓罄竹难书。

"罪魁"肃顺的罪状如下：擅坐御位；目无法纪；擅用行宫内御用器物；把持一切事务；于恭送梓宫携带眷属行走；平时出入宫门肆行无忌；离间构衅；咆哮狂肆；目无君上。

载垣、端华的罪状如下：朋比为奸，欺朦专擅，改写谕旨，悖逆狂谬；未能同心襄赞，竟敢跋扈不臣。

而景寿、穆荫、匡源、杜翰、焦佑瀛的罪状只有让人啼笑皆非的四个字："随声附和。"❶

八大臣所犯的这些罪行，充分体现了"欲加之罪何患无辞"的道理！

关于"欲加之罪何患无辞"一事，费行简的《慈禧传信录》也有一段记载：慈禧太后为了罗列八大臣的罪状，命奕䜣找出嘉庆年间和珅被治罪的相关档案，想要效仿嘉庆帝，以相同的办法来对付肃顺等人。可是肃顺、载垣等人的罪状根本无法与和珅相比，肃顺被查抄的家产根本不足二十万两，这些款物仅是昔日和珅赃款的五百分之一！❷但就算如此，肃顺等人最终还是难逃法网，因为慈禧太后等人已经下定了对肃顺及其党羽严加治罪的决心。

11月18日，清廷以上谕形式最终确定了八大臣的罪状，也确定了八大臣的结局："载垣、端华均著加恩赐令自尽。肃顺著加恩改为斩立决。景寿著即革职，加恩仍留公爵并额驸品级，免其发遣。穆荫著即革职，加恩改为发往军台效力赎罪。匡源、杜翰、焦佑瀛，均著即行革职，加恩免其发遣。"❸

这些人中，只有景寿落得个相对较好的下场，他虽被革职，但仍然保留爵位，且免遭流放，这是因为他是道光帝妹妹的额驸，并非肃顺的党羽。

下场最惨的当然是肃顺，他最终虽未被判凌迟处死，但也被判"斩立决"。肃顺被押往菜市口斩首的那一天，菜市口旁观者如云，"争掷瓦砾，都人称快"❹。行刑时，肃顺居然还不服输，"肆口大骂，其悖逆之声，皆为人臣子者所不忍闻"❺。他在骂些什么？《慈禧传信录》记载："顺就刑时，肆口诋后（慈禧）废弃遗命，紊乱家法，妄干政事，又谓后乃狐转世为人。"❻肃顺果然是硬汉子，临死都还在破口大骂，不但如此，狂妄的他居然不肯跪下受刑，于是，"刽子手以大铁柄敲之，乃跪下，盖两胫已折矣，遂斩之"。❼

❶ 故宫博物院明清档案部.清代档案史料丛编（第1辑）[M].北京：中华书局，1978：113–114.

❷ 费行简.慈禧传信录[M].台北：广文书局，1980：25.

❸ 故宫博物院明清档案部.清代档案史料丛编（第1辑）[M].北京：中华书局，1978：115–117.

❹ 赵尔巽.清史稿·宗室肃顺传（第9册）[M].天津：天津古籍出版社，2012：3685.

❺ 薛福成.庸盦笔记[M]//薛福成，钮琇.庸盦笔记·觚剩.傅一，陈迹，标点.重庆：重庆出版社，1999：26.

❻ 费行简.慈禧传信录[M].台北：广文书局，1980：27.

❼ 薛福成.庸盦笔记[M]//薛福成，钮琇，著.傅一，陈迹，标点.庸盦笔记·觚剩.重庆：重庆出版社，1999：26.

曾是一人之下万人之上的肃中堂，就这样悲惨地被斩首于菜市口。

顾命大臣被扳倒后，陈孚恩、黄宗汉、刘崐、成琦等肃顺的党羽也惨遭牵连，均被革职，时人评之"阻抗垂帘诸臣，既次第诛戮斥逐"❶。不仅如此，就连平日与肃顺有过结交的太监（杜双奎、袁添喜、王喜庆、张保桂、刘二寿等人）都被发往黑龙江等处给官兵为奴，非常凄惨。❷这些人的接连倒台，印证了"胜者为王，败者为寇"的道理，这也正是政治斗争的无情之处。

该罚的罚，该赏的赏，至此，辛酉政变已经基本宣告结束，慈禧等人接下来需要做的，就是"分享胜利的果实"了。

11月7日，大学士周祖培上奏，认为八大臣拟定的"祺祥"年号应更改，理由是"祺"字与"祥"字意义重复，而且"二字连读，声音亦未协和"。❸当天，两宫太后下发懿旨，将幼帝的"祺祥"年号改为"同治"，从此以后，幼帝载淳就被称为"同治皇帝"。

"祺祥"是八大臣为幼帝拟定的年号，而慈禧太后等人更改年号之事，是胜利者对失势者彻底的、无情的鞭挞，这正是"树倒猢狲散，墙倒众人推"！

11月11日，北京的皇宫中隆重地举行了同治皇帝载淳的登基大典，那一天，"久阴忽霁，八表镜清"❹，似乎是一个非常好的兆头。无巧不成书，在幼帝即位后的第二天（十月初十），就是慈禧太后的生日，对于慈禧太后而言，这是喜上加喜的日子！

11月18日，以礼亲王世铎领衔的各位亲王、贝勒、贝子及文武百官共计202人，联合上呈《遵旨会议皇太后亲理大政事宜折》，并附上议定的《太后垂帘章程》十一条，其中最核心的一条如下："召见内外臣工，拟请两宫皇太后皇上同御养心殿，皇太后前垂帘，于议政王御前大臣内轮派一人，将召见人员，带领进见。"❺这些官员弹冠相庆，正式将太后垂帘的制度提上了议程。

12月2日，慈安太后、慈禧太后的首次垂帘听政仪式在养心殿举行。当天，"内廷诸臣及王公大臣、六部、九卿于养心殿行礼，朝珠补褂，吏部带领引见"❻。

在养心殿中，同治皇帝坐在龙椅上，御座后设一黄幔，慈安太后与慈禧太后并坐其后，恭亲王奕䜣立于左，醇郡王奕譞立于右。同治帝当时才5岁零7个月，年幼无知的他对于朝政一无所知，真正的掌权者，是垂帘的太后以及议政的亲王。

这种"亲王议政，太后垂帘"的局面，就是辛酉政变带给慈禧、奕䜣等人的胜利果实。

❶ 费行简.慈禧传信录[M].台北：广文书局，1980：28.

❷ 萧一山.清代通史（第3册）[M].上海：华东师范大学出版社，2006：346.

❸ 故宫博物院明清档案部.清代档案史料丛编（第1辑）[M].北京：中华书局，1978：111.

❹ 薛福成.庸盦笔记[M]/薛福成，钮琇，著.傅一，陈迹，标点.庸盦笔记·觚剩.重庆：重庆出版社，1999：27.

❺ 萧一山.清代通史（第3册）[M].上海：华东师范大学出版社，2006：347.

❻ 陈义杰.翁同龢日记（第1册）[M].北京：中华书局，2006：159.

第九节　花落谁家?

辛酉政变是一场划时代的剧变，这场政变从真正实施到落幕仅用了三天的时间，整个过程既干净利落，又漂亮至极。在这三天里，旧人跌倒，新人上位，统治集团内部弥漫着浓浓的血腥之气。

涉及这场政变的历史人物众多，这些人在政变之后都开启了新的生涯。

政变的最大受益者无疑是慈禧太后，她不但登上了政治舞台，还实际执掌了清朝最高统治权长达 47 年之久。

其实在咸丰帝驾崩之前，慈禧太后（当时还是懿贵妃）的处境是相当不妙的，虽然她在当时也有一定的政治野心，但自救、自保的心理状态显然更凸出。咸丰帝驾崩后，恭亲王暗中与她联合，她的处境才渐渐转危为安，心理状态也发生了显著的变化，开始积极寻求夺权之策。最终，她和慈安太后、恭亲王奕訢联手发动的这场政变带给她丰硕的果实。

慈禧太后在初次垂帘听政时，曾以幼帝的名义颁发了一道上谕："垂帘非所乐为，惟以时事多艰，王大臣等不能无所禀承，是以姑允所请。俟皇帝典学有成，即行归政。"●她的这道上谕很值得玩味，首先，她认为清廷采用垂帘听政制度的原因是"时事多艰"，这个原因固然是当时的客观事实，但她用这个原因来解释其夺权的合法性，显然是个天大的托词。其次，她明明怀有很大的政治野心，夺权也是自己内心深处的意愿，但却在谕旨中自称其垂帘的原因是"王公大臣的请求"，而王公大臣请求的原因竟然是"不能无所禀承"，这显然是自欺欺人的说法。第三，她做出了一个承诺，等到皇帝亲政后"即行归政"，而事后的事实证明，她虽然在同治帝亲政后经历了一个短暂的归政时期，但同治帝驾崩后她又立刻再次垂帘，而且直到临死之时都没有放下手中的权力。总之，她以垂帘听政的方式登上了最高的权力宝座，而从那一天开始，她才知道权力的味道是多么可口，由此，她贪恋权柄，专擅误国，把权力握得越来越紧，同时也让自己一步步走向了无法回头的政治深渊。

慈禧太后是政变的最大受益者，那么政变的其他主要人物的下场如何?

一、肃顺及其党羽

肃顺等八名顾命大臣，三人被处死（载垣、端华、肃顺），五人被革职（景寿、穆荫、匡源、杜翰、焦佑瀛），没有一个人落得好下场!

载垣、端华、肃顺三人皆是宗室贵胄，郑亲王端华甚至还是清初八大铁帽子王的后裔，来头不小。尽管他们身份显赫，却也没能逃脱被处死的厄运：载垣、端华两个亲王被赐自尽，肃顺本来是要被凌迟处死，最终被慈禧太后等人"加恩改为斩立决"。此三人不得善终的惨状，让人在震惊之余，也领略到了政治斗争的血腥和无情。

● 赵尔巽.清史稿·孝钦显皇后传（第 6 册）[M].天津：天津古籍出版社，2012：2284.

肃顺等人为何会落得如此惨败？主要原因有四点：

原因之一，"赞襄政务"的权力。

《清史稿》对"肃党"倒台的主要原因做出过归纳："肃顺等不图和衷共济，而数阻返跸。文宗既崩，冀怙权位于一时，以此罹罪。"❶ 这种归纳明显是胜利者的言辞，因为就算肃顺等人"和衷共济、不冀权位"，也不可能幸免于难。他们本就是奕䜣、慈禧等人的政敌，奕䜣、慈禧并不是单纯地"为了扳倒他们而扳倒他们"，而是"为了他们手中的权力而扳倒他们"，可见，权力才是政治斗争的关键，而政治斗争本质上是权力和利益之争。

可以说，肃顺等人自从被咸丰帝任命为"赞襄政务八大臣"（顾命八大臣）的那一天开始，一只脚就已经踏进了鬼门关，这是因为咸丰帝赋予肃顺等人的权力太大，所以手握重权的肃顺等人自然而然地成为了众矢之的。

原因之二，自大的性格缺陷。

肃顺等人历来不可一世，他们自大的性格，让他们吃了两个大亏。第一个大亏，是他们没有及时意识到朝堂中存在的隐患（奕䜣等人），而且严重低估了慈禧太后的手段与能力；第二个大亏，是他们在政变之前犯下了很多致命的失误，把一手好牌打成了一手烂牌。

原因之三，平日树敌太多。

肃顺出了名的跋扈，他平日的种种跋扈行为招惹了很多仇家，这些人表面上不敢与他为敌，但随时都在寻找时机置他于死地。

原因之四，手中无兵权。

肃顺等人没有有效地争取到胜保、僧格林沁等军队势力的支持，而且在关键时刻还自掘坟墓，将手中的兵权自动上交，这是一个极其愚蠢的行为，也是他们在政变中失败的重要原因。

二、恭亲王奕䜣

奕䜣在辛酉政变前后所起的作用不容忽视，没有他积极主动地联合两宫太后，那么两宫太后在深宫中根本无法转变局面，甚至只能坐以待毙。

奕䜣之所以要联合两宫太后，首先是他对于发动政变没有十足的把握，想获得其他势力的支持，而更为重要的原因是，他想用"太后垂帘"的障眼法来达到自己"辅政"的最终目的，换句话说，他是想借太后之手诛除肃顺，当肃顺被除后，"孤儿寡母"的两宫太后在他眼中成不了什么大气候。所以，双方的这次联手，其实是互相利用。

周建波对辛酉政变之中的奕䜣做出如下评价："由于奕䜣'不开边衅，未失国体'（指与英、法媾和平息第二次鸦片战争）地解决了中西冲突，被朝野上下誉为'磐石之宗，血脉之臣'，'声望压端华、肃顺'，从而为粉碎肃顺集团奠定了基础。"❷ 可见，奕䜣的脑袋很聪明，他懂得整合资源，联合一切于己有利的力量，这是他战胜"肃党"的原因之一。

❶ 赵尔巽 . 清史稿·宗室肃顺传（第 9 册）[M]. 天津：天津古籍出版社，2012: 3687.

❷ 周建波 . 洋务运动与中国早期现代化思想 [M]. 济南：山东人民出版社，2001: 3.

但是，奕訢与肃顺犯了同样的错误，即严重低估了慈禧太后的智慧与能力。果不其然，他在政变后虽然极尽风光，但太后赐予他的头衔并非"摄政王"或"辅政王"，而是"议政王"，换言之，对于国家重大政策，他只能"议"，而不能"摄"（代理）或"辅"（辅助），一字之差，则天壤之别！到了后来，他的仕途一波三折，不断被慈禧太后用权术玩弄于股掌之间，最终，他在1884年的"甲申易枢"政变中被革去一切差使，只能回家赋闲。

三、慈安太后

慈安太后生性淳厚，一直没有太大的权力欲，她之所以以垂帘听政的方式登上政治舞台，主要是因为慈禧和奕訢在暗中撺掇。

辛酉政变后，这位善良的皇太后开始垂帘听政，而她虽贵为垂帘听政的太后，手中却并无太大实权："穆宗（同治帝）御世，东后（慈安太后）并尊，位虽在上，而无实权，几如画诺太守。"❶

1881年4月8日，慈安太后在宫中逝世，享年仅四十余岁，而当时距离辛酉政变仅仅过去了20年。

慈安太后逝世的原因是中国近代史上的未解之谜，坊间对此的记载也是扑朔迷离。《清稗类钞》一书中记载，慈安太后不能忍受慈禧太后干预朝政，所以吞鼻烟壶自尽。❷《崇陵传信录》和《十叶野闻》等野史笔记的记载却与《清稗类钞》不同，认为是慈禧太后毒杀了慈安太后，这些记载如下：某日，慈安太后对慈禧太后说了一件重要的事情，即咸丰帝驾崩之前曾悄悄地留了一份遗诏给慈安，这份遗诏写道，如果慈禧在今后的时光中不能安分守法，则可用这份遗诏将慈禧诛除。慈禧看到这封遗诏后胆颤心惊，不料慈安却大发慈悲，顾及多年的姐妹情谊，当着慈禧的面把这封遗诏用火烧了！慈禧的"催命符"被毁，野心膨胀的她更加横行无忌，所以找准了时机，在慈安太后的点心中下毒，慈安太后吃了点心后暴毙于宫中。另外，在慈安太后逝世之前，她的身体状况很好，反而是慈禧害了一场大病，这更增加了慈禧的嫌疑。❸

尽管慈安太后的死因不明，但她死去后获利最大的人是非常明确的，即"两宫太后垂帘"变成了"一宫太后垂帘"，这让慈禧太后手中的权力越来越大。

杀头的杀头，称王的称王，暴毙的暴毙，罢官的罢官，辛酉政变不但给晚清的政局造成了极大的动荡，也给中国之后的发展造成了重大的影响。

政变给中国带来的第一个重大影响，即以迅猛之势拉开了"晚清大变局"的帷幕。

辛酉政变与中国历史上的其他政变有共同之处，但从其爆发的时空背景来看，又与历史上的政变不同，因为这场政变发生之时，中国正处于"重大转型时期"。早在辛酉政变之前的整整20年间，中国经历了两次鸦片战争，洋人用坚船利炮打破了中国强固的封闭型结构，划开了中国历史上古代与近代的界限，这是中国命运的一次大转折；第二次鸦片战争刚结束不久，清廷就爆发了辛酉政变，这场政变结束后，新

❶ 许指严. 十叶野闻 [M]. 北京：中华书局，2007：29.

❷ 徐珂. 清稗类钞（第8册）[M]. 北京：中华书局，2010：3524.

❸ 恽毓鼎. 崇陵传信录 [M]. 北京：中华书局，2007：36.

的执政者上台，开始执行全新的国策，即"兴办洋务，救国图存"，这让中国面临着更大的机遇与变数，是中国命运的又一次大转折。

梳理历史脉络后不难看出，辛酉政变处在两次鸦片战争与洋务运动之间，是一个承上启下的历史事件，由于这次政变发生的时间节点极为特殊，所以这次政变拉开了"晚清大变局"的序幕，也在冥冥之中决定了中国接下来几十年的命运。

政变给中国命运带来的第二个重大影响，即最高统治集团中出现了"皇权二元化"的现象。

众所周知，明朝的明太祖朱元璋废除了延续千余年的丞相制度，自此之后，国政由皇帝亲决。到了清朝，雍正帝设立"军机房"，后又改为"军机处"，皇权专制在这个时期发展到了顶峰，这些现象说明，随着时代的演变，皇帝的权力不断稳固，也不断加强。

然而，这种稳固的"一元化皇权"被1861年的辛酉政变打破，"亲王议政，太后垂帘"的政治制度也应运而生。当时，亲王与太后都掌握着清廷的最高权力，这与中国历史上的"宦官弄权"和"后宫干政"的情况截然不同，反倒像是这两者的"合体"。所以"一元"的皇权被一分为二，本该由皇帝掌握的权力却被权臣与太后共同执掌，皇权出现了"二元化"的现象。

可惜，一山不容二虎，这种全新的政治制度本来就颇为畸形，所以久而久之也带给了清廷无穷的政治灾难。

总之，辛酉政变虽是一场血腥政变，但这场政变无疑是决定清王朝命运的一个重大事件。在政变后，清廷新的领导人积极谋求救国之策，推进洋务运动，开启了"同光中兴"的时代，而在这些全新的领导人的努力下，中国似乎真的出现了一番王朝中兴的景象，正如时人所载："权奸既去，新政如旭日初升，群贤并进，内外协力，宏济艰难，遂启中兴之治。"●

然而，这种"中兴"之景真实吗？长远吗？

● 薛福成.庸盦笔记[M]//薛福成,钮琇,著.傅一,陈迹,标点.庸盦笔记·觚賸.重庆：重庆出版社,1999:27.

第二章　前期洋务运动

引言

1861 年至 19 世纪末，全国上下兴起了一场"师夷长技以自强"的救国运动，这场救国图存的运动被后人称为"洋务运动"。

洋务运动绵延三十五年，跨咸丰、同治、光绪三朝，其革新面很广，涉及中国的军事工业、民用企业、外交、军队、文化教育等方面的近代化。在这个时期，中国发生了很多大事，整个国家的命运跌宕起伏，许多历史人物也在这个时期登上历史舞台，有的因此名载史册。

清廷兴起洋务运动，是为了挽救岌岌可危的统治。而清王朝的统治之所以岌岌可危，原因只有一个字——弱。

当时的中国弱在何处？弱在内忧与外患在同一时空叠加。

内忧表现在一国内部的诸多方面，又集中表现为农民起义和会党起义，因为这些起义直接冲击着王朝的统治。清朝从嘉庆、道光时期逐渐衰落，即"嘉道中衰"。嘉庆帝在位期间，中国就爆发了白莲教起义，道光年间尤其是鸦片战争之后，各地的起义量更是多得吓人。在这些起义中，比较有影响力的有太平天国起义、捻军起义、西北回民起义和云南回民起义等。这些起义遥相呼应、此起彼伏，使清廷惶惶不可终日。

如果仅有农民起义和会党起义的问题，那么清廷拼尽全力尚可应付，但是当时中国所处的历史背景与以往任何一个时期都不同，因为此时的中国正被悄然卷入全世界的近代化大潮，面临着"夷人"带来的外患问题。

外患的问题也让清廷坐立不安，两次鸦片战争就是血淋淋的例子。据不完全统计，从鸦片战争（1840 年 6 月）到辛酉政变（1861 年 11 月）之间，中国与外国侵略者共签订了 35 个不平等条约！● 有中英《南京条约》、中法《黄埔条约》、中美《望厦条约》、中俄《瑷珲条约》、中俄中美中英中法《天津条约》、中英中法中俄《北京条约》等。非但如此，

● 35 个不平等条约是根据王铁崖的《中外旧约章汇编》统计而出。

随着时间的推移，英、法、美、俄等西方列强的侵略方式变得五花八门——他们不仅依靠坚船利炮来叩开中国的国门，还使用外交诈骗、宗教渗透等其他手段侵略中国。

简简单单的"内忧外患"四个字，体现的却是晚清局势的风雨飘摇。正因如此，从1861年开始，清廷从中央到地方都毅然决然地摇起了洋务运动的大旗，也开启了"同治中兴"的拓新时代。

第一节　确立新国策

第二次鸦片战争期间，英法联军以汹汹之势攻入京城。1860年10月，英法联军一把火烧了圆明园。

大敌当前，咸丰帝一溜烟躲到了热河的避暑山庄，美其名曰"木兰秋狝"。堂堂天子竟然弃朝政于不顾，弃京城百姓于不顾，而是留其六弟恭亲王奕訢等人在北京主持大局，说白了就是让奕訢来应付这些难缠的洋人。

尽管奕訢是临危受命，但这对于奕訢而言其实是个难得的机遇，因为这给奕訢提供了一个施展外交才干的平台。

在接下来的几个月里，留守京师的恭亲王奕訢、军机大臣文祥等人与洋人折冲樽俎，在与洋人频频接触后得到了一些"切身体会"——洋人的军事器械精良、船坚炮利。有了这些认知之后，奕訢等人并不像肃顺等顾命大臣一样一味排外，而是逐渐对洋人的军事力量产生了崇拜的心理。

1860年10月24、25日，英法联军与清廷签订《北京条约》，中英、中法通过媾和的方式，结束了这场战争。

《北京条约》签订完毕后，1860年12月27日至1861年1月26日，英法联军陆续从舟山退兵。非但如此，英法联军采取"打一巴掌揉三揉"的外交手段，运用"讲情理代替武力恐吓"的策略，以期缓和中国人民对外国侵略者的抵抗情绪。很显然，洋人并非真心与清廷和睦相处，而是有自己的小算盘。他们认为，想要通过这些不平等条约攫取侵略利益，就必须让清廷存在下去，倘若清廷垮台，或是被太平天国等起义军的政权取代，后果则不堪设想。

洋人们突然对奕訢表现出谦和而又尊敬的"伪善姿态"，这大大出乎了奕訢的意料。在奕訢等大臣看来，洋人在签订《北京条约》后立即撤离北京，遵守了条约的息兵条款，似乎很守信义。原先作为主战派的署理户部尚书沈兆霖（辛酉政变后授为军机大臣）也认为："（英法军队）以万余众入城，而仍换约而去，全城无恙，则该夷之专于牟利，并无他图，已可深信。"[1] 基于这些认识，奕訢等人认为"该夷并不利我土地人民"，对洋人"犹可以信义笼络，驯服其性"，所以，奕訢准备在中央采取一种新的外交方针，即"按照条约，不使稍有侵越，外敦信睦，而隐示羁縻"。[2]

奕訢的这种外交策略，是一种对洋人采取笼络与怀柔的策略，这种策略看似与洋人

---

❶ 丁贤俊.洋务运动史话[M].北京：社会科学文献出版社，2011：36.

❷ 中华书局编辑部整理.筹办夷务始末（咸丰朝）[M].北京：中华书局，1979：2675.

和平共处，但"隐示羁縻"的真正目的，是让中国赢得宝贵的外交和平，从而抓紧时机在中国推动一场振兴王朝的救国运动。徐中约对奕䜣在这一时期所采取的外交政策做出过如下评价："28岁的恭亲王为中国制定了一项新国策；中国应在外交上接纳西方以获得一段时期的和平，并于这期间在西方帮助下加强军事力量。因此，通过外交赢得和平便成为政府的直接目标（标），而自强则显现为终极目标（本）。"❶

当然，奕䜣的这种外交方针只是他自己的想法，而他想要在中国自上而下地推进一场救国运动，就必须先征得清廷的同意，并从中央率先树立起革新的大旗。于是，1861年1月13日，奕䜣、文祥、桂良联名向远在热河避暑山庄的咸丰帝呈送了一封《统计全局酌拟章程六条呈览请议遵行折》，该折写道：

臣等就今日之势论之，发捻交乘，心腹之害也；俄国壤地相接，有蚕食上国之志，肘腋之忧也；英国志在通商，暴虐无人理，不为限制则无以自立，肢体之患也。故灭发捻为先，治俄次之，治英又次之。惟有隐消其鸷疾之气，而未遽张以挞伐之威，倘天心悔祸，贼匪渐平，则以皇上圣明，臣等竭其颛蒙之力，必能有所补救。❷

该奏折得到了御笔朱批："惠亲王、总理行营王大臣、御前大臣、军机大臣妥速议奏。单并发。"❸

奕䜣等人的这篇奏折，不仅在中央的层面拉开了洋务运动的大幕，而且基本上奠定了新国策的基调，可谓意义重大。在奏折中，奕䜣等人把太平军（发）与捻军（捻）视为"心腹之害"，把俄国鲸吞蚕食我国领土之举视为"肘腋之忧"，又把志在通商的英国视为"肢体之患"。换句话说，洋人侵略的意图，只不过是专于牟利和通商，而太平天国等起义才是清廷的心腹大患，因为这些起义将会直接危及清王朝的统治。

基于这种逻辑，奕䜣等大臣确定了"灭发捻为先"的步骤。他们认为，太平天国和英法联军在同一时空并存，以清廷当时的实力而言绝不可能同时达到"安内"和"御外"的目的。在这种鱼和熊掌不可兼得的情况下，清廷必须要采取"两害相权取其轻"的政策，即"对外争取和平，对内全力剿贼"的策略。

新国策的大体内容已经提出并确立，这是一个历史的转折点，它标志着清廷进入了洋务运动的新时期，也直接改变了中国未来35年的走向，为接下来中国进行的各项具体的洋务革新活动提供了坚实的指导纲领，也顺利地推动了咸丰、同治、光绪年间军事工业、民用企业、军队、外交、文化教育等方面的近代化变革。当然，这也为次年❹奕䜣成功发动辛酉政变奠定了基础。

让人欣慰的是，洋务运动的兴起，不仅是中央的奕䜣、文祥等军机大臣在努力推动，连地方的督抚和官员们也都在积极探索自强之道，以期振兴王朝。在当时的中国，从中央到地方似乎已经达成了救国的共识。

---

❶ [美]徐中约.中国近代史1600—2000 中国的奋斗插图重校[M].6版.计秋枫，等译.北京：世界图书北京出版公司，2013：192.

❷ 中华书局编辑部整理.筹办夷务始末（咸丰朝）[M].北京：中华书局，1979：2675.

❸ 中华书局编辑部整理.筹办夷务始末（咸丰朝）[M].北京：中华书局，1979：2675.

❹ 史料编排惯用农历，奕䜣上奏日期虽是新历的1861年1月13日，但农历却是1860年的年底，故按照一般史书中的农历表述方式，辛酉政变发生于奕䜣上奏的次年。

当时，李鸿章的淮军中有一名幕僚叫冯桂芬，此人于 1861 年 11 月撰著《校邠庐抗议》一书，该书还得到了李鸿章的亲自批注。在书中，冯桂芬破天荒地提出了"以中国之伦常名教为原本，辅以诸国富强之术"的革新思想，主张在固守中国政治制度的同时，通过"洋器""西学"的改革来达到自强的目的。冯桂芬提出的这个思想影响极其深远，该思想也演变为之后洋务运动的指导思想——"中学为体，西学为用"。同时，他还谈到"制洋器""采西学""汰冗员""兴水利""重儒官"等方面的改革，疾呼自强改革的紧迫性："自强之道，诚不可须臾缓矣。不自强而有事，危道也；不自强而无事，幸也，而不能久幸也。"❶

就这样，清朝从中央到地方已经达成了救国与革新的共识，中央提出"先灭发捻"的基调，地方提出"中学为体，西学为用"的指导思想，如同璞玉之两面，相辅相成。中央和地方都在摩拳擦掌、跃跃欲试，再加上洋人的撺掇，中国救国图存的近代化大潮汹涌而至！

那么，如何评价当时中国转变的这个新国策？这个国策想要通过革新、变革等方式来救国的初衷是值得褒扬的，但同时也存在三个弊端。

弊端之一，"中学为体，西学为用"。

"中学为体，西学为用"是洋务运动的指导思想，这个指导思想由冯桂芬率先提出，到了洋务运动的后期，张之洞又在其《劝学篇》中把这个思想系统化、理论化。这个指导思想虽然具有划时代的革新意义，但革新的侧重点只停留在船坚炮利的军事工业方面，顶多还涉及外交、文化教育方面的修补，却丝毫未触及改革政治体制。所以，这个指导思想只能称为"革新"的思想，不宜称为"改革"的思想。

周建波对这种指导思想做出了一针见血的评价："这是在中西文化剧烈碰撞之后，弃旧不愿、不能，图新有意、有限的两难心境下做出的一种'折中'文化选择。"❷可见，在当时的时局之下，不对腐朽的政治体制进行改革，再好的军事建设、文化建设都是镜花水月。从这个角度而言，洋务运动在一开始采用的这种指导思想，就已经为若干年后的失败埋下了种子。

但是，"中学为体，西学为用"在当时而言真的一文不值吗？对于这个问题，后文将展开详细评述。

弊端之二，重"安内"，轻"御外"。

奕䜣等人虽然思想相对开放，但是限于对时事的认知力以及封建士大夫的固有思维，制定了"两害相权取其轻"的策略，即"灭发捻为先"。

清廷统治者以及官僚士大夫的这种思维由来已久，早在鸦片战争时期，签订中英《南京条约》的"投降三人组"（耆英、伊里布、牛鉴）就向道光帝上奏："臣等伏思该夷（英国）所请各条，虽系贪利无厌，而其意不过求赏马头（码头），贸易通商而止，尚非潜蓄异谋。"❸可见当时清廷对洋人的警惕是低于"发捻"的。第二次鸦片战争时期，中

---

❶ 冯桂芬. 校邠庐抗议 洋务运动的理论纲领 [M]. 郑州：中州古籍出版社，1998：207.

❷ 周建波. 洋务运动与中国早期现代化思想 [M]. 济南：山东人民出版社，2001：29.

❸ 齐思和，等. 筹办夷务始末（道光朝）[M]. 北京：中华书局，1964：2262.

国出现了三种不同的势力，即清王朝、外国侵略者和太平天国，陶短房认为："这一年，两个政权交争不止，中国与世界碰撞不断，没有人知道，未来会发生什么，中国将去往何方。"❶ 可见当时政局的云谲波诡、瞬息万变。面对内忧与外患同时并存的局面，清廷仍旧是毅然选择重视"安内"，因为从统治者的角度而言，洋人虽有异谋，但至少不会抢夺政权。真正让统治者如芒刺背的，是想要取代清廷统治的内乱！

客观而言，对于"内忧和外患何者更为严重"的问题，冯桂芬比奕䜣看得更透彻。冯桂芬的《校邠庐抗议》共有 40 篇，其中最后一篇名为《善驭夷议》，该篇写道："今国家以夷务为第一要政，而剿贼次之，何也？贼可灭，夷不可灭也"，❷ 此处"夷不可灭"的"灭"，不仅是指侵略国的数量不会灭，而且是指侵略国的野心不会灭！可惜，冯桂芬虽然看到了"御外"的严重性与紧迫性，但其观点与最高统治者的观点相左，而最让中央的统治者担心的，终归是发（太平军）、捻（捻军）这些"心腹之害"。

清廷的新国策过于强调打压内乱，反而忽视了列强们的狼子野心。所谓"按下葫芦起了瓢"，虽然 1864 年太平天国覆灭，1861 年至 1870 年的十年间中国也没有与列强发生大的战事，但当列强们采用的外交讹诈再难满足巨大的侵略胃口时，终于在 19 世纪70 年代之后，列强们频频挑起了中国的边疆危机。这些侵略行径都是列强们扩大侵略的罪证，清廷为此又是焦头烂额。

但是，退一步而言，就算奕䜣能像冯桂芬一样看到御外的急迫性，又能如何？以当时清廷的国力，根本不可能两个拳头同时出击，这实在是心有余而力不足。而且，比起观望者、反对者，奕䜣等人起码迈出了第一步，这种勇于革新的精神是值得敬佩的。蒋廷黻在其《中国近代史》一书中这样评价恭亲王奕䜣和军机大臣文祥："奕䜣与文祥绝不转头回看，留恋那些已去不复回的闭关时代。他们大胆向前进，到国际生活中去找新出路。"❸

弊端之三，未做好与反对势力抗衡的准备。

革新伊始，从中央到地方的洋务官员们都是踌躇满志，但他们没有对中央及地方的一些反对势力和保守势力予以足够的重视，这直接导致了洋务运动兴起之后遭遇了重重阻力。这些反对势力、保守势力的代表人物有倭仁、宋晋、刘锡鸿等。举例而言，在清廷兴建同文馆、修建铁路之时，洋务官员所采取的革新活动一直遭到保守势力的强烈反对，甚至引发大规模的辩论战。

另外，就在洋务运动兴起的前后，清廷于 1861 年 11 月初爆发了辛酉政变，咸丰帝遗命的"赞襄政务大臣"制度被推翻，取而代之的是"亲王议政，太后垂帘"的政治局面。血腥政变之后，慈禧太后登上政治舞台，奕䜣也被授为"议政王"，行走于军机处。

对于重回权力宝座的奕䜣而言，此时正是其大展拳脚的最佳时机，面对岌岌可危的王朝统治，奕䜣也想推进一场轰轰烈烈的"王朝中兴"。然而，奕䜣满以为政变后的"议政王"头衔能让其大有作为，殊不知慈禧太后在垂帘之后牢牢握权，甚至逐步排挤奕䜣。奕䜣的仕途一波三折，让人唏嘘，同时也让中央层面的革新进程连连受阻，甚是遗憾。

❶ 陶短房 . 1856 纠结的大清、天国与列强 [M]. 北京：化学工业出版社，2015：1.

❷ 冯桂芬 . 校邠庐抗议 洋务运动的理论纲领 [M]. 郑州：中州古籍出版社，1998：205.

❸ 蒋廷黻 . 中国近代史 [M]. 武汉：武汉出版社，2012：32.

第二节　总理衙门

奕䜣等人于 1861 年 1 月 13 日上奏《统计全局酌拟章程六条呈览请议遵行折》，这封奏折的附件部分是《章程六条》，其中记载了自强运动亟需施行的六件事宜，也是六件洋务革新的具体措施。这六件事宜如下：

第一，京师请设立总理各国事务衙门，以专责成也；

第二，南北口岸，请分设大臣，以期易顾也；

第三，新添各口关税，请分饬各省，就近捡派公正廉明之地方官管理，以期裕课也；

第四，各省办理外国事件，请敕该将军督抚互相知照，以免歧误也；

第五，认识外国文字通解外国言语之人，请敕广东、上海各派二人来京差委，以备询问也；

第六，各海口内外商情，并各国新闻纸，请敕按月咨报总理处，以凭核办也。❶

这六件洋务事宜中，排在第一的是设立一个名叫"总理各国事务衙门"的新机构。奕䜣等人为何如此重视设立这个新机构？

首先，之前清廷处理外国事务（外交事务），都是由各省督抚先针对具体事务奏报，汇总于军机处。但自从第二次鸦片战争之后，"各路军报络绎，外国事务头绪纷繁，驻京之后，若不悉心经理，专一其事，必至办理延缓，未能悉协机宜"。❷ 所以，如果清廷设立一个可以充当外交机构的"总理各国事务衙门"，便可以专门地、悉心地管理各国的通商、外交等事务。

其次，洋务运动是全国性质的革新运动，中央如果没有枢纽机关，地方的各项革新活动将会变成一盘散沙。事后的事实证明，这个衙门成立之后，确实在前期洋务运动之中挑起了大梁，具有管理商务、外交、教育、关税财政、军事政治情报等权力，发展到后来权力更大，范围更广。

另外，当时辛酉政变尚未爆发，奕䜣被咸丰帝留在京城主持第二次鸦片战争的善后事宜，手中并无太大权力。奕䜣等人提出设立总理各国事务衙门，甚至想让这个衙门"一切均仿照军机处办理，以专责成"❸，说来说去，这其实是奕䜣在向咸丰帝要权！尽管奕䜣在奏折中提到这个衙门只是临时设立的机构，"俟军务肃清，外国事务较简，即行裁撤"❹，但是，没有人比奕䜣更清楚，外国事务只会越来越多，这个衙门一旦设立，就不可能被裁撤了。所以，这才是奕䜣奏请设立这个衙门的更深层次的原因。

1861 年 1 月 20 日，清廷发布上谕，批准设立总理各国事务衙门："京师设立总理各

---

❶ 中华书局编辑部整理 . 筹办夷务始末（咸丰朝）[M]. 北京：中华书局，1979: 2675-2680.,

❷ 中华书局编辑部整理 . 筹办夷务始末（咸丰朝）[M]. 北京：中华书局，1979: 2675-2676.

❸ 中华书局编辑部整理 . 筹办夷务始末（咸丰朝）[M]. 北京：中华书局，1979: 2676.

❹ 中华书局编辑部整理 . 筹办夷务始末（咸丰朝）[M]. 北京：中华书局，1979: 2676.

国通商事务衙门，著即派恭亲王奕诉、大学士桂良、户部左侍郎文祥管理，并著礼部颁给钦命总理各国通商事务关防。应设司员，即于内阁、部院、军机处各司员章京内，满汉各挑取八员，即作为定额，无庸再兼军机处行走，轮班办事。"❶

1861 年 2 月 3 日，奕诉等人又上奏《总理衙门未尽事宜拟章程十条呈览折》，进一步充实设立这个新机构的未尽事宜。

1861 年 3 月 11 日，总理各国事务衙门成立，办公地点在北京东堂子胡同。

总理各国事务衙门，常被简称作"总理衙门""译署""总署"，这个机构自 1861 年建立，至 1901 年才改为外务部，前后历经 40 年。从内部结构来看，总理衙门分作五个股，即俄国股、英国股、法国股、美国股、海防股。另外，随着时间的推移，总理衙门又增添了两个附属机构，即海关总税务司、同文馆。

总理衙门的负责人，一直以来都由一位王大臣担任（先后由恭亲王、庆亲王、端郡王担任），其中恭亲王奕诉负责这个机构的时间最长，共 28 年。除了王大臣担任负责人，又有 3 名到 5 名大臣协办（后来有所增多），这些大臣同时兼任军机大臣、大学士、各部尚书和侍郎。另外，该机构还有 16 名办理文案的章京，满汉各 8 人。

关于总理衙门的级别问题，徐中约认为总理衙门是"军机处的一个下属机构"❷，而夏东元则认为总理衙门"级别同于军机处"❸。从总理衙门的构成人员来看，夏东元的说法更准确，因为该机构"以王大臣领之""军机大臣承书谕旨，非兼领其事恐有歧误，请一并监管""其应设司员，拟于内阁部院军机处各司员章京内，满汉各挑取八员，轮班入直，一切均仿照军机处办理，以专责成"，❹ 这些工作人员的建制，与军机处相同。况且，总理衙门是中国近代史上第一个专门管理外交事务的机构。这种管理外交事务的职权并非军机处所独有，在总理衙门成立之前，所谓的"夷务"也是由礼部或理藩院处理。随着事态的发展，总理衙门实际上是以举办洋务为主的兼有军机处同等权力的适应近代化改革需要的高级机构。所以，把总理衙门视为军机处的一个下属机构，未免有些牵强。

总理衙门的成立，既是洋务运动开始的标志，也是中国外交近代化的开端，这是清廷为了适应不断发展的时局而成立的新机构，是历史的必然。周建波这样评价总理衙门的历史地位："尽管这一新政的中枢之地（总理衙门）还具有浓厚的封建主义色彩，但他的孕育和产生却是洋务现代化运动启动的重要信号之一，更昭示着传统政治制度开始出现前所未有的变局。"❺

总理衙门在洋务运动中"综揽全局"的作用，体现在之后各项改革的方方面面，比如练兵的动议、倡导购造洋枪洋炮、积极支持军事工业的创办、设立同文馆而发展洋务教育、派遣留学生，等等。洋务运动后期，中国出现了轮船航运业、电线电报业、采矿业、铁路运输业等一大批新型民用企业，总理衙门支持这些民用企业的创办，并在经费、设备购置、聘用洋技术员等多方面提供了帮助。

❶ 中华书局编辑部整理. 筹办夷务始末（咸丰朝）[M]. 北京：中华书局，1979：2692.

❷ [美] 徐中约. 中国近代史：1600—2000 中国的奋斗 [M]. 计秋枫，等译. 北京：世界图书出版公司北京公司，2013：194.

❸ 夏东元. 洋务运动史 [M]. 上海：华东师范大学出版社，1992：31.

❹ 中华书局编辑部整理. 筹办夷务始末（咸丰朝）[M]. 北京：中华书局，1979：2676.

❺ 周建波. 洋务运动与中国早期现代化思想 [M]. 济南：山东人民出版社，2001：5-6.

清廷在 1861 年 1 月 20 日的上谕中，除了批准设立总理衙门之外，还在中国北方增设了"三口通商大臣"一职，此职由满洲贵族崇厚担任，主要管理牛庄、天津、登州三个通商口岸的事务。同时，南方的广州、福州、厦门、宁波、上海，以及内江三口、潮州、琼州、台湾、淡水等通商口岸的事务，由署理钦差大臣、江苏巡抚薛焕负责。● 这两个大臣一北一南，分别负责中国北、南两边的通商口岸事务，所以通常被称为"北洋大臣"和"南洋大臣"。

清廷为何要设立"北洋大臣"和"南洋大臣"？其中缘由与设立总理衙门一致，都是为了适应时局的新变化。因为自两次鸦片战争以来，随着不平等条约的签订，中国增辟的口岸越来越多，传统政治制度中的官员制度已经无法适应这种新局势，所以清廷必须增设专门管理通商事务的官员。

时任"北洋大臣"的崇厚较为忙碌，他在 1861 年至 1870 年之间的主要公务如下：

1861 年 2 月 18 日，崇厚函告总理衙门，法人远布里愿助中国练兵及购置外洋火器。

1861 年 3 月 29 日，派崇纶、崇厚与普鲁士公使在天津办理通商事务。

1861 年 4 月 10 日，授办约大臣崇纶、崇厚全权便宜行事（即签订中德《通商章程》）。

1861 年 5 月 2 日，普鲁士公使艾林波到天津，晤通商大臣崇厚。

1861 年 5 月 16 日，发给崇纶、崇厚全权大臣字样上谕（普使艾林波之请）。

1862 年 1 月 24 日，准崇厚挑选兵勇，并派京兵，由英国武职教演。

1862 年 1 月 28 日，命文煜、崇厚等驰赴天津海口察看设防，以防太平军乘虚北犯。

1862 年 2 月 5 日，崇厚函请总署酌发轮船防守北洋。

1862 年 6 月 13 日，命侍郎恒祺为全权大臣，会同崇厚办理葡国通商事务。

1862 年 8 月 13 日，《中葡和平修好通商条约》在天津订立，崇厚画押。

1863 年 2 月 7 日，命崇厚帮办直隶总督文煜军务。

1863 年 2 月 14 日，革直隶总督文煜之职，调刘长佑上任，未到任前崇厚暂署。户部右侍郎董恂署办理三口通商事务大臣。

1863 年 9 月 6 日，命崇厚为全权大臣，办理荷兰通商条约事务。

1863 年 10 月 6 日，崇厚与荷兰使臣攀大何文在天津订立中荷《通商行船条约》。

1864 年 6 月 3 日，派薛焕、崇厚为全权大臣，办理葡国换约事宜。

1864 年 6 月 11 日，派薛焕、崇厚为全权大臣，办理日斯巴尼亚国（西班牙）通商事宜。

1864 年 6 月 17 日，薛焕、崇厚与葡使阿穆恩在天津互换条约，未果。

1864 年 7 月 7 日，葡使阿穆恩照会薛焕、崇厚，情愿换约。

1864 年 8 月 21 日，葡使照会薛焕、崇厚，允即来津换约。

1864 年 10 月 10 日，薛焕、崇厚与日斯巴尼亚使臣玛斯在天津订立友好通商航行条约。

1865 年 8 月 31 日，派侍郎董恂、崇厚为全权大臣，办理比利时国通商事宜。

● 中华书局编辑部整理. 筹办夷务始末（咸丰朝）[M]. 北京：中华书局, 1979: 2692.

1865 年 11 月 11 日，崇厚在《中比条约》及税则通商章程上画押。

1866 年 8 月 29 日，派崇厚会同日国（比利时）使臣互换条约。

1866 年 10 月 6 日，批准总署奏请，命三口通商大臣崇厚筹设天津机器局。

1866 年 10 月 9 日，命谭廷襄、崇厚办理意大利通商条约事务。

1866 年 11 月 3 日，《中意修好条约》及税则通商章程给崇厚画押。

1866 年 12 月 13 日，总署令赫德拨八万两为崇厚创立的天津机器局购买机器。

1867 年 5 月 29 日，崇厚创立的天津机器局开工。

1867 年 6 月 14 日，盛京将军都兴阿管理神机营，赴天津剿捻，崇厚帮办军务。

1870 年 6 月 25 日，以天津民教起衅，命将三口通商大臣崇厚，天津道周家勋，知府张光藻，知县刘杰先行交部议处。

1870 年 6 月 28 日，命崇厚出使法国钦差大臣，以大理寺卿总署大臣成林署三口通商大臣。

1870 年 8 月 2 日，崇厚照会天津俄领事，已逮捕凶手五名归案，并允赔给死者恤银。

1870 年 8 月 9 日，命崇厚即来京，以毛昶熙暂署三口通商大臣。

1870 年 10 月 25 日，崇厚自北京启程往法国。

1870 年 11 月 4 日，崇厚等奏，天津机器局告成。

不难看出，崇厚虽为"通商大臣"，但主要工作并非只有"通商"，而是涵盖了接见使臣、订约换约、办理教案等综合性的外交工作。崇厚虽然在 1879 年中俄"议收伊犁"的谈判之中做了些丧权辱国的糊涂事，❶但他毕竟对早期洋务运动的发展做过一定的贡献，比如练兵、海防以及 1866 年天津机器局的筹建工作。

1870 年 6 月之后，由于清廷派崇厚出使法国，因此北洋大臣这个职位又发生了变动，以大理寺卿成林署三口通商大臣。1870 年 10 月 10 日，总理衙门大臣毛昶熙奏请改三口通商大臣为钦差大臣，由直隶总督集办。❷1870 年 11 月 12 日，清廷发布上谕："特设三口通商大臣驻津筹办，系属因时制宜……著照所议，三口通商大臣一缺，即行裁撤，所有洋务海防各事宜，著归直隶总督经管，照南洋通商大臣之例，颁给钦差大臣关防。"❸这道上谕意味着三口通商大臣一职被裁撤，而所有的洋务、海防事宜均归直隶总督办理。

至此，北洋的所有洋务、海防事宜均归当时的直隶总督李鸿章集办，李鸿章可谓捡到了一个天大的便宜！徐中约在《中国近代史》一书中认为："在 1870 年以后的 25 年里，李鸿章在天津的衙门实际上成了中国的外交部，但外国使节却并未离开北京。"❹可见，随着李鸿章的大权集揽，不仅是三口通商大臣一职被撤，连总理衙门于 1870 年之后在外交方面发挥的作用都日渐减小。这不仅与李鸿章集大权于一身有关系，也与奕䜣不断被慈禧太后打压有关。

❶ 参见本书第四章第十二节"中俄交涉，议收伊犁"。

❷ 郭廷以 . 近代中国史事日志（上册）[M]. 北京：中华书局，1987：545.

❸ 中华书局编辑部、李书源，等整理 . 筹办夷务始末（同治朝）[M]. 北京：中华书局，2008：3163.

❹ [美] 徐中约 . 中国近代史：1600–2000 中国的奋斗 [M]. 计秋枫，等译 . 北京：世界图书出版公司北京公司，2013：195.

三口通商大臣的职位虽然只存在了十年，看似昙花一现，但从近代化的进程来看，这反映了清廷对外交事务的不断探索。

谈及中央与地方在洋务运动之中所做的贡献，很多学者持有"地方倒逼中央"的观点。这种观点认为，地方官僚如曾国藩、李鸿章等人的贡献巨大，迫使中央必须有所作为，中央的任何革新都是被动式、挤牙膏式的改革，而且地方官僚的贡献远远大于中央所起的作用。其实，这种观点是不全面的，因为洋务运动是一个涉及面很广的自强中兴运动，包括军事工业、军队、民用企业、外交、文化教育等方面的近代化革新，而"地方倒逼中央"说法明显忽略了总理衙门对于文化教育、外交近代化等方面的"综揽全局"的作用。

虽然总理衙门在1870年后影响日减，但是从整个洋务运动的大局来看，中央好比心脏，地方犹如四肢，都在积极地发挥着各自的作用。以总理衙门和南北洋大臣为例，在办理对外交涉等具体事宜方面，总理衙门是中枢机构，是心脏，而南北洋大臣是执行机构，是四肢，二者缺一不可。所以，分析中央与地方在洋务运动中的贡献，不能"舍心脏而求四肢"或"舍四肢而求心脏"，应综合地、系统地分析。

第三节　坚船利炮的渴求

对于战争而言，武器的优良程度极其重要。夏东元认为："两军对阵，指挥员和士兵对于敌方武器锐利程度感触最为敏锐，追求新式而有效战胜敌人的武器，最没有保守观点。太平军为了制胜清王朝而'师夷长技'，清军为了制胜太平军而'师夷长技'，这是历史的必然。"[1]

太平天国起义带来的问题，从咸丰元年（1851年）开始就一直困扰着清廷。1851年金田起义时，太平军并未使用新式武器，其使用的武器是由北王韦昌辉督造的旧武器，但是，在1853年太平天国定都南京之后，太平军已经在使用洋枪了！

然而，清军的武器状况实在令人担忧。1853年5月，太平军北伐之前，安徽巡抚李嘉端面对太平军的摧枯拉朽之势而叫苦连天："（皖北清军）召募之勇一千余名，未经训练，器械不齐，断难任以防剿。"[2]这位巡抚所说的"器械不齐"四个字，道出了清军的多少无奈！因此，在太平军购用洋武器的巨大压力之下，清廷也开始顺应时势，渴求坚船利炮。

对于清廷而言，两江总督曾国藩是最早倡导购置和仿造洋式武器的人。早在1860年12月19日，曾国藩就向清廷"请师夷智，造船炮"[3]。

1861年1月21日，也就是清廷发布上谕批准设立总理衙门的次日，奕䜣就以总理衙门的名义马不停蹄地上奏了一封《议覆曾国藩造炮制船请》。在奏折中，奕䜣迫不及待地向咸丰帝提出了曾国藩的建议，称法国人的枪炮"均肯售卖，并肯派匠役教导制

❶ 夏东元. 洋务运动史 [M]. 上海：华东师范大学出版社，1992：37.

❷ 崔之清. 太平天国战争全史（第2卷）[M]. 南京：南京大学出版社，2002：747.

❸ 徐泰来. 洋务运动新论 [M]. 长沙：湖南人民出版社，1986：349.

造"，并提议清廷应当购买和制造洋枪、洋炮。为了说理透彻，奕䜣还引用了康熙年间的成功之例："查康熙年间，平定三藩，曾用西洋人制造枪炮，颇赖其力。"❶

咸丰帝一直以来都反对借助夷人的力量剿杀太平天国，甚至也反对外国公使驻京，总之提起洋人，咸丰帝就持反感的情绪。可是，此时的咸丰帝为了挽救清朝统治，为了剿灭太平天国，在购置洋枪、洋炮方面终究还是松口了。于是，清廷于1月24日发布了一道上谕：

> 唎（法）夷枪炮既肯售卖，并肯派匠役教习制造，著曾国藩、薛焕酌量办理。即外洋师船现虽不暇添制，或仿夷船制造，或将彼船雇用，诱之以利以结其心，而我得收实济。❷

这道上谕可不得了，这是清廷正式提出学习西方先进技术（购置或自制轮船）并付诸实践的第一个诏谕！针对此事，戚其章评价如下："在此时期中，林则徐、魏源的'师夷长技'思想重新受到重视，并且在洋务派的大力倡导下，将'师夷长技'发展为采西学，进一步将'师夷'思想付诸实践。"❸

可惜，当时亟需办理的洋务事宜很多，所以购买洋枪、洋炮的事宜暂被搁置。

半年后（1861年7月7日），恭亲王奕䜣、大学士桂良、户部左侍郎文祥上奏，再次将购买船炮之事提上议程：

> 窃臣等查粤逆（太平天国）起事以来，蔓延七八省，滋扰十数年……臣等办理外国各事，不过治其枝叶，而毛贼未能尽去，非拔本塞源之方也。是以上年❹曾奏请敕下曾国藩等，购买外国船炮；并请派大员训练京兵。无非为自强之计，不使受制于人……即请于上海、广东各关税内，先行筹款购买（船炮）……并给赫德札文，令其购买运到时，即交广东、江苏各督抚，雇内地人学习，驾驶熟习后，再驶入大江。❺

当日，清廷发布上谕：

> 东南贼势蔓延，果能购买外洋船炮，剿贼必能得力……并给赫德札文，令其购买，运到时，即交广东、江苏各督抚，雇内地人学习驾驶……内患既除，则外国不敢轻视中国，实于大局有益。❻

至此，购买洋枪、洋炮的事宜终于得以全面铺开。

1861年8月23日，曾国藩又向清廷呈送了一封购买船炮的奏折，并指出购买外洋船炮为当今"救时之第一要务"：

> 购买外洋船炮，则为今日救时之第一要务……购成之后，访募覃思之士，智巧之匠，始而演习，继而试造，不过一二年，火轮船必为中外官民通行之物，可以剿发逆，可以勤远略。❼

❶ "中央"研究院近代史研究所.海防档 甲 购买船炮(上册一)[M].台北："中央"研究院近代史研究所，2015：3

❷ 中华书局编辑部整理.筹办夷务始末（咸丰朝）[M].北京：中华书局，1979：2699.

❸ 戚其章.晚清史治要[M].北京：中华书局，2007：28.

❹ 奕䜣两次奏请购船的奏折，公历均为1861年，但农历分别为1860年和1861年，故奕䜣此处称1861年1月24日的上谕的发布时间是"上年"。

❺ 中华书局编辑部整理.筹办夷务始末（咸丰朝）[M].北京：中华书局，1979：2913-2915.

❻ 中华书局编辑部整理.筹办夷务始末（咸丰朝）[M].北京：中华书局，1979：2924.

❼ 中华书局编辑部、李书源，等整理.筹办夷务始末（同治朝）[M].北京：中华书局，2008：20-21.

这是一篇言辞恳切、具有近代化意义的奏折，在奏折中，曾国藩认为"剿发逆"（平灭乱贼）是近期目标，而"勤远略"（长足发展）才是根本目的。

不仅是曾国藩这个在一线镇压太平天国的人有此感悟，其他地区的部分官员也渐渐觉悟。湖广道监察御史魏睦庭于 1861 年 11 月 14 日上奏：

> 自海上通商以来，各色火器又以西洋为最精……英法各国皆愿我迅埽贼氛，各省肃清，彼之洋货日益流通。拟请旨饬下通商衙门，与英法各国使臣将西洋之火器火轮船等议定价值，按价购买……简选练勇兵弁，共西洋人学习驾驶演放之法。❶

从奕䜣、曾国藩与魏睦庭的奏折之中，基本可以总结出清朝当时渴求坚船利炮的缘由：

第一，受到了太平军使用洋武器的刺激，同时也看到了购买坚船利炮的好处。清军必须利用洋武器，才能彻底剿灭太平军。

第二，购买船炮的最直接目的是平息内乱。洋人并无取代清廷统治的野心，外患问题仅仅只是"肢体之患"和"肘腋之患"。这种想法在当时的士大夫脑海中根深蒂固，甚至在几年后的 1870 年，李鸿章写信给曾国藩时仍旧在说："洋人所图我者利也，势也，非真欲夺我土地也。"❷

第三，为了中兴与自强，为了"于大局有益"，也就是"师夷长技以自强"。这是革新者本着"振兴王朝，巩固统治"的长远目的而考虑的。

政策既定，清廷开始向西洋购置船舰。此间，中国发生了一件"阿思本舰队"事件，又称"阿思本兵轮案"。

1862 年 1 月 31 日，奕䜣以总理衙门的名义，致函江苏巡抚薛焕、署理总税务司赫德，令其用海关税银购买炮舰。❸当时英国人赫德只是署理总税务司，他接到命令后，通知在英国养病的总税务司李泰国，请求其在英国办理中国的购船之事。李泰国接到通知后，和英国政府商谈，英国政府允许中国从英国购买炮艇、招募海军官兵，并决定由英国海军上校阿思本担任这支舰队的指挥官。

殊不知，在这个节骨眼上，总税务司李泰国和舰队指挥官阿思本之间居然私自订立了一份合同，共有 13 条，主要内容是：由阿思本统领中国所购置的炮舰（共 7 艘），助剿太平军，为期四年，而且阿思本有指挥全权，不直接接受中国命令。❹

按理来说，清廷自己掏钱买的战舰，所有权应得到转移，然而这些舰队虽然已经被中国购买，指挥权却完全置于英国人的控制之下。非但如此，李泰国还狮子大开口，想要让自己当上中国的"海军大臣"兼海关总税务司：前一职务将给予他无可匹敌的海军兵权，后一职务则让他控制年约七百万两的海关岁入。❺在当时的清廷看来，李泰国私订合同的这个行径完全没有顾及中国人的权利和自尊，简直就是狂妄之举。

❶ 中华书局编辑部、李书源，等整理. 筹办夷务始末（同治朝）[M]. 北京：中华书局，2008：61-62.

❷ 中国史学会. 中国近代史资料丛刊·洋务运动（第 1 册）[M]. 上海：上海人民出版社，1961：267.

❸ 郭廷以. 近代中国史事日志（上册）[M]. 北京：中华书局，1987：389.

❹ 郭廷以. 近代中国史事日志（上册）[M]. 北京：中华书局，1987：416.

❺ [美] 徐中约. 中国近代史：1600-2000 中国的奋斗 [M]. 计秋枫，等译. 北京：世界图书出版公司北京公司，2013：201.

1863 年 6 月 1 日，李泰国回到北京，并把他与阿思本私定的合同给奕䜣看，奕䜣大吃一惊，告知李泰国他的官衔仅是副管带，所以舰队必须受两江总督曾国藩和江苏巡抚李鸿章的节制。李泰国根本听不进去奕䜣的言语，如此一来，双方的谈判陷入了僵持不下的局面。

为此，总理衙门的官员费劲周折，与李泰国多次磋商，终于达成了一个《轮船章程》。此章程一共 5 条，主要内容是：清廷向舰队派遣舰队司令，舰队一切事宜由中方司令和阿思本商办；舰队归交战地区清督抚节制；舰队随时允许中方人员上船实习。

9 月 18 日，阿思本舰队驶至天津附近，阿思本进京。可是，阿思本见到总理衙门和李泰国签订的《轮船章程》后，明确表示拒绝，要求清廷接受他和李泰国之前在英国私订的合同。10 月 18 日，阿思本居然以最后通牒的方式致函总理衙门，要求中方在两日内答应其条件，否则他将解散舰队。

奕䜣经过慎重的考虑，于 11 月 16 日上奏称："购买轮船，本属万不得已之举，其中流弊，原难保其必无。"● 透过这篇奏折可知，奕䜣已经有了放弃这艘舰队的念头。就在同一天，清廷对李泰国失望至极，李泰国的海关总税务司之职被赫德替代。

最终，奕䜣认为中国的兵权不可拱手相让，遂以总理衙门的名义照会英国公使，要求把阿思本舰队退回，变价出售。具有讽刺意味的是，经过美国公使蒲安臣这个和事佬的居中调停，阿思本和李泰国居然从清廷拿到了一笔丰厚的"津贴"，作为他在与清廷谈判期间应得的"俸禄"。

清廷用 173 万两白银购买了一支舰队，然后解散，仅仅收回 106 万两！这就是同治年间著名的"阿思本舰队"事件。

清廷这个购买洋舰的计划为何会流产？

首先，清廷亏着血本解散阿思本舰队，目的在于主张自己对于舰队的控制权。美国学者芮玛丽认为："很明显，中国朝廷和地方官员之所以'解散舰队'，不是因为它是令人憎恶的外国工具，而是因为令人憎恶的外国人想要保留对它的控制权。"● 就连被称作"英国官报"的《北华捷报》也称中国政府解散阿思本舰队是在行使自己的主权。

其次，清廷当初购买舰队的目的是"剿发逆，勤远略"，而直接目的是"剿发逆"。舰队被解散的时间是 1863 年年底，当时太平军坐拥南京孤城而顽抗，"非从前宁波失守，上海孤悬，岌岌危殆之时可比"●。因此，在"发贼"都快剿灭了的情况下，纵然遣散舰队也影响不大了。

"阿思本舰队"事件是清廷在近代化进程中的一次失败的尝试，尽管清廷留住了自尊和颜面，但这直接导致了海防近代化的进程被延迟。事后，清廷在发布的上谕中说

● "中央"研究院近代史研究所.海防档·购买船炮（上册一）[M].台北："中央"研究院近代史研究所，2015: 275.

● [美]芮玛丽.同治中兴：中国保守主义的最后抵抗（1862-1874）[M].房德邻，等译.北京：中国社会科学出版社，2002: 268-269.

● "中央"研究院近代史研究所.海防档·购买船炮（上册一）[M].台北："中央"研究院近代史研究所，2015: 276.

道："轮船撤退，买价仍由英国交还中国……至轮船既已不用，中国必须力求自强。"❶ 从这道上谕可以看出，清廷在"军事近代化"和"外交近代化"等方面开始有所起步，而且对于坚船利炮的渴求欲非常之大，但是，事情的发展往往不尽如人意，清廷推进近代化的进程是充满荆棘的。

第四节　"借师助剿"

清廷兴办洋务的最直接目的是"剿发逆"。对于镇压太平天国等起义，清廷一开始是想通过购买、制造坚船利炮的方式来"剿发逆"，而随着事态的发展，清廷开始与外国势力联合，公开借助外国军队的力量来剿杀太平军，这就是所谓的"借师助剿"。

咸丰帝在位时，对"借师助剿"一事持否定态度，载垣、端华、肃顺等大臣认为洋人居心叵测、得陇望蜀，所以也极力反对"借师助剿"。然而，在咸丰帝驾崩之后的几年之间，清廷就公开地"借师助剿"了。对于清廷的这种突然转变，有以下几个方面的原因：

原因之一，辛酉政变改变了清廷的权力结构。

咸丰帝驾崩之前，留守北京主持和局的奕䜣、文祥等人主张请求英国军队来剿灭太平军，但当时奕䜣等人尚未掌权，不可能放手与洋人合作。茅家琦认为："清王朝中央政府决心'借师助剿'，关键在于一八六一年先后发生的两件大事：八月二十二日坚决不和洋人打交道的咸丰皇帝逝世，小皇帝同治上台；十一月二日又发生宫廷政变——'北京政变'，慈禧、奕䜣等杀掉了载垣、端华和肃顺，完全掌握了中央大权。"❷ 可见，辛酉政变改变了清廷权力结构，也促使清廷与外国军队展开合作。如果辛酉政变没有发生，则奕䜣不会拥有"议政"的话语权，"借师助剿"之事也难以铺开。

原因之二，太平天国回光返照。

1860 年 5 月 15 日，太平军挥师东征，由"忠王"李秀成统率数万大军进攻苏常地区。太平军愈战愈勇，连克常州、苏州、嘉定、青浦等地，仅用了一个多月时间，除了上海以外的苏南所有城镇都被太平军收入囊中。1861 年年底，李秀成率二十多万太平军攻克杭州，杭州将军瑞昌自杀，浙江巡抚王有龄等数十大员，不是自杀就是被杀。太平天国这些"回光返照"之事，让清廷心惊肉跳，这也不断催化着清廷转变思维，以全新的方式镇压起义。

原因之三，洋人的支持。

《北京条约》签订后，法国全权代表葛罗就曾经对奕䜣坦言："愿为中国攻剿发逆。"❸ 另外，由于太平军将领李秀成进攻上海之举深深触动了英国在上海的利益，而且

---

❶ "中央"研究院近代史研究所.海防档·购买船炮（上册一）[M].台北："中央"研究院近代史研究所, 2015: 286.

❷ 茅家琦.太平天国对外关系史 [M].北京：人民出版社, 1984: 240.

❸ 中华书局编辑部整理.筹办夷务始末（咸丰朝）[M].北京：中华书局, 1979: 2541.

1862年初太平天国内部与英国侵略者的外交谈判破裂，所以，英国也开始积极酝酿帮助清廷镇压起义军的计划。当然，英、法等国并非真心实意地帮助清廷摆脱困境，而是基于自己的利益而考虑，他们认为只有保住清廷的统治地位，才能牢牢抓住既得的侵略利益。

原因之四，地方官员的支持。

一部分地方官员是赞成"借师助剿"的，而且早在1860年就开始对"借夷"积极谋划。1860年3月，署上海道吴煦与英法代表达成《协守上海》密约，上海官绅也纷纷请求外国军队保护。吴煦等官员的行动虽然让咸丰帝勃然大怒，但是"借夷"的大势在上海一带已然难以逆转。这些地方官员身处上海一带，属于太平军攻打的"重灾区"，所以他们的想法与清中央的奕䜣、文祥等人的想法不谋而合。可以说，在"借师助剿"一事上，从中央的奕䜣等人，到地方的部分官员，已经在原则上形成了一致的主张。

基于上述原因，在镇压太平天国的战场上，清廷从坚决抵制"借夷"，到慢慢地默许中外势力联合，逐渐又转变为公开地"借师助剿"。

"借师助剿"，主要表现为"中外会防局"的成立，以及华尔率领的"洋枪队"协助清军攻打太平军。

1862年1月13日，"中外会防局"（又称会防公所）在上海成立，这个机构虽然是中国的官员（顾文彬、应宝时、潘曾玮、吴云）在主持工作，但其实是一个听命于外国人的傀儡机构。《会防局开办章程》中对于"中外会防局"的成立记载如下：

十二月十四日，设立会防公所，会同英、法二国领事等官，查明西南北大小径路十一处，各设侦探员董，酌派健丁，专探贼情，轮番驰报。如有大股贼至，即驰报发兵，会同英、法驻守兵丁，并力捕剿。其沪城东路，濒临黄浦，商民船只聚泊至吴淞口三数十里，帆樯相接，其中难保不潜匿匪船。因派委员先禁各船不许停泊近城处所，并查出迹涉可疑者，概行驱逐。另设立水巡炮船，来往梭巡，复经英、法二国酌派火轮兵船，在黄浦、吴淞合流处驻泊，以防外江。其沪城北路，尚有支河由洪口大桥、老闸、新闸直达青浦、嘉定，为逆匪乘船来犯之路。当饬干员于大桥、新闸两处添设闸板，加以铁练锁截；并由英国派小火轮船，驻椗桥内闸外，以防内河。❶

从上述记载可以看出，这个会防公所不但会同了英、法二国的领事官员，而且清廷公开地与外国势力勾结起来，在沪城周围、内河等地对太平军进行"并力捕剿"。

此间，江苏巡抚、南洋大臣薛焕多次上奏，请求清廷公开承认"借师助剿"，并称"不得不笼络洋人，使之乐为我用，庶于大局有裨"。❷1862年2月8日，清廷正式发布上谕，以最高政令的形式批准了上海地区的"借师助剿"行动：

上海情形实属万分危急。借师助剿一节，业经总理衙门与英、法住京使臣商酌……所有借师助剿，即著薛焕会同前次呈请各绅士，与英、法两国迅速筹商，克日办理，但于剿贼有裨，朕必不为遥制。❸

❶ 太平天国历史博物馆.太平天国史料丛编简辑（第6册）[M].北京：中华书局，1963：169.

❷ 中华书局编辑部、李书源，等整理.筹办夷务始末（同治朝）[M].北京：中华书局，2008：118.

❸ 中华书局编辑部、李书源，等整理.筹办夷务始末（同治朝）[M].北京：中华书局，2008：119.

清廷的这道上谕，意味着"借师助剿"一事彻底公开化。

1862年2月，清廷将美国人华尔率领的洋枪队进行扩编，改编成为"常胜军"，由洋人担任军官，由中国人担任士兵，武器也使用当时的先进火器。这是除了"中外会防局"以外，中外势力联合镇压太平军和捻军的又一个产物。

在上海一带的太平军显然不是清廷这支"常胜军"的对手。2月中旬，太平天国"慕王"谭绍光开始率领太平军围攻上海，但很快就遭到了清军和外国军队的反击。《太平天国战争全史》一书中记载：

> 如果太平军再接再厉，攻克上海胜利在望。然而，由于英法联军的武装干涉，加之清朝调集各方兵力加强防御，致使第二次围攻上海又遭失败。❶

《太平天国对外关系史》一书中也有类似记载：

> 二月二十一日到二十四日，何伯、卜罗德指挥的英法联军悍然向上海浦东高桥太平军慕王谭绍光、纳王部永宽、忠二殿下李士贵及吉庆元等，发动进攻，并进行了大屠杀。❷

外国军队公开地、大规模地对太平军进行武装干涉，这对于清廷来说好比一阵及时雨；而对于英、法等国来说，他们最起码是保住了上海一带的既得利益；但是，这对太平军来说无疑是一个痛击，太平天国也由此陷入了苟延残喘之势，更快地走向了覆灭。

就这样，清军在洋人的协助下，再加上曾国藩、李鸿章的淮军、湘军的不懈努力，终于在1864年镇压了太平天国。太平军虽有残余部队负隅顽抗，但是在几年之后均被清军剿杀。

从洋务运动的角度而言，"借师助剿"发生在洋务运动开始之后，这绝不是偶然。关于"借师助剿"和洋务运动的关系，夏东元总结得很精辟："'借师助剿'典型而集中反映了这两个特征。为什么要洋人来'助剿'？是因为清王朝力量不足以将人民革命镇压下去；为什么要'借师'？因为'夷兵'武器先进，拥有熟练使用'坚船利炮'的军事人员。"❸ 由此可见，清廷"借师助剿"的策略犹如一个催化剂，不但让清廷坚定了继续购买坚船利炮的意志，也让清廷看到了自身军队的不足，催使清廷开始练军。当然，任何事情都有两面性，"借师助剿"让清廷成功镇压了起义军，也让侵略国的势力变得更加稳固。

此处有一个问题值得研究，即"太平天国起义导致的战争伤亡人数"的问题。

太平天国自1851年金田起义至1864年失败，共存在了13年，所以"太平天国起义导致的战争伤亡人数"应以1851年金田起义至1864年覆亡之间的战争导致的人口减损量来计算。

据罗尔纲的《太平天国史纲》记载，在太平天国起义爆发前，中国人口数目为"四三二、一六四、〇四七名口"，❹换成阿拉伯数字为432164047人（即4.32164047亿

❶ 崔之清、陈蕴茜.太平天国战争全史（第4卷）[M].南京：南京大学出版社，2002: 2287.

❷ 茅家琦.太平天国对外关系史[M].北京：人民出版社，1984: 251.

❸ 夏东元.洋务运动史[M].上海：华东师范大学出版社，1992: 65-66.

❹ 罗尔纲.太平天国史纲[M].长沙：岳麓书社，2013: 7.

人）。另外，据姜涛考证，1851 年中国的人口为 431894047 人（即 4.31894047 亿人）。❶由此可见，当时中国的人口为 4 亿多。

那么，太平天国失败之后，中国的人口到底减为多少？

首先应当明确一点，不能将"太平天国时期中国人口的死亡数"等同于"太平天国起义导致的战争伤亡人数"，因为在太平天国战争时期，中国不仅有因瘟疫等非正常死亡的人口，还有除了太平天国之外的其他起义造成的战争死亡人口。以西北回民起义为例，起义失败后，陕、甘地区的回民因战争而死，或被屠杀的人甚多，据《左文襄公在西北》记载：

陕西回民在事变发生前，有七八十万。自事变发生后，有的死于兵，有的死于疫，有的死于饥饿，剩下者仅十之一二；在剩下十之一二中，只有二、三万还留居西安省城，其余五、六万都流亡甘肃的宁（州）灵（州）和河（州）湟（源）等地。❷

西北回民起义包括陕西回民起义和甘肃青海的回民起义，陕西回民起义（1862 年）为时较短，其惨象已然如此，而甘肃、青海回民起义为时较长（1862—1873 年），情形就更为严重了。

但是，单纯地考证"太平天国起义导致的战争伤亡人数"似乎没有太大意义，因为当时中国的诸多起义都是遥相呼应、彼此联系的，而且因饥饿、瘟疫等原因导致的死亡人口，很大程度上也与这些起义有关。所以"太平天国起义导致的战争伤亡人数"不应孤立分析，应综合发、捻、回、苗等起义综合考证。

长期以来，学界对于这个数字曾做过多种估计。19 世纪，在中国的传教士哈巴安德认为这个数字是 8300 万。近现代以来，陈恭禄认为"太平天国之乱，合中原捻军之乱，关陇滇回之大杀，贵州苗人之报复，各省城镇土匪之劫掠，饥饿疾疫之死亡，死者殆有全国人口总数三分之一，约一万万人以上"。❸袁腾飞认为："人类历史上伤亡最大的战争是太平天国战争，其次才是一战和二战。太平天国战争使中国的人口由原来的 4 亿减到了 2.4 亿。"❹陈恭禄认为这个数字应是一亿以上，而袁腾飞则认为这个数字为 1.6 亿。

姜涛在《中国近代人口史》一书中并不认可"死者殆有全国人口总数三分之一，约一万万人以上"的观点，他认为，清朝自乾隆六年（1741 年）建立起了一套人口统计制度，但是从太平天国起义以后，因为当时人口缺报的省份过多，中国的人口统计已经失实，这套人口统计制度已经终结，比如江苏省自太平天国起义后，一直到 1874 年才恢复造报。所以，姜涛纠正了以往学界的一些错误认识，说明了太平天国战争所导致的人口死亡并不像以前人们认为的那样多。同时，据姜涛考证，当时中国人口损失在 0.6～1 亿。❺

从目前的史料来看，这些数字仍旧是难以确定的，既不可能只达到八千万，但也绝

---

❶ 姜涛 . 中国近代人口史 [M]. 杭州：浙江人民出版社，1993：411. 姜涛在此数字后注明，当年广西的部分州县缺报，所以当时中国的人口应大于此数。

❷ 秦翰才 . 左文襄公在西北 [M]. 长沙：岳麓书社，1984：77.

❸ 陈恭禄 . 中国近代史（上册）[M]. 北京：新世界出版社，2017：187.

❹ 袁腾飞 . 历史是个什么玩意儿（第 2 册）[M]. 上海：上海锦绣文章出版社，2010：219.

❺ 姜涛 . 中国近代人口史 [M]. 杭州：浙江人民出版社，1993：71-74.

不可能高达 1.6 亿。尽管如此，有一点是可以肯定的，即这一时期中国人口的损失数量，绝对超过了中国历史上任何一个动乱时期。

太平天国的历史功过褒贬不一，但是，这次起义从客观上促使中国加快了近代化历程，正如容闳所说："太平军一役……以破中国顽固之积习，使全国人民皆由梦中警觉，而有新国家之思想。观于此后 1894、1895、1898、1900、1901、1905 等年种种事实之发生，足以证予言之不谬矣。"❶

第五节　练军

在清廷"借师助剿"的同一时期，清廷开始训练军队，简称"练军"。

洋务运动期间的"练军"，分为训练陆军和训练海军，而在前期洋务运动中，练军主要指训练陆军。这个时期的军队训练方式与中国以往任何一个时期都不同，因为当时的练军包含了新式武器、新式操练方法等因素，被烙上了近代化的烙印。

清廷之所以要在这个时期练军，主要原因如下：

第一，军队废弛的现状。

"有清以武功定天下"，可是到了洋务运动前夕，曾经骁勇善战的清朝军队早已变得衰弱至极。

清朝的军队分为旗军和汉军，其中八旗制度从清太祖努尔哈赤时期一直延续下来，而汉军分为绿营和乡勇等，也是清朝的重要军事力量。

早在嘉庆年间，八旗军的实力就开始走下坡路，嘉庆帝曾"饬各将军不得以老弱充兵额"❷，到了洋务运动前，八旗军充斥着老弱病残，这些士兵领取俸禄倒是很积极，打起仗来却毫无战斗力。绿营军更是不济，自嘉庆年间的白莲教起义后就没打过大仗。1851年，绿营军虽然号称六十余万人，其实常缺额六七万人。太平天国起义后，绿营军"遇敌辄靡"❸，对于镇压起义几乎没有起到任何作用，此时绿营军的制度早已名存实亡。军队废弛的现状令人担忧，清朝的这些军队根本应对不了洋务运动时期内忧外患的新局面。

第二，自强中兴的期望。

清廷从"借师助剿"之事中得到一个启迪：要拯救岌岌可危的王朝统治，不但要有先进的新式武器，还要有过硬的军事力量。"借师助剿"毕竟只是权宜之计，打铁还需自身硬，只有自己的军事力量强硬，才能彻底解决内忧外患的问题。基于这两个原因，在清廷"借师助剿"期间，练军一事迟早要被提上洋务运动的议程。

谈及洋务运动时期的练军，就不得不谈清廷在练军之前就已经出现的地方军队势力——"湘军"和"淮军"。

湘军也称湘勇，是晚清时期由曾国藩在湖南创建的一支地方军队。这支军队在很长

---

❶　容闳 . 西学东渐记 [M]. 徐凤石，等译 . 北京：生活·读书·新知三联书店，2011：56.

❷　赵尔巽 . 清史稿·八旗志（第 5 册）[M] 天津：天津古籍出版社，2012：1847.

❸　赵尔巽 . 清史稿·绿营志（第 5 册）[M] 天津：天津古籍出版社，2012：1856.

时间内并没有得到咸丰帝的青睐，这是因为清朝自入关以来，汉族官员的地位不如满族官员，而且湘军并非清廷的"嫡出"，是一支不属于清廷的正规军队。但是，太平天国运动爆发后，清廷的八旗军和绿营军频频失利，咸丰帝在万般无奈之下，才不得不依照肃顺的建议而倚重汉族官僚，湘军也正是在这个时期开始发迹。

为了剿灭太平军，曾国藩于 1854 年 8 月率湘军出省作战，并于次年收复武昌，1856 年又攻克九江。随后，湘军愈战愈勇，在 1860 年攻陷安庆，并于 1864 年攻陷太平天国的都城"天京"。根据《湘军记》的记载：

自广西寇发（太平天国），海内骚动，新宁江忠烈公忠源，实倡义旅。而王壮武公鑫、罗忠节公泽南以诸生起，其后李忠武公续宾、胡文忠公林翼、左文襄公宗棠、刘武慎公长佑、蒋果敏公益澧，暨今总督曾公国荃、尚书彭公玉麟、总督杨公岳斌、巡抚刘公锦棠，征伐四出，用兵遍十八行省。一时湘人由战功任封圻者，总督则有刘公岳昭、刘公蓉、唐公训方、陈公士杰；其以提督权巡抚者，则有田公兴恕、江诚恪公忠义。而劳文毅公崇光、侍郎郭公嵩焘、总督谭公钟麟、巡抚黎文肃公培敬，虽起家翰林，亦皆涉历兵事。其他专阃、监司，以勋伐昭著于时者，不可胜数。❶

《湘军记》之所以给予这些湘军将领极高的评价，是因为湘军成功地帮清廷剿灭了太平军，是清廷一支不可多得的劲旅。自湘军之后，李鸿章在曾国藩的指示下招募淮勇，又编练了另外一支军队，称作淮军。这些湘、淮军的将领从此登上了历史舞台，在中国近代史留下了浓墨重彩的一笔。

美国学者芮玛丽认为："湘军似乎是一个'历史的奇迹'……地方性的军事权力中心转换成了清代国家的支柱，先进的武器被生产了出来。"❷湘军与淮军之所以能成为当时的军队支柱，不仅因为他们本身的作战素质高，而且还因为他们思想先进。

当年，与外国军队接触后的李鸿章曾经大叹洋枪、洋炮的精纯，他曾说："其大炮之精纯，子药之细巧，器械之鲜明，队伍之雄整，实非中国所能及。"❸李鸿章头脑比曾国藩更加灵活，思想也比曾国藩开明，这促使了他更加坚定地学习洋人的先进技术，"弃习用之抬枪、鸟枪，而改为洋枪队"。到了 1865 年，李鸿章军中"约有洋枪四万支"❹，开始全面且迅速地使用洋武器。

当然，李鸿章的淮军之所以能够使用洋武器，不仅因为李鸿章思想开明，还得益于一些机遇。1864 年 6 月 1 日，戈登领导的"常胜军"（清廷"借师助剿"的产物）完成了其镇压太平天国的使命，全军解散，其最精锐的六百人炮队、三百人枪队以及轮机手数十人（包括十多个洋教官），摇身一变加入淮军，李鸿章开始了他"练兵练器"的自强之路。❺

比起曾国藩的湘军和李鸿章的淮军，八旗军和绿营军再怎么不济，毕竟还是清廷眼

❶ 王定安 . 湘军记 [M]. 长沙：岳麓书社，1983：1–2.

❷ [美] 芮玛丽 . 同治中兴：中国保守主义的最后抵抗（1862–1874）[M]. 房德邻，等译 . 北京：中国社会科学出版社，2002：271.

❸ 顾廷龙，戴逸 . 李鸿章全集·信函一（第 29 册）[M]. 合肥：安徽教育出版社，2008：186.

❹ 赵尔巽 . 清史稿·制造志（第 5 册）[M] 天津：天津古籍出版社，2012：1976.

❺ 梅毅 . 帝国殃咎：太平天国真史 [M]. 深圳：海天出版社，2012：187–188.

中的"亲骨肉"。清廷主持洋务的大臣们眼见地方军队正如火如荼地展开新式训练，又基于"军队废弛"和"自强中兴"等原因，所以也开始在中央层面制订军队训练的计划，决定重振八旗军和绿营军之风。

1861年1月24日，奕䜣等人针对练军事宜上奏了一封《奏请八旗禁军训练枪炮片》，他们认为，洋务运动的各项革新措施若想顺利铺开，前提条件是"审敌边防"，其中，"审敌边防"的"探源之策"又在于"自强"，而"自强之术，必先练兵"。❶

值得注意的是，就在奕䜣等人呈上《奏请八旗禁军训练枪炮片》的11天之前（1月13日），他们曾上奏过一封《统计全局酌拟章程六条呈览请议遵行折》，这篇奏折拉开了洋务运动的序幕，也提出了六件亟需办理的洋务事项，但令人费解的是，这六件事项之中居然没有一件是练兵事项。11天后，奕䜣等人又专门针对练军之事上奏，这或许是因为奕䜣等人忘记在之前的奏折中提出练军建议而进行补漏，又或许是为了突出练军的重要性而单独呈奏。总之，这篇奏折从中央层面启动了洋务运动时期的军队训练计划。

最终，清廷采纳了奕䜣等人的练军建议，开始在中央层面开展具体的练兵事项，决定重振八旗军和绿营军之风。

练兵伊始，清廷大破大立，在八旗、绿营各军中挑选出部分士兵，另行了组建了一个名叫"神机营"的新机构。神机营类似于一支使用新式武器的禁卫军，《清稗类钞》的兵刑类遗闻中，有一篇专门描述神机营的文章：

> 神机营署在煤炸胡同，同治初设。其士卒皆八旗精锐，总以亲王大臣，无定员。全营翼长二人，下设文案、营务、印务、粮饷、核对、稿案六处……此外军火局、枪炮厂、军器库、机器局各有专司，兵万五千余名……光绪庚子以后废之。❷

从这篇文章可以看出，当时的北京神机营是一支利用西方新式武器的禁卫军队。

随着时间的推移，到1865年，醇郡王奕譞组织训练的神机营，兵员达到三万余人，"操演渐著成效，绿营亦就整肃"❸。醇郡王一直负责神机营的工作，直到后期洋务运动中清廷成立了海军衙门，他才被调到海军衙门工作。

天津地区的练兵也开始较早，这是因为清廷在"固本弱枝"的统治思想引导下，自然将天津这一"拱卫京畿"的重要地带视为练兵的重点区域。

1862年初，北京派出的第一批京兵到津，与地方绿营军一起在天津接受西式操练。根据奕䜣1862年4月13日的奏折所称，当时在天津参加西式操练的京兵有六百名，由英国人斯得弗力担任总教练，北洋大臣崇厚"不时往看"后认为洋教练"颇为认真"，所以奕䜣请求朝廷"再挑年在三十以下武官三百五十名，一同教练"。❹天津一带的军队操练，又是使用洋械，又是聘请洋官，可见清廷为此煞费苦心。

清廷率先在京津地区练兵，是其"固本"思想的集中体现。"根固才能枝繁"这个道理虽然没错，但如果过分地追求根本，就会导致枝叶的偏废。况且，还没等到偏废的结果发生，外国人就开始焦躁不安了。

---

❶ 中华书局编辑部整理.筹办夷务始末（咸丰朝）[M].北京：中华书局，1979：2700.

❷ 徐珂.清稗类钞（第2册）[M].北京：中华书局，2010：739.

❸ 赵尔巽.清史稿·训练志（第5册）[M]天津：天津古籍出版社，2012：1973.

❹ 中华书局编辑部，李书源，等整理.筹办夷务始末（同治朝）[M].北京：中华书局，2008：183-184.

外国人看见清廷在京津地区的练军行动后，为了保住各通商口岸的既得利益，开始有了进一步的行动。1862年5月，英国公使卜鲁士照会总理衙门，以维护通商口岸的安全为由，建议沿海的通商口岸练兵，并主动推荐洋人教官。当时，太平军正在江浙一带回光返照，而且小刀会起义占领了上海城，总理衙门胆战心惊，在"借师助剿"的催动下，不得不答应了洋人的建议，并咨文各海口："酌拨旗绿各营官兵，会同英国官兵勤加练习，以成劲旅。"❶ 于是，广州、福州、宁波、上海等地开始了新式练兵，练兵从天津延伸到各通商口岸。

自1862年开始，天津等五个通商口岸的练兵信息见表2-1。

表2-1 通商口岸的练兵信息

地名	主持人	训练对象	洋弁	规模	备注
天津（大沽）	崇厚	神机营、直省绿营	英	4700人	1869年止
上海	李鸿章	薛焕旧部、本地练勇	英法	1600人	
宁波	左宗棠	本地练勇	英法	约2000人	
福州	文清、左宗棠	驻防旗兵、绿营	英法	1124人	1866年止
广州	劳崇光、晏端书	驻防旗兵、绿营	英法	1190人	1866年止

（夏东元：《洋务运动史》第43页列表，以及中国史学会编：《中国近代史资料丛刊·洋务运动》第3册《练兵篇》。）

由上表可知，在五个通商口岸进行西式训练的兵员共有万余人，而且这些兵员大多数是汉军（绿营或练勇），也有少量驻防旗兵。在练兵大潮的席卷之下，盛京、吉林、黑龙江的八旗军、刘长佑直隶六军以及闽、浙、苏、粤、晋、鲁、湘、豫、甘的军队都开始了新式训练，一时之间，大半个中国都在练军。

虽然此后各地的练兵计划并没有一如既往地推行下去，绝大多数都是半途而废，但是，清廷从这个时期开始意识到军队作战能力的重要性，清朝的军队也是从这个时期开始运用洋武器，且采用了当时较为先进的训练方法，这种突破变相地刺激着清廷加快了军事工业、洋务教育等方面的近代化脚步，有着特殊的历史意义。

第六节　清末海关

中国近代史上，海关曾被外国人管理了半个多世纪。

在1854年之前，中国的海关行政权仍掌握在清廷手中。当时，海关必须每年给户部上缴税款，剩余的由海关自行支配，正因这种传统的关税管理模式，海关的管理非常混乱，而且贪腐横行。

❶ 中国史学会.中国近代史资料丛刊·洋务运动（第3册）[M].上海：上海人民出版社,1961:459.

1853 年 9 月，在太平天国起义的影响下，小刀会起义在上海爆发，上海海关彻底瘫痪。上海海关瘫痪后，清廷的海关监督吴健彰手足无措，而英、法、美三国的领事也都忧心忡忡。这些外国领事并不是真心地替清廷担心，而是担心上海及附近地区的商务会因此遭受损害，所以他们非常希望清廷尽快恢复上海的海关设置。

1854 年 6 月 29 日，英、法、美三国领事和吴健彰在昆山举行会议，达成一项协议，即在上海成立一个"外国税务司"，英、法、美三国各提名一位税务监督，外国税务监督帮助清廷"公平"地从洋商手中征收海关关税。清廷虽然不想让外国人插手中国海关的行政管理，但又无力恢复海关的正常运行，所以只得同意英、法、美三国的提议，并废除了内地关税，以作为对英、法、美的这项协议的回报。

1854 年 7 月 12 日，英国的威妥玛、美国的贾流意和法国的史亚实就任上海海关税务司，上海海关终于恢复了正常的运转，"外国税务司"这个近代化产物也一直延续下来。

第二次鸦片战争结束后，中英签订了《北京条约》。该条约约定清廷向英国赔款八百万两，除了第一期即时赔付五十万两外，剩余的款项"应于通商各关所纳总数内分结"。● 既然条约约定赔款要从关税项下拨付，清廷认为此时有必要成立一个由清廷直接管理的中国海关。

1861 年 1 月 21 日，恭亲王奕䜣任命英国驻上海代理副领事李泰国为海关总税务司，之后，李泰国因病返回了英国，奕䜣又任命广州海关副税务司赫德代办总税务司的事务。● 署理总税务司赫德刚上任，清廷就发生了购买坚船利炮的"阿思本舰队"事件，● 但让人意想不到的是，赫德从 1863 年到 1908 年一直担任中国海关的最高领导，其任职时间近半个世纪。

赫德办事得体，为人圆融，从接手海关总税务司一职开始就得到了社会各界好评，对他赞不绝口之人包括清廷官员、外国使节以及外国商人。在赫德看来，自己从清廷领取薪水，就是中国的雇员，所以必须对中国政府负责。他曾在 1864 年 6 月 21 日的一份通函中说道："首先要清清楚楚而且经常记在心里的就是，税务司公署是一个中国的而不是外国的服务机关，既然如此，它的每一个职员的本分就是要在避免引起冒犯和恶感的条件下去对待中国的官民……税务司各办公处所雇用的各洋员们是否行为端正，诚信无欺，办事富有效率，是由总税务司对中国政府负其责任的。"● 这封通函告诫各地的税务司和海关职员，也像一篇海关职员的"行为准则"。

相比旧式海关的贪腐之风，在赫德担任总税务司期间，海关人员的违法行为没有超过五起，● 清末海关也被誉为晚清唯一不贪腐的衙门。这是因为，赫德处事果敢，且坚决抵制贪污腐败和走私等行为，而且关税的账目都由赫德及其部下核管，征收的关税都交

● 王铁崖 . 中外旧约章汇编（第 1 册）[M]. 北京：生活·读书·新知三联书店，1957：145.

● 郭廷以 . 近代中国史事日志（上册）[M]. 北京：中华书局，1987：363—374.

● 参见本章第三节"坚船利炮的渴求"。

● [美] 马士 . 中华帝国对外关系史（第 3 卷）[M]. 张汇文，等译 . 上海：上海书店出版社，2006：489—497.

● [英] 魏尔特 . 赫德与中国海关（上册）[M]. 陆琢成，等译 . 厦门：厦门大学出版社，1993：383.

往中国海关银行，这在当时来说是很不容易的，他们为中国的贸易、航运等方面的发展做出一定的贡献。

总理衙门非常赞赏和信任赫德。中国海关在赫德的领导下，向清廷提供的税银逐年增多。据《剑桥中国晚清史》记载：

海关总税收不断增加，从 1865 年的 830 万两增加到 1875 年的 1200 万两，而 1885 年增加到 1450 万两……19 世纪 70 年代末，为北京所确认的清帝国的总税收，包括中央和地方在内，计约 6000 万两。虽然最大部分的收入仍然来源于田赋，但……关税仍达到 1200 万两（占 20%）。由于旧税源乃至厘金到 19 世纪 60 年代几乎完全被指定作为既定的和不能机动的开支，所以海关关税对于政府的一些新办事业以及紧急需要来说，其价值就无法估量了。❶

赫德不但有条不紊地管理着中国海关，还很关心中国的近代化进程。1865 年 10 月 17 日，赫德向总理衙门递交了一份题为《局外旁观论》的折子，这份折子促使清廷启动了文化教育等方面的近代化革新措施，也对洋务运动在 19 世纪 70 年代后由"求强"转为"求富"的方针产生了深远的影响。

赫德作为清廷的"雇员"，每年都上缴巨额的海关税款，所以他得到的殊荣是无与伦比的。他可谓青云直上：

1864 年，赏加按察使衔；

1869 年，赏加布政使衔；

1881 年，赏赐头品顶戴；

1885 年，赏赐双龙二等第一宝星；

1885 年，赏戴花翎；

1889 年，赏加三代正一品封典；

1901 年，赏加太子少保衔；

1908 年，赏加尚书衔。

此外，赫德不仅得到清廷的赏赐，还得到法国、英国、俄国、意大利、比利时、瑞典、奥地利、葡萄牙等国的多项勋章荣典。❷

通过清末海关以及赫德担任总税务司这些历史，可以一窥这个时期的中西关系。

第一，清朝从乾隆帝在行宫召见英国"贡使"开始，就已经或多或少、或急或缓地被卷入了世界近代化的大潮。鸦片战争前夕，腐朽的清廷仍旧做着"天朝迷梦"，就连道光皇帝都认为海关关税是"区区关税"，并不看重。经历了两次鸦片战争之后，到了洋务运动的初期，中国已然彻底被近代化大浪席卷，近代化已是中国发展的必然趋势，中国当时的境遇是——想近代化也得近代化，不想近代化也得近代化！

第二，这个时期上承两次鸦片战争，下启边疆危机和瓜分狂潮，中西关系处在一个相对平稳的过渡期。邢超对这一时期在中国境内的洋人有如下评价：

---

❶ [美]费正清，等.剑桥中国晚清史（上卷）[M].中国社会科学院历史研究所编译室，译.北京：中国社会科学出版社，1985：500.

❷ [美]马士.中华帝国对外关系史（第3卷）[M].张汇文等，译.上海：上海书店出版社，2006：508-510.

外国人来到中国，有的是为了掠夺，有的是为了传播文化，有的是为了帮助中国。正因为情况复杂纷乱，晚清的人们对待外国人的态度同样是复杂的，不知所措。❶

洋人的内心不论是伪善也好，真诚也罢，从客观事实而言，中国与西方列强在这一时期迎来了难得的相对和平期，这也给洋务运动初期的发展提供了难得的历史机遇。

第三，清末海关虽被洋人控制，但是被洋人控制下的海关毕竟还是积极地推动了洋务运动的发展，比如神机营、同文馆、天津机器局、福州船政局等的经费，都得到了海关关税基金的保障。另外，辛酉政变后出现了"同治新政"，在恭亲王奕䜣等人的主持下，清廷的内政、外交发生了重大转折。赫德作为总理衙门的"外交顾问"，能够给主持洋务的中央决策者提供一些革新思路，也让许多内外臣工和封疆大吏注重学习西方。所以，在"西力东渐"的影响下，这一时期中国的近代化进程是比较积极主动的。

长期以来，中国的学者对清末海关及总税务司赫德多持负面评价，认为这是西方列强对于中国关税主权的一种极大侵犯，比如王绳祖在其《中英关系史论丛》一书中认为，"赫德是一个十分狡诈的英国侵略分子"❷。但是，如果换个角度审视，当时清廷是根本没有能力来正常地管理和运转海关的，在这种形势下，不能以"关税主权说"一概否认英国管理中国海关之事，毕竟赫德等英国人对中国的海关近代化还是做出过一定贡献的。

第七节　洋务教育近代化

第二次鸦片战争期间，与洋人交涉之后奕䜣有了一个感悟："与外国交涉事件，必先识其性情，今语言不通，文字难辨，一切隔膜，安望其能妥协？"❸奕䜣认为，清廷在外交方面之所以频频受挫，直接原因就是与洋人"语言不通，文字不辨"。奕䜣自惭形秽，于是暗下决心，要"谙其语言文字"。

洋务运动开始后，奕䜣等人于1861年8月20日上奏了《奏设同文馆学习洋文拟章呈览折》与《同文馆章程六条》，建议清廷创立一个官办外国语学校，即"同文馆"。这篇奏折写道：

欲悉各国情形，必先谙其语言文字，方不受人欺蒙。各国均以重资聘请中国人讲解文义，而中国迄无熟悉外国语言文字之人，恐无以悉其底蕴……（御批：依议）❹

从这篇奏折可以看出，奕䜣等人发展洋务教育最直接的动机是单纯的，仅仅是为了培养翻译人才，"不受人（洋人）欺蒙"。

1862年的年中，京师同文馆开馆，地点在北京东堂子胡同。同文馆隶属于总理衙门，是清廷设立的官办的外国语学校，由外国人承担学馆的教习。同文馆的课程一开始只有英文，后来又增设法文、俄文、日文等，1866年又增设天文、算学等学科。1902年，同文馆并入京师大学堂，改名为京师译学馆。

---

❶ 邢超. 致命的倔强：从洋务运动到甲午战争 [M]. 北京：中国青年出版社，2013，86.

❷ 王绳祖. 中英关系史论丛 [M]. 北京：人民出版社，1981：9.

❸ 中华书局编辑部整理. 筹办夷务始末（咸丰朝）[M]. 北京：中华书局，1979：2679.

❹ 中华书局编辑部，李书源，等整理. 筹办夷务始末（同治朝）[M]. 北京：中华书局，2008：342–343.

同文馆的设立标志着洋务运动之文化教育开始步入近代化历程。那么，清廷发展洋务教育究竟是主动的，还是被动为之？

夏东元认为："洋务文化教育，是指 19 世纪 60 年代到 90 年代洋务运动中，洋务派为适应洋务活动需要所举办的文化教育事业……洋务文化教育涉及面是比较广泛的，它培养了包括翻译、外交、律例、科学技术、企业管理、电报、矿务、冶炼、机械制造、水陆军事等等多方面的专门人才。这些文化教育事业……是适应洋务活动的具体需要进行的。因此，虽有一些计划，但并无远景规划和战略目标，因而基本上是被动的，尤其在洋务运动开始时是如此。"❶ 夏东元的观点认为清廷发展洋务教育是被动的，这种观点似乎有些绝对，因为考察清廷发展洋务教育的动机，不仅要看中央层面，还应综合地方官员的意见来全局分析。

同文馆创立后，地方的洋务教育革新却毫无动静。江苏巡抚李鸿章认为地方也应发展洋务教育，遂于 1863 年 3 月 28 日上奏：

> 伏惟中国欲与洋人交接，必先通其志，达其欲，周知其虚实诚伪，而后有称物平施之效。互市二十年来，彼酋之习我语言文字者不少，其尤者能读我经史，于朝章宪典、吏治民情，言之历历；而我官员绅士中，绝少通习外国语言文字之人……中国能通洋语者仅恃通事，凡关局军营交涉事务，无非雇觅通事往来传话，而其人遂为洋务之大害……我中华智巧聪明，岂出西人之下。果有精熟西文者，转相传习，一切轮船、火器等巧技，当可由渐通晓，于中国自强之道似有裨助。❷

李鸿章的这篇奏折传递了以下几层意思：

第一，李鸿章认为兴办洋务的前提是培养翻译人才和学习外国语言文字，即"通其（洋人）志，达其意"，如此一来，才能"周知其虚实诚伪"。

第二，培养翻译人才能够达到"抵御外侮"的效果，能与洋人交涉"局军营事务"。

第三，培养翻译人才不仅可以抵御外侮，而且能达到"自强"的效果，"于中国自强之道似有裨助"，这一点才是发展洋务教育的根本目的。

由李鸿章的奏折可知，至少在一些思想开明的地方官员眼中，发展洋务教育是比较主动的，并非全然被动，而且，他们认为发展洋务教育的目的并非仅仅为了培养翻译人才，而最终是为了达到自强的目的。

在李鸿章等人的动议下，各地的学馆相继创立，比如上海广方言馆、广州方言馆、东北珲春的"翻译俄文书院"和台湾设立的语言学馆等。一时之间，各地迎来了创办语言学馆的热潮，洋务教育高歌猛进。可惜，随着时间的推移，各个学馆在后期的办学质量开始参差不齐：1870 年，李鸿章将上海广方言馆迁入他的江南制造局内书院，与江南制造局中的翻译馆（1868 年成立）合在一起，成为了江南制造局的核心；广东方言馆于1880 年设实学馆，但之后没什么发展。

发展洋务教育并非中国的一厢情愿，洋人也出力不少。1865 年 10 月 17 日，海关总税务司赫德向总理衙门递交了一份题为《局外旁观论》的折子，在这份折子中，赫德强调铁路、轮船、电报、采矿和学习西方外交模式的好处。赫德的《局外旁观论》一针见

---

❶ 夏东元. 洋务运动史 [M]. 上海：华东师范大学出版社，1992：146.

❷ 中华书局编辑部，李书源，等整理. 筹办夷务始末（同治朝）[M]. 北京：中华书局，2008：610-612.

血地分析了清廷的积弱局面，促使清廷在文化教育方面"格致之学"的转变。1866 年，英国使节威妥玛也向恭亲王递交了一份题为《新议略论》的折子，同样强调中国需要铁路、电报、新式学校和派外交代表驻国外。总而言之，赫德和威妥玛的观点核心是要中国引进西方的方法和产品来求得进步。

由于洋人们的谆谆善诱，在同文馆成立之后，总理衙门的大臣们又开始策划着新一轮的教育革新措施。1865 年已是同文馆开馆之后的第三年，奕訢本着提高教育质量和扩大学生知识领域的目的，经过深思熟虑后，做了两件教育革新之事：

第一件事，是清廷派遣外交使团访问欧洲，也就是"斌椿使团"事件。

第二件事，是总理衙门向清廷奏请让同文馆添设天文、算学馆。这件事直接引发了洋务运动史上洋务大臣与守旧势力的第一次大辩论。

一、"斌椿使团"事件

1866 年，总理衙门决定派遣一个非正式的试探性外交使团前往欧洲，并派同文馆学生随同前往，开拓眼界。

2 月 20 日，奕訢上奏："外国情形，中国未能周知，于办理交涉事件，终虞隔膜。臣等久拟奏请派员前往各国，探其利弊，以期稍识端倪，藉资筹计……因总税务司赫德来臣衙门，谈及伊现欲乞假回国，如由臣衙门派同文馆学生一二名，随伊前往英国，一览该国风土人情，似亦甚便等语。（御批：依议）"❶ 得到清廷的允准后，派遣使团前往欧洲考察之事正式敲定。这个使团由山西襄陵知县斌椿带队，同文馆的学生也一同前往，亲自到欧洲国家"探其利弊"。

关于"斌椿使团"事件的始末，《剑桥中国晚清史》中有详细记载：该使团由斌椿率领；63 岁的斌椿曾担任过知府，又是赫德的中文秘书。虽然斌椿被授予临时三品文官衔以提高考察团的身价，但恭亲王毫不含糊地表示，该团不是正式外交使团，而只是派往西方收集情报的一个公费观光团体。由于是非官方的，它可以避免一些棘手的外交礼仪上的问题，同时也无需像正式使团那样花很多费用。该团遍游了伦敦、哥本哈根、斯德哥尔摩、圣彼得堡、柏林、布鲁塞尔和巴黎，它的新颖面貌使它受到了有礼貌的欢迎。考察团回国以后不久，团员们详细记述了他们的所见所闻。不幸的是，他们的观察主要以西方的社会风俗习惯、高楼大厦、煤气灯、电梯和机器为主，对于政治制度只是一笔带过。❷

陈恭禄在《中国近代史》一书中对于斌椿使团之事也有记载："其所见所闻多为轮船、火车及汽力之生活，高达雄伟之建筑，而无安缓俭朴之适意，其尤感受不安者，不通外国语言，不明其思想制度，自无深切了解同情之可能性。"基于此，陈恭禄对斌椿使团的历史评价并不高："其所著之笔记，偏重于海程、宴会，因无影响于国内。"❸

❶ 中华书局编辑部，李书源，等整理. 筹办夷务始末（同治朝）4 [M]. 北京：中华书局，2008：1621–1622.

❷ [美] 费正清，等. 剑桥中国晚清史（下卷）[M]. 中国社会科学院历史研究所编译室，译. 北京：中国社会科学出版社，1985：71.

❸ 陈恭禄. 中国近代史（上册）[M]. 北京：新世界出版社，2017：191.

虽然目前学界普遍认为斌椿使团并未在洋务运动之中起到太大的作用，但其在中国近代史上仍具有一定的意义。

首先，尽管斌椿使团是一个临时的、非正式的使团，但这是清廷第一次主动地以团队的形式派遣官员出国，属于"迈出国门的第一步"，也是外交近代化起步的标志。

其次，这次派使团出国，有两名同文馆学生同行，总理衙门的这种安排，是出于"广求格致人才以充实同文馆"的考虑，终究是为了推动文化教育的近代化。

第三，这是洋务运动史上难得的"外交近代化"与"文化教育近代化"的合一。"军事近代化"与"文化教育近代化"合一的现象很多，比如李鸿章将上海广方言馆移至江南制造局，又如左宗棠在福州船政局附设船政学堂等，但"外交近代化"与"文化教育近代化"的合一的现象并不多见，斌椿使团就是其中之一，之后还有一个"幼童派遣留洋事件"。

二、同文馆增设天文、算学之争

赫德的《局外旁观论》对清中枢还是起到了一定影响，总理衙门经过深思熟虑后，决定向清廷提出在同文馆添设天文、算学馆的请求。

1866 年 12 月 11 日，奕䜣上奏《拟设馆学习天文算学折》：

窃维开馆求才，古无成格，惟延揽之方能广，斯聪明之士争来。查臣衙门于同治元年七月间，设立同文馆，延请英、法、俄三国教师，分馆教习。各馆学生系由八旗咨取年在十四岁内外，迄今岁及五载……因思洋人制造机器火器等件，以及行船行军，无一不自天文算学中来。现在上海、浙江等处，讲求轮船各项，若不从根本上用着实功夫，即习学皮毛，仍无裨于实用……臣等公同商酌，现拟添设一馆，招取满、汉举人及恩、拔岁副优贡，汉文业已通顺，年在二十以外者，取具同乡京官印结或本旗图片，赴臣衙门考试。并准令前项正途出身五品以下满、汉、京外各官，少年聪慧，愿入馆学习者，呈明分别出具本旗图片及同乡官印结，一体于考……诚以取进之途一经推广，必有奇技异能之士出乎其中……举凡推算格致之理，制器尚象之法，钩河摘洛之方，倘能专精务实，尽得其妙，则中国自强之道在此矣。（御批：依议）❶

这篇奏折透露了以下信息：

第一，奏折开篇就说古今开馆并无固定格局，要不断求新，所以要在同文馆增设"天文、算学馆"。天文、算学、格致（当时对声光化电等自然科学的统称）等学科，是与八股科举的传统儒学格格不入的新鲜事物，奕䜣等人准备在同文馆增设这些学科，在当时而言显然是一个大胆的重大变革！

第二，奕䜣等人把天文、算学看作是机器制造的"根本"，是"格致之理"，是实学，并建议清廷将同文馆的生源从八旗幼童改为"满、汉举人及恩、拔、岁、副、优贡"和"前项正途出身五品以下满、汉、京外各官"，学生的年龄由"十四岁内外"改为了"二十以外"。

❶ 中华书局编辑部，李书源，等整理．筹办夷务始末（同治朝）[M]．北京：中华书局，2008：1945-1946．

可见，奕䜣这篇奏折的目的，不仅是要请求清廷在同文馆增设天文算学，而且想要让同文馆在扩招方面进行制度上的大革新。

很快，清廷批准了这个建议，于是奕䜣等人又于1867年1月28日上奏《酌拟学习天文算学章程呈览折》和《同文馆学习天文算学章程六条》，对增设天文、算学等事宜进行补充。❶

历朝历代，只要谈及改革、变革或革新，就肯定会有反对的声音，因为这些举动必然会触动一部分人的既得利益，也必然会挑动这部分人的神经。所以，当奕䜣的这些奏折上呈后，立刻引起了反对者的抨击。这些反对者大多数是守旧势力，他们将西学称为"奇技淫巧"，比作"洪水猛兽"。这些反对者之中，以山东监察御史张盛藻打头阵，大学士倭仁坐镇中央，他们与奕䜣等人针锋相对，不断痛诋改革者。从此，以奕䜣为首的洋务大臣，与以倭仁为首的守旧势力展开了洋务运动史上的第一次辩论战，双方唇枪舌剑，毫不退让。

1867年3月5日，山东监察御史张盛藻上奏：

臣愚以为朝廷命官必用科甲正途者，为其读孔孟之书，学尧舜之道……臣民之强，则惟气节一端耳，朝廷能养臣民之气节，是以遇有灾患之来，天下臣民，莫不同仇敌忾……若令正途科甲人员习为机巧之事，又借升途银两以诱之，是重名利而轻气节，无气节安望其有事功哉？❷

张盛藻一开始说学天文、算术不必用科甲正途官员，然而话锋一变，开始抨击天文、算学是"机巧之事"，抬出民族"气节"的大道理，拿大帽子压人。

紧接着，大学士倭仁也赤膊上阵，于1867年3月20日上奏：

窃闻立国之道，尚礼义不尚权谋；根本之图，在人心不在技艺。今求之一艺之末，而又奉夷人为师，无论夷人诡谲，未必传其精巧；即使教者诚教，学者诚学，所成就者不过术数之士，古今来未闻有恃术数而能起衰振弱者也。天下之大，不患无才，如以天文算学必须讲习，博采旁求，必有精其术者，何必夷人，何必师事夷人？❸

倭仁认为学习天文算学"为益甚微，所损甚大"，因为立国之道重在崇尚礼义，而不是崇尚权谋，立国的根本在人心，而不在技艺。而且，倭人认为天文算学是九流"术数"，不值一哂，中国人才济济，国内肯定有精通天文、算术的人，何必有求于夷人？

奕䜣看到张盛藻、倭仁的奏折后，简直被这些"死硬分子"气坏了。1867年4月6日，奕䜣上奏，与倭人辩论：

该大学士既以此举为窒碍，自必别有良图，如果实有妙策，可以制外国而不为外国所制，臣等自当追随该大学士之后，竭其愚昧，悉心商办……如别无良策，仅以忠信为甲胄，礼义为干橹等词，谓可折冲樽俎，足以制敌之命，臣等实未敢信。❹

❶ 中华书局编辑部，李书源，等整理.筹办夷务始末（同治朝）[M].北京：中华书局，2008：1982.
❷ 中华书局编辑部，李书源，等整理.筹办夷务始末（同治朝）[M].北京：中华书局，2008：2001.
❸ 中华书局编辑部，李书源，等整理.筹办夷务始末（同治朝）[M].北京：中华书局，2008：2009.
❹ 中华书局编辑部，李书源，等整理.筹办夷务始末（同治朝）[M].北京：中华书局，2008：2021.

奕䜣话里藏刀，他讥讽大学士倭仁只会唱高调，而且"以忠信为甲胄，礼义为干橹"，这种方式根本不可能解决国家面临的困局！

倭仁不甘认输，于 1867 年 4 月 12 日再次上奏，继续他那些"忠信礼义"的陈词滥调：

今以诵习诗书者而奉夷为师，其志行已可概见，无论所学必不能精，即使能精，又安望其存心正大尽力报国乎？恐不为夷人用者鲜矣。❶

奕䜣决心要扳倒倭仁这些阻挠势力，卯足了劲后，于 1867 年 4 月 23 日连上两折：

若倭仁所奏果有把握等语，臣等止就事所当办力所能办者，尽心以办。

是内外臣工先后二十余年所求而弗获者，倭仁耳目中竟有其人，不胜欣幸！相应请旨饬下倭仁酌保数员名，即请择地另设一馆，由倭仁督饬，以观厥成。❷

奕䜣打蛇打七寸，咬住倭仁之前所说的"天下之大，不患无才"这句话，要求他找出几个懂天文、算学之人，另开一个学馆，以观成效。

此时，慈禧太后出面了，她同意了奕䜣的要求，真的要让倭仁去保举几个懂天文、算术的人来。这下倭仁傻了，他怎么可能找得出懂得天文、算学的人？ 1867 年 4 月 25 日，倭仁上奏，称"奴才并无精于天文、算学之人，不敢妄保"❸。

至此，招正途人员进入天文、算学馆的大辩论，以倭仁认输而告一段落。在倭仁之后，虽然还有一些守旧大臣在大放厥词，如通政使于凌辰、左都御史灵桂、候补知州杨廷熙等，但他们的言论都没起太大的作用，杨廷熙甚至遭到廷旨申斥。

这场辩战之中，主张革新一方与反对革新一方各执一词，在一来一往的奏折中互相指责，颇为精彩。但是，辩论只是表面现象，从深层次分析此次辩战，可以得到以下几点认识：

第一，从洋务大臣的角度而言。

慈禧太后批准了增设天文、算学馆的建议，所以扩招、提高师生待遇的革新措施也随之推进。针对这些革新措施，高斯特在其《中国在进步中》一文中评价如下："虽然同文馆的事业到现在略略地有些推进，但在它开办时实在是一个大失败。"❹同文馆开馆之初，确实有些庸才是冲着津贴来报名混日子的，奕䜣想用"扩招"和"提高师生待遇"的方法来深度改良教学质量，但是很遗憾，这种方法显然没有对症下药，因为在当时的社会背景之下，士人的主流思想仍是考科举，这也是倭仁在对抗奕䜣时把天文、算学称作"术数"的原因，当时的士子仍是崇拜孔孟的，天文、算学这种学科在他们眼里多少还是有些奇异。

如果想要深度改良教学质量，最彻底、最行之有效的改革方法应该是"完善激励机制"。李鸿章曾经于 1864 年 6 月 2 日致函总理衙门，请求"专设一科取士，士终身悬以

❶ 中华书局编辑部，李书源，等整理 . 筹办夷务始末（同治朝）[M]. 北京：中华书局，2008: 2027–2028.

❷ 中华书局编辑部，李书源，等整理 . 筹办夷务始末（同治朝）[M]. 北京：中华书局，2008: 2031.

❸ 中华书局编辑部，李书源，等整理 . 筹办夷务始末（同治朝）[M]. 北京：中华书局，2008: 2036.

❹ 高斯特 . 中国在进步中 [M]// 中国史学会 . 中国近代史资料丛刊·洋务运动（第 8 册）. 上海：上海人民出版社，1961: 432.

为富贵功名之鹄"，❶ 这就是一种很好的激励机制。在李鸿章的努力下，其管理的上海广方言馆在这方面就做得很好，直接保送了席淦、汪凤藻等人到中央去做官。

1884 年的"甲申易枢"政变之后，恭亲王失势，庆郡王奕劻接手管理同文馆。可惜的是，奕劻再次对同文馆进行整顿改革时，仍旧运用扩大招生、提高待遇、严格治学、完善规模（增设纂修官、翻译处、天文台、格致馆）这些老手段，这显然是在原地踏步，治标不治本。

第二，从守旧派角度而言。

经过这个事件之后，大学士倭仁在历史上被定格了，后人对其仅有"守旧""顽固"等印象，对其大肆批判。其实，倭仁的初衷是好的，他也不希望积弱的中国继续弱下去，只不过在他心中，传统的治国理念和儒家思维已经根深蒂固，他是在用自己的固有思维去对抗其他人的"异端"思维，其中也带有一些政客之间相互斗争的色彩。

第三，从决策者的角度而言。

辩论双方不辞辛劳地用奏折进行论战，这要得到决策者的允肯。洋务运动的各项革新措施的发展进程、程度和范围，其实还是牢牢掌控在清廷最高统治者的手中，这个人就是慈禧太后。

慈禧太后的内心深处并不完全支持洋务大臣关于教育革新的主张，但关于此次论战，她还是经过了慎重考虑。当时同治新政还没几年，"议政王"奕䜣颇得朝野认可，慈禧的政治根基尚未稳固，她从"是否利于其个人专权"等方面考虑，最终还是勉强支持了奕䜣等人的建议。可以说，慈禧太后在文化教育革新的问题上，对待洋务派是"貌合神离"。

另外，关于洋务大臣和守旧势力之间的矛盾的性质，不同的学者有不同的观点。姜铎认为："两派间论争的性质，强烈地反映着中国当时社会发展方向的斗争，亦即牵涉到当时中国社会是继续保持古老落后的封建经济呢？还是效法西方资本主义近代生产方式呢？"❷ 这个观点深刻揭示了洋务大臣和守旧势力之间争论的一个深层次问题，即"近代化问题"，双方争论的焦点，其实也就是围绕"是否接受近代化"而展开。

从当时的发展趋势而言，中国的近代化已经无法避免，守旧势力"以忠信为甲胄，礼义为干橹"的救国方式已经行不通了，而洋务大臣的革新倡议顺应了历史发展的轨迹，所以在辩论之战中占有很大的优势。

第八节　江南制造局

创办军事工业是洋务运动中浓墨重彩的一笔，而军事工业近代化的开端，始于曾国藩创建的安庆内军械所。

1861 年 9 月 5 日，湘军用地雷炸城墙的战术攻克了被太平军占据的安庆城，太平天

---

❶ 顾廷龙，戴逸. 李鸿章全集·信函一（第 29 册）[M]. 合肥：安徽教育出版社，2008：313.

❷ 乔还田，晋平. 洋务运动史研究叙录 [M]. 天津：天津教育出版社，1989：139.

国的将领陈玉成退守庐州，虎落平阳。攻克安庆后，曾国藩为了将自己"剿发逆，勤远略"[1]的思想付诸实践，于1861年的冬天在安庆创办了著名的安庆内军械所，这是晚清洋务运动中最早的军事工业。

曾国藩"师夷智，造船炮"的思想是先进的，求贤若渴的精神也是值得赞赏的，但是他的士大夫思想比较浓厚，为了防止"用夷变夏"，他不聘用洋匠，力求靠自己的力量和智慧制造轮船、火器。于是，曾国藩开始派人在无锡一带寻找精通机器制造的人才。

1862年1月13日，清廷命江苏巡抚薛焕访求徐寿、华蘅芳二人，并将两人送到曾国藩的军营效力。徐寿"于西学具窥见原委，尤精制器"，[2]华蘅芳"能文善算"，[3]此二人是不可多得的军事工业人才。徐、华两人不负众望，5月16日就造出了炸弹，由曾国藩在安庆城外试放。8月，经过徐寿、华蘅芳等人的攻坚克难，制造出了中国第一台实用的火轮船蒸汽机，并在安庆试演。蒸汽机的制成，为火轮船的制造提供了必要的前提与基础，曾国藩非常高兴，在其日记里说："约试演一时，窃喜洋人之智巧我中国人亦能为之，彼不能傲我以其所不知矣。"[4]

之后的几年内，徐、华等人不断努力，"试造木质轮船，推求动理，测算汽机"，[5]终于在1865年将火轮船制造成功，曾国藩赐名"黄鹄"。之后，"黄鹄"号火轮船在南京下关江面试航。"黄鹄"号轮船是中国在"未雇洋匠"的前提下自主制造出的第一艘轮船，但这艘轮船"因不得法，行驶迟钝"，[6]存在多方面的问题。

在这个期间，曾国藩遇到一位"贵人"，此人是从美国读书归来的容闳。容闳是广东人，原在香港西塾读书，之后赴美留学，毕业于耶鲁大学。怀着一腔热血的容闳找到了曾国藩，并向曾国藩建议："中国今日欲建设机器厂，必以先立普通基础为主……即此厂当有制造机器之机器，以立一切制造厂之基础也。"[7]

容闳的"以机器制造机器"的观点给了曾国藩很大的启发，曾国藩采纳了容闳的意见，拨款68000两，派容闳赴美购买机器。容闳于1863年10月出发，1864年春抵美，在美国马萨诸塞州的朴得南公司订购机器。经过洽谈，容闳与朴得南公司订立机器购买合同，这批机器于1865年春运抵上海。

除了曾国藩以外，李鸿章是军事工业近代化进程中的另一个重要人物。

1862年2月23日，曾国藩购买了外洋火轮船一号到安庆，偕同李鸿章上船参观；4月，李鸿章率领淮军自安庆乘英国轮船东下，8日抵达上海。这个时期是李鸿章首次接触西洋文明的时期，他看到这些坚船利炮后写信给曾国藩，大叹洋枪洋炮的精纯："其大

❶ 中华书局编辑部，李书源，等整理．筹办夷务始末（同治朝）[M]．北京：中华书局，2008：21．
❷ 赵尔巽．清史稿·徐寿传（第12册）[M] 天津：天津古籍出版社，2012：4836．
❸ 赵尔巽．清史稿·华蘅芳传（第12册）[M] 天津：天津古籍出版社，2012：4879．
❹ 徐泰来．洋务运动新论[M]．长沙：湖南人民出版社，1986：353．
❺ 赵尔巽．清史稿·徐寿传（第12册）[M] 天津：天津古籍出版社，2012：4836．
❻ 萧一山．清代通史（第3册）[M]．上海：华东师范大学出版社，2006：678．
❼ 容闳．西学东渐记[M]．徐凤石，等译．北京：生活·读书·新知三联书店，2011：66．

炮之精纯，子药之细巧，器械之鲜明，队伍之雄整，实非中国所能及。"❶ 由于洋人的刺激，再加上太平军使用洋武器的刺激，李鸿章的淮军开始大量地购用洋武器。

李鸿章的头脑比曾国藩灵活，思想也比曾国藩开明，所以，李鸿章并不像曾国藩一样不聘洋匠，而是在一开始就坚定了聘用洋匠的发展路线。1862 年 9 月 8 日，李鸿章写信给曾国藩，大谈聘请洋匠的好处："请外国铁匠制炸弹，代购洋枪，若学得一两件好处，于军事及通商大局皆有小益"，李鸿章认为这种做法是"将计就计，以毒制毒"❷。

在购买洋器、聘请洋匠的同时，李鸿章深刻意识到购用洋武器终究是权宜之计，因为洋武器消耗量大，价格昂贵，而且洋人"挟技居奇，唯利是图"。此时，在李鸿章军中的英国人马格里建议李鸿章自己造厂，李鸿章听从了马格里的建议，在上海松江筹建了上海洋炮局。

为了引进人才，1863 年 3 月，李鸿章把候补知县丁日昌从广东特聘来上海，专门负责军火的制造工作。4 月，李鸿章派人去香港购买制造火炮的机器，并雇佣洋匠到上海，派参将韩殿甲带领工匠学习制造火炮的技术。12 月 4 日，太平军在苏州以康王汪安钧为首的数王，在与清军密谋后叛变，杀掉慕王谭绍光，使清军占领了苏州。李鸿章率军移驻苏州城中，马格里也把松江的上海洋炮局的一部分松江小兵工厂迁至苏州，占用的是太平军纳王郜永宽的王府。至此，上海洋炮局摇身一变，变为了苏州洋炮局。

这时，中央发生了"阿思本舰队"事件，清廷遣散了舰队。李鸿章的智囊马格里再次发挥了作用，他向李鸿章建议，将这些被遣散的舰队的机器设备全部买下来。1864 年 1 月，这些设备被李鸿章购下，苏州洋炮局的火器制造实力大增。同时，李鸿章派丁日昌（此时已升任上海海关道）到上海觅购机器，丁日昌抵上海后，找到了设在虹口的美国工厂——旗记铁厂，并花六万两买下了旗记铁厂。

经过努力，曾国藩和李鸿章两位中兴名臣的手中已经有了一些军事工业的资源，他们决定将这些资源整合，于是二人联手在上海创设了一个新的军事工业部门，即"江南制造局"。

江南制造局的创立并非白手起家，而是由曾、李二人手中的三个重要的军工资源组合而成：第一部分是容闳在美国朴得南公司购买的机器，此时这批机器刚好运到中国；第二部分是丁日昌在上海虹口购买的旗记铁厂；第三部分是苏州洋炮局的一部分。三者合并到一起之后，江南制造局于 1865 年 9 月 20 日成立，厂址原设在旗记铁厂旧址，之后于 1867 年夏搬迁至上海高昌庙。

这个军事工业部门成为了当时设备最齐全、规模最宏大的军用工厂，它的成立具有标杆作用，在这个军工厂的带动之下，建立军事工业的自强运动在全国范围内铺开。正因如此，萧一山对江南制造局的评价很高："中国近代化之自强运动，当以江南制造局之成就为第一。"❸

同治、光绪年间，各省创办了很多机器局，见表 2-2。

---

❶ 顾廷龙，戴逸. 李鸿章全集·信函一（第 29 册）[M]. 合肥：安徽教育出版社，2008: 186.

❷ 顾廷龙，戴逸. 李鸿章全集·信函一（第 29 册）[M]. 合肥：安徽教育出版社，2008: 111.

❸ 萧一山. 清代通史（第 3 册）[M]. 上海：华东师范大学出版社，2006: 680.

表2-2　机器局名称一览表

局厂名称	地址	建置时间	督办人	经始总办
安庆内军械所	安庆	1861	曾国藩	
上海炸弹三局	上海	1863	李鸿章	韩殿甲、刘佐禹
苏州机器局	苏州纳王府	1863	李鸿章	刘佐禹、丁日昌
江南制造局	上海高昌庙	1865	李鸿章	丁日昌
金陵制造局	江宁南门外	1866	李鸿章	刘佐禹
天津机器局	天津贾家沽道	1866	崇厚	密妥士
福州船政局	福州马尾	1866	左宗棠	
福州机器局	福州水部门、海光寺两处	1869	英桂	赖长黄维煊
兰州机器局	兰州南关	1871	左宗棠	赖长
天津行营制造局	天津	1871	李鸿章	
广州机器局	广州聚贤坊	1874	瑞麟	温子绍
广州火药局	广州曾步	1875	刘坤一	潘露
山东机器局	滦口镇	1875	丁宝桢	徐建寅、薛福臣
湖南机器局	长沙	1875	王文韶	韩殿甲
四川机器局	成都东门	1877	丁宝桢	夏岢、劳文翻
吉林机器局	吉林	1881	吴大澂	宋春鳌
金陵火药局	江宁	1881	刘坤一	孙传樾
浙江火药局	浙江艮山门	1882		
神机营机器局	北京三家店	1883	奕譞	潘骏德
云南机器局	昆明承华圃	1884	岑毓英	卓维芳
杭州机器局	杭州报国寺	1885	刘秉章	王恩咸
广东枪弹厂	广州石井墟	1885	张之洞	薛培榕
台湾机器局	台北北门外	1885	刘铭传	丁达意
汉阳枪炮厂	汉阳大别山下	1892	张之洞	蔡锡勇
陕西机器局	西安风火洞	1894	鹿传霖	

（徐泰来：《洋务运动新论》，第44～45页列表。）

曾、李二人的救国自强的信念，以及勇于创新的思想，是非常令人敬佩的。太平天国失败前的1864年6月2日，李鸿章曾写过一封信给奕䜣、文祥：

目前火器自以炸弹为能制胜，而长炸炮尤为得力，然非用外国全副机器，延请外国巧匠，不能入手。即长短炸炮，非用外国火药不能得劲……

鸿章窃以为天下事穷则变，变则通。中国士夫沉浸于章句小楷之积习，武夫悍卒又多粗蠢而不加细心，以致所用非所学，所学非所用，无事则嗤外国之利器为奇技淫巧，以为不必学，有事则惊外国之利器为变怪神奇，以为不能学。不知洋人视火器为身心性命之学者，已数百年，一旦豁然贯通，参阴阳而配造化，实有指挥如意、从心所欲之快……日本以海外区区小国，尚能及时改辙，知所取法，然则我中国深维穷极而通之故，夫亦可以皇然变计矣……鸿章以为中国欲自强，则莫如学习外国利器，欲学习外国利器，则莫如觅制器之器，师其法而不必尽用其人。欲觅制器之器与制器之人，则或专设一科取士，士终身悬以为富贵功名之鹄，则业可成，艺可精，而才亦可集……❶

这篇书函，被蒋廷黻称为"中国十九世纪最大的政治家最具历史价值的一篇文章"。❷从李鸿章这篇文采斐然、字字珠玑的书函里，我们确实可以领悟到当时这位中兴名臣值得敬佩之处：

第一，李鸿章具有迫切引进西方技术和人才的"求知"与"求贤"之心。

第二，李鸿章看到了当时中国洋器制造的不足，从主观上，下定了全力学习西方科技、机械的决心。

第三，李鸿章认为中国的自强，必须寻找"制器之器"，也就是"工业的机械化、近代化"。

第四，李鸿章早在 1864 年就看清了日本的野心与隐患，比清廷的后知后觉早了 11 年！（1875 年，清廷开始重视日本，筹划海防，晚矣！）

第五，李鸿章重视培养人才，也认为工业近代化必须依赖人才的培养，所以他要改革清廷的科举制度，要"专设一科取士"，并且"士终身悬以为富贵功名之鹄"，这在当时以八股科举取士的守旧士大夫看来，简直就是异端邪说！

事物发展皆有规律，该来则来之。清朝早该在乾隆、嘉庆年间就开启科技、工业、军事等方面的近代化，而在洋务运动之前的鸦片战争期间，林则徐也已经提出制造枪炮轮船的观点，但是当时从中央到地方却非常麻木。直到洋务运动开始后，这方面的近代化才姗姗来迟。作为清廷而言，倘若没有"发捻之乱"，他们是不会为了挽救摇摇欲坠的统治而改变陈法的，这是何其被动！但是，该来的既然来了，纵然是被动的，也会随着时局之需要，渐渐成长起来，体现为"先剿灭了发捻，后发展了洋务"，这也是事物发展的规律。

---

❶ 顾廷龙、戴逸.李鸿章全集·信函一（第 29 册）[M].合肥：安徽教育出版社，2008: 312–313；中华书局编辑部，李书源，等整理.筹办夷务始末（同治朝）[M].北京：中华书局，2008: 1087–1089.

❷ 蒋廷黻.中国近代史 [M].武汉：武汉出版社，2012: 56.

第九节　福州船政局

1866年，晚清名臣左宗棠创办了"福州船政局"（又称"福建船政局""马尾船政局""马尾船厂"），这是中国近代史上第一个制造轮船的专业工厂，也是中国近代最重要的军舰生产基地。

在福州船政局创办之前，虽然安庆内军械所、江南制造局均制造轮船，但是两厂的造船专业性不高，造船成就也平平。时任闽浙总督的左宗棠认为福建沿海一带的海防很重要，所以他对轮船制造之事非常重视。早在1865年1月，左宗棠就开始对造船厂一事有所准备，他命令昔日洋枪队的司令德克碑（当时已经卸任司令一职）回法国觅购机器、觅雇洋匠。

1866年6月25日，左宗棠上奏，建议清廷批准在福建设立造船厂。从左宗棠的这篇奏折中可以看出当时左宗棠对于造船的主要目的是"御外"。

该奏折写道："臣愚以为欲防海之害而收其利，非整理水师不可；欲整理水师，非设局监造轮船不可。泰西巧而中国不必安于拙也，泰西有而中国不能傲以无也。"[1]这是以"防海之害"为目的，防止洋人军事入侵，是"军事上的御外"。

该奏折中又写道："自洋船准载北货行销各口，北地货价腾贵。江浙大商以海船为业者，往北置货，价本愈增，比及回南，费重行迟，不能减价以敌洋商，日久销耗愈甚，不惟亏折货木，浸至歇其旧业。滨海之区，四民中商居什（十）之六七，坐此阛阓萧条，税厘减色，富商变为窭人，游手驱为人役。"[2]这是防止洋人利用洋船对中国进行经济摧残，是"经济上的御外"。

左宗棠能以长远的目光，从军事、经济两方面分析"御外"的迫切性，非常难得。在奏折的最后，他再次强调当时造船的必要性与紧迫性："轮船成，则漕政兴，军政举，商民之困纾，海关之税旺，一时之费，数世之利也。"[3]显然，此时的左宗棠已下定了造船的决心，而且目光长远，认为造船是为了达到自强、中兴的终极目的。

福州船政局的创办历程可谓筚路蓝缕。在左宗棠提议建造福州船政局之前，就遭到了清廷内部反对者的强烈抗议。反对者认为轮船不必自造，"雇买代造"即可。他们提出造船过程中面临的七个尖锐的难题，而这些难题也确实是当时客观存在的一些难题。可尽管如此，左宗棠已经下定了造船的决心，所以上奏直抒建议，针对反对者提出的七个难题而提出了七个对策，针砭时弊，逐个击破，见表2-3。

❶ 中国史学会.中国近代史资料丛刊·洋务运动（第5册）[M].上海：上海人民出版社,1961:6.
❷ 中国史学会.中国近代史资料丛刊·洋务运动（第5册）[M].上海：上海人民出版社,1961:5.
❸ 中国史学会.中国近代史资料丛刊·洋务运动（第5册）[M].上海：上海人民出版社,1961:8.

表2-3 "七个困难"与"七个对策"

反对者提出的"七个困难"	左宗棠的"七个对策"
船厂择地之难	如虑船厂择地之难，则福建海口罗星塔一带，开槽濬渠，水清土实，为粤、浙、江苏所无
轮船机器购觅之难	如虑机器购雇之难，则先购机器一具，巨细必备，觅雇西洋师匠与之俱来。以机器制造机器，积微成巨，化一为百，机器既备成一船之轮机即成一船，成一船即练一船之兵
外国师匠要约之难	如虑外国师匠要约之难，则先立条约，定其薪水，到厂后由局挑选内地各项匠作之少壮明白者，随同学习
筹集巨款之难	如虑筹集巨款之难，就闽而论，海关结款既完，则此款应可划项支付，不足则提取厘税益之
中国之人不习管驾，船成仍须用洋人之难	如虑船成以后中国无人堪作船主、看盘、管车诸事，均须雇请洋人……将来讲习益精，水师人才固不可胜用矣
煤炭薪工，需费不赀，月需支给，又时须修造之难	则以新造轮船运漕，而以雇沙船之价给之，漕务毕则听商雇，薄取其值，以为修造之费
非常之举，谤议易兴，创意者一人，任事者一人，旁观者一人，功败垂成，公私均害之难	至非常之举，谤议益（易）兴，始则忧其无成，继则议其多费，或更议其失礼，皆意中必有之事

（《同治五年五月十三日左宗棠折》，中国史学会编：《中国近代史资料丛刊·洋务运动》第5册，第5～8页。）

  左宗棠正面回应了反对建船厂的人提出的诸多难题，并实事求是地寻找解决问题的方法，言辞恳切，思维缜密，可以说是尽了最大的努力。同时，左宗棠深知中国在造船技术方面远不如西洋，又认为造船并非简单地购买西洋轮机来拼造，所以他以谦虚的姿态系统地向西方学习造船之术，用"自制的轮机自造"（即机器制造机器）。

  建造轮船工厂是近代化的进程中的必然，1866年7月14日，清廷发布上谕，对左宗棠所奏建立船厂之事予以批准，而且对于造船所需的经费做出了明确指示："所需经费，即著在闽海关税内酌量提用。"❶ 这是左宗棠等人力主革新的成果。得到了清廷的允准后，左宗棠随即派福建按察使补用道员胡雪岩主持筹建船厂的工作。经过众人的努力，福州船政局于1866年11月17日动工修建，并且每个月都能从福建海关的洋税项下拿到五万两的船政经费。

  事情发展至此尚算顺利，然而在这个期间，中国发生了一件让清廷惊慌失措的大事，即西北回民起义的爆发。

  1866年3月，兰州的清兵在回民马文、马魁的策动下发动兵变，变兵在王占鳌的领导下进围总督署。1866年秋，西捻军与东捻军分开后，于年底进入西北的华州、渭南一

---

❶ 中国史学会.中国近代史资料丛刊·洋务运动（第5册）[M].上海：上海人民出版社，1961：10.

带，与陕西、甘肃的回民起义相互呼应。❶ 刹那间，西北政局一片大乱！面对西北回民起义军摧枯拉朽的形势，清廷急忙于 1866 年 10 月 14 日任命左宗棠为陕甘总督，并配钦差大臣印，让他督办陕甘地区的军务，镇压西北的回民起义。

创办船厂的主持人、设计师突然调离，这无疑让船厂的兴建工作充满了挑战。庆幸的是，独具慧眼的左宗棠在调任陕甘总督后，于 1866 年 10 月 31 日推荐熟悉洋务的沈葆桢接任船政大臣。左宗棠对沈葆桢的评价很高，认为此人“在官在籍，久负清望，为中外所仰；其虑事详审精密”❷。在左宗棠的推荐之下，清廷于 11 月 19 日任命沈葆桢为船政大臣。沈葆桢当时在老家丁忧守制，释服后的沈葆桢于 1867 年 7 月正式上任。

如果说左宗棠是福州船政局的开创者，沈葆桢则是福州船政局发展过程中的总指挥。沈葆桢思想开明，同样也热衷洋务事业，其对福州船政局的筹建与发展工作做出了很大贡献。

可是，福州船政局在发展过程中，又遇到了洋人的阻挠。

早在船厂创办之初，英国人威妥玛就多次阻挠，“扬言制造耗费，购雇省事，冀以阻挠成议”❸。威妥玛于 1866 年向恭亲王奕䜣递交了一份题为《新议略论》的折子，强调中国需要加快铁路、电报等方面的近代化历程。威妥玛这些洋人忽而对中国关怀备至，忽而又阻挠中国自制轮船，实在是难以揣摩。左宗棠早已看出端倪，认为这些洋人不愿让中国学习制船技术，目的是不让中国自制轮船，想让中国直接购买西方国家的成品，借此源源不断地获利。

1867 年 4 月 1 日，总理衙门收到了法国署理使节伯洛内的一封公函。公函之中，法国公使对中国设厂造船之事颇有意见，理由非常荒唐，居然是福州税务司美理登（法国人）对此事不知情。❹ 之后，据沈葆桢的奏折所称，用心不良的福州税务司美理登“百计钻营入局”，沈葆桢认为“若令（美理登）盘踞其中，将事事掣肘”❺，所以对于美理登的无理要求予以回绝。之后，美理登借职位之便，又制造了“飞轮炮事件”，肆意扣留了福州船政局引进的飞轮炮 6 箱，暴露了其插手船政大事的野心。面对洋人的阻挠，在左宗棠和沈葆桢等人的抗争下，洋人的阴谋始终未能得逞。

1867 年 10 月，福州船政局开始兴造第一座船台，并于 12 月 30 日竣工。紧接着，第一号船身于 1868 年 1 月 18 日开工制造。1869 年 6 月 10 日，经过一年半的努力，福州船政局的第一艘轮船下水试航，沈葆桢为其命名为“万年清”。此后，福州船政局又制造了多艘轮船，这些轮船在中法战争中派上了很大的用场。中法战争的马尾海战之后，这些轮船损毁惨重，唯一的欣慰是“闽厂（福州船政局）遭到一定的损失，但并未被摧毁”❻。

❶ 林干. 清代回民起义 [M]. 上海：新知识出版社, 1957: 51–52.

❷ 中国史学会. 中国近代史资料丛刊·洋务运动（第 5 册）[M]. 上海：上海人民出版社, 1961: 16.

❸ 夏东元. 洋务运动史 [M]. 上海：华东师范大学出版社, 1992: 97.

❹ “中央”研究院近代史研究所. 海防档·福州船厂（上册）[M]. 台北：“中央”研究院近代史研究所, 2015: 67.

❺ “中央”研究院近代史研究所. 海防档·福州船厂（上册）[M]. 台北：“中央”研究院近代史研究所, 2015: 76.

❻ 戚其章. 晚清史治要 [M]. 北京：中华书局, 2007: 165.

同治年间，福州船政局所造轮船，见表2-4。

表2-4　福州船政局所造轮船

船名	下水日期	船型	实马力	吨数	时速（里）	配炮（门）	制造费用（千两）
万年清	1869.5	木质商船	580	1370	10		163
湄云	1869.11	木质兵船	320	500	9	6	100
福星	1870.5	木质兵船	320	515	9	4	106
伏波	1870.11	木质兵船	580	400	10	7	161
安澜	1871.5	木质兵船	580	1258	10		156
镇海	1871.	木质兵船	350	572	9	6	109
扬武	1872.3	木质兵船	1130	1560	12	11	254
飞云	1872.3	木质兵船	1130	572	9	7	163
靖远	1872.7	木质兵船	350	1256	12	5	110
振威	1872.11	木质兵船	350	572	9	5	110
永保	1873.6	木质商船	580	1353	10		167
海镜	1873.6	木质商船	580	1358	10		167
济安	1873.12	木质兵船	580	1258	10	7	163
琛航	1873.12	木质商船	580	1358	10		164
大雅	1874.4	木质商船	580	1358	10		162
元凯	1875.5	木质兵船	580	1358	10	9	162

（张侠等编：《清末海军史料》，第756～759页。表中所载的"下水日期"均为农历）

福州船政局之所以能成为中国近代史上第一个制造轮船的专业工厂，并促进了军事近代化、文化教育近代化等，原因如下：

第一，时势之推动，世界近代化的席卷，这是我国进行轮船工业近代化的必然。

第二，左宗棠、沈葆桢等人的思想先进，颇具发展眼光，"知己之短，学彼之长"。此处的"学"，从初衷来说，主要是为了"御外"（分为经济御外和军事御外）；从手段上来说，不仅是购洋器、雇洋匠，更体现为发展自己的文化教育、培养新式人才，比如福州船政局不仅是造船，还设立了船政学堂（又称"求是堂艺局"），这是杜绝洋人"挟技居奇"的方式，也正是左宗棠在奏折中所说的"欲得其造轮机之法，为中国永远之利"。

第三，具体实践中，造船成就离不开开创者左宗棠、船政大臣沈葆桢、船政监督德克碑（法国人）、日意格（法国人），以及诸多教习、学员、行政人员、后勤人员的不懈努力。德克碑、日意格作为洋人，曾与船厂签订了5年的合同，他们与船厂形成了雇佣关系，与法国当局无关。而且在当时的情况下，不学洋人、不请洋匠，想要发展船政局是充满荆棘的，正如左宗棠奏折中称："夫使学造轮船而仅得一轮船之益，则自造不如雇买聊济目前之需。"❶

第四，清廷为了统治需要，同意在军事技术层面进行革新，并给予一定的支持，比如拨银，这充分体现了前期洋务运动之中近代工业的"官办性"。

谈及"官办性"，洋务运动早期的军事工业，如安庆内军械所、江南制造局、福州船政局等，都是官办性质的军事工业，由于这些工业具有"官办性"的封建烙印，也就难免会存在老式行政管理的情况，导致了行政效率低下、发展滞缓等问题。周建波认为："历代王朝囿于传统的农本思想的局限，无法解决这一（官办效率低下）的问题，将其和漕运、盐政、河工、吏治等一起视为久治不愈的痼症。"❷可见这种"官办性"带来的弊端一直被学者诟病。可是话又说回来，当时洋务运动刚刚起步，在经费都难以筹措的情况下，官办性质的军工业起码解决了经费保障方面的窘境，这是官办工业带来的最显著、最直接的效果。

第十节　夭折的"海归"

为了发展军事工业，洋务大臣们不得不聘请洋匠，但聘请洋匠只是权宜之计，只有让中国人真正掌握西方科技的精髓，才能不依赖"挟技居奇"的洋匠，靠自己的实力达到自强、中兴的效果。所以，派幼童到西方国家留学之事，是洋务运动发展的必然。

容闳是最早系统接受西方教育的中国人，也是首先倡导派遣留学生的人。

在江南制造局创立之后，曾为江南制造局出力不少的容闳与丁日昌二人，经常在一起商量教育革新的计划，"孜孜以选青年出洋留学为事"❸。1868年初，容闳亲自到苏州找到了江苏巡抚丁日昌，并向丁日昌提出了派遣留学生的想法："政府宜选派颖秀青年，送之出洋留学，以为国家储蓄人材。"❹1870年，清廷派丁日昌与曾国藩协同办理天津教案，丁日昌向曾国藩提出派遣留学生的想法，曾国藩颇为赞同。

1871年9月3日，曾国藩、李鸿章对派遣留学生之事联衔上奏："拟选聪颖幼童，送赴泰西各国书院，学习军政、船政、步算、制造诸学，约计十余年，业成而归，使西人擅长之技，中国皆能谙悉，然后可以渐图自强。"❺对于带领留学生出国的"领队"，曾国藩和李鸿章向清廷推荐了两个人，即四品衔刑部主事陈兰彬、江苏候补同知容闳。此外，曾、李二人在奏折之后附上了《幼童赴泰西肄业章程十二条》，对派遣留学生之事做了详尽的部署。总理衙门此时发挥了洋务运动中的"综揽全局"作用，积极支持曾、

❶ 中国史学会.中国近代史资料丛刊·洋务运动（第5册）[M].上海：上海人民出版社，1961：449.

❷ 周建波.洋务运动与中国早期现代化思想[M].济南：山东人民出版社，2001：162.

❸ 萧一山.清代通史（第3册）[M].上海：华东师范大学出版社，2006：688.

❹ 容闳.西学东渐记[M].徐凤石等，译.北京：生活·读书·新知三联书店，2011：77.

❺ 中华书局编辑部，李书源，等整理.筹办夷务始末（同治朝）[M].北京：中华书局，2008：3322-3323.

李二人关于派遣留学生的倡议，并于 9 月 15 日上奏："臣等查西人长技，全在制器，大而军火舟车，小而耕织陶埴，无不各极巧妙，其大旨皆本于算法。现欲取彼之所长，以补我之所短，自非选材前往学习，未易得其要领。"❶

此事得到了清廷的首肯。1871 年夏，清廷开始招收第一批学生。可是，当时出国留学的风气未开，连学生都招不足。容闳为了解决这一问题，亲自到香港，在西塾中"遴选少年聪颖而于中西文略有根柢者数人，以足其数"❷。容闳此次香港之行，补招到很多学生，比如詹天佑、吴仰曾等。

准备就绪之后，1872 年的夏末秋初，第一批留美学生由上海乘轮船至美国。这批学生共 30 人，都是 12 岁至 15 岁的幼童，他们到达美国后，分别寄寓在美国绅士们的家中。清廷派幼童留学美国之事，一时之间轰动了美国的新闻界，美国总统为了表示欢迎，还亲自接见了留美儿童。

当时携带留学生赴美的驻外正委员是四品衔刑部主事陈兰彬，副委员是江苏候补同知容闳。陈兰彬是翰林出生，顽固守旧，对留洋之事从内心上是抵制的，而容闳是第一个从美国留学回来的"海归"，一直主张"西学东渐"。这种"中西合一"的领导团队的搭配，必然会产生矛盾。果然，留学生赴美之后，矛盾就爆发了。

关于这些矛盾，容闳在《西学东渐记》中有记载：

例如学生在校中或假期中之正杂各费，又如学生寄居美人寓中随美人而同为祈祷之事，或星期日至礼拜堂瞻礼，以及平日之游戏、运动、改装等问题。凡此琐琐细事，随时发生。❸

留学生在国外做礼拜、学跳舞、穿西服、剪辫子，这些举动在陈兰彬的眼中，纯粹就是对清王朝不忠的表现。面对这些问题，陈兰彬经常与留学生发生冲突，甚至有 9 名剪辫子的学生被遣回中国。

1875 年，陈兰彬被清廷召回国，他的驻外正委员的职位由区谔良接任。容闳在《西学东渐记》中这样评价新任驻外正委员区谔良：

区君较陈兰彬为年少，虽非翰林，出身固亦中国饱学之文士。其人沉默静穆，对于一切事物，皆持哲学观念，不为已甚。其于前人布置已定之局，绝不愿纷更破坏之。观其所言所行，胸中盖颇有见地。❹

区谔良虽然保守，但也是一个有思想有见地的人，所以容闳对他的评价还算不错。可惜好景不长，区谔良于 1876 年辞职归国。

区谔良归国后，陈兰彬以全权公使的资格再次来到美国，而且带来一些僚属。这些僚属之中，有一个人叫吴子登，此人的顽固思想不亚于陈兰彬，把留学西洋之事看作是离经叛道之举。

陈兰彬向清廷推荐吴子登作为驻外正委员的继任者。吴子登顺利地当上驻外正委员

❶ 中华书局编辑部，李书源，等整理.筹办夷务始末（同治朝）[M].北京：中华书局，2008：3327.
❷ 容闳.西学东渐记[M].徐凤石，等译.北京：生活·读书·新知三联书店，2011：82.
❸ 容闳.西学东渐记[M].徐凤石，等译.北京：生活·读书·新知三联书店，2011：90.
❹ 容闳.西学东渐记[M].徐凤石，等译.北京：生活·读书·新知三联书店，2011：89.

之后，从具体的行动上对留学之事展开攻击，经常"召各生至署教训"❶，自此之后，"留学事务所乃无宁岁矣"❷。据《西学东渐记》的记载，吴子登"对于从前已定之成规，处处吹毛求疵，苛求其短"，批评容闳"不尽职"，任由学生"放荡淫佚"；批评学生"专好学美国人为运动游戏之事，读书时少而游戏时多"，并称"此等学生，若更令其久居美国，必致全失其爱国之心，他日纵能学成回国，非特无益于国家，亦且有害于社会"。此外，吴子登认为此时"当从速解散留学事务所，撤回留美学生"。❸

在美国的陈兰彬、吴子登反对留洋，建议撤回留学生，而在国内的顽固派也遥相呼应。总理衙门大臣奕䜣等人，虽然是要求实行新政的人，但对留学生剪辫子、不行跪拜礼等"违背祖训"的行为也是难以接受的。迫于种种压力，奕䜣于1881年6月8日上奏，决定撤回留学生：

嗣据陈兰彬奏称："外洋风俗，流弊多端，各学生腹少儒书，德性未坚，尚未究彼技能，先已沾其恶习，即使竭力整顿，亦觉防范难周，亟应将该局裁撤"等语……臣等以为与其逐渐撤还，莫若概行停止，较为直截。❹

美国方面接到清廷要撤回留学生的消息后，付出了很多挽留留学生的努力。耶鲁大学的校长联络了一些教育家，联名写信给总理衙门，信中写道："美国国人平日待遇贵国学生，亦未尝失礼；在学生方面，今日正为最关重要时期，曩之所受者，犹不过为预备教育，今则将进而求学问之精华矣。"❺可惜，清廷此时已下定了撤回留学生的决定，这封信函并未收得任何效果。

从1872年至1875年，清廷每年派出一批幼童到美国留学，每批30人，所以四年之间共有120人赴美。到了1881年下半年，这些学生先后"凄然返国"，❻共撤回94名（在此前因故撤回和病逝者只26名）。

清廷决定中途撤回留学幼童，有很多方面的原因，其中重要的原因是守旧官员的百般阻挠。这些官员本质上就排斥留学之事，而且把留学生穿西服、不行跪拜礼等行为视作"适异忘本、目无师长"❼之举。另一方面的原因，是洋务官员的妥协，比如总署的奕䜣迫于压力，向清廷奏请撤回留学生，又如当时的洋务大员李鸿章曾告诫容闳"勿固执己见"，还致书陈兰彬，称留学之事"应由子登（即吴子登）太史设法整顿，以一事权"，❽这无疑是对守旧官员的极大让步。总之，从洋务官员和守旧官员之间对于留学生之事的对抗，可以反映出问题的实质——清廷缺少长期发展留学事宜的眼光和决心。

❶ 萧一山.清代通史（第3册）[M].上海：华东师范大学出版社，2006：691.
❷ 容闳.西学东渐记[M].徐凤石，等译.北京：生活·读书·新知三联书店，2011：91.
❸ 容闳.西学东渐记[M].徐凤石，等译.北京：生活·读书·新知三联书店，2011：91.
❹ 中国史学会.中国近代史资料丛刊·洋务运动（第2册）[M].上海：上海人民出版社，1961：166.
❺ 容闳.西学东渐记[M].徐凤石，等译.北京：生活·读书·新知三联书店，2011：95.
❻ 容闳.西学东渐记[M].徐凤石，等译.北京：生活·读书·新知三联书店，2011：94.
❼ 萧一山.清代通史（第3册）[M].上海：华东师范大学出版社，2006：691.
❽ 中国史学会.中国近代史资料丛刊·洋务运动（第2册）[M].上海：上海人民出版社，1961：177.
又顾廷龙，戴逸.李鸿章全集·信函四（第32册）[M].合肥：安徽教育出版社，2008：542.

派遣留学生之事还不到十年，就这样"夭折"了。留学计划的半途夭折，无疑阻碍了文化教育近代化的进程，但是，这些留洋的幼童还是学到了很多知识。据不完全统计，120 个赴美的幼童之中，除了早夭和被提前撤回的学生之外，从事行政和外交者 24 人，其中成为领事、代办者 12 人，外交次长、公使 2 人，成为总长者 1 人，内阁总理 1 人；加入海军者 20 人，其中成为海军将领者 14 人；从事教育者 5 人，其中成为大学校长者 2 人；从事实业者 30 人，其中成为工矿负责人者 9 人、工程师 6 人、铁路局长 3 人等。❶ 这些留洋学生之中，大多数人都为国家做出了贡献，比较著名的有詹天佑、唐绍仪、刘玉麟、梁丕旭等。

❶ 阎崇年. 正说清朝十二帝 [M]. 北京：中华书局 ,2014.239–240.

第三章 同治年间的内政与外交

引言

清穆宗名叫爱新觉罗·载淳，年号是"同治"。同治帝是咸丰帝的长子，是清朝的第十位皇帝（清人入关后的第八位皇帝），在位时间为1861年11月11日至1875年1月12日，共计13年2个月。

辛酉政变后，同治帝登基，其在位期间常被称作"同治中兴"时期，这是因为随着"同治新政"时代的到来，西方列强偃旗息鼓，中西关系突然变得其乐融融，非但如此，中国还兴起了振兴王朝的洋务运动，霎时间，神州大地河清海晏，呈现出一幅太平盛世之景象。

那么，同治年间中国究竟有没有实现王朝中兴？答案是没有！

为何"中兴而未兴"？我们或许可以从同治年间的内政和外交方面窥探一二。

从外交方面来看，这个时期中国虽然没有与西方列强发生战争，但外交问题不断：比如，西方诸多小国的公使纷纷赴华，迫订条约，清廷在这个时期逐渐放弃原则，让外国公使入驻北京；又如，1868年前后的修改《天津条约》一事，让清廷再次陷入苦境；再如，中国的底层民众对洋人传教士的仇视情绪空前高涨，各地接连发生各种民教冲突。一波未平一波又起，随着同治帝的亲政，一个始终回避不了的外交问题也接踵而至——西礼觐见问题。

从内政方面而言，清廷内部的一些矛盾正在尖锐化：辛酉政变之后，矛盾在奕䜣与慈禧之间加剧，奕䜣三次遭到清廷的打压；1873年2月，同治帝亲政，慈禧太后短暂还政，然而，同治帝于1875年突然驾鹤西去，死因成谜；同治帝驾崩，皇朝内部的政权面临着更迭，这让清廷内部政局再次动荡，在这种局势下，谁成了最大的赢家？

总之，这个时期中国的内政与外交局面虽然比起两次鸦片战争期间风平浪静得多，可是"内政暗潮涌动，外交波诡云谲"，况且随着洋务运动的起步，这个时期的洋人，不论是政客、商人还是传教士，都心急火燎地希望中国加快近代化步伐。当然，洋人们通过一系列的外交折衷之后，也领教到了中国保守主义思潮的厉害，逐步明白了"揠苗助长"和"欲速则不达"的道理。

这个时期的清王朝，犹如一辆老旧的汽车，想让其发动起来，不仅自身费劲，还充满很多来自外部的风雨考验。因此，"同治中兴，中兴而未兴"，这并非晚清的人不努力，实在是内政和外交方面的问题太多，可谓积重难返。

第一节　九个条约的狂轰滥炸

历数中国在两次鸦片战争期间签订的不平等条约，几乎都是与英、法、美、俄四个国家签订，除了这四个国家之外，中国只有与挪威、瑞典在1847年1月签订《五口通商章程：海关税则》，以及中国与尼泊尔在1856年1月签订《藏尼条约》。

然而，第二次鸦片战争结束后，从1861年至1869年的九年之间，中国竟然与除了英、法、美、俄之外的八个小国家签订了九个不平等条约！这八个国家运用外交手段对中国进行轮番轰炸，收获累累。九个条约的主要信息如下：

签订这些条约的国家共有八个，清一色的欧洲国家，分别是普鲁士（德意志统一后，该条约被德国继承）、葡萄牙、比利时、丹麦、荷兰、西班牙、意大利、奥地利。其中，比利时一共与中国签订了两次条约，而第一个条约未生效。

中国为什么突然与这么多小国家签订了不平等条约？有两个外因：

外因之一，当时欧洲各国都在紧锣密鼓地加快近代化的步伐，以普鲁士王国为例，1861年1月2日，普鲁士国王威廉一世继位，次年9月30日，普鲁士首相俾斯麦实行"铁血政策"；1863年，波兰爆发大规模的起义，普鲁士帮助沙俄镇压波兰的起义；1864年、1866年、1870年，普鲁士分别发动了普丹战争、普奥战争和普法战争……由此可见，欧洲这些国家纷纷与中国签订条约，是其内需所致，这些国家通过签订条约的方式侵略中国，有助于转移国内民众的视线，缓和国内的统治压力。

外因之二，第二次鸦片战争后，中国与英、法等国签订的《天津条约》与《北京条约》，让英、法等侵略国攫取了可观的侵略利益，比如内河航行、内地游历、鸦片公卖等。欧洲的其他国家看在眼里分外眼红，他们也想抓住机遇，趁热打铁地从英、法、俄在第二次鸦片战争的胜利果实中分一杯羹。

九个条约的主要信息如下：

表3-1 中国签订的不平等条约

序号	条约	签订时间	签约人	签约地	备注
1	中国—普鲁士（德国）《通商条约》《专条》《通商章程普鲁士善后条款：海关税则》	1861.9.2	中：崇纶、崇厚 普：艾林波	天津	中国与普鲁士的条约签订十年后，德意志统一，此条约被德国继承
2	中国—葡萄牙《和好贸易条约》	1862.8.13	中：恒祺、崇厚 葡：基马拉士	北京（恒祺画押）、天津（崇厚画押）	1864.5，中葡双方换约失败，此条约未生效
3	中国—比利时第一次《中比条款》	1862.8.8	中：薛焕 比：包礼士	上海	比利时拒绝换约，此条约未生效
4	中国—丹麦《天津条约》《通商章程：海关税则》	1863.7.13	中：恒祺、崇厚 丹：拉斯勒福	北京（恒祺画押）、天津（崇厚画押）	
5	中国—荷兰《天津条约》	1863.10.6	中：崇厚 荷：攀大阿文	天津	
6	中国—西班牙《和好贸易条约》	1864.10.10	中：薛焕、崇厚 西：玛斯	天津	
7	中国—比利时《通商条约》《通商章程：海关税则》	1865.11.2	中：董恂 比：金德	天津	
8	中国—意大利《通商条约》《通商章程：海关税则》	1866.10.26	中：谭廷襄、崇厚 意：阿尔明雍	天津	
9	中国—奥地利《通商条约》《通商章程：海关税则》	1869.9.2	中：董恂、崇厚 奥：毕慈	北京（董恂画押）、天津（崇厚画押）	

（王铁崖：《中外旧约章汇编》，第1册：163-175，187-195，197-207，207-208，208-213，218-226，231-241，246-257，277-288）

如果对这批条约的签订历程详细地考证，不难发现当时中西外交关系的一些不正常之处：

第一，中国是被迫与这些国家建立外交关系。

这些国家都是第一次与中国签订不平等条约，拉开了与中国建立外交关系的序幕。然而，中国拉开这种外交关系序幕是被迫的，而且是通过签订不平等条约的方式，这无疑是丧权辱国的。这九个条约的签订时间横跨了八年（1861 年至 1869 年），而积弱的中国看似与这些国家"和好贸易"，一片和睦，但事实恰好相反，这是西方列强进一步侵略中国的罪证，中国至此一弱再弱。

第二，面对小国订约，清廷慌不择路。

之前与清廷接触并签约的西方国家无非英、法、美、俄这些大国，顶多还有瑞挪联盟和尼泊尔，而这次这批条约的签订国分别是普鲁士、葡萄牙等国，数量颇多，且突如其来。一开始，清廷面对这些闻所未闻的"小国家"，仍然视其为"小弱之邦"，❶ 继续以天朝大国身份自居。清廷眼见各小国可能纷纷会来订约，所以先是命令江苏巡抚薛焕设法在上海阻止，但订约的浪潮根本挡也挡不住，各国公使们都想北上订约。这时，清廷彻底慌了。

1861 年 1 月 24 日，奕䜣等人上奏：

> 在上海通商各小国，不无有觊觎之心……若于明年（1861 年）春夏间，径驶天津，转致有费唇舌……以各小国如一体换约，则与三国（英法美）并驾齐驱，转自侪于小弱之邦，并令该三国立为劝阻，勿令遽行北上。❷

从奕䜣的奏折来看，奕䜣等人想要阻止各小国签订条约，表面上是不想与这些国家"有费唇舌"，实际上是害怕各小国纷纷"遽行北上（天津）"，要求换约，而更深层次的原因，是害怕各小国效仿第二次鸦片战争中的英、法、美，提出公使入驻北京的问题。

关于外国公使入驻北京之事，清廷历来都是非常反感的，咸丰帝在位时，就一直认为洋人如果住在天子脚下，是对京师重地的一种挑衅。从上述中国与普鲁士等国签订的这九个条约的信息可以看出，这些条约的签订地几乎都在天津，这是清廷不想让公使至京的观念在作祟，换句话说，只要公使们不一窝蜂地涌入北京签约，就万事大吉了！萧一山对清廷统治者抵制公使驻京的这种心理做出辛辣的评价："虽不能拒其不来，亦令其在津签约，徒具此种形式，内容虽丧权辱国，亦毫不顾及。"❸ 这是清廷对于各国纷纷前来订约的一种慌不择路的反应。

第三，英、法、美等国家推波助澜。

清廷最初意识到这些小国会来订约的时候，居然抱着天真的希望，以为英、法、美等国家会帮助中国劝阻这些小国来天津换约。奕䜣曾在奏折中说"令该三国（英、法、

❶ 中华书局编辑部整理. 筹办夷务始末（咸丰朝）[M]. 北京：中华书局，1979: 2698.
❷ 中华书局编辑部整理. 筹办夷务始末（咸丰朝）[M]. 北京：中华书局，1979: 2698.
❸ 萧一山. 清代通史（第 3 册）[M]. 上海：华东师范大学出版社，2006: 545.

美）立为劝阻，勿令（各换约小国）遽行北上。"❶殊不知，英、法、美等国根本不会帮忙，反而"复从而协助之"❷，对九个条约的签订之事推波助澜，出力不少。比如，普鲁士、葡萄牙两国的公使与中国换约，都是由法国援引；再如，英国公使威妥玛认为丹麦与英国是"姻娅之邦"，所以在威妥玛的引荐之下，丹麦公使顺利赴天津，与"北洋大臣"崇厚画押。

第四，侵略的深入与加剧。

第二次鸦片战争爆发后，中国于 1858 年 6 月与英、法、美、俄签订《天津条约》，茅海建认为"《天津条约》标出西方列强侵华的新阶段"❸。战争结束后的 1861 年至 1869 年，中国与这八个小国签订的这九个不平等条约，却又标志着西方列强侵华的深入和加剧。

谈及这些条约的侵害力，主要表现在三个方面：

一、这些国家以签订时间为序，各条约互为摹本，逐步继承

中国与普鲁士签订条约时，普鲁士以之前的中英《天津条约》为摹本；

中国与葡萄牙签订条约时，葡萄牙以之前的《天津条约》《中普条约》为摹本；

中国与丹麦签订条约时，丹麦又以之前的《天津条约》《中普条约》《中葡条约》为摹本；

中国与荷兰签订条约时，荷兰又以之前的《天津条约》《中普条约》《中葡条约》《中丹条约》为摹本；

…………

不难看出，八个国家订约时，都在《天津条约》及之前各小国签订的条约的基础上互相临摹，轮番轰炸。这是一种恶性推演，也是侵略者铁蹄蹂躏的表现，更标志着侵略程度的加剧！

二、侵略国家的数量空前多

中国共与八个国家签约，侵略国的数量相对于两次鸦片战争而言翻了一倍。这不仅是单纯的数字增长，更是给中国的外交、经济、文化等方面造成了翻倍的打击。19 世纪 60 年代初期，太平天国和捻军起义尚未剿灭，清廷不但要穷其力"剿发逆"，还要抽身应付各种外交活动，简直苦不堪言。

三、实质层面的侵略性有所加剧

从这些条约的内容来看，九个条约中竟有八个提及清廷最害怕的公使驻京问题（其中第一次《中比条约》未提及），在列强的步步紧逼之下，清廷不断妥协，终于被迫允准了公使驻京之事。

---

❶ 中华书局编辑部整理. 筹办夷务始末（咸丰朝）[M]. 北京：中华书局，1979: 2698.

❷ 萧一山. 清代通史（第 3 册）[M]. 上海：华东师范大学出版社，2006: 543.

❸ 茅海建. 近代的尺度：两次鸦片战争军事与外交 [M]. 北京：生活·读书·新知三联书店，2011: 224.

虽然清廷对公使驻京之事极其惧怕，也极其重视，但这个方面的侵略性其实是最轻的。让中国备受疮痍的侵略内容，反而是"利益均沾"的条款，通过这些条款，八个小国家不费吹灰之力取得了英、法、美、俄等国在两次鸦片战争之中取得的侵略利益，如友好贸易、协定关税、领事裁判权、内河航行、内地游历，等等。萧一山针对此事，发出了如下感叹："盖诸国皆从英、法、美之例，获得最惠国待遇，初非以兵威劫盟；而清廷犹一视同仁，使其利益均沾，是不知外交为何物矣。可胜叹哉！"●

总之，从中国在这个时期签订的这批不平等条约可以看出，普鲁士等国家通过迫订条约这种"和平式"的外交手段，对中国轮番侵略，这些条约的陆续签订，让这些国家像水蛭一样贪婪地从中国身上吸取着血液。换个角度而言，这些条约的签订，或主动，或被动地逼迫着中国朝着近代化的大流迈进，中国的近代化历程在挣扎中前进，可谓充满了屈辱。

此处需要说明的是，本节所述的这些条约，仅仅是针对 1861 年至 1869 年之间中国与普鲁士等八个国家与中国签订的九个条约，事实上，在这期间，中国签订的不平等条约远远不止这九个，比如中国与俄国签订的《陆路通商章程：续增税则》，中国与法国签订的《法国教堂入内地买地照会》，中国与美国签订的《续增条约》等。本节之所以单独把这九个条约挑出来叙述，是因为签订这些条约的国家是第一次与中国订约，在某种意义上具有相似性，也颇具探讨性。至于这段时期中国与英、法、美、俄等国签订的其他不平等条约，无疑也是列强进一步侵略中国的铁证，这自然不在话下。

第二节　公使驻京，"礼崩乐坏"

1861 年至 1869 年，面对诸多小国的"和平式"外交轰炸，清廷似乎并不紧张列强们要如何进一步实施侵略，而最为慌张的却是"公使驻京问题"。

早在道光年间，道光帝就对公使驻京问题持反对态度，咸丰帝登基后，他对各国公使入驻北京的反感情绪更甚。夏笠对咸丰帝反对公使驻京的原因做出了分析，他认为：

早期来华的西方殖民主义者，无不具有海盗商人的特性。他们在中国的土地上，明火执仗，剽劫行旅，杀人越货，掠地攻城，彼此之间还经常发生倾轧火并，在沿海边疆屡起衅端……这就难怪清王朝要把外国公使驻京视同引狼入室，并以闭关谋自卫。●

咸丰帝对于公使驻京之事，与其说是反感，不如说是惧怕，在咸丰帝看来，中国是天朝上国，其余国家要么是藩属国，要么是"化外之邦"，泱泱天朝岂能容忍外国公使进驻北京这种"礼崩乐坏"的事情发生？！这些"夷人"在京师与天子同坐，简直就是置天子皇威于不顾。

第二次鸦片战争爆发后，签订《天津条约》的钦差大臣桂良、花沙纳得到咸丰帝的指示，必须坚守"公使不能驻京"的原则。但是，面对英、法、美、俄咄咄逼人的态势，

● 萧一山.清代通史（第 3 册）[M].上海：华东师范大学出版社，2006：545.

● 夏笠.第二次鸦片战争史 [M].上海：上海书店出版社，2007：62.

清廷最终还是妥协了，并在《天津条约》中约定外国公使可以驻京。1860年，清廷以签订《北京条约》的媾和方式结束了第二次鸦片战争，该条约再次对公使驻京问题进行确认："第二款……将来大英钦差大员应否在京长住，抑或随时往来，仍照原约（即《天津条约》）第三款明文，总候本国谕旨遵行。"❶随着《北京条约》的签字画押，咸丰帝一直害怕的事情终究还是发生了，1861年3月25日，法国公使布尔布隆入驻北京，次日，英国公使普鲁士入驻北京。这是英、法两国于第二次鸦片战争后取得的侵略果实，也是外国侵略者实现公使驻京之事的第一步"胜利"。

外国侵略者实现公使驻京之事的第二步"胜利"，是全面的"胜利"，这发生在同治年间。

1861年，英、法的公使已经入驻北京，木已成舟，但是，敏锐的清廷官员感觉到，接踵而至的普鲁士、葡萄牙等国，不但要与中国互换"和好贸易"的条约，似乎还抱有公使驻京的意向。清廷觉察到这个问题后，想方设法要将这些国家公使的驻京念头扼杀在摇篮中。

可惜事与愿违，在1861年至1869年之间，中国与普鲁士、葡萄牙等八个国家签订了九个条约，这八个国家对于公使驻京问题步步紧逼，大清帝国针对此事项却步步退让，逐渐麻木。

1861年，中国与普鲁士签订的条约首次谈及了公使驻京的问题。中普《通商条约》的《专条》约定："互换和约章程之日起扣满五年后，大布国方派秉权大臣来京居住。"❷尽管条约约定普鲁士使节驻京，但清廷仍然沾沾自喜，因为普鲁士使节并非立即驻京，而是推后了五年，清廷认为这是钦差大臣在外交谈判中取得了重大胜利。

自1862年开始，中国与葡萄牙、丹麦、荷兰、比利时陆续签订了四个条约，对于公使驻京问题，这四个条约又约定了一种新的模式，即"公使不长驻北京，但可随时入京"❸。这种模式的始作俑者是葡萄牙，虽然《中葡条约》最后没有生效，❹但这种模式被后来的丹麦等国争相效仿。

另外，这四个条约的签订过程中，发生了两个有趣的现象：第一，《中葡条约》中约定公使虽然可以随时入京，但"每年不过一次"，而在之后的《中丹条约》《中荷条约》《中比条约》中，这种时间的限定忽然消失得无影无踪；第二，在1865年的中比《通商条约》❺的条约之中，针对公使驻京之事，条款用了一个之前都没有出现过的句型："大比利时国大君主派秉权大臣一员进中国京师，亦无不可。"❻"亦无不可"四个字用得非常巧妙，这四个字清晰地传递出一个信息，即清廷对于诸多国家的外交轰炸已经逐渐疲劳与麻木。

---

❶　王铁崖. 中外旧约章汇编（第1册）[M]. 北京：生活·读书·新知三联书店，1957: 144.

❷　王铁崖. 中外旧约章汇编（第1册）[M]. 北京：生活·读书·新知三联书店，1957: 171.

❸　王铁崖. 中外旧约章汇编（第1册）[M]. 北京：生活·读书·新知三联书店，1957: 187, 197, 209, 230.

❹　当时清廷认为中国与葡萄牙签订的条约有损中国对澳门主权，提议修改后，葡萄牙拒绝修改，所以《中葡条约》换约失败，并未生效。

❺　这是中国与比利时签订的第二个条约，而第一次《中比条约》因比利时拒绝换约而未生效。

❻　王铁崖. 中外旧约章汇编（第1册）[M]. 北京：生活·读书·新知三联书店，1957: 230.

1866 年，中国与意大利签订的《通商条约》之后，清廷一直坚守的"公使不能驻京"的原则轰然倒塌，对公使入京的问题已经不想再做任何无谓的挣扎，甚至完全放开，约定公使可以长驻北京，或者能随时往来。❶之后中国与奥地利签订的条约也是如此约定。

清廷对于公使驻京这个"礼崩乐坏"的问题，从起初的坚决反对，到后来的逐渐麻木，又到最后的完全放开，呈现了逐步妥协的态势。清廷这种"切香肠"式的转变，主要是以下四个原因所致：

第一，1861 年 8 月，一向反对公使驻京的咸丰帝驾崩于热河行宫，清廷内部发生了辛酉政变，奕䜣以"议政王"的职衔掌握朝政大权，而奕䜣的观念不似咸丰帝和肃顺等大臣那样一味地排外，再说，1861 年已有英、法等国公使长驻京城，当时的清廷对于洋使驻京一事似乎已经见怪不怪了。

第二，在各小国外交轰炸的中期，也就是 1866 年，当时距离中国与普鲁士在 1861 年签订的条约已经过了五年，按照该条约的约定，普鲁士公使已经可以入驻北京，清廷已经彻底堵不住这道洪水了。所以，清廷在 1866 年与意大利签订条约时，干脆完全放开了公使驻京的限制。

第三，多年以来，总理衙门的大臣们通过与洋人的外交折衷，逐渐意识到公使驻京问题其实并不是最要紧的问题，因而对这个问题不再反对。可惜，尽管中国的外交大臣的思想有所进步，但他们对于一些重要权利（关税权等权利）的拱手相让却仍然毫无知觉。萧一山如此评价："国人不知国际公法所谓之权益，惟争其所不当争者……而于上项主权（关税权等权利）之重大丧失，则反以为行政便利，劳徕远人。"❷

第四，经过初期洋务运动发展，清朝中央及地方的官员们不仅仅在战争、外交方面与洋人有接触，在经济、教育方面与洋人也多有合作，清廷官员似乎觉察到洋人也有其可取之处，纵然不可取，按照当时的时势来说，也必须和洋人共谋发展。王绳祖认为："自从 1861 年外使驻京和总理衙门成立以后，清代的闭关政策算是彻底打破了。"❸这种态度与道光、咸丰年间一味排斥洋人相比，是一百八十度的大转弯，当然，这种转变的主体并不包括当时的底层民众，当时全国各地的反洋教案四起，底层民众的排洋情绪非但不减，甚至高涨。

在众多涉及公使驻京问题的条约之中，值得一提的是中国与比利时第一次签订的条约，也称第一次《中比条约》。这个条约有两个特殊之处：

第一个特殊之处是签订的时间有争议。关于此条约签订的具体日期，同治朝《筹办夷务始末》记载为 1862 年 7 月 19 日，王铁崖编著的《中外旧约章汇编》记载为 1863 年 8 月 23 日，茅海建经过考证，认为签订日期为同治元年七月十三日（公元 1862 年 8 月 8 日）。❹三种史料，三个时间。

❶ 王铁崖 . 中外旧约章汇编（第 1 册）[M]. 北京：生活·读书·新知三联书店，1957: 230.

❷ 萧一山 . 清代通史（第 3 册）[M]. 上海：华东师范大学出版社，2006: 543.

❸ 王绳祖 . 中英关系史论丛 [M]. 北京：人民出版社，1981: 37.

❹ 茅海建 . 近代的尺度：两次鸦片战争军事与外交 [M]. 北京：生活·读书·新知三联书店，2011: 254–257.

第二个特殊之处是这个条约居然破天荒地没有涉及公使驻京问题。此条约有四款，只涉及三个问题，即通商口岸领事官驻扎问题、通商口岸贸易问题、纳税问题，●偏偏没有当时列强们都关注到的公使驻京问题。

　　茅海建认为这个条约"虽然同意比利时可到新开口岸贸易，同意比利时按新定海关税则纳税，其中'查办人犯'一语，也隐隐同意比利时有领事裁判权，但是毕竟没有明文写上领事裁判权的条款，而片面最惠国待遇、协定关税这些至关重要的不平等条款，该条约并未涉及"。所以，这个条约被茅海建称为"中国近代史上第一个不明确含有不平等条款的条约"●。茅海建对这个条约所下的定义，用了两个否定词，绕了两个弯，然而，纵然它是第一个"不明确含有不平等条款的条约"，但是从本质上来说，它仍然是一个不平等的条约，因为条约中提到比利时可以到新开的口岸贸易，也要按新定海关税则纳税，这其实也是在变相地享有英、法等国在《天津条约》之中所攫取到的利益。

　　站在清廷的立场，清廷当然是欣喜若狂，因为这个条约是 1861 年至 1869 年各小国所签订的条约中唯一一个不主张公使驻京的条约，比利时的这个"慈悲之举"，让清廷勉强得以保住了天朝的威仪。但是，现实非常讽刺，这个条约因为比利时拒绝换约而没有生效，而比利时与中国签订的第二次《中比条约》，对公使驻京的问题就没那么简单了。在第二次《中比条约》中，比利时开始仿效葡萄牙，订立了一个"公使不长驻北京，但可随时入京"的条款。

　　总而言之，公使驻京从一开始被视为"礼崩乐坏"之举，到最后的全面放开，体现的核心问题只有一个，即中国以被迫的方式彻底打开国门，迎来了外交方面的近代化。从近代化角度而言，这也并非不是好事，这个时候的清王朝确实该醒一醒了！

第三节　清廷的新烦恼——修约

　　1858 年的中英《天津条约》第二十七款约定："此次新定税则并通商各款，日后彼此两国再欲重修，以十年为限。"● 这意味着随着时间的推移，中、英双方可以在十年之后对《天津条约》进行修改；中法《天津条约》同样也有修改条约的条款。

　　这种"十年之后修改条约"的约定，是英、法两国在 1858 年签订《天津条约》时埋下的定时炸弹，可以说，只要时间一到，这个炸弹就要爆炸！

　　详细研究中英、中法的《天津条约》可知，关于提出修约的主体及年限，中英、中法的两份《天津条约》并不相同，中、英约定的是双方在十年后都可以提出修约，而中、法约定的是十二年后只有法国可以提出修约，不论如何，1868 年就是中、英约定的十年修约期限届满之时。

●　王铁崖. 中外旧约章汇编（第 1 册）[M]. 北京：生活・读书・新知三联书店, 1957: 207–208.

●　茅海建. 近代的尺度：两次鸦片战争军事与外交 [M]. 北京：生活・读书・新知三联书店, 2011: 257.

●　王铁崖. 中外旧约章汇编（第 1 册）[M]. 北京：生活・读书・新知三联书店, 1957: 99.

在修约期限届满前，英国方面对于修约的问题一直很积极，原因如下：

首先，中国经历了两次鸦片战争，沿海的门户已经被打开，但是自 1861 年以来，在各通商口岸的洋商们却并没有获得预期的利润。这些洋商怨声载道，他们说："进口洋货和出口土货虽领有子口半税票，沿途经受关卡盘查，拖延时日，洋货运入内地各省，且重征税厘，致使本重滞销。"❶ 洋商们之所以颇具怨言，一部分原因是当时的中国确实保守落后，另一部分原因是洋人们得陇望蜀，既得的利益已经满足不了他们的胃口了。

其次，洋商们认为清廷并没有履行《天津条约》中第十二款的约定，即"允许英国人在内地居住，开设行栈、礼拜堂、医院"。洋商们把清廷不履行此项条款之事视为阻碍对华贸易的因素之一，所以要求进入内地通商，借机扩大侵略。

第三，不仅是注重商业利益的洋商们颇具怨言，连一些洋人政客也在不断敦促中国加快近代化步伐。1865 年 10 月 17 日，海关总税务司赫德向总理衙门递交了《局外旁观论》的折子，1866 年，英国人威妥玛也向奕䜣递交了《新议略论》的折子。在这些折子中，洋人们希望中国进行多方面的近代化革新，比如修筑铁路、架设电线、开办采矿业、派遣驻外代表等。

基于上述原因，英国想以修改《天津条约》的契机，达到在内地居住并享有更大通商权利的目的。至修约前夕，英国对中国提出的具体要求如下：

重构中国的地方税收制度，以便利对外贸易；根据欧洲原则制定一部成文的民事法典；轮船有在所有内河航行的权利，黄河与长江一样完全开放通商；外商应有修建铁路、架设电报线和采矿的权利，进口食盐的权利；统一中国货币；中国政府正式承认，在国际租界外国市政委员会有独立的司法权；扩大包括协议关税在内的领事权力。❷

相较于英国而言，中国当局对于修约之事非常被动，原因在于清廷早就料到修改条约几乎不可能是和谐平等地展开谈判，而且条约需要修改的内容也不可能有利于中国。但是该面对的事情总是回避不了，随着时间的逼近，再加上英国商人们的叫嚣以及赫德、威妥玛等洋人的恳切建议，总理衙门的大臣们开始坐立不安。

总理衙门的大臣们对于修约事宜非常慎重，他们并不希望历史重演，因为在第二次鸦片战争前夕，中国拒绝了英、法、美三国修改《南京条约》，所以诱发了"亚罗号"事件，直接导致第二次鸦片战争爆发。

1867 年 6 月 16 日，总理衙门针对修约问题正式上奏，并且在奏折之后拟就了一份"条说"，其中包含了六个细节性的事项。这六个事项不但是修约谈判之中可能会涉及的重要问题，而且是当时的中国内政、外交方面亟需解决的问题。这六个事项包括：

第一，"议请觐"，即西洋使节的觐见问题。

第二，"议遣使"，即向西洋各国派遣驻外使节的问题。

第三，"议铜线铁路"，即在中国架设电线、铺设铁路之事。

第四，"议内地设行栈、内河驶轮船"，即洋人们一直关心的深入内地通商的问题。

---

❶ 王绳祖.中英关系史论丛 [M].北京：人民出版社，1981：13.

❷ [美] 芮玛丽.同治中兴：中国保守主义的最后抵抗（1862–1874）[M].房德邻，等译.北京：中国社会科学出版社，2002：337.

第五，"议贩盐、挖煤"，即食盐贩卖、开挖煤窑的问题。

第六，"议开拓传教"，即传教士在中国传教的问题。❶

1867年10月12日，清廷发布上谕，命令军机大臣速将这份载有六个问题的"条说"副本分送给18位高级地方官员，让这些官员妥议之后，将奏议复本于12月10日之前送抵清廷。这18位高级地方官员包括：曾国藩、李鸿章、都兴阿、英桂、刘长佑、吴棠、瑞麟、李瀚章、崇厚、郭柏荫、刘坤一、李福泰、马新贻、丁宝桢、曾国荃、蒋益沣、左宗棠、沈葆桢。❷

这种"中央号召，地方官员广泛讨论"的做法，是清廷最高统治者的决策方式之一，其目的如下：首先，清廷想达到集思广益的目的，因为地方官员长期直接与洋人打交道，对于这些"夷务"颇有心得；其次，当时地方汉族官僚势力崛起，清廷为了免遭地方官员的指责，也为了避免在修约问题上出乱子，必须征询地方大员的意见；第三，清廷想要统一思想战线，全力应付洋人们的修约谈判。

让清廷始料未及的是，这些地方官员的奏议复本之中，守旧的官员拒绝一切条陈，而洋务官员对于一些问题的观点也是莫衷一是。这些奏议七嘴八舌，清廷非但没有达到统一思想的目的，反而还在很多问题上乱上添乱。此事让清廷在修约一事上再次陷入被动，也充分说明了在当时那个动荡的年代，中央官员与地方官员的认知力、革新力等能力参差不齐，对一些问题存在着原则性的分歧。

尽管分歧颇多，但却有一个问题，中央官员与地方官员的观点惊人一致，这个问题是"铁路、电报问题"。奕䜣在奏折中说：

此二事（铁路、电报）……英法美哓哓再四，不办不休……本衙门先以失我险阻，害我田庐，妨碍我风水为词辩驳，彼悍然不顾。本衙门又以占我民间生计，势必群起攘臂相抗，众愤难当，设或勉强造成，被民间拆毁，官不能治其罪，亦不能责令赔偿，彼则以自能派人看守防御为词抵制。❸

总理衙门反对引进铁路电报，原因是引进铁路电报之后，会失去对军事要地的控制，而且破坏风水、影响民生。地方官员的奏议复本中，竟然一致同意总理衙门的观点，都认为决不能允许外国人在华铺设铁路、架设电线。由于当时的清廷官员都抵制铁路与电报之事，所以直接导致了这两件事在后期洋务运动之中才被提上议程，姗姗来迟。

时间不等人，修约期限届满之后，中、英双方针对修约之事展开了谈判。谈判过程中还发生了一个插曲，也就是"蒲安臣使团"之事，这个使团是清廷向海外派遣的第一个官方外交使团（下一节详述）。

在1868年4月至9月的一系列谈判会议中，中国的官员与英国公使阿礼国讨价还价，僵持不下。到了12月初，英国方面已经有些不耐烦了，英国公使阿礼国与英国外交部通信后，英国政府决定先采取"部分修约"的策略，等到同治帝亲政后，再正式修约。

❶ 中华书局编辑部,等整理.筹办夷务始末（同治朝）[M].北京：中华书局,2008:2124-2127.
❷ 清廷共发出18份条说给地方大员,曾国荃、刘长佑虽在18人之列,但《筹办夷务始末》中未见其奏议复本,故清廷仅收回16份。
❸ 中华书局编辑部,等整理.筹办夷务始末（同治朝）[M].北京：中华书局,2008:2125.

1869 年 10 月 23 日，中、英双方的代表在北京签订了《阿礼国协定》，这标志着中、英的修约事宜暂时告一段落。《阿礼国协定》其实是个简称，其中包含两个条约，即中英《新定条约》（共 16 款）和《新修条约善后章程：新修税则》（共 10 款）。这两个条约的主要内容有：扩大英国纺织品的销路，通商的省份不再从纺织品抽征厘金；开放温州、芜湖两地为通商口岸；英国商人持执照可以进入中国内地，且可在中国内地暂赁客店，或租民房堆放货物；鸦片、湖丝等进口货物增加进口税。❶

中、英双方在《阿礼国协定》的签订过程中，都做出了一定程度的让步，英国方面的让步表现在增加鸦片、湖丝的进口税。清廷甚至为此沾沾自喜，认为这是外交胜利，因为鸦片、湖丝等进口货物增加了进口税，能让中国"获益不少"。

《阿礼国协定》是中、英双方第一次通过和平谈判的方式订立的条约，在中国近代史上，中外在彼此平等、互让的基础上订立的条约寥寥无几，但《阿礼国协定》是其中一个。那么，这是"同治中兴"的成就，还是一种假象？答案显然是后者，因为尽管这个条约是以互利互让的方式签订，但从条约内容来看，仍旧是一个丧权辱国的不平等条约。

不料，之后的发展偏离了正常的轨道，各通商口岸的英国商人们得知签约的情况后，纷纷反对英国使节在协定上做出的让步。叫嚷得最严重的是英国国内的商人，在伦敦，一些商人甚至组织起了反对《阿礼国协定》的运动。这些英国商人反对《阿礼国协定》的根本目的，其实是想获得更多的侵略特权，王绳祖对英国商人的内心做出如下评价："他们心中所希望的一个条约是'不仅使通商口岸对英国贸易开放，而是整个中国都要敞开大门'，他们的贪欲不是细小的特权优惠所能满足的。"❷祸不单行，美国、法国、俄国、普鲁士等国基于自己的利益，对《阿礼国协定》也纷纷发出了"国际声音"，不同程度地对《阿礼国协定》持有反对意见。

最终，英国政府迫于英国商人和国际舆论的压力，于 1870 年 7 月 25 日正式发出政令，拒绝批准这个协定。

清廷为了修约之事，前后整整折腾了三年，到头来却是竹篮打水，因为这个协定被英国政府否决了，根本就没有生效。萧一山评价："是以折冲经年而修改之新约，亦如同废纸矣。"❸不仅如此，这个条约还给中国带来了一些负面效应，比如激化了底层民众原本就高涨的仇洋情绪，徐中约认为："英方的行为肯定加深了中国人关于外国人本性贪婪、行动捉摸不定的看法……拒绝批准阿礼国协定则又一次加深了中国人对外国人可信赖的程度的猜疑。"❹

目前，对于《阿礼国协定》这个历史事件，研究中、英双方孰是孰非已经意义不大，现实的研究意义在于修约之事给清廷带来何种影响。

清廷的修约事件，是中国保守主义与外国侵略势力的一次对抗，也是清帝国在外交

---

❶ 王铁崖. 中外旧约章汇编（第 1 册）[M]. 北京：生活·读书·新知三联书店，1957：308–314.

❷ 王绳祖. 中英关系史论丛 [M]. 北京：人民出版社，1981：30–31.

❸ 萧一山. 清代通史（第 3 册）[M]. 上海：华东师范大学出版社，2006：550.

❹ [美] 费正清，等. 剑桥中国晚清史（下卷）[M]. 中国社会科学院历史研究所编译室，译. 北京：中国社会科学出版社，1985：77.

方面的又一次剧痛。不可否认的是，在外交近代化的大背景之下，当时的清廷已经后知后觉地在外交观念上发生了一些变化，这是近代化的趋势所促动的结果。

中、英修约一事发生在"同治中兴"时期，美国学者芮玛丽认为："收复安庆和设立总理衙门，毕竟标志着'中兴'的肇端；而对'阿礼国协定'的否决和'天津教案'的发生，又恰恰构成了这一历史时期终结的标志。"[1] 这个观点虽然正确，但不全面。"同治中兴"是一个广泛的概念，《阿礼国协定》被英国政府否定，只能说明"中兴"的外交近代化方面遇到了阻碍，但绝不能代表其他方面（如军事、内政、经济）也同样受阻。

第四节　蒲安臣使团

1867 年 10 月，清廷发布上谕，要求 18 名地方高官对中、英修约谈判中可能涉及的六个问题进行讨论，其中第二个问题就是"议遣使"，也就是向西方国家派遣驻外使节的问题。

1866 年，斌椿使团是清廷对于外交使团的第一次尝试，[2] 但这个使团并非官方的长驻使团，所以并没有对外交近代化的推动产生较大影响。

恭亲王奕䜣认为："第十余年来，彼于我之虚实无不洞悉，我于彼之情伪一概茫然，兵家知彼知己之谓何？而顾不一虑及。且遇有该国使臣倔强任性不合情理之处，惟有正言折之，而不能向其本国一加诘责，此尤隔阂之大者。"[3] 所以，在斌椿使团之后，奕䜣等总理衙门的大臣一直在向清廷建议遣使西洋。另外，不仅是总署在动议，大多数地方官员也支持总理衙门关于遣使西洋的主张。

1867 年 11 月，美国驻华公使蒲安臣准备离职回国，总理衙门的大臣们欣喜万分，认为这个蒲安臣可以充当中国的外交使臣，带领中国的外交使团到国外巡游。11 月 21 日，不待 18 名地方官员关于遣使问题的奏议复本至京，奕䜣就迫不及待地上了一奏：

蒲安臣曾经协助中国，悉力屏逐……臣等公同商酌，用中国人为使，诚不免于为难；用外国人为使，则概不为难……如蒙俞允，请旨钦派蒲安臣权充办理中外交涉事务使臣，此外应议出使条规，及筹给薪水盘费一切未尽事宜，容臣等妥议，另行具奏。[4]

奕䜣之所以要让一个洋人来充当中国的外交使臣，有深层次的原因。当时，洋人们心急火燎地希望中国加快近代化的步伐，海关总税务司赫德、英国人威妥玛就曾经向总理衙门递交过一些折子，他们希望中国抓紧时间进行近代化的革新，比如修筑铁路、派遣使节等，但是清廷并不想马上就去实施这些革新措施。洋人的敦促，再加上 1868 年中、英修改《天津条约》的期限将至，让清廷感到非常不安，所以奕䜣等总理衙门的大臣想通过

[1]　[美] 芮玛丽 . 同治中兴：中国保守主义的最后抵抗（1862-1874）[M]. 房德邻，等译 . 北京：中国社会科学出版社，2002: 376.

[2]　参见本书第二章第七节"洋务教育近代化"。

[3]　中华书局编辑部，等整理 . 筹办夷务始末（同治朝）[M]. 北京：中华书局，2008: 2125.

[4]　中华书局编辑部，等整理 . 筹办夷务始末（同治朝）[M]. 北京：中华书局，2008: 2159-2160.

这个叫蒲安臣的洋人去西方国家"游说"，劝西方国家的政府不要强行推动中国的近代化步伐。

清廷允准奕䜣的建议后，美国人蒲安臣摇身一变，变为了大清国的"办理中外交涉事务使臣"。除了这位美国人之外，使团中还加入了英、法两国之人，即英国使馆的中文翻译柏卓安、海关税务司法国人德善。11月26日，总理衙门又推荐了一位满人（总署章京记名海关道志刚）、一名汉人（礼部郎中孙家穀）加入使团。

1868年2月25日，蒲安臣使团一行30人浩浩荡荡从中国出发，前往美国。由于清廷没有自己的国旗，美国人蒲安臣就帮中国设计了一面三角形的国旗，长三尺，宽二尺，中间绘着一条长龙，这是中国历史上的第一面国旗。

1868年5月，蒲安臣使团来到美国，加利福尼亚州州长对使团表示欢迎，把蒲安臣称作"我们的客人，最年轻的一个政府（美国）的儿子和最古老的一个政府（中国）的代表"❶。之后，颇具演说才能的蒲安臣与美国总统约翰逊会晤，并于1868年7月28日与美国国务卿西华德签订了一份条约——中美《续增条约》，此条约是蒲安臣未经清廷的授权与批准而擅自订立的条约。

中美《续增条约》共8款，其中在清廷眼中最核心的条款是最后一条："中国之内治，美国声明并无干预之权及催问之意，即如通线、铁路各等机法，于何时，照何法，因何情欲行制造，总由中国皇帝自主。"❷美国政府做出承诺，不干预中国的内政、不催促中国进行架设电线、铺设铁路等方面的近代化革新。这个条款让清廷很满意，所以，尽管蒲安臣是在未获清廷授权的情况下签订的条约，但清廷在事后还是高兴地批准了这份中美《续增条约》。

随后，蒲安臣使团继续巡游，来到英国后，维多利亚女王接见了使团。在英国，蒲安臣继续发挥了他的演说才能，英国的外交大臣克拉兰敦勋爵也向蒲安臣保证，英国不会强迫中国发展得过快，倒是希望中国持续稳定地发展。同时，英国政府还将这项保证通知了驻华的英国公使阿礼国，此时阿礼国正在与中国官员展开修约谈判，接到英国政府训令后，阿礼国也只有遵守英国政府的要求，在修约谈判中做出让步，与中方签订了《阿礼国协定》。

访英完毕后，蒲安臣使团又访问了法国、瑞典、丹麦、荷兰、普鲁士、俄国。1870年2月23日，蒲安臣在俄国患肺炎去世，其"办理中外交涉事务使臣"一职由同行的满族官员志刚接任。后来，志刚带领使团继续访问了比利时、意大利，最后回到中国。

蒲安臣使团的历史事件，是中国近代的外交史上的大事，这是中国第一次向外国派出正式的使团。这个使团的领队，是一个美国人，而近、现代以来，不同的美国学者对"蒲安臣使团"事件有着不同研究观点：

芮玛丽认为："使团的重要性首先还是在于它在事实上开创了中国向海外派遣使节的先例。"❸

---

❶ [美]马士.中华帝国对外关系史（第2卷）[M].张汇文，等译.上海：上海书店出版社，2006：205.

❷ 王铁崖.中外旧约章汇编（第1册）[M].北京：生活·读书·新知三联书店，1957：263.

❸ [美]芮玛丽.同治中兴：中国保守主义的最后抵抗（1862–1874）[M].房德邻，等译.北京：中国社会科学出版社，2002：348.

徐中约认为：："蒲安臣使团完成了出使的直接目的，因为它的确促使西方列强允诺在即将举行的修约谈判中执行一项克制的政策；可是，从长远来看，这一成就却助长了中国的保守主义。"[1]

马士认为："一八六八年，他说服了世界各国政府采取了一种政策，这种政策最后变成了它们的指导方针；但是，在中国，他的步骤是不成熟的，因此，就当时来说，他失败了。"[2]

如何全面地评析"蒲安臣使团"事件？

首先，应对这个使团成立的目的做出全面的分析。蒲安臣使团是总理衙门为了应对修约问题而筹组的，蒲安臣与其说是中国的使臣，不如说是清廷派去国外的"说客"，是清廷针对洋人而谋划的一颗"借力打力"的棋子。当时的清廷具有一种矛盾的心理，一方面倡导学习西方的自强运动，一方面又非常恐惧洋人们敦促中国与外界融合，这其实是保守主义思潮在作祟。蒲安臣不负众望，顺利地完成了清廷交办的任务，也让外国政府做出承诺，让"各国之强硬对华政策已生缓和之效"[3]，所以从这个层面上来说，清廷的最终目的还是达到了。

其次，外国政府之所以会做出"不向中国施加近代化压力"的承诺，与蒲安臣的演说才能有关，但这只是外因。内因在于，外国政府通过多年以来和中国官员的外交折衷之中体会到了中国人的"倔强"，也意识到了中国人的保守主义思潮根深蒂固。洋人深知欲速则不达的道理，他们也不想把清廷逼得太紧。

另外，通过这次外交使团的尝试之后，清廷并未趁热打铁地向西方国家派出长久的驻外使团。第一次派出常驻公使是在1876年，而且是为了处理"滇案"，派郭嵩焘向英国道歉。所以，这次事件后，外交近代化的进程又一次被耽搁了，蒲安臣使团犹如石头投入池子，惊起一滩涟漪后，继续变得死寂。

第五节　天津教案始末（上）

鸦片战争之后，中、法签订了《黄埔条约》，清廷被迫允准法国人在通商口岸建造教堂。自此之后，法国开始在中国施行一项外交政策——"保教政策"，不断推广和保护天主教在中国的影响力与地位。

第二次鸦片战争后，传教士的问题在中国变得异常严峻，各地反洋教案四起，其中的根本原因在于传教士在中国的境况发生了很大变化。

变化在何处？1858年的中法《天津条约》第十三款约定："凡按第八款拥有盖印执照安然入内地传教之人，地方官务必厚待保护。凡中国人愿信崇天主教而循规蹈矩

❶ [美] 费正清，等.剑桥中国晚清史（下卷）[M].中国社会科学院历史研究所编译室，译.北京：中国社会科学出版社，1985：73.

❷ [美] 马士.中华帝国对外关系史（第2卷）[M].张汇文，等译.上海：上海书店出版社，2006：212.

❸ 萧一山.清代通史（第3册）[M].上海：华东师范大学出版社，2006：670.

者，毫无查禁，皆免惩治。向来所有或写、或刻奉禁天主教各明文，无论何处，概行宽免。"1860 年的中法《北京条约》第六款约定："又将前谋害奉天主教者之时所充之天主堂、学堂、茔坟、田土、房廊等件应赔偿，交法国驻节京师之钦差大臣，转交该处奉教之人，并任法国传教士在各省租买田地，建造自便。"❶

上述条约，不但让传教士深入了中国内地，而且传教士在中国的地位大大提升，特权也得到了扩大。随着法国"保教政策"的推行以及传教士特权的扩大，中国的底层百姓对洋教士的仇视情绪不断高涨，民教冲突也随之白热化。在中国这块广袤的土地上，天主教同鸦片一样，不受中国人欢迎。

清末教案何其多，满清王朝何其苦。自 1859 年至 1870 年，短短的十余年之间，中国各地的民教冲突不下数十起，遍及十余省：

1859 年 10 月，江西庐陵县的知事发布了一道冗长而且恶毒的布告以反对基督教的传教士和信仰者，以非处死即远成的旧有法律来威吓他们。

1859 年 12 月，在厦门附近的一个乡村中，英国教会的一个中国长老"在知县处曾对他有两次控诉，因为他信奉基督教"。

1859 年 12 月，杭州知县命令把一个中国的叫"卖圣书者"（一个赠送或出售宗教书籍者）驱逐出境，这个人是宁波美国教会派到那里去的。

1867 年 10 月，卫尔谢尔神父在大庸入狱。

1868 年 2 月，勒布克神父在直隶省献县几乎被捻匪杀死。5 月，又几乎被朝廷军队打死。

1868 年 4 月，芝罘传教士遇到困难（礼拜堂问题）。

1868 年 4 月 24 日，一群暴民攻击并破坏了台湾府附近凤山县的罗马天主教堂和英国的耶稣教堂。

1868 年 8 月，德然神父在一次反对教会的民众暴动中受伤。

1868 年 8 月，民众对扬州教会发动袭击。一群暴民抢劫并放火焚烧由中国内陆会教士戴德生新建的传教站时，英国公使阿礼国派遣了领事麦华陀率四艘舰艇到南京，压迫总督曾国藩撤掉扬州官员并给予赔偿。事件处理结果：扬州的知府、知县被革职，所损失的财产按实际价值赔偿，并且在教堂中建立石碑，保护传教士不受干扰。炮舰政策和侮辱性惩罚立竿见影，但是也不可避免地激怒了公众，激发了排外情绪。

1868 年 12 月，柳州，一群暴民进攻教会，伤害了德拉维长老，破坏了礼拜堂。

1869 年 5 月 18 日，一次民变中，教会和育婴堂被劫掠（此教会与育婴堂曾被钦差大臣崇厚发布告劝令百姓敬重并保护）。

1869 年 7 月，一个中国女教徒以对幼儿施行魔术、挖去他们的眼睛、吸收他们的精髓，甚至摄取他们的灵魂用以做药的罪名被拘捕并受严刑拷打。❷

---

❶ 王铁崖. 中外旧约章汇编（第 1 册）[M]. 北京：生活·读书·新知三联书店，1957: 107,147.

❷ [美] 马士. 中华帝国对外关系史（第 2 卷）[M]. 张汇文，等译. 上海：上海书店出版社，2006: 232-250.

反洋教案为何如此频发？从底层百姓的角度而言，有三个原因：

第一，传教士从各种不平等条约中以"洋武力"为后盾，这是法国的"保教政策"所致。庄和灏认为："扩大在华权益是任何列强也包括法国之真正诉求，而清政府的江河日下，不仅给法国可乘之机，而且也让法国政府看到了利用传教士问题频频向中国发难的好处。"❶法国的这种传教方式，在中国的底层百姓眼中，是暴力式的传教。

第二，洋教对于中国底层百姓而言是比较陌生的事物，而且其教义在很多方面与中国传统的儒家文化格格不入，传教士甚至诋毁儒、释、道，这让百姓非常不能接受。关于这一点，美国人马士曾说过："（传教士）破坏了家庭；干涉了祭祖仪节；把那已经深入在他们（中国人）生活中的佛教和道教的仪礼说成是邪教，而对于他们传统的先师孔子的训迪，并不称之为'圣'。"❷

第三，中法《天津条约》之中有这样的约定："凡中国人愿信崇天主教而循规蹈矩者，毫无查禁，皆免惩治。"❸按照条约所述，中国人如果信奉天主教就是"循规蹈矩者"，凡事可以宽大处理，换言之如果不信奉天主教，就是"不循规蹈矩者"。同治年间，清廷为了忠实地履行这个条约，居然把刑律的处罚规定都改了，让刑部"删去传教治罪旧例，续纂新例曰：凡奉天主教之人，其会同礼拜诵经等事，概听其便，皆免查禁"❹。中法《天津条约》的这个条款，以及清廷修改刑律的行径，挑拨了底层百姓之间的和睦关系，也无端地制造了信教者与不信教者之间的矛盾。一时之间，中国的教徒们"恃洋人为护符，欺侮良民，胁制官吏"❺，各地教案四起，愈演愈烈。

面对此起彼伏的民教冲突，1868年中、英修约事宜又迫在眉睫，总理衙门开始重视传教上带来的问题。

1867年10月，清廷发布上谕，要求18名地方高官对修约谈判可能涉及的六个问题进行讨论，其中第六个问题是"议开拓传教"，也就是传教士问题。可是，尽管清廷意识到传教士问题的严重性，但这些位居中央的大臣们对于传教士的心理却与底层百姓不同，他们首先关心的是如何防止传教士干涉中国的地方行政事务。因此，总理衙门对于传教士问题显得比较平静，针对传教士问题的处理方式，也只是向清廷提出了两点不疼不痒的建议：第一，基督教与佛、道两家相同，对于洋教，可"照僧道设官以治之"；第二，"联络绅民，阳为抚循，而阴为化导"，以此强化儒家道统。❻地方的督抚也基本同意总理衙门的观点，认为基督教作为一种洋教，无须多虑。

至此，传教士与底层百姓之间的矛盾不断加剧，血腥事件一触即发。这个事件，就是1870年的"天津教案"。

早在1860年，法国人就占领了天津的皇庄（望海楼），将此地变为领事馆。

❶ 庄和灏. 从策略到象征：清末法国保教政策的再定位 [J]. 兰台世界，2016（19）:120—124.

❷ [美] 马士. 中华帝国对外关系史（第2卷）[M]. 张汇文，等译. 上海：上海书店出版社，2006: 234.

❸ 王铁崖. 中外旧约章汇编（第1册）[M]. 北京：生活·读书·新知三联书店，1957: 107.

❹ 李刚己. 教务纪略（第1卷）[M]. 上海：上海书店，1986: 7.

❺ 萧一山. 清代通史（第3册）[M]. 上海：华东师范大学出版社，2006: 530.

❻ 中华书局编辑部，等整理. 筹办夷务始末（同治朝）[M]. 北京：中华书局，2008: 2127.

1869 年 6 月，法国人在一座毁坏的寺庙上建立起圣母教堂，并在教堂中创办了一所育婴堂。这个地方虽然名为育婴堂，但几乎没有中国人愿意把孤儿送到这里。修女们为了解决这个问题，竟然采取了一个愚蠢的措施：为每个入堂的孤儿提供一份酬金。这个措施的出发点是好的，但是弄巧成拙，因为这些酬金鼓励了诱拐婴儿的人贩子的拐卖行为。

根据三口通商大臣崇厚（当时天津地区最高的行政官员）的奏折所称，1870 年，天津府县曾捉获两名拐卖儿童的匪徒，分别叫做张拴、郭拐；之后又拿获了一名迷拐之徒，叫武兰珍。经过询问，这个武兰珍供出了一个惊天秘密——拐卖婴儿之事是法国的传教士在暗中指示，同案犯还有圣母教堂中的中国人王三！

不巧的是，1870 年 6 月，天津地区发生了一场时疫，导致了育婴堂的三四十名婴儿死亡。这些婴孩猝死，不明就里的民众们立刻浮想联翩。

拐徒的归案、拐徒武兰珍对同案犯王三的指认及多名婴儿离奇死亡……当地民众马上将这些现象串联起来，从而得出一个结论：在育婴堂中，洋人对小孩施以魔法，伤害他们的身体，挖取他们的心脏和眼睛来制药。

霎时间，各种谣言甚嚣尘上，百姓的情绪愤怒已极。这俨然已经构成中、法两国之间的外交大事。三口通商大臣崇厚眼见事态不妙，立即派人查问此事。崇厚调查之后，于 1870 年 6 月 23 日上奏清廷，这封奏折中详细记载了拐卖案件的始末。❶

为了查明武兰珍所言"教堂王三"一事是否属实，也为了应付汹汹民意，天津道台周家勋约见法国领事丰大业，要求搜查教堂，看看是否真的有王三这个人。之后，崇厚也介入了案件的调查，崇厚规劝丰大业，如果要想查明案件事实，免生事端，就必须要配合清廷的官员接受搜查。

6 月 21 日，天津道台周家勋、知府张光藻、知县刘杰等人，押解匪徒武兰珍到了望海楼的圣母教堂，一同面见教士谢福音。然而，武兰珍之前口供中说的教堂中的布置，与真实的教堂布置根本对不上，在教堂中也没有搜查到王三这个人。

既然无从指证，清廷的官员也只有带着武兰珍悻悻而归。之后，教士谢福音来到崇厚之署，共商今后处理民教冲突的办法。商议完毕后，谢福音从崇厚的官邸中离开。

就在谢福音离开后不久，崇厚突然听说街上有洋教士和百姓因为口舌之争而发生了抛砖殴打事件，崇厚大吃一惊，马上派人去弹压。法国领事丰大业似乎也知道了街上的殴打事件，来到崇厚的官邸之中，而且"神气凶悍，腰间带有洋枪二杆"，身后还跟随着一个手执利刃的外国人。丰大业估计是被正在街头上发生的民教冲突惹恼了，当即在崇厚署中破口大骂，放枪示威，咆哮不止。崇厚还算冷静，知道目前街上的形势已经势同水火，对丰大业好言相劝，让他留在署中不要出去。但是丰大业扬言"我不畏中国百姓"，随后"盛气而去"。

丰大业离去后，在路上遇到天津知县刘杰，狂妄的丰大业再次向刘杰等人放枪示威，刘杰的家人被打伤。街上的百姓看到刘杰的家人被打伤，一时怒不可遏，在情绪失控的情况之下，把丰大业、西蒙两名法国官员当场殴打致死。

接着，怒火中烧的民众又放火烧了法国领事馆、育婴堂和两处法国教堂、四处英美

❶ 中华书局编辑部，等整理. 筹办夷务始末（同治朝）[M]. 北京：中华书局，2008：2913-2914.

教堂，一共杀死了 10 名法国修女、2 名法国神父、7 名外国侨民以及一些中国教民，还极其残忍地将他们剁为碎片。此外，民众还误杀了 3 名俄国商人。

以上就是崇厚记载的事件始末。面对这起突发重大事件，崇厚大人彻底慌了，连忙将此事原原本本地上奏朝廷。在奏折的最后，还说了一句话："事关重大，应请饬下直隶总督曾国藩，来津确实查办，以靖地方。"❶ 看得出来，崇厚针对愈演愈烈的教案已经没辙了，想让朝廷派更大的人物来解决教案。6 月 25 日，崇厚再次上奏清廷，自请治罪。

清廷此时也意识到这起"天津教案"非同小可，立即发布上谕："仍著崇厚督同地方文武，将该民人等设法开导，妥为弹压，毋令聚众再滋事端。曾国藩病尚未痊，本日已再行赏假一月，惟此案关系紧要，曾国藩精神如可支持，著前赴天津，与崇厚悉心会商，妥筹办理。"❷ 这道上谕之中，清廷同意了崇厚的建议，饬令久负盛誉的曾国藩来天津处理这件教案。

那么，曾国藩面对此案将会如何处理？

第六节　天津教案始末（下）

天津教案发生后，清廷接纳了崇厚的建议，让直隶总督曾国藩前往天津查办此案。

在当时的形势之下，天津教案的善后处置工作显得非常棘手，曾国藩可以说是被推上了风口浪尖，他即将面对的是清廷、法国政府、国际舆论以及底层民众的多重压力，可谓骑虎难下。

曾国藩的第一层压力来自法国，事件发生后，法国署理公使罗淑亚就致函总理衙门，要求严惩天津教案的行凶之犯；第二层压力来自清廷，清廷为了保全"中外和局"，一味地对法国退让和安抚；第三层压力来自国际舆论，由于天津的民众在行凶过程中烧毁了英、美的教堂，还误杀了俄国的商人，这些国家为此愤愤不平；第四层压力来自底层民众，当时天津的民众已经被愤怒冲昏了头脑，"或欲借津人义愤之众，驱除洋人；或欲联俄、英之交，专攻法国；或欲劾崇厚以伸士民之气；或欲调兵勇以为应敌之师"❸。

曾国藩接到清廷的上谕之时，正在保定病休，他也意识到了办理此案的复杂性与艰巨性，所以在日记中写道："外国性情凶悍，津民习气浮嚣，俱难和叶，将来构怨兴兵，恐致激成大变。余此行反复筹思，殊无良策。"启程前，他料定今后可能都见不到自己的儿子了，所以给儿子留下遗书："今老年病躯，危难之际，断不肯吝于一死，以自负其初心。恐邂逅及难，而尔等诸事无所禀承，兹略示一二，以备不虞。"❹

1870 年 7 月 6 日，曾国藩上奏，建议朝廷应该澄清事件的真相，并且先对英国、美

❶ 中华书局编辑部，等整理. 筹办夷务始末（同治朝）[M]. 北京：中华书局，2008: 2914.
❷ 中华书局编辑部，等整理. 筹办夷务始末（同治朝）[M]. 北京：中华书局，2008: 2916.
❸ 萧一山. 清代通史（第 3 册）[M]. 上海：华东师范大学出版社，2006: 537.
❹ 曾国藩. 曾国藩全集·家书之二（第 21 册）[M]. 长沙：岳麓书社，2011: 524.

国和俄国做出赔偿，以免受到法国方面的干扰。● 7月8日，曾国藩到达天津，开始对案件展开详细的调查。

此间，法使罗淑亚找到曾国藩，向曾国藩施压，要他办好四件事情：赔修教堂；埋葬丰大业；查办地方官；惩戒凶手。不久后，罗淑亚向天津府、县的官员发出照会，认为必须将知府张光藻、知县刘杰和提督陈国瑞处死，用他们的命来抵偿被杀法国人的命。

曾国藩毕竟是忠于清廷的地方大员，所以他的办案原则充分考虑了清廷"顾全和局"的本意，再说，曾国藩也知道当时的中国"粤、捻方平，西陲未靖，海内凋瘵"，在这种境况下，中国不能轻易与外国挑起衅端。● 所以，曾国藩在彻查此案后向清廷上奏，提出了一个充分照顾清廷和法国政府的中庸处理意见：将道台周家勋、知府张光藻、知县刘杰撤职；处死15名主要的挑动者，流放21人。●

不料，天津的民众得知曾国藩的处理方案后，大骂曾国藩偏袒洋人。这些民众只看到曾国藩严惩中国官员和天津凶徒，而根本体会不到曾国藩的良苦用心。不但如此，朝廷中的士大夫也对曾国藩口诛笔伐，大骂其"媚外卖国"。刹那间，朝堂之中"白简纷纭，举国欲杀（曾国藩）"●。

曾国藩处理此案可谓顾全大局，居中公正，但为何费力不讨好，还落得"卖国贼"的骂名？

曾国藩在查案过程中，认为此案有五个疑点，并将这些疑点详细地上奏清廷。但是，在清廷最终公布的处理案件的谕旨之中，这五个疑点却被删得干干净净。这几个疑点在谕旨中被删，直接导致了最后的"判决"不明不白，也导致曾国藩蒙受不白之冤。那么，到底是谁在谕旨之中做了手脚？

萧一山认为谕旨被内阁删改："五可疑之奏，经内阁删去，未见发钞，故怨声尤訇作。"● 王学斌认为奕䜣和崇厚二人皆有可疑："曾（国藩）希望朝廷明降谕旨，将此情形布告天下，雪洋人之冤，释众人之惑。然而不知是恭王诸人有意删改，还是崇厚暗做手脚，在朝廷对外公开时，案件的五点可疑之处被完全略掉，于是曾国藩的奏折通篇都在替洋人说话，一时舆论哗然。"●

不论是谁做的手脚，经过此事后，曾国藩的名誉一落千丈，"晚节不保"。饱受刺激后的曾国藩自称被"时论所弃"，"内疚神明，外惭清议"，● 江苏巡抚丁日昌身为曾国藩的旧僚，也颇为曾国藩惋惜："自古局外议论，不谅局中艰苦，一唱百和，亦足以荧上

● 中华书局编辑部，等整理.筹办夷务始末（同治朝）[M].北京：中华书局，2008：2933.
● 萧一山.清代通史（第3册）[M].上海：华东师范大学出版社，2006：537.
● 中华书局编辑部，等整理.筹办夷务始末（同治朝）[M].北京：中华书局，2008：2953-2956.
● 萧一山.清代通史（第3册）[M].上海：华东师范大学出版社，2006：539.
● 萧一山.清代通史（第3册）[M].上海：华东师范大学出版社，2006：539.
● 王学斌.天津教案如何毁了曾国藩一生清誉[EB/OL].（2016-08-29）[2017-05-22].https://view.news.qq.com/a/20160829/004735.htm.
● 曾国藩.曾国藩全集·书信之十（第31册）[M].长沙：岳麓书社，2011：407,351.

听，挠大计。卒之事势决裂，国家受无穷之累，而局外不与其祸，反得力持清议之名，臣实痛之。"❶

不久之后，曾国藩就病倒了，据崇厚奏称，曾国藩"呕吐大作，历三时之久，卧床不起，据医家云，脉象沉重"❷。崇厚见状，奏请朝廷再派重臣来津处理此案，清廷于7月26日指派江苏巡抚丁日昌协同办案，同时谕令工部尚书毛昶熙赴津会办。也正是在这个期间，丁日昌到达天津以后，向曾国藩提出了派遣留学生的想法，曾国藩颇为赞同。❸

出于慎重的考虑，清廷又发一谕，命令时任湖广总督的李鸿章带郭松林部军队到京城一带驻扎，等候调派，以备不时之需。此时，李鸿章呈送了一份采取折衷立场的奏折，他认为办理此案不宜杀戮过重。总理衙门很赞同李鸿章的处理意见，恰巧清廷此时发生了"刺马案"（两江总督马新贻被刺杀），所以清廷就把李鸿章调到天津来担任直隶总督，查办天津教案，而曾国藩则被派到当时空缺的两江总督的位置上。

李鸿章到了天津，登门拜见曾国藩。曾问李："你与洋人交涉，准备怎么办？"李回答："我想与洋人交涉，不管什么只同他打痞子腔。"

最终，1870年10月22日，新上任的直隶总督李鸿章将此案处理完毕，最终的处理结果是：罢免天津道周家勋，将天津知府张光藻、知县刘杰流放黑龙江；正法罪犯18人，充军25人，赔偿损失50万两；三口通商大臣崇厚作为谢罪专使，前往法国，向法国政府道歉。

通过比对，李鸿章的处理意见与曾国藩的处理意见出入不大，按理来说法国方面应该不会善罢甘休，但是此时的法国政府因为专注于普法战争（7月19日，法国对普鲁士宣战），根本无暇东顾。当时，拿破仑在被囚荒岛上对记者谈话："希望法国勿因教案与中国冲突。与中国战，徒是唤醒中国人皆与我为仇，不若使之睡眠为宜。"❹另一方面，清廷为了处理此案也劳民伤财，不想继续折腾，因此，中、法双方就此作罢，草草结案。

清廷派赴法国的道歉使团，由三口通商大臣崇厚率领。崇厚以谢罪专使的身份来到法国后，法国临时总统梯也尔于1871年11月23日在凡尔赛宫接见了崇厚，梯也尔接受了中国皇帝的道歉。天津教案，至此正式了结。

马士在《中华帝国对外关系史》中这样评价天津教案："这个案件，可以用曾在中国有四十年经验的一个作为传教士和外交家的美国人（卫廉士）的话加以概括——'总之，这次暴动的全部历史——它的原因、发展、顶点、结果和压服——在调和中国的文明和欧洲的文明方面，其所遇到的严重障碍之多，并不亚于曾经发生过的任何事件'。"❺马士的评价比较中肯，当时天津教案的影响程度确实很大，是义和团运动之前最大的教案。

❶ 赵尔巽.清史稿·曾国藩传（第9册）[M] 天津：天津古籍出版社，2012: 3795.

❷ 中华书局编辑部，等整理.筹办夷务始末（同治朝）[M]. 北京：中华书局，2008: 2969.

❸ 参见本书第二章第十节，"夭折的'海归'"。

❹ 徐泰来.洋务运动新论 [M]. 长沙：湖南人民出版社，1986: 377-378.

❺ [美] 马士.中华帝国对外关系史（第2卷）[M]. 张汇文，等译.上海：上海书店出版社，2006: 274-275.

天津教案距今已经过去一百多年，但是我们仍能从中得到诸多教训：

一、于案件本身而言

天津教案极其复杂，看似为一桩民教冲突，实则凸显了同治年间外交、内政方面的诸多问题。在天津教案之前，全国各地也陆续有教案发生，而天津教案之所以最为严重，在于其发生的时期非常特殊。这个时期，传教士问题压抑已久，底层民众的仇洋情绪持续高涨，这些问题一直得不到妥善解决，再加上同一时期的中英《阿礼国协定》被英国政府否决，一系列因素必然导致血案的发生，这是能量蓄积已久的爆发。

二、于底层百姓而言

天津教案始于谣言的纷传，俗话说"谣言止于智者"，但很可惜这个时期中国底层百姓并不是"智者"，这是多年以来中西双方于战争、经济、外交、宗教等方面的摩擦给老百姓带来的后果。纵观整个事件，从爆发到高潮，再到案件处置，推动力都在民间。因此，教案的直接原因在于百姓对洋人的仇视，而根本原因在于一种民间的蓄力，这种蓄力是长期以来西方的近代化大浪与中国的保守主义的碰撞所致。

三、于清廷而言

天津教案之前，中央枢臣乃至地方大员们都意识到了传教士带来的问题，但他们没有彻底摸透百姓的内心，也没有意识到解决传教士问题的紧迫性，所以也就没有有效地防止血腥教案的爆发。在1867年10月，上谕要求18名地方高官对修约中可能会产生的六个问题进行讨论时，传教士问题也只是排在六个问题之末，在中央枢臣的眼中，传教士问题似乎没有觐见问题、遣使问题、修筑铁路问题严重。

天津教案之后，清廷慌了手脚，紧急谕令大员妥善处理此案，而且前后共动用了四拨人处理此案（崇厚、曾国藩、丁日昌、李鸿章），这直接引发了京津、两江、湖广等地官场的大变动。从案件的处置原则来看，清廷对暴乱一方是"弹压士民"，对普通民众及法国方面是"顺舆情而维大局"，这种补救措施也没错，但是为时已晚，所谓"船到江心补漏迟"。

四、于法国方面而言

天津教案的发生，中、法双方都有责任。法方的根本责任是在中国推行"保教政策"，而直接责任人是法国领事丰大业。这个丰大业做了一系列愚蠢的行为，导致矛盾不断加剧，最终玩火自焚。尽管各种史料在天津教案的细节上有所不同，比如芮玛丽的《同治中兴》记载的是丰大业开枪将天津知县刘杰的随从打死，而《筹办夷务始末》和《清代通史》记载的均是丰大业对刘杰的家人开枪，而且刘杰的家人仅为受伤。尽管这些细节不同，但身为领事官员的丰大业在这个事件中表现出的狂妄和莽撞是毋庸置疑的。

五、于案件处理者而言

首先说崇厚。

崇厚在这个案件中表现得老奸巨猾，他意识到案件的严重性之后，就想金蝉脱壳，于是建议朝廷派曾国藩来处理。在推荐曾国藩之后，崇厚又马上向朝廷自请治罪，可见其较高的政治觉悟以及官场敏锐性，这种人说白了就是官场"老油条"。曾国藩病倒后，崇厚再次向朝廷建议，另选要员来津办理此案。崇厚推来推去的目的，是不想让自己亲自处理本案，从而规避直接责任。

其次说曾国藩。

曾国藩处理这个案件，再次体现了其高尚的品格、不谄媚的骨气。他的处置建议之中，天津地区除了最高官员崇厚之外，道台、知府、知县全部革职，这虽然是秉公处理案件，但是多了一份倔强，少了一份圆润。曾国藩把一些问题想得太简单了，最终被旁人陷害，也被舆论扣上了"卖国贼"的骂名。可怜曾文正公，在本次事件中当了替罪羊，一世清誉也毁于一旦。曾国藩在调任两江总督后，于次年3月12日在南京病逝，他的逝世对于清廷来说无疑是个重大损失，容闳如此评价："曾之逝世，国家不啻坏其栋梁。无论若何，无此损失巨也。"❶

第三说李鸿章。

李鸿章通过天津教案一事，顺利地当上了直隶总督，而随着崇厚作为谢罪专使前往法国，崇厚的"三口通商大臣"一职被撤，所有洋务、海防的事宜均归直隶总督经管。从此之后，李鸿章手握重权，官运可谓青云直上，他本人也成为撑持晚清数十年外交大局的重要人物。

其实，李鸿章至天津后，都是照着曾国藩的原议办理天津教案，最终的处理意见也与曾国藩之前的处理意见相差不大。李鸿章之所以能够顺利地平息天津教案，在于"天时""地利"与"人和"。

"天时"：在李鸿章赴津办理教案之时，法国政府正忙着与普鲁士打仗（普法战争），对教案无暇顾及，而英、美、俄等国也在密切关注普法战争，对中国的这个"小问题"不再关注，所以，"天津教案遂销沉于若有若无之间"。❷

"地利"：李鸿章曾经在上海一带当官，频频与洋人接触，而且见多识广。有着地利优势的李鸿章调至天津后，朝廷官员和天津民众都认为他比曾国藩更有韬略，这种先入为主的思想让李鸿章占了很大便宜。

"人和"：李鸿章的脑袋很聪明，他的聪明之处无须多说，用他自己的一句话足以概括，他曾说："与洋人交涉，不管什么只同他打痞子腔。"

---

❶ 容闳. 西学东渐记 [M]. 徐凤石，等译. 北京：生活·读书·新知三联书店，2011：82.

❷ 萧一山. 清代通史（第3册）[M]. 上海：华东师范大学出版社，2006：542.

第七节　觐见皇帝还用下跪

觐见问题，是指外国公使以何种礼节朝见中国天子的问题。

这个问题一直被洋人关注，也一直被中国惧怕。中国在惧怕什么？惧怕有损大天朝的威仪，因为觐见之事牵涉很多礼仪方面的问题。外国使节坚决不肯向中国皇帝行三跪九叩之礼，而清廷也对这个问题寸步不让，所以，这个问题从乾隆年间到同治帝亲政之前，一直没得到解决。

从乾隆年间开始，觐见问题经历了以下几个阶段：

第一阶段。1793 年 9 月 14 日，乾隆皇帝在热河行宫万树园接见了英国使节马戛尔尼及其随员。接见仪式上，双方出现了是否行跪拜礼的争执，但乾隆帝最终同意以他们在英国觐见英王的单腿跪地的方式相通融。此中一切活动，乾隆帝都是秉持着对待"贡使"的态度。

第二阶段。两次鸦片战争之后，毫无外交意识的清廷领略到洋人对于"进驻北京"及"觐见皇帝"这两个问题的居心叵测。1861 年 3 月 23 日，是英法公使约定好入驻北京的日子，随后的 25 日、26 日，英、法公使分别入驻北京。此时的咸丰帝还躲在热河行宫，他一直害怕的"夷人入京"的景象终归还是出现了。尽管英、法公使已经驻京，但清廷认为这只是个别现象，况且公使们根本没有机会面见天颜。

第三阶段。1861 年至 1869 年，德国、葡萄牙、比利时、丹麦、荷兰、西班牙、意大利、奥地利等清廷眼中的"小弱之邦"纷纷到中国迫订条约，这些小国均主张公使进驻北京，强迫中国实现外交近代化，而自从中国与意大利签订了《通商条约》后，清廷对外国公使驻京问题完全放开。随着驻京公使越来越多，这些公使的觐见问题迟早要提上议程。

清廷为了阻挡洋使觐见，搬出了一个借口——同治帝年幼，太后垂帘，太后因仪节问题不便召见外人。但是，该面对的问题终究无法逃避，同治帝虽然年幼，但距离亲政的日子已经越来越近，亲政之后必将再次引发公使觐见的问题。外国使节们对于觐见皇帝之事"唠唠再四"、不依不饶，海关总税务司赫德等"外国友人们"又在一旁婉言劝告，所以这个问题已经到了"箭在弦上，不得不发"的地步。

1868 年是《天津条约》的修约年限，在修约期限届满前，总理衙门趁此良机，针对修约的主要问题拟就了一份条说。条说中，附有将来中、英修约谈判时可能涉及的问题的提纲，其中第一项就是"议请觐"，可见总理衙门对于觐见问题的重视。

总理衙门对于觐见问题的态度如下：

自古两国修好，使臣入觐，载入史册，具有典章……我朝圣祖仁皇帝、高宗纯皇帝召见外国使臣，震慑天威，罔不詟慄。嘉庆年间，英使来朝，未克成礼而罢。咸丰十年，与各国换约，英、法皆请呈递国书，照会数次，竟以仪节未定，事不果行。今以皇上冲龄，两宫皇太后垂帘听政，因之停罢。彼即以阻其入觐，为不以客礼相待，时来饶舌，言多愤激。虽曾以如欲请觐，必须行跪拜礼为说，彼即坚称：并非属国，不能改从中华仪节。而终不肯谓觐可不行……今夷并未自进于中国，而必以中国之礼绳之，其势有所不能。若权其适中者而用之，未卜彼之能否听从，而本衙门亦不敢主持独创此议。第不许入觐，我实无词，究竟如何，惟希公同商酌。❶

总署官员的言语中，隐隐透露出一个大胆的想法，即外国使节觐见皇帝时可以不行"中华仪节"。换句话说，在觐见仪式上，洋使们的觐见礼可以变通地改为西礼觐见。但是，总署大臣们"不敢主持独创此议"，所以想把觐见问题的皮球踢给其他朝廷大臣，希冀群策群力、"公同商酌"。

为慎重起见，清廷将该条说中所载的6个问题拿给18位高级地方官员商议，❷并让18位官员将奏议复本于1868年12月10日前送抵北京。

不料，觐见问题引起了轩然大波！

支持西礼觐见的大臣有曾国藩、李鸿章、左宗棠、崇厚；反对西礼觐见的大臣有都兴阿、瑞麟、沈葆桢。除了明确支持和明确反对的大臣之外，还有一些态度暧昧不明的大臣和回避问题的大臣。

态度暧昧不明者如下：丁宝桢、郭柏荫（此二人居然还在主张推宕拖延），英桂、吴棠和马新贻（此三人言辞高度一致，也主张拖延时间），李瀚章、李福泰（此二人不但主张拖延时间，而且还将问题又抛回总理衙门）；直接回避问题者如下：蒋溢丰、刘坤一（此二人直接绕开了这个问题，没有具体的意见）。

另外，清廷收回的复本只有16份，曾国荃、刘长佑虽在18名官员名单中，但未见其复本。❸

这些官员均是地方的大官，而且大部分是思想先进或者操办洋务的官员，然而在觐见这个问题上却莫衷一是。觐见问题的大讨论，也能从侧面看出乱世年间的官员众生相：面对急需解决的问题，良心大臣并不多，能提出实质性建议的人更不多（认真思考后并提出实质建议的只有李鸿章），大多数官员的立场都暧昧不明，甚至毫无立场。

1869年，总理衙门与英国使节进行修约谈判时，对觐见问题也无新意，而同治帝此时尚未亲政，因此觐见问题又一次被搁置了下来。

转眼到了1872年10月，清宫中举行同治帝的大婚仪式，同治帝亲政的日子不远了。

1873年1月，直隶总督、北洋大臣李鸿章收到日本外务大臣副岛种臣的照会，照会中再次提及觐见问题。1873年2月24日（即同治皇帝亲政后的第二天），英、法、美、俄、德五国公使联衔向总理衙门递交照会，要求觐见清帝。3月5日，英、法、美、俄、德五国公使第二次联合照会总理衙门，再次提出觐见的请求。

无奈之下，3月11日，奕䜣等总署大臣在俄国公使馆与五国公使谈判，但两次谈判了都没有任何结果，因为总理衙门的大臣们仍旧抱有一丝希望，让五国公使在觐见时行跪拜礼。谈判桌上，一向儒雅的总理衙门大臣文祥竟然"掷碎茶杯"❹，足见双方争辩得何等厉害！对于这几次谈判，茅海建有如下评价："自鸦片战争以后的中外交涉中，从

❶ 中华书局编辑部，等整理.筹办夷务始末（同治朝）[M].北京：中华书局，2008：2124-2125.

❷ 18位地方官员，包括曾国藩、李鸿章、都兴阿、英桂、刘长佑、吴棠、瑞麟、李瀚章、崇厚、郭柏荫、刘坤一、李福泰、马新贻、丁宝桢、曾国荃、蒋益沣、左宗棠、沈葆桢。

❸ 中华书局编辑部，等整理.筹办夷务始末（同治朝）[M].北京：中华书局，2008：2153-2279.

❹ 徐珂.清稗类钞（第1册）[M].北京：中华书局，2010：461.

没有一次谈判像此次这般：如此的勇敢，如此的执著，如此的斤斤计较，如此的细密周到。"❶

面对中国官员的这种"倔强"之举，五国公使已经彻底失去耐心，再次联合向总理衙门递交照会，称："中华若仍以使臣必须下跪，则再为晤谈，似未免徒费日时矣。"❷

正在总理衙门为难之时，朝堂上刮起了一阵觐见问题的旋风。1873 年 4 月 15 日，翰林院编修吴大澂上奏，大谈政体、礼节、列祖列宗体制，极力否定西礼觐见；4 月 24 日，山东道监察御史吴鸿恩连上两折，搬出嘉庆帝绝洋人之朝贡、咸丰帝木兰秋狩时尚有亲递国书等事件，认为如果西礼觐见则后患无穷；1873 年 5 月 25 日，大理寺少卿王家璧上奏；1873 年 5 月 28 日，江南道御史王昕、浙江道御史边宝泉上奏……这些御史、言官们议论纷纷，均反对觐见不行跪拜礼。

此时，清廷发布了一道廷寄："倘该使坚执前说，应如何豫筹办理，期于朝廷体制，及中外大局，两无窒碍之处，著李鸿章妥议具奏。"❸ 当时的李鸿章是直隶总督，而且久办洋务，又成功处理了天津教案，所以清廷决定让颇具见识的李鸿章表个态。

李鸿章接旨后，于 1873 年 5 月 1 日复奏："现在十余国通商立约，分住京师与各省口岸，实为数千年一大变局……倘蒙皇上俯念各国习俗素殊，宽其小节，示以大度，而朝廷体制自在，天下后世亦无敢议其非者。"❹ 李鸿章能够看清当时的时势是"数千年一大变局"，实属不易，而且，当他建议朝廷不应在小节上计较，也就是让清廷同意洋使以西礼的方式觐见。

之后，总理衙门又与英、法、美、俄、德五国公使展开新一轮的谈判。此间，荷兰首任公使费果荪、日本大使副岛种臣分别于 5 月 5 日、5 月 8 日抵京，也一同要求觐见。由于费果荪、副岛种臣都同意中国与五国的谈判结果，因此被批准一同觐见。❺ 由此，觐见的外国使节，由一开始的英、法、美、俄、德五国公使，变成了日本大使和英、法、美、俄、荷五国公使，德国代理公使被拒绝入觐，但德国使馆的资深翻译璧斯玛被选为联合使团的翻译。

6 月 14 日，奕䜣才向同治帝上奏 1 折 4 片，当天，清廷发布上谕，允许西礼觐见："总理各国事务衙门奏，住京各国使臣，吁请觐见呈递国书一折。现在赍有国书之住京各国使臣，著准其觐见。"❻

1873 年 6 月 29 日，同治帝在西苑紫光阁升殿，西礼觐见的仪式正式举行。紫光阁是清朝皇帝接见藩属使节和蒙古王公之地，清廷选择此处作为洋使觐见的场所，足见此时的清廷仍旧做着天朝大国的迷梦。

---

❶ 茅海建. 近代的尺度：两次鸦片战争军事与外交 [M]. 北京：生活·读书·新知三联书店，2011：247.

❷ 中华书局编辑部，等整理. 筹办夷务始末（同治朝）[M]. 北京：中华书局，2008：3610.

❸ 中华书局编辑部，等整理. 筹办夷务始末（同治朝）[M]. 北京：中华书局，2008：3620.

❹ 中华书局编辑部，等整理. 筹办夷务始末（同治朝）[M]. 北京：中华书局，2008：3626.

❺ 日本公使副岛种臣来到中国，其实是有其他目的，参见本书第四章第一节"东南海疆的烽火"。

❻ 中华书局编辑部，等整理. 筹办夷务始末（同治朝）[M]. 北京：中华书局，2008：3642.

9 时，日本大使副岛种臣、俄国公使倭良嘎哩、美国公使镂斐迪、英国公使威妥玛、法国公使热福理、荷兰公使费果荪共同入觐，行五鞠躬礼。[1]

西方各国期待了多年的觐见终于得以实现。

对于西礼觐见事件，茅海建做了简短的结语："在当时的西方今天的世界视为外交惯例的公使驻京与西礼觐见上，清朝进行了殊死的抵抗。'天朝'的观念使之与近代国家利益相格相反，传统的礼教又阻其与国际社会的接轨。"[2]从现代人的观念而言，当时的外国使臣觐见清朝皇帝，清廷似乎没有必要在"是否行跪拜礼"这种"细枝末节"上较真，但是，置身于晚清的背景之下，这种争论是无法避免的，因为在当时中国人的眼里，无论是中国臣民，还是外藩使节，觐见皇帝是必须要跪拜的，这是千百年以来形成的礼仪制度，倘若不行跪拜礼，反倒成了"礼崩乐坏"之举。

所以，从这个角度而言，当时朝野上下议论的其实根本不是什么面见皇帝是否下跪的问题，而是千百年来封建制度中一项仪礼的变更问题，这也正是李鸿章所说的中国正面临着"数千年一大变局"的问题。

第八节　一波三折的恭亲王

1861 年 11 月，清廷发生了辛酉政变，恭亲王奕䜣与慈禧、慈安两宫太后联手，扳倒了肃顺等八位顾命大臣，夺得朝政大权。权力过渡之后，奕䜣和两宫太后共掌朝政，清廷出现了"亲王议政，太后垂帘"的政治局面。

在政变后的短期内，两宫皇太后与恭亲王奕䜣之间的关系还是比较和谐的。然而好景不长，他们之间的矛盾随着时间的推移而不断加剧。

吴相湘在《晚清宫廷实纪》一书中对奕䜣的性格有如下评价："恭王性质开明，临事敏决，能力之富强，当时廷臣中，实罕其比。惟自幼学养不固，举趾高徒，是为美中不足。"[3]多年来，奕䜣的这些"美中不足"的行为，让慈禧太后感到非常不爽。

诸多史料都绘声绘色地记载了慈禧与奕䜣之间的一些矛盾：

比如，有一次奕䜣与慈禧争吵，慈禧责备奕䜣无礼："你事事与我为难，我革你的职！"奕䜣毫不示弱，居然顶撞道："臣是先皇第六子，太后能革我的职，却不能革我皇子的身份！"[4]

再如，奕䜣每次入宫议政，太监给两宫太后献茶时，两宫太后也会让太监给奕䜣献茶，有一天，奕䜣被召见很久，慈禧却忘了叫太监给奕䜣献茶，奕䜣口渴，居然忘了尊

❶ 郭廷以 . 近代中国史事日志（上册）[M]. 北京：中华书局，1987：576.

❷ 茅海建 . 近代的尺度：两次鸦片战争军事与外交 [M]. 北京：生活·读书·新知三联书店，2011：251.

❸ 吴相湘 . 晚清宫廷实纪 [M]. 北京：中国大百科全书出版社，2016：76.

❹ 萧一山 . 清代通史（第 3 册）[M]. 上海：华东师范大学出版社，2006：716.

卑，举起皇帝的茶杯就要喝，举杯之后，奕䜣忽然意识到这是皇帝专用的茶杯，所以又将茶杯放回原位。❶

奕䜣的这些行为，在慈禧太后眼里，是目无君上、藐视太后之举。按理来说，他们共同经历了辛酉政变，可谓"同生死，共患难"，不可能因为这些小事就有那么大的矛盾。其实，矛盾的根源，无非在于一个"权"字。

辛酉政变之后，慈禧太后政治经验大涨，也越来越恋权，而奕䜣贵为亲王，又作为辛酉政变的"功臣"，被尊封为议政王、首席军机大臣、总理衙门大臣、内务府总管大臣，身兼数职、权倾朝野。这些荣誉虽然是政变成功后奕䜣应得的"奖赏"，但在慈禧眼里，这不免有点"功高盖主"。

不仅如此，从1861年之后，奕䜣的权力进一步扩大，表现在三个方面：第一，1864年6月，湘军攻占天京，太平天国覆灭，奕䜣以主持"剿发逆"的军政大事而居首功，赏加三级军功。第二，奕䜣在中央积极推进洋务运动，而且对国际形势有认识，对洋务有见解，地方的一些汉族官僚也对奕䜣感恩戴德。第三，奕䜣主持外交事务，与洋人交往甚密，然而慈禧认为奕䜣是在独揽外交大权，挟洋人自重。

奕䜣手中权力的不断膨胀，这让恋权的慈禧逐渐感到了芒刺在背般的不安，开始对奕䜣怀恨在心，伺机惩戒。

同治帝在位期间，恭亲王奕䜣一共遭到清廷的三次压制（分别由"蔡寿祺弹劾风波""安德海伏诛"和"重修圆明园之争"三个事件引发），其仕途可谓一波三折。

一、蔡寿祺弹劾风波

1865年3月30日，奕䜣入宫后，慈禧突然拿出一份奏折对奕䜣说："有人弹劾你！"此时，奕䜣本应立即跪下，并且虚心听候弹劾的奏折。不料，奕䜣的第一反应不是跪下听奏折，而是反问慈禧："谁上的奏折？"这个反应让慈禧很不满，说："蔡寿祺！"奕䜣竟脱口而出："蔡寿祺不是好人！"奕䜣说完这句话后，甚至还想把蔡寿祺逮来问话。慈禧见到奕䜣如此不可一世，简直气坏了。❷

蔡寿祺何许人也？此人是清廷的起居注官，是个典型的投机分子，他通过太监安德海的言谈，敏锐地嗅到了慈禧与奕䜣之间的矛盾，所以望风希旨，想巴结和讨好慈禧太后。蔡寿祺于1865年3月21日上奏，以"请振纪纲以尊朝廷"为名，指责曾国藩的湘军虚报战功，也指责奕䜣误用汉族官僚。3月30日，蔡寿祺又上奏一封直接弹劾恭亲王奕䜣的折子，这封奏折中，蔡寿祺罗列了奕䜣的四大罪名——"贪墨、骄盈、揽权、徇私"，并且要求奕䜣"归政朝廷，退居藩邸，请别择懿亲议政，多任老成"。❸

慈禧收到蔡寿祺的这封弹劾奏折后非常高兴，她认为翦除恭亲王势力的时机终于到了！

❶ 王闿运.祺祥故事[M]//丛书集成续编（第25册）.上海：上海书店，1995：832.又萧一山.清代通史（第3册）[M].上海：华东师范大学出版社，2006：511.

❷ 王闿运.祺祥故事[M]//丛书集成续编（第25册）.上海：上海书店，1995：832.

❸ 吴相湘.晚清宫廷实纪[M].北京：中国大百科全书出版社，2016：79.

1865 年 4 月 1 日，慈禧避开军机处，直接召见内阁大学士周祖培、倭仁、瑞常，户部尚书朱凤标、户部侍郎吴廷栋、刑部侍郎王发桂等人，并且还把蔡寿祺叫到内阁，让蔡寿祺复奏。❶慈禧想博取舆论的力量，将奕䜣治罪。可是，倭仁、周祖培这些官场老油条根本不想蹚这趟浑水，这些内阁的官员在最后的处理意见中采取了模棱两可、和稀泥的说法："阅原折内贪墨、骄盈、揽权、徇私各款，虽不能指出实据，恐未必尽出无因……臣等伏思黜陟大权操之自上，应如何将恭亲王裁减事权，以示保全懿亲之处。"❷这份处理意见不但不符合慈禧的胃口，还将问题原原本本地抛回给了慈禧，慈禧估计被这些官员气得脸都绿了。

4 月 2 日，忍无可忍的慈禧直接下了杀手锏，拿出一份以同治帝的名义亲拟的朱谕，命令"恭亲王毋庸在军机处议政，并撤一切差使"❸。同时，慈禧要求这篇谕旨不经军机处，由内阁直接昭示天下。这篇革去恭王职位的朱谕如下：

朕奉两宫皇太后懿旨：本月初五日据蔡寿祺奏，恭亲王办事徇情、贪墨、骄盈、揽权，多招物议，种种情形等弊。嗣（似）此重情，何以能办公事？查办虽无实据，是（事）出有因，究属暧昧知（之）事，难以悬揣。恭亲王从议政以来，妄自尊大，诸多狂敖（傲），以（倚）仗爵高权重，目无君上，看（视）朕冲龄，诸多挟致（制），往往谞（暗）始（使）离间，不可细问。每日召见，趾高气扬，言语之间，许多取巧，满口胡谈乱道，嗣（似）此情形，以后何以能办国事？若不即（及）早宣示，朕归（亲）政之时，何以能用人行正（政）？嗣（似）此重大情形，姑免深究，方知朕宽大之恩。恭亲王著毋庸在军机处议政，革去一切差使，不准干预公事，方是（示）朕保全之至意。特谕。❹

这篇谕旨在近代史上非常有名。首先，慈禧为了达到罢黜奕䜣的目的，亲自草拟谕旨，不料谕旨之中错字连篇，不但暴露了她较低的文化水平，更让她洋相百出；其次，透过谕旨的词句，可以感受到慈禧咬牙切齿般的愤怒，这种愤怒显然失去了理智；第三，这篇谕旨深刻体现了政治斗争的可怕性，因为慈禧让内阁直接发布上谕，绕开了军机处，也巧妙地绕开了军机处里奕䜣的党羽。

当时距离辛酉政变的结束，仅仅三年半！权倾朝野的枢臣在一夜之间被革尽所有职衔，可悲可叹！

慈禧将奕䜣革职的谕旨发布后，霎时间，满朝文武、王公大臣都来为奕䜣求情。

惇亲王奕誴是近支亲王中年纪最长者，他上奏道："恭亲王自议政以来，办理事物未闻有昭著劣迹，惟召对时语言词气之间诸多不检……请皇太后、皇上恩施格外。"

醇郡王奕譞也上奏："恭亲王渥荷深恩，事烦任重，其勉图报效之心为臣民所共见，

❶ 陈义杰.翁同龢日记（第 1 册）[M].北京：中华书局，2006：378.

❷ 吴相湘.晚清宫廷实纪 [M].北京：中国大百科全书出版社，2016：80.

❸ 清穆宗实录（第 5 册）[M].台北：华文书局股份有限公司，1970：3282.

❹ 此篇朱谕的原稿错字连篇，括号之外为慈禧写的错字，括号内为正确之字，谕旨内容经过笔者比对及整理。参考了陈义杰.翁同龢日记（第 1 册）[M].北京：中华书局，2006：379；吴相湘.晚清宫廷实纪 [M].北京：中国大百科全书出版社，2016：81；萧一山.清代通史（第 3 册）[M].上海：华东师范大学出版社，2006：509-510；隋丽娟.说慈禧 [M].北京：中华书局，2007：69.

至其往往有失于检点之处，乃小节之亏，似非敢有心骄傲……仰恳皇太后、皇上逾格恩施，宽其既往，将恭亲王面加申饬，令其改过自新，以观后效。"❶

最终，连内阁学士殷兆镛与左都御史潘祖荫也来求情："恭亲王辅政以来，功过久蒙睿照，重臣进退，关系安危。尚祈持平用中，熟思审处，察其悔过，予以转圜。庶无紊黜陟大纲，滋天下后世之惑。"❷

这些王公大臣名为求情，实为反对。奏折纷纷上呈，慈禧有些乱了方寸。1865年5月8日，慈禧召见恭亲王时，奕䜣"痛苦引咎"❸，此时的奕䜣已经尝到了太后的厉害，再也不敢放肆。慈禧面对舆论的压力，也不敢把事做得太绝，所以当面训斥奕䜣之后，又找了个台阶给自己下，颁布了一道上谕，让奕䜣重回军机处，上谕称："恭亲王为亲信重臣，才堪佐理……恭亲王著仍在军机大臣上行走，无庸复议政名目，以示裁抑。"❹

奕䜣遭罢一个多月，最终重回军机。这场政治风波虽然平息，但是奕䜣失去了"议政王"的头衔，权力大削。吴相湘对于此事的评价一针见血："（奕䜣）自取之严谴，然亦太后集权之手段也。"❺

二、安德海伏诛

安德海是慈禧身边的一个太监，此人善于察言观色，颇得慈禧宠信。多年以来，狐假虎威的安德海在宫中骄纵狂妄，甚至连同治帝都不放在眼里。

按照祖制，太监不可出宫门，擅出宫禁的太监要斩首。1869年，胆大妄为的安德海居然想出宫游玩，他以"下江南帮同治帝置办婚礼所用龙袍"的借口，获得了慈禧的允准，并带领一班随从出了京城。一路上，安德海大摇大摆，"骚扰逼勒，侵官扰民，有司不能禁"❻。

安德海途径山东德州时，被山东巡抚丁宝桢发现。丁宝桢是一名刚正不阿的官员，而且对安德海的骄横之势非常鄙夷，想将安德海就地诛杀。于是，丁宝桢派东昌府的知府程绳武去捉拿安德海，可是这个程绳武畏首畏尾，尾随安德海三天，却不敢将其捉拿。丁宝桢见状，又派总兵王正起发兵追拿，最终，安德海在泰安被捕。此时的安德海还不知道自己已经大难临头，被捕后仍在叫嚷："我奉皇太后命，赴苏州采办龙袍，汝等自速戾耳。"❼

安德海归案后，丁宝桢向奕䜣发了一道密折，请求奕䜣做出具体的指示。奕䜣接到密折后，找到慈安太后商议此事。慈安太后为人宽厚，没有什么主见，所以又召军机大臣和内阁大臣一起议论此事。军机大臣、内阁大臣商议后，均认为安德海擅自出京，罪

❶ 陈义杰. 翁同龢日记（第1册）[M]. 北京：中华书局，2006：385.

❷ 赵尔巽. 清史稿·殷兆镛传（第10册）[M] 天津：天津古籍出版社，2012：3940.

❸ 赵尔巽. 清史稿·奕䜣传（第6册）[M] 天津：天津古籍出版社，2012：2369.

❹ 陈义杰. 翁同龢日记（第1册）[M]. 北京：中华书局，2006：390-391.

❺ 吴相湘. 晚清宫廷实纪 [M]. 北京：中国大百科全书出版社，2016：88.

❻ 许指严. 十叶野闻 [M]. 北京：中华书局，2007：32.

❼ 萧一山. 清代通史（第3册）[M]. 上海：华东师范大学出版社，2006：516.

当论斩，所以慈安太后于 1869 年 9 月 9 日以幼帝名义传谕，令丁宝桢诛杀安德海："该太监擅自远出，并有种种不法情事，若不从严惩办，何以肃宫禁而儆效尤……丁宝桢迅速派委干员，将六品蓝翎安姓太监严密查拿，令随从人等指证确实，毋庸审讯，即行就地正法，不准任其狡饰。"❶ 丁宝桢接到军机处的密谕后，于 9 月 12 日将安德海就地正法于济南。"得海（德海）既诛，天下交口称颂"❷，丁宝桢也因此事名垂青史，《清史稿》评价他"严刚有威，诛安德海事尤著人口"❸。

安德海被斩的经过，慈禧完全不知！事后，慈禧极其愤怒，并对慈安怀恨在心。《十叶野闻》记载："慈禧恼羞成怒，竟提出质问以向慈安，以为不与己商，未免轻视，大有悻悻之态。"忠厚的慈安被慈禧质问后，"惊惧不胜"，向慈禧说出此事是恭亲王奕䜣在幕后主持。❹ 于是，慈禧严厉谴责了奕䜣，奕䜣和慈禧之间的关系变得更加紧张了。

三、重修圆明园之争

第二次鸦片战争中，圆明园被英、法联军付之一炬，这是中国的奇耻大辱。

1873 年 11 月 19 日，刚亲政不久的同治帝想要大展拳脚，竟然发布一道重修圆明园的上谕。谕旨写道：

> 因念及圆明园本为列祖列宗临幸驻跸听政之地，自御极以来，未奉两宫皇太后在园居住，于心实有未安……朕再四思维，惟有将安佑宫供奉列圣圣容之所及两宫皇太后所居之殿，并朕驻跸听政之处，择要兴修，其余游观之所概不修复。

另外，为了筹措修建经费，同治帝还让王公大臣、京外大小官员"量力报效捐修"。❺

同治帝为何突然要重修圆明园？有两点原因。

首先，当时同治帝已经亲政，而两宫太后已经撤帘还政，准备颐养天年。慈禧太后经常想起昔日与咸丰帝在圆明园中的景象，感伤无限，而且此时捻军起义已经剿灭，"天下复颂承平"，加之宫廷奢靡之风渐起，所以慈禧力求铺张，务极奢华，"日为行乐地计划"❻，准备重修圆明园。

其次，顽劣的同治帝与他的生母慈禧太后之间的关系并不好。通过同治帝的谕旨可知，同治帝重修圆明园的目的表面上是孝顺两宫太后，其实是为了把慈禧太后远远地支开，减少慈禧对他的管束，"以便耽乐之私"❼。

重修计划提上议程后，慈禧太后颇为高兴，亲自看取图样，重修的殿宇不下 3000 余间。之后，同治帝频繁出现于圆明园，借视察工程之名到处微服私行、花天酒地、夜

❶ 萧一山 . 清代通史（第 3 册）[M]. 上海：华东师范大学出版社，2006：516.

❷ 萧一山 . 清代通史（第 3 册）[M]. 上海：华东师范大学出版社，2006：517.

❸ 赵尔巽 . 清史稿·丁宝桢传（第 10 册）[M] 天津：天津古籍出版社，2012：4095.

❹ 许指严 . 十叶野闻 [M]. 北京：中华书局，2007：34.

❺ 吴相湘 . 晚清宫廷实纪 [M]. 北京：中国大百科全书出版社，2016：164.

❻ 许指严 . 十叶野闻 [M]. 北京：中华书局，2007：25.

❼ 许指严 . 十叶野闻 [M]. 北京：中华书局，2007：26.

不归宿，既懈怠了朝政，也荒废了学业。此间，御史沈淮、游百川，翰林侍讲李文田都曾上疏请求停修圆明园，连同治帝的师傅李鸿藻都上疏劝同治帝不可荒废学业，可是同治帝对这些忠谏充耳不闻，甚至还降旨大骂御史游百川，说游百川"阻朕尽孝之心，该御史天良安在"❶？

当时的中国饱受内忧外患之苦，根本没有人力、物力、财力来重修圆明园，而且身为一国之君的同治帝居然疏懈政务，无心朝政。1874年8月27日，恭亲王等10人（3位亲王郡王、3位御前大臣、3位军机大臣、1位帝师）联衔上奏《敬陈先烈请皇上及时定志用济艰危折》，请求皇帝停修圆明园。奏折中具体说了八件事：停园工、戒微行、远宦寺、绝小人、警晏朝、开言路、惩夷患、去玩好。❷这八件事之中，每一件都戳中了同治帝的顽劣之处，尤其是"戒微行"之事，暗中指出了同治帝微服私行、花天酒地的劣迹。

奕䜣等大臣准备将此折直接面奏，8月29日，同治帝召见了奕䜣等大臣。然而，顽劣不堪的同治帝才看了奏折的几行字，就不耐烦地说："我停工如何！尔等尚有何哓舌？"（我停工还不行吗？看你们还有什么说的）奕䜣回答："臣某所奏尚多，不止停工一条，容臣宣诵。"于是，奕䜣拿出奏折读诵。同治帝见状，大怒道："此位让尔如何？"（我把我的皇位让给你如何？）此言一出，吓得军机大臣文祥当场"伏地一恸，喘息几绝"，醇郡王奕譞也吓得边哭边上谏。可是，桀骜不驯的同治帝仍坚持重修圆明园，不愿停工。

1874年9月10日，恼怒的同治帝颁布上谕，竟然革去奕䜣世袭罔替的亲王职位：

朕自去岁正月二十六亲政以来，每逢召对恭亲王时，言语之间诸多失仪，著加恩改为革去亲王世袭罔替，降为郡王，仍在军机大臣上行走。

9月11日，同治再降谕旨，革去恭王奕䜣，醇王奕譞，御前大臣伯彦讷谟祜、景寿、奕劻，军机大臣文祥、宝鋆、沈桂芬、李鸿藻等十人官职，指责他们"朋比谋为不轨"。❸

这个顽主竟然要同时革去十几个枢臣的职位！

事情闹大了，如果真的开去这十几位枢臣的职位，朝政岂不乱套。慈禧与慈安得知这个消息后大吃一惊，急赴弘德殿，一边垂泣，一边安慰奕䜣："十年已来，无恭邸何以有今日？皇上少未更事，昨谕著即撤销。"❹同治帝眼见母后动怒，不得不赏还奕䜣的爵位，并且停修圆明园。

不久后，同治帝便患上重疾，于1875年1月12日驾崩，重修圆明园一事也就再也没有下文。

可怜的恭亲王，在同治帝在位期间竟然三次遭到清廷的打压，分别是1865年的"蔡寿祺弹劾风波"、1869年的"安德海被斩事件"和1874年的"圆明园重修之争"。这三件事件，除了重修圆明园之争是小皇帝胡闹之外，前两件事件都是政治斗争的结果。

政治斗争的核心是政权。同治年间，由于同治帝年幼，这种内廷的政治斗争又集中

❶ 吴相湘. 晚清宫廷实纪 [M]. 北京：中国大百科全书出版社，2016: 166.

❷ 郭廷以. 近代中国史事日志（上册）[M]. 北京：中华书局，1987: 590.

❸ 吴相湘. 晚清宫廷实纪 [M]. 北京：中国大百科全书出版社，2016: 179-180.

❹ 黄濬. 花随人圣庵摭忆（下册）[M]. 北京：中华书局，2013: 746-747.

体现为太后和议政王的矛盾和冲突。若论矛盾的根源，还是出在"亲王议政，太后垂帘"这八个字，这种政治制度的设计导致了"皇权二元化"，从一开始就埋下了巨大的隐患，表面上祥光瑞霭，实际却杀机连连。

奕䜣经历了这三次打压事件后，早已没有了当年的锐气，变得暮气沉沉，然而噩梦并未结束，1884 年的"甲申易枢"政变，才真正让奕䜣跌入人生谷底，从此一蹶不振。❶这是权力面前"一山不容二虎"的铁律，也是权力分配不匀而必然导致的"鸟尽弓藏、兔死狗烹"。

奕䜣遭到打压还有一个重要原因，就是他太能干！"越是精明能干的人越是命苦"，这句话说得一点也没错，因为一个人如果越是厉害，旁边的人就越是嫉妒，甚至是仇恨。他们所做的不是膜拜你，而是在算计怎样把你扳倒！

另外，在咸丰、同治两朝，有三个谕旨值得注意：

1850 年，咸丰帝发布上谕，将前朝的首席军机大臣穆彰阿革职，永不叙用，罪名是"保位贪荣，妨贤病国；小忠小信，伪学伪才；倾排异己；固宠窃权"❷。这是当时的权臣肃顺在倾轧异己，最终，肃顺击败了穆彰阿。

十一年后的 1861 年，咸丰帝驾崩后，肃顺集团随即在辛酉政变中倒台，奕䜣等人草拟的谕旨中，对肃顺所列的罪状是"哓哓置辩，已无人臣之礼；跋扈不臣；咆哮狂肆，目无君上；目无法纪；悖逆狂谬"❸。这是当时的权臣奕䜣在铲除政敌，最终，奕䜣扳倒了肃顺。

三年半后的 1865 年，奕䜣第一次遭到罢黜时，慈禧下达的谕旨中对奕䜣所列的罪状是"妄自尊大，诸多狂傲，倚仗爵高权重，目无君上，视朕冲龄，诸多挟制，往往暗使离间，不可细问，每日召见，趾高气扬，言语之间许多取巧妄陈"❹。这是当时清廷的最高统治者慈禧太后在打压仇家，最终，慈禧惩戒了奕䜣。

穆彰阿、肃顺、奕䜣三人的失势，印证了"君以此始，必以此终"的官场道理。值得玩味的是，这三人的罪名惊人的相似，这又是"欲加之罪，何患无辞"的政斗规律！

当时的清王朝面临的是内忧外患的局面，然而内廷之中却如此内耗连连，如此险象迭生，足见政治斗争的死循环，也足见窝里斗的卑劣性！

第九节　问题少年

1861 年，咸丰帝驾崩，6 岁的载淳作为咸丰帝唯一的皇子，顺理成章地继承了皇位，成为了大清国定都北京后的第八位皇帝——同治帝。

然而，这个小皇帝非常顽劣，在亲政之后更是唯我独尊、桀骜不驯，这不但让两宫太后和王公大臣头疼不已，也是国家的灾难。

❶ 参见本书第五章第四节"甲申易枢"。

❷ 赵尔巽 . 清史稿·穆彰阿传（第 9 册）[M] 天津 : 天津古籍出版社 , 2012: 3535.

❸ 故宫博物院明清档案部 . 清代档案史料丛编（第 1 辑）[M]. 北京 : 中华书局 , 1978: 113–114.

❹ 陈义杰 . 翁同龢日记（第 1 册）[M]. 北京 : 中华书局 , 2006: 379.

同治帝为何顽劣？是其天性如此，还是与其后天的成长经历有关？回答这个问题之前，不妨先看看同治帝的教育、婚姻及私生活等方面的问题。

首先说同治帝的教育问题。

同治帝登基时，仅有 5 岁零 7 个月。慈禧太后对于年幼的同治帝寄予很高的期望，也很想把同治帝培养为大清王朝的一代圣主。同治元年（1862 年），慈禧就开始为同治帝寻找名师。经过精心的挑选，由李鸿藻、祁寯藻、翁心存、倭仁四位鸿儒担任帝师。

可惜，小皇帝对于读书并不感兴趣，也不好学，读书写字时经常不在状态。同治帝的四名老师之一是体仁阁大学士翁心存，此人死后，由其儿子翁同龢继续做帝师。根据翁同龢的日记记载，到了同治十年（1871 年），同治帝仍然是学无所成，"讲摺、读古文皆不佳，嬉笑意气皆全"，"神思不属，每讲论如未闻，故进益更少"。❶

同治帝越是学无所成，慈禧太后就越是严加管束，所以，同治帝和生母慈禧太后的关系很差，反而和慈安太后的关系很好。只能说，慈禧的出发点是好的，但希冀太高，做法太过，不注重循序渐进的教育方式，揠苗助长，最终事倍功半。隋丽娟认为："对于孩童来说，他（同治帝）一身兼有皇帝、学生、儿子三个角色，每个角色都要做好，每个角色都不能偏废，对于一个正处于成长和发育中的幼童来说，无疑是缺少人性而且是相当残忍的。"❷

其次说同治帝的婚姻和私生活。

同治帝一天天地长大，面对生母慈禧太后的督促训导，并没有振作起来好好读书，而是变得更加叛逆。青春期的懵懂，伴随着不想读书的叛逆，同治帝的私生活开始变得放荡不羁，甚至到宫外去寻找冒险和刺激，在纵情声色中寻找生活的乐趣，犹如脱缰野马，并且由此一发不可收拾。慈禧太后精心为同治帝挑选的两个"陪读"（恭亲王奕䜣的儿子载澂、翰林院侍读王庆祺），最终成为了小皇帝的"陪玩"。

关于同治帝微服私行、沉湎酒色、招妓取乐之事，野史、笔记的记载不计其数：

《十叶野闻》记载：同治帝与贝勒载澂（即恭亲王之子）尤善，二人皆好著黑衣，倡（娼）寮、酒馆暨摊肆之有女子者，遍游之。❸

《慈禧外纪》记载：当时都中皆知帝常与彼辈同游于南城邪僻之区，宫中规律，亦遂紊乱。盖帝常夜饮于外，至翌晨召见军机时，犹未归也。或醉中言语失次，杂以南城猥贱之事。❹

《慈禧传信录》记载：（太监）杜之锡，状若少女，帝幸之。（杜）之锡有姊，固金鱼池倡（娼）也，更引帝与之狎。由是溺于色，渐致忘反（返），两后弗知也。❺

《清代通史》记载：太监在东华门内开设烟馆，藏垢纳污，导引男女，供帝取乐，甚至小偷亦溷迹其间，门禁之不严，可想见矣。❻

❶ 陈义杰. 翁同龢日记（第 2 册）[M]. 北京：中华书局，2006：844，880.

❷ 隋丽娟. 说慈禧 [M]. 北京：中华书局，2007：87.

❸ 许指严. 十叶野闻 [M]. 北京：中华书局，2007：27.

❹ [英] 濮兰德，白克好司. 慈禧外纪 [M]. 陈冷汰，译. 北京：故宫出版社，2010：77.

❺ 费行简. 慈禧传信录 [M]. 台北：广文书局，1980：86.

❻ 萧一山. 清代通史（第 3 册）[M]. 上海：华东师范大学出版社，2006：521.

《清朝野史大观》记载：日者有一内监，见帝与王（侍读王庆祺）狎坐一榻，共低头阅一小册。太监伪为进茶者，逼视之，则秘戏图，即丰润（直隶县名，以绘春宫图名闻全国）所售之工细者。两人阅之，津津有味，旁有人亦不觉。❶

《晚清宫廷实纪》记载：（同治帝）惟嬉戏游宴是务，甚至耽溺男宠，日渐裸瘠。❷

《中华帝国对外关系史》记载：对于他自己宫廷的欢娱还不满足的同治皇帝，曾同一伙挑选出来的年轻满洲贵族，养成了一个浪迹北京的冶游习惯；而在这些宵游夜宴之中，他于一八七四年十二月中染上了天花。❸

同治帝私生活放纵的这些传闻，自然很少见于正史的记载，但这些传闻在野史笔记中比比皆是，数不胜数，这似乎不是空穴来风。这些事情是否属实，读者自己判断。

按理来说，同治帝 14 岁时（1869 年），慈安、慈禧就应该撤帘，让同治亲政，然而慈禧恋权，迟迟不肯撤帘，而且还找了一个冠冕堂皇的理由："皇帝学业不成。"到了1872 年，同治帝已经 17 岁，慈禧再也找不到任何理由来垂帘听政。

在同治帝亲政前，慈禧决定在 1872 年的农历二月初二为皇帝挑选皇后。说到即将册立的皇后，其实选谁来坐这个位置并不是问题的关键，问题的关键在于两宫太后的分歧由此产生：慈禧看中了刑部江西司员外凤秀的女儿富察氏，而慈安看中了蒙古状元崇绮的女儿阿鲁特氏。

最终，同治帝看中的是崇绮的女儿阿鲁特氏，此女"年稍稚于凤女（凤秀的女儿富察氏），貌亦较逊，而雍容端雅，望而知为有德量者"❹。既然同治帝的心目中已经有了最佳人员，所以两宫太后于 1872 年 3 月 11 日发布懿旨，立翰林院侍讲崇绮的女儿阿鲁特氏为皇后，员外郎凤秀的女儿富察氏为慧妃。同治十一年九月十五日（1872 年 10 月 16日），同治帝与皇后阿鲁特氏举行了大婚。❺

对于册立同治帝的皇后一事，慈禧憋了一肚子气，因为她看中的姑娘竟然没成为皇后，这让争强好胜的她相当不爽。然而，慈禧心中的不爽还有更深层次的原因，也就是慈禧害怕将来自己会失去手中的大权。试想，慈安太后选中的皇后阿鲁特氏成为皇后，有朝一日同治帝驾崩后，他的子嗣将继承大统，那么阿鲁特氏将成为皇太后，慈禧将变成"太皇太后"，到那个时候，慈禧可就孤立无援，离权力中心就越来越远了。

事已至此，怀恨在心的慈禧开始肆无忌惮地破坏同治帝与皇后之间的感情。《崇陵传信录》记载："侍郎崇绮之女，明慧得帝心，而不见悦于姑，慈禧太后待之苛虐。"❻《我的前半生》《清稗类钞》等书中也有如下记载：同治帝病重时，皇后阿鲁特氏去养心殿探视，慈禧知道此事后怒不可遏，竟然闯入暖阁，拽着皇后的头发"痛抶之"，还叫来太监准备

❶ 小横香室主人. 清朝野史大观（上册）[M]. 上海：上海科学技术文献出版社, 2010: 76.

❷ 吴相湘. 晚清宫廷实纪 [M]. 北京：中国大百科全书出版社, 2016: 184.

❸ [美] 马士. 中华帝国对外关系史（第 2 卷）[M]. 张汇文, 等译. 上海：上海书店出版社, 2006: 294-295.

❹ 许指严. 十叶野闻 [M]. 北京：中华书局, 2007: 122.

❺ 郭廷以. 近代中国史事日志（上册）[M]. 北京：中华书局, 1987: 561-568.

❻ 恽毓鼎. 崇陵传信录 [M]. 北京：中华书局, 2007: 51.

大杖伺候。❶身为母亲，身为太后，慈禧对自己的儿媳妇居然如此残忍！在这样的情况下，同治帝对慈禧太后心生不满，变得更加叛逆，开始"跳荡游冶，微服夜行，狎妓饮酒"。

总之，从同治帝的教育、婚姻及私生活而言，他明显是一个"问题少年"，这也直接导致他亲政之后成了一个失败的皇帝。

同治皇帝一生的失败之处有三：顽劣、无嗣、早丧。对于这三个失败之处，身为同治帝母亲、身为大清国"圣母皇太后"的慈禧太后难辞其咎！

"可怜天下父母心"，这句话人人皆知，也是一句至理名言，但很少有人知道，这句话其实出自慈禧所作的一首诗。该诗全文为：

> 世间爹妈情最真，
> 泪血溶入儿女身。
> 殚竭心力终为子，
> 可怜天下父母心。

这首诗是慈禧为其母富察氏所作，虽然她知道当母亲不容易，但她作为一位母亲是极其失败的。正如萧一山在《清代通史》一书中所述，同治帝"天性浑厚，爱后薄妃，似非轻佻之主"，然而同治帝长大后之所以变为顽劣之君，主要是因为"宫廷教育太差，慈禧又限制其婚姻生活，故不免流于反动，一切皆出常轨"❷。

第十节　天花还是梅毒

1873 年 2 月 23 日，18 岁的同治帝在太和殿举行了亲政大典，大清王朝的第十代皇帝终于开始了他的亲政生涯。

同治帝亲政后，做了两件大事：

第一件事，是同治帝于 1873 年 6 月 29 日接见五国公使。❸其实这件事一直是总理衙门在应对，同治帝基本没操什么心。

第二件事，是同治帝真正亲自去做的一个惊天举动——重修圆明园。❹

同治帝做了这两件事之后，没多久就病倒了。

1874 年 11 月 28 日（同治十三年十月二十一日），同治帝驾幸西苑时受凉，身体有些不适。12 月 8 日（十月三十日），同治帝病情突然加重，"圣体发疹"❺，还伴随着发烧、四肢无力等症状。御医诊脉后，确诊为天花："脉按言：天花三日，脉沉细，口渴腰疼，懊侬，四日不得大便，项颈稠密，色紫滞干艳。"❻慈禧大惊，马上开始"供娘娘，递如意"，祈求祖先和神灵保佑。

❶ 徐珂.清稗类钞（第 1 册）[M].北京：中华书局，2010：370.

❷ 萧一山.清代通史（第 3 册）[M].上海：华东师范大学出版社，2006：524-525.

❸ 参见本章第七节"觐见皇帝还用下跪？"。

❹ 参见本章第八节"一波三折的恭亲王"。

❺ 陈义杰.翁同龢日记（第 2 册）[M].北京：中华书局，2006：1073.

❻ 陈义杰.翁同龢日记（第 2 册）[M].北京：中华书局，2006：1074.

从 12 月 11 日开始，同治帝的病情好转，"脉案言：大便已通，胃口渐开，诸症皆减"。18 日，同治帝"脉气更好"，还发布了一道上谕："朕于本月遇有天花之喜，经惇亲王等合词吁恳静心调摄……朕心实深感幸。"[1] 这道谕旨中，同治帝还请求两宫太后代为批览内外各衙门呈奏的奏折。

可是，从 12 月 28 日开始，同治帝病情突然恶化，并且身体开始出现毒疮，"腰间肿痛作痈流脓，项脖臂膝皆有溃烂处"，"腰重痛漫肿流汁，脖项手膝亦成痘痈，筋挛"，"天颜甚粹，目光炯然，痂犹有一半未落"。[2]

同治帝从 12 月 28 日病情恶化开始，又被病痛折磨了十余天。1875 年 1 月 12 日（同治十三年十二月初五），御医李德立、庄守和"请得皇上六脉已绝，灌生脉饮，不能下咽，元气脱败"[3]，就这样，同治帝于当日酉时撒手人寰，病逝于养心殿东暖阁。

同治帝的死因扑朔迷离，《清史稿》一笔带过："上疾大渐，崩于养心殿，年十九。"[4] 其他史料对同治帝的死因也记载不一，因此，同治帝的死因成了近代史上的未解之谜。

按照现有的史书和史料分析，同治帝的死因，存在以下几种可能：

一、死于天花

在《翁同龢日记》中，翁同龢详细记载了 1874 年 12 月至 1875 年 1 月期间同治帝的"天花之喜"。另外，根据清宫档案《万岁爷天花喜进药用药底簿》[5] 可知，同治帝从患病到去世，所有脉案、药方都可以证明同治帝所患之疾为天花。

近年来，史界学者邀请中医方面的专家共同研究《万岁爷天花喜进药用药底簿》，认为同治帝的病状是天花而不是梅毒，理由有三点：第一，同治帝发病之初连续发高烧七天，而患梅毒者则起病不急，无发烧症状；第二，同治帝患病时出现头痛、背痛、发冷、寒战等全身性的天花症状，而梅毒患者不会有诸如头痛、背痛、发冷、寒战等全身性的明显症状，表面上往往与常人无异；第三，从天花皮疹的分布部位和转化规律上可以看出同治帝患的是天花，且梅毒的斑疹大小如蚕豆，形状为圆形或略带不规则形，不是天花疱疹的那种脐形。[6]

此外，时人恽毓鼎在其《崇陵传信录》一书中记载："惠陵上仙，实系患痘，外传花柳毒者非也。"[7] 根据这份笔记的记载，同治帝是死于天花。

❶ 陈义杰.翁同龢日记（第 2 册）[M].北京：中华书局，2006: 1077.

❷ 陈义杰.翁同龢日记（第 2 册）[M].北京：中华书局，2006: 1080,1081.

❸ 中国第一历史档案馆.清代档案史料丛编（第 7 辑）[M].北京：中华书局，1981: 292.

❹ 赵尔巽.清史稿·穆宗本纪（第 2 册）[M] 天津：天津古籍出版社，2012: 423.

❺ 《万岁爷天花喜进药用药底簿》，是敬事房太监根据御医李德立、庄守和从同治帝得病入宫请脉起，直至十二月初五日夜同治帝病死，前后三十六天的脉案、处方以及服用一百零六服药的情况所誊抄汇辑而成的册子。该史料收录于《清代档案史料丛编》，第 7 辑。

❻ 隋丽娟.说慈禧 [M].北京：中华书局，2007: 108-109.

❼ 恽毓鼎.崇陵传信录 [M].北京：中华书局，2007: 51.

二、死于梅毒

根据一些野史、笔记的记载，同治经常出宫狎妓，所以感染了梅毒，最终死于该病。

《越缦堂日记》记载：上旋患痈，项腹各一，皆脓溃。❶

《十叶野闻》记载：其病实染毒疮，死时头发尽脱落，而载澄（奕䜣之子，同治帝的陪读）亦染此疾。❷

《清朝野史大观》的记载更为生动：太医院一见大惊，知为淫毒，而不敢言，反请命慈禧，是何病症。慈禧传旨曰："恐天花耳。"遂以治痘药治之，不效。帝躁怒，骂曰："我非患天花，何得以天花治？"太医奏曰："太后命也。"帝乃不言，恨恨而已。将死之前数日，下部溃烂，臭不可闻，至洞见腰肾而死。❸

这些记载似乎并非空穴来风，根据《翁同龢日记》的记载，同治帝病发后确实出现毒疮，而且毒疮在腰部溃烂，这一症状与梅毒患者十分相似。当时洋人可能已知同治帝之病，美国公使镂斐迪给其政府的报告说："同治皇帝病若以西医及科学方法诊治，决无不可医治之理，决非不治之症。"❹ 然而，根据现代医学知识，梅毒感染发病十分缓慢，须经过三个发展期，如果达到全身溃烂、不治而死，须得五年以上乃至更长的时间。❺ 按照这种逻辑，同治帝如果真的是感染梅毒而死，那么他在 15 岁时就已经感染梅毒了。

三、死于天花兼梅毒

结合当时的御医所记录的脉案和用药底簿，再结合同治帝的病征，同治帝有可能是先患天花未愈而又染上梅毒，或者先患梅毒而又染上天花，最终由这两种疾病同时发作，医治无效而死。这种说法看似离奇，但也并非不可能。

四、死于其他病症

翁同龢于 1875 年 1 月 8 日的日记如下："再遇御医，问究竟如何，则云，所下尽是余毒，口糜又虑成走马疳，温补断不可进，只有如昨法，大致日有效验矣。"❻ 翁同龢的这篇日记中提到了"走马疳"，也就是"坏疽性口炎"，此病一般发生在全身疾病的末期，很可能导致全身衰竭而猝死。根据这项记载，同治帝有可能是在天花（或梅毒）的后期不幸皮肤感染，最后因皮肤感染发展为"走马疳"，由"走马疳"之疾致死。

总之，在同治帝死后，由于部分消息被封锁，人们为其死因争论不休，各执一词，"同治死因"也与"太后下嫁""顺治出家""雍正夺位"并称为清宫四大奇案。

---

❶ 李慈铭.越缦堂日记（第9册，甲集）[M].扬州：广陵书社，2004：6360.

❷ 许指严.十叶野闻[M].北京：中华书局，2007：60—61.

❸ 小横香室主人.清朝野史大观（上册）[M].上海：上海科学技术文献出版社，2010：76.

❹ 阎崇年.正说清朝十二帝[M].北京：中华书局，2014.247.

❺ 隋丽娟.说慈禧[M].北京：中华书局，2007：108.

❻ 陈义杰.翁同龢日记（第2册）[M].北京：中华书局，2006：1085.

同治帝的死因，目前学界暂无定论，尚须学者们进一步研究。但是，研究同（治）光（绪）交替期间的这一段历史，更重要的问题不是同治帝因何病而死，而是同治之死给当时的政局带来的几个大动荡：

首先，同治帝无嗣撒手人寰后，皇位的继承成了一个大问题。

其次，逝者已矣，但生者并不如斯，两宫太后、内外臣工等政治势力又将展开新一轮的角逐。

第三，近代化大潮一浪接一浪，皇权的过渡将会给中国的近代化进程造成何种影响？

第十一节　同光交替，谁是赢家？

清朝自雍正帝开始，皇位继承采用"秘密建储制度"，这种制度使用了四次（雍正、乾隆、嘉庆、道光四朝）。到了咸丰朝，咸丰帝驾崩时，身边只有一个儿子（即同治帝），所以这种"秘密建储制度"被迫终止，同治帝继位时也没有出现皇权争夺的问题。

1875年1月12日酉时，同治帝溘然长逝，然而同治帝没有子嗣（当时同治帝的皇后阿鲁特氏虽已怀孕，但尚未分娩），在这种情况下，皇位继承问题成为清廷内部的大问题。在这个关键的时刻，慈禧太后再次登上政治舞台，果断地采用"懿旨确立嗣君"的方式来解决皇位继承问题。那么，谁会幸运地被慈禧选中，成为大清王朝的下一个天子？

1875年同治帝驾崩之时，"皇帝近支图"如图3-1所示（尚未出生的皇族不算在内）：

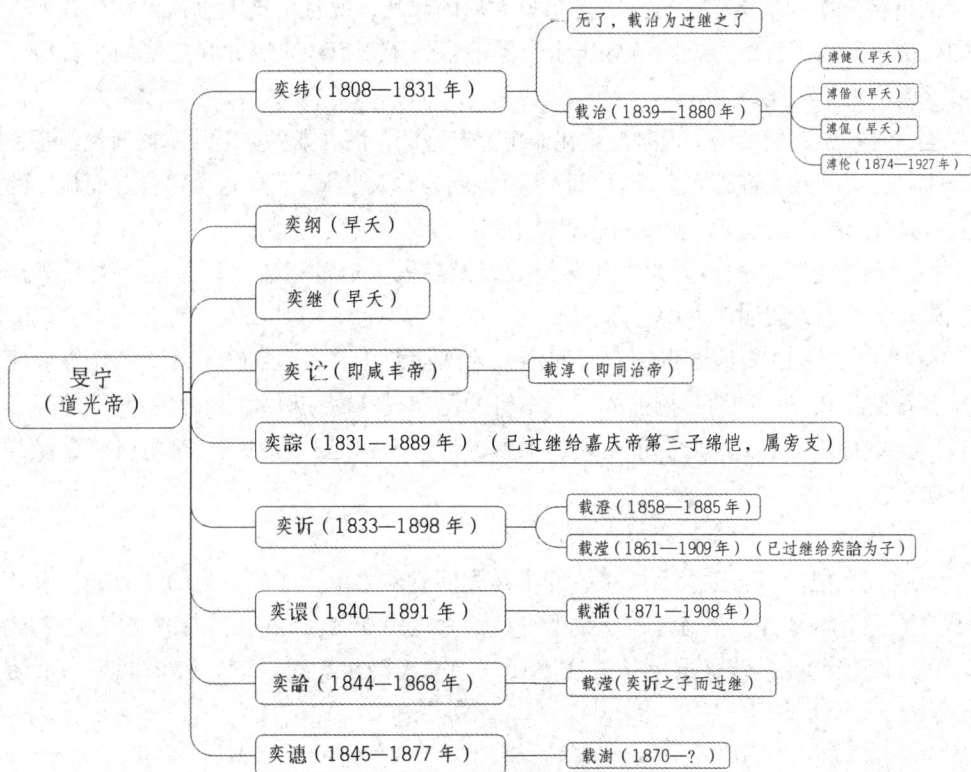

图 3-1　道光皇帝近亲图

按照当时的情况，皇位继承人可以从"奕、载、溥"三辈中挑选。

先来看溥字辈。

从同治帝下一辈（溥字辈）的近支宗室中选择皇位继承人，算是为同治帝立嗣，这种方式也最符合清朝惯例及皇位继承制度。当时溥字辈只有溥伦，而溥伦的父亲是载治，载治的父亲是奕纬，奕纬又是道光帝的长子，所以，当时很多人都倡议立道光长子（奕纬）之长孙溥伦及位。但是，这其中存在一个问题，这个问题出在溥伦的父亲载治身上，载治并非奕纬的亲生儿子，而是过继之子，从血统上来说，存在一定的瑕疵。尽管有此瑕疵，在当时的王公大臣眼里，溥伦继位也"合于继序之正"。●

再来看奕字辈。

奕字辈是同治帝的上一辈，也就是咸丰帝和恭亲王奕䜣的那一辈。当时奕纬、奕誴已去世，奕字辈健在的人还有四人：奕䜣、奕䜣、奕譞、奕譓。若从这四人中选皇位继承人，可能性最大的就是恭亲王奕䜣。

最后看载字辈。

皇位继承的基本原则是"父死子及，兄终弟及"，同治帝无子，所以也可以在与同治帝一辈的近支兄弟中选择。当时，在同治帝的近支里的载字辈之人有五人：载治（奕纬之子，过继之子），载澂（奕䜣长子），载滢（奕䜣次子，过继给奕誴），载湉（奕譞之子），载澍（奕譓之子）。其中载治是过继而来，不可能参与皇位竞争。

经过整理后不难看出，此时有资格继承皇位的人有六个：奕䜣、载澂、载滢、载湉、载澍、溥伦。

奕䜣曾三次遭到清廷的打压，是慈禧太后的政敌，况且历史上也很少有"叔王"继统的先例，如果奕䜣继位，将置咸丰帝、同治帝父子于何地？因此在慈禧的心目中，奕䜣继承皇位绝不可能。

当时呼声最高的溥伦，但是溥伦在血统上有瑕疵，而且如果立下一辈的溥伦为帝，同治帝的皇后阿鲁特氏将成为皇太后，而慈禧将成为"太皇太后"，这个"虽尊而疏"的太皇太后离权力中心太远了，所以慈禧的根本就不愿意立溥伦为嗣。

抽丝剥茧之后，按照当时的实际情况以及慈禧太后的意志，皇位继承人只会在载澂、载滢、载湉、载澍四人中挑选。

1875 年 1 月 12 日晚 8 点（此时同治帝才驾崩两小时），慈禧与慈安在养心殿西暖阁紧急召见各亲王、贝勒、御前大臣、军机大臣和总管内务府大臣、弘德殿行走等二十多人，准备召开一个紧急的御前会议。根据《翁同龢日记》的记载，这次御前会议开得惊心动魄：

太后召诸臣入，谕云：此后垂帘如何？

慈禧太后把诸多亲王大臣叫来，并不是先问立嗣之事，居然是先问今后如何垂帘！慈禧问了这个问题后，立刻有人反对垂帘，认为应先立嗣。慈禧反驳："文宗（咸丰帝）无次子，今遭此变，若承嗣年长者实不愿，须幼者乃可教育，现在一语即定，永无更

● [英] 濮兰德，白克好司 . 慈禧外纪 [M]. 陈冷汰，译 . 北京：故宫出版社，2010：78.

移。我二人（慈禧、慈安）同一心，汝等敬听。"❶ 慈禧这句话的意思是，咸丰帝没有次子可继立，如果现在从载字辈中寻找年长的人继立，缺少早期储君教育（这句话主要针对载治、载澄、载滢三人，此三人年岁已较大），如果选择幼小的人继立，还可以进行教育、塑造。此外，慈禧还搬出慈安以压服众人，说她和慈安是"同一心"。

一番讨论之后，慈禧终于解开谜底："醇亲王奕譞之子载湉承继文宗显皇帝（咸丰帝）为子，入承统为嗣皇帝。"慈禧选中了醇亲王奕譞之子载湉，把载湉承继已经过世的咸丰帝为子，让载湉继承大统。

对于慈禧的这个出人意料的决定，群臣面面相觑、瞠目结舌，而醇亲王奕譞反应失常，"惊遽敬唯，碰头痛哭，昏迷伏地，掖之不能起"❷。面对慈禧强悍的决定，西暖阁会议的群臣不敢抗旨，加上奕譞突然昏厥的混乱，会议草草结束。

随后，一些大臣开始准备大行皇帝的"遗诏"和新皇帝即位的诏书，其余大臣准备仪仗迎接新皇帝入宫即位。《慈禧外纪》记载：

此时已过九钟，狂风怒号，沙土飞扬，夜间极冷，但慈禧于此紧要时机，不肯片刻耽延，立即派兵一队，往西城醇王府，随以黄轿一乘，用八人抬之，迎接幼帝入宫。❸

当时已经是深夜，不足四岁的载湉在家里睡得正甜。突然，皇宫的大队人马来到家中，把载湉从睡梦中唤醒，并将其带到紫禁城，准备即位。《翁同龢日记》记载："寅正一刻闻呼门，则笼烛数枝入自门矣。余等通夜不卧，五鼓出。"❹ 当新皇帝被接入养心殿后，人们揭开轿帘，小载湉在"舆中犹酣睡矣"❺。

1月15日，两宫太后"恩准"各亲王和高官的"吁请"，同意在皇帝未成年之前继续垂帘听政。同时，两宫太后还发布一道懿旨，称皇太后将在皇帝成年时归政。1月16日，清廷发布上谕，新皇帝的年号是"光绪"，并且宣布以明年（1875年）为光绪元年。❻

1875年2月25日（光绪元年一月二十日），光绪帝登基于太和殿，成为清朝历史上第十代、第十一位皇帝。为何称作"第十代、第十一位"？因为光绪虽在同治帝之后继位，但同治与光绪是同辈，一个叫载淳，一个叫载湉。

其实，慈禧选谁继承大统并没那么复杂，其核心只有一个字——"权"。她采用"懿旨确立嗣君"的方式确立皇位继承人，是不折不扣的恋权之举，而慈禧为什么选中了载湉作为皇位继承人，其中更有三个深层次的原因：

首先，载湉之母叶赫那拉·婉贞是慈禧的嫡妹，载湉之父是醇亲王奕譞，而且奕譞忠于慈禧，曾在辛酉政变中为慈禧出过力。

其次，慈禧想要孤立、打压恭亲王奕訢，就必须要扶植与拉拢另一个亲王，奕譞是慈禧扶植的最佳人选，他是奕訢的亲弟弟，也是慈禧的妹夫，地位既尊贵，又特殊。

❶ 陈义杰.翁同龢日记（第2册）[M].北京：中华书局，2006：1086-1087.

❷ 陈义杰.翁同龢日记（第2册）[M].北京：中华书局，2006：1087.

❸ [英]濮兰德，白克好司.慈禧外纪[M].陈冷汰，译.北京：故宫出版社，2010：79.

❹ 陈义杰.翁同龢日记（第2册）[M].北京：中华书局，2006：1087.

❺ 许指严.十叶野闻[M].北京：中华书局，2007：27.

❻ 当时新历已为1875年，但农历仍为1874年，即同治十三年。

第三，载湉当时不满 4 岁（只有 3 岁零 5 个月），可塑性较强，慈禧在经历了同治帝的失败教育后，也想再次好好地培养一个圣主。

至此，慈禧通过种种伎俩，稳稳当当地让自己的垂帘听政生涯再次拉开了序幕，她的权力欲也再次得到了满足。至于和她一起垂帘听政的慈安太后，慈禧对她根本没有太大的担心，因为慈安的权力瘾不大，为人也宽厚，所以慈安虽名为垂帘听政，事实上是"尸位而已"❶。

另外，同治帝驾崩时，皇后阿鲁特氏已经有了身孕，但是同治帝驾崩还不满一百天，皇后就死了（逝世日期为 3 月 27 日），皇后一死，一身两命，身孕也随之没了。

皇后的死因扑朔迷离，有人认为是慈禧太后逼死皇后，有人认为纯粹是皇后自杀。不论如何，慈禧在她没死之前是把她当做眼中钉的，她死了，慈禧反倒是放心了。《慈禧外纪》记载：

皇后既已怀孕，或能产生一皇子也。然帝如有嗣，则皇后将尊为太后，而慈禧必退处于无权之地。❷

美国人马士也有类似的评价："她（皇后阿鲁特氏）正好在她的孩子生下以前，于 3 月 27 日死去了，她的孩子的出生将要使情况复杂化：如果是一个男孩，结果可能是一个宫廷的革命，甚至或者可能是一个全国的变乱和内战。"❸ 可见，如果皇后真的生下一个儿子，她的子嗣将继承大统，那么皇后阿鲁特氏将成为皇太后，慈禧将变成"太皇太后"，陷入孤立无援的无权之地！

同光交替，慈禧太后才是最大的赢家。在同治帝驾崩之时，仅仅是慈禧掌握朝政的第 15 个年头（其中还要排除短暂的同治帝亲政时期），这次慈禧再次垂帘，才是其漫长的垂帘生涯的开始。

---

❶ 许指严 . 十叶野闻 [M]. 北京 : 中华书局 , 2007: 49.

❷ [英] 濮兰德，白克好司 . 慈禧外纪 [M]. 陈冷汰 , 译 . 北京 : 故宫出版社 , 2010: 78.

❸ [美] 马士 . 中华帝国对外关系史（第 2 卷）[M]. 张汇文，等译 . 上海 : 上海书店出版社 , 2006: 295.

第四章　边疆千年危机

引言

先从李鸿章的一封书函说起。

1870 年 12 月 13 日，李鸿章刚调任直隶总督不久，也刚处理完天津教案，他写信给曾国藩，提到一个感悟："洋人所图我者，利也，势也，非真欲夺我土地也……"[1] 李鸿章认为，洋人与太平军、捻军等起义军不同，"发捻"是想倾覆朝廷，夺取清王朝的统治，而洋人的真实意图并不在于政权和领土，只不过想通过经商、传教等方式谋取利益和势力。这是一名与洋人接触多年的地方大员的切身体会。

然而，这封信函写完没多久，中国的东南、西南、西北边陲就发生了一连串的事件：日本侵略台湾、英国势力侵入云南与西藏、俄国强占伊犁、中法战争……一时之间，中国边疆地区陷入岌岌可危的局面，面临着千年以来从未有过的"边疆危机"。

自 1861 年至 1870 年，中国与西方列强虽然小摩擦不断，但是没有爆发战争，中西关系还算融洽，这也让清廷有了喘息之机，大力推动洋务运动的发展。但是为何从 1870 年开始，中国的边疆会出现千年危机？事出反常必有妖！

从西方列强的角度而言，这些国家在这十年间发生了剧变：1865 年，美国内战结束；1868 年，日本明治维新；1870 年，意大利、德国统一；1870 年，法兰西第三共和国兴起，德国、意大利、美国也都相继实现工业化……这些国家因内部无法满足近代化的需求，纷纷将目光聚焦到中国，意谋侵略与扩张。

这个时期的清王朝，国势却每况愈下。蒋廷黻认为："在闭关自守、无外人干涉的时代，内战虽给人民无穷的痛苦，尚不至于亡国。到了十九世纪，有帝国主义环绕着，长期的内乱就能引起亡国之祸。"[2] 这个时期的中国，不但有内战，而且有帝国主义者的环绕，真让人捏一把汗！李鸿章一类的中国人，虽然看到了当下的中国处在"数千年一变

---

❶ 顾廷龙，戴逸.李鸿章全集·信函二（第 30 册）[M].合肥：安徽教育出版社，2008：137.
❷ 蒋廷黻.中国近代史 [M].武汉：武汉出版社，2012：49.

局"的环境，但仍然认为"洋人非真欲夺我土地"，这与十年前奕䜣把"发捻"视为"心腹之害"，把俄、英等国视为"肘腋之忧""肢体之患"的想法基本没变。边疆危机的爆发，切切实实地给当时以为"洋人非真欲夺我土地"的人来了个大大的耳光！

十年了，中国对国际大势浑然不觉！西方列强如狼似虎，清王朝原地踏步。在这种情势下，中国怎能不挨打？

第一节　东南海疆的烽火

台湾自古以来就是中国的领土，其位于福建省东南的水域，是中国的第一大岛。《清史稿》记载：

（明朝）天启元年，闽人颜思齐引日本国人据其地。久之，为荷兰所夺。清顺治十八年，海寇郑成功逐荷兰人据之……康熙二十二年讨平之，改置台湾府，属福建省，领县三。❶

从《清史稿》的记载可以看出，这块宝岛的统治权从明朝天启年间开始几经辗转，颇不太平，这是台湾物产丰富、地理位置非常重要等原因所致。正因如此，19世纪60年代末期，台湾也就成为了晚清边疆危机这段历史之中最先告警的地区。

1867年3月，美国的"罗佛号"船只在中国东南沿海失事，幸存的水手在台湾岛南部的琅𤩘登陆。当地的高山族以为水手是海盗，将水手杀死。美国政府借口水手遇害之事而向台湾悍然出兵，在台湾的琅𤩘一带登陆，但登陆后的美国军队遭到当地高山族的奋勇抵抗。这场战役最终因双方和解而收场，据《台湾通史》记载：

李仙得（美国驻厦门领事）亦知战未必胜，不如说降，乃率通事入其社，从者五人，见番酋，为琅𤩘八社之最强者，责以妄杀遭难之罪。酋谢不敏，置酒款，并归船人之颅，立誓和好。❷

美国虽然染指未成，但对台湾仍然虎视眈眈。紧随美国之后而染指台湾的，是日本。

日本于1868年明治维新之后走上了军国主义道路。出于国内政治的需要，又伴随着对外侵略扩张的欲望，日本政府开始觊觎中国这片沃土。日本要想把魔爪伸入中国，最好的方式就是先与中国建立外交关系。

1870年7月，日本政府派外务省外务权大丞柳原前光来中国，想要与清廷建立外交关系，但是清廷拒绝谈判。当时的李鸿章似乎已经看出了日本的狼子野心，所以他在1871年1月21日的奏折中称："日本近在肘腋，永为中土之患。"❸

1871年6月，日本政府再派大藏卿伊达宗城、外务省外务权大丞柳原前光来中国，谋求订立条约。此时日本政府想效仿之前的普鲁士、荷兰等国，通过与中国订立条约的

---

❶　赵尔巽.清史稿·台湾志（第3册）[M]天津：天津古籍出版社,2012:995.

❷　连横.台湾通史（上册）[M].北京：商务印书馆,2010:300.

❸　顾廷龙，戴逸.李鸿章全集·奏议四（第4册）[M].合肥：安徽教育出版社,2008:217.

方式与中国建立外交关系，而且态度表现诚恳："愿与中国敦笃友谊，并愿贵国大皇帝受天之祐，于万斯年。"❶之后，清廷发布上谕，任命李鸿章为全权大臣，办理与日本的谈判、签约的事宜。

中、日两国经过一系列的谈判后，于1871年9月13日在天津签订中日《修好条规》和《通商章程：海关税则》。这两个条约包含以下几个方面的重要条款：

第一，中国与日本互不侵犯领土，"不可稍有侵越，俾获永久安全"。

第二，在和其他国家发生冲突时，两国互相帮助。

第三，中日两国互不干政。

第四，公使驻京。

第五，通商口岸贸易自由。

第六，中日双方有领事裁判权。❷

这两个条约还有一个特殊之处，即没有约定"最惠国待遇"的条款，这或许是日本为了表示建立邦交的诚意，所以没有像之前的普鲁士、荷兰等国一样约定"利益均沾"的条款。

中日《修好条规》和《通商章程：海关税则》是近代史上中国与日本第一次缔结条约，这两个条约传递出三个重要的信号：

首先，条约标志着中日关系进入新的阶段，王芸生对此做出评价："这个条约的内容虽然不怎么重要，却有它的历史意义。"❸

其次，日本明治维新后，日本政府迫切希望向外拓展经济、外交，于是效仿西方国家，利用签订不平等条约的方式与中国建立邦交，攫取利益。

第三，日本签订这个条约其实是有预谋的，日本极具对外扩张的野心，其国内早有"征台论"和"征韩论"的言论，最终"征台论"占据了上风。日本与中国签订所谓"互不侵犯领土"的《修好条规》，目的只是搭建中日之间的外交桥梁，为以后的军事对抗及外交谈判提供便利，这显然是侵略政策的前奏与铺垫。

这个条约签订后不久，在台湾北部的琉球，就发生了著名的"牡丹社事件"。

这个事件的大致经过如下：1871年11月30日，一艘琉球国的进贡船在航行中遇到台风，漂流至台湾东南部，船上69名乘客溺死3人，有66人登上台湾岛。登陆的幸存者闯入台湾东南部少数民族部落原住民的住地，遭台湾原住民杀害54人，其余12人逃过一劫，在当地汉人的营救下前往台南府城，然后转往福州乘船回国。

"牡丹社事件"与1867年美国"罗佛号"事件惊人相似：都是船只失事；都是幸存之人登陆台湾岛；登陆之人被台湾岛上的原住民杀死；被杀死的船员都是其他国家的人（之前是美国人，后来是琉球国人）。

琉球是位于日本和台湾之间的一个小国，从1372年（明朝洪武五年）开始一直是中国的藩属国，受到明、清两朝皇帝的册封。那么，"牡丹社事件"发生后，作为清朝

❶ 中华书局编辑部，李书源，等整理.筹办夷务始末（同治朝）[M].北京：中华书局，2008：3268.

❷ 王铁崖.中外旧约章汇编（第1册）[M].北京：生活·读书·新知三联书店，1957：317.

❸ 王芸生.六十年来中国与日本（第1卷）[M].北京：生活·读书·新知三联书店，2005：29.

藩属国的琉球，是否会像美国一样，以自己的国民被杀为由出兵台湾？没有！替这 54 名琉球国民"伸冤"的，反倒是八竿子打不着的日本！

"牡丹社事件"发生后，日本积极做了各种准备，表面上是想帮琉球国遇难的船员"伸冤"，其实是想借机大做文章，把侵略矛头对准台湾。

1872 年 9 月，日本迫使琉球国王接受日本的封藩，之后，日本大言不惭地宣称琉球国是其"内藩"，琉球国民是日本的属民。这种强迫而又诡诈的"封藩"仪式结束后，日本就找到了冠冕堂皇的借口，开始正式向清廷兴师问罪。

1873 年 2 月 27 日，日本政府任命外务卿副岛种臣为特命全权大使，柳原前光为大书记官，由副岛种臣率领使团来华祝贺同治帝大婚，并办理 1871 年中日《修好条规》的换约事宜。日本使团抵达北京后，副岛种臣与英、法等国的公使参加了觐见同治帝的仪式。❶ 显然，日本使节来华觐见清帝只是一个幌子，其真实目的是想针对"牡丹社事件"向中国讨一个说法，也就是要与清廷展开外交谈判。按照日本政府的逻辑，自己的"属民"（琉球国民）被台湾原住民杀害，清廷当然不能坐视不管！

其实，"牡丹社事件"只不过是日本政府的一个借口，就算不发生"牡丹社事件"，日本还是要以其他借口侵略台湾。据王开玺考证，副岛种臣出发之前，日本天皇就已经对谈判中可能会出现的三种情况做了预判，并向副岛种臣做了明确指令：

第一，清国政府若以台湾全岛为其所属之地，接受这一谈判，并采取处置，则应责其为遭到残杀者采取充分伸冤处置。

第二，清国政府若以政权之不及，不以其为所属之地，不接受这一谈判，则当任从朕（日本天皇）做处置。

第三，清国政府若以台湾全岛为其属地，左右推托其事，不接受有关谈判时，应辨明清政府失政情况，且论责生番无道暴逆之罪，如其不服，此后处置则当依任朕（日本天皇）意。❷

日本的这种谈判的逻辑，乍一看确实是密不透风，中国不论选择哪种方式辩解，日本都能巧妙地向中国问责。但是，这种逻辑（尤其是第二、第三点）从根本上、原则上就存在错误，因为琉球国根本不属于日本。

就在副岛种臣觐见同治帝之时，副使柳原前光、翻译官郑永宁拜访总理衙门的大臣，双方针对"牡丹社事件"展开了交涉。

柳原前光向总理衙门的大臣提出三个问题：

第一，澳门是否中国管辖，抑由大西洋主张？

第二，朝鲜诸凡政令是否由该国自主，中国向不过问？

第三，台湾生番戕害琉球人民之事，拟遣人赴生番处说话。❸

这三个问题涉及澳门、朝鲜以及"台湾生番地区"的主权问题，而前两个问题都是点缀，第三个问题才是关键。第三个问题是说，"台湾的生番地区，有杀害琉球国人民

❶ 参见本书第三章第七节"觐见皇帝还用下跪"。

❷ 王开玺 . 晚清南国 [M]. 北京：东方出版社，2015: 15.

❸ 台湾银行经济研究室 . 同治甲戌日兵侵台始末 [M]. 南投：台湾省文献委员会，1997: 2.

的事情，日本想派人到生番地区去展开谈判"。日本使节设计这个问题，是想窥探清廷对于台湾"生番之地"主权的立场，还要窥探清廷实力的虚实，为之后向台湾出兵做好充分的准备。

关于台湾的"生番"和"熟番"的概念，萧一山曾在《清代通史》一书中做过详细的说明："台湾土著，原有生、熟二番，熟番与闽、粤移民有交际，文化程度较高；生番在东部山地，俗尚野蛮，外人至其地者，往往为所杀害。"● 可见，不论"生番"还是"熟番"，都是台湾居民，只不过文明程度不同。

总理衙门的大臣们并没有看破日本使节这种话中有话的外交对话方式，他们是这样回答日本人设计的第三个问题的："若台湾生番地方，只以遣人告知，嗣后倘有日本人前往，好为相待。"●（译文大意：清廷会派遣相关人员去台湾生番地区，告诉当地居民，以后如果有日本人登岛，要好生相待。）此外，总署大臣毛昶熙又进一步说明："夫二岛俱我属土，属土之人相杀，裁决固在于我。"●（译文大意：台湾岛是中国领土，琉球王国是中国的藩属国，这两个地区的人相互发生杀人事件，裁判权属于中国，不属于日本。）

毛昶熙的这个回答，踩中了日本之前预料到的第三种谈判情况，柳原前光窃喜，紧接着又问总署大臣："贵国已知恤琉人，而不惩台'番'者何？"●（译文：中国既然体恤了琉球人，但是为何不惩治杀人的台湾生番居民？）针对柳原前光的这个问题，毛昶熙似乎有点不耐烦了，答道："杀人者皆'生番'，且置之化外，未便穷治。"●（译文：杀琉球人的是台湾生蕃地区的人，这些人是脱离现实社会的野蛮人，历来都不服清廷的管教，清廷怎么可能把他们全部治理？）

毛昶熙的这个回答，彻彻底底钻入了日本人的圈套，因为毛昶熙说台湾生番地区是"置之化外"之地，日本人抓住这个漏洞，借机认为台湾生蕃地区不在中国管辖之内。柳原前光当场就乐坏了，告知总署大臣："生番杀人，贵国舍而不治，然一民莫非赤子，赤子遇害而不问，安在为之父母？我邦将往问罪，以盟好故，使使者先告。"●

细读中日双方外交官员的对答可知，总署大臣们对于"牡丹社事件"的处置以及台湾生番地区的主权立场是丝毫没有问题的，虽然毛昶熙说生番之地是"置之化外"，但是"化外"一词只是说这个地区野蛮落后，不服治理，而尽管这个地区野蛮落后，清廷仍对这个地区享有主权（台湾府隶属于福建省）。换言之，在中、日双方的对答中，毛昶熙根本没有谈及台湾生番蕃地区的主权问题，而是在讨论台湾生蕃地区的落后问题。

但是，狡诈的日本政府歪曲生事，从此咬死了总署大臣的"置之化外"的说辞，并且开始偷换概念，认为清廷既然承认台湾生蕃地区是"化外之地"，也就是中国政权管辖不到这个地区，日本政府可以为琉球人民讨回公道，出兵台湾！

● 萧一山. 清代通史（第 3 册）[M]. 上海：华东师范大学出版社，2006：561.
❷ 台湾银行经济研究室. 同治甲戌日兵侵台始末 [M]. 南投：台湾省文献委员会，1997：2.
❸ 王芸生. 六十年来中国与日本（第 1 卷）[M]. 北京：生活·读书·新知三联书店，2005：64.
❹ 王芸生. 六十年来中国与日本（第 1 卷）[M]. 北京：生活·读书·新知三联书店，2005：65.
❺ 王芸生. 六十年来中国与日本（第 1 卷）[M]. 北京：生活·读书·新知三联书店，2005：65.
❻ 连横. 台湾通史（上册）[M]. 北京：商务印书馆，2010：301.

随着中日建立外交关系、"牡丹社事件"、日本"封藩"琉球、日本使节与总署大臣谈论台湾问题等一系列事件的发生，日本政府已经做足了"征台"的准备，其对外扩张的野心昭然若揭。

日本政府接下来要做的，就是对台湾出兵了。

第二节　台湾战事十万火急

做足了准备的日本人，准备向台湾出兵。

1874年2月6日，日本政府制定了《台湾番地处分要略》。在这个要略之中，日本为其侵略台湾找到了一个冠冕堂皇的借口，根据该要略的第一条记载：

台湾"土蕃"部落，为清国政府政权所不及之地……清廷官吏（总署大臣毛昶熙等人）所作答语，尤其显然，故视之为无主之地，具备充分理由。是以报复杀害我藩属琉球人民之罪，为日本帝国政府之义务，而征"蕃"之公理，亦可于此中获得主要根据。❶

同时，为了军事需要，日本政府在长崎成立了"台湾番地事务局"（又称"远征台湾统帅部"），任命参议兼大藏卿大隈重信为局长，任命陆军中将西乡从道为都督，任命陆军少将谷干城、海军少将赤松则良为参军。此外，日本政府还任命原美国驻厦门领事李仙得为参谋，让这个美国人充当日军的军事顾问。

4月27日，气势汹汹的日本军队乘军舰起航。在出兵之前，日本政府给征台都督西乡从道下达了三条明确的指令：第一，对杀害我国人者问罪，予以相当处分。第二，彼如不服其罪，得相机以兵力讨伐。第三，使今后我国人民到达彼地时，不致再受土人杀害，为此，树立防治办法。❷从这三条指令可以看出，日本对于此次出兵台湾可谓准备充分、信心满满。

日本之所以把侵略的矛头最先对准了台湾，有如下五个原因：

第一，日本国内明治维新的内需。

第二，台湾物产丰富，地理位置重要。

第三，日本通过多方窥探，发现清廷的军事实力外强中干，而且洋务运动的进展甚小，尤其在海军建设方面。

第四，日本通过外交交涉，发现清廷在对待台湾生蕃地区主权归属的立场上，犯了外交言辞的疏漏（总署大臣毛昶熙等人的疏漏）。

第五，日本出兵，有美国的暗中鼓励和支持。

日本悍然出兵台湾，其实是得到了美国的幕后支持，双方可谓一个在明一个在暗。马钰认为1874年日本侵台一事，"实际上是美日的联合行动"❸。这个观点是站得住脚的，因为美国于1867年染指台湾未遂之后一直不甘心，美国也深刻地认识到，如果中国、朝

---

❶ 王芸生. 六十年来中国与日本（第1卷）[M]. 北京：生活·读书·新知三联书店，2005：65.

❷ 王芸生. 六十年来中国与日本（第1卷）[M]. 北京：生活·读书·新知三联书店，2005：67-68.

❸ 马钰. 1874年日本侵略台湾始末[J]. 文史精华，2000（11）：32.

鲜、日本三个国家紧密地团结在一起，则美国侵略远东的计划就很难实现，只有将中国和日本离间开，美国才可以从中渔利。基于这种战略目的的考虑，在 1874 年日本出兵台湾的前后，美国给予了日本多方面的协助，具体表现在以下几个方面：

第一，美国派原驻厦门领事李仙得充当日本军队的顾问，这个李仙得在 1867 年曾对台湾地区的地理、海防、民情等情况做过详细考察，可以称得上一个"台湾通"。在之后的日本侵略台湾事件中，李仙得出力不少，既是军事向导，又是外交智囊。

第二，美国提供"纽约号"轮船为日本运兵，并向日本售卖大量军火。从当时清朝的地方官员了解到的情况来看，美国确实在军事等方面给予日本大力协助，据 1874 年 6 月 14 日，福州将军文煜的奏折所载："（日本）所以敢于鸱张者，则又窥中国器械之未精，兼恃美国暗中之资助。"❶6 月 24 日，文煜的奏折又称："其倭人刘穆齐久住艋舺，船主必著系美国人。"❷

第三，美国在军事方面大力支持日本，但在外交方面却大玩鬼把戏，假惺惺地派美国驻日公使出面拦阻日本出兵，意图混淆视听。

至此，日本侵略台湾的军事号角已经吹响，让人意想不到的是，清廷首先得到日军侵台的消息，并不是来自闽浙总督和福建巡抚，而是来自英国公使威妥玛。在这个节骨眼上，清廷对日军侵台行动浑然不知，何等麻痹！更让人惊奇的是，此时总理衙门仿佛还对日本出兵这一举动无法理解，甚至略带惊讶，总署大臣在奏折中称："是该国（日本）并未与中国议及派兵前赴台湾。刻下忽有此举，揆之各国往来之理，似不应出此。"❸

之后，总理衙门发了一封外交照会给日本外务省，这篇照会中提到："中国边界地方，似此生番种类者，他省亦有，均在版图之内。"总署的立场很坚定，申明台湾地区在中国版图之内，中国对其有管辖权。可是，这篇照会的最后又说："此次忽闻贵国欲兴师前往台湾，是否的确，本王大臣未敢深信。倘贵国真有是举，何以未据先行议及？"❹这个时候日军都压进台湾地区了，总署大臣居然还对这件事"未敢深信"，似乎还认为这个与中国签订"互不侵犯国土"条约的日本不会做出这种举动，语气何等软弱！

尽管外交辞令软弱，但清廷毕竟已经回过神来，开始在军事方面进行部署。

1874 年 5 月 14 日，清廷发布上谕，谕令船政大臣沈葆桢带领轮船、士兵到台湾生番一带查看，让福州将军文煜、闽浙总督兼署福建巡抚李鹤年、福建水师提督罗大春做好调兵遣将的准备。5 月 21 日，清廷又发上谕，谕令福建布政使潘霨驰赴台湾，协助沈葆桢等人的工作。5 月 29 日，清廷又任命沈葆桢为"钦差办理台湾等处海防兼理各国事务大臣"。

5 月 22 日，日军侵台的战事正式爆发。三千六百余人的日本军队在台湾琅璚登陆，移阵龟山，开始进攻竹社、风口、石门等地。此时沈葆桢、潘霨等清廷大员尚未抵台，日本军队在台湾主要是同台湾的高山族居民作战。

❶ 台湾银行经济研究室 . 同治甲戌日兵侵台始末 [M]. 南投：台湾省文献委员会，1997: 17.
❷ 台湾银行经济研究室 . 同治甲戌日兵侵台始末 [M]. 南投：台湾省文献委员会，1997: 22.
❸ 台湾银行经济研究室 . 同治甲戌日兵侵台始末 [M]. 南投：台湾省文献委员会，1997: 2.
❹ 台湾银行经济研究室 . 同治甲戌日兵侵台始末 [M]. 南投：台湾省文献委员会，1997: 5.

日军仗着武器精良，大肆围剿高山族居民，而高山族居民奋勇抵抗，采用袭击战的战术对日军发起攻击，日军防不胜防，损失惨重。文煜、李鹤年、沈葆桢在这个期间所上的一封奏报记载："探员晤倭先锋副岛，据称破生番三社，取首级十二颗，伊兵伤者五十余人，死者二十余人……官氏所报，生番死者多于倭兵；而倭将所称，则倭兵死者多于生番。"❶ 根据这个奏折可知，当时中、日双方的死伤都很惨重。

6月下旬，沈葆桢、潘霨抵达台湾后，实地勘察了台湾地区的地理情况，并与当地大员文煜、李鹤年等人共同商酌，做了重要的军事部署。他们认为，此时需要做的三件事是："理喻、设防、开禁"。这三件事中又以"设防"最为当务之急："彼族（日本人）狡诈性成，即果弭首无辞，难保不旋萌觊觎。设防之事，万不容缓。"❷

沈葆桢等人做了重要部署之后，开始着手实施各项具体的措施，这些措施包括：

第一，在台湾招募兵勇，举办乡团，"着力训练，多筹子药、煤炭，以备不虞"。

第二，在安平海口和澎湖等地修筑炮台，"仿西洋新法，安放西洋大炮"，派轮马尾船政局的靖远轮船与福建水师提督罗大春共同镇守。

第三，向外国购买甲舰、洋枪。❸

沈葆桢等人的一系列军事防御部署是及时有效的，通过这些部署，台湾的军事海防实力大大提高。为此，萧一山对沈葆桢的评价很高："披荆斩棘，锤幽凿险，冒暑犯疠，历经艰苦。"❹

一时之间，台湾局势暂时和缓，日军与清军呈现对峙状态，清军固守，日军难攻。日军见状，再一次向台湾生番地区发起猛攻，据文煜、李鹤年、沈葆桢等人的奏折记载：

倭人于（五月）十八日（公历1874年7月1日）分三路进攻番社：一由风港，一由石门，一由四重溪；每路约五六百人。生番不敢抗敌，纷纷逃散。倭人即将牡丹社、高士佛社、加芝成（来）社、竹仔社焚烧，刻尚屯踞牡丹社。❺

发动进攻的同时，日军还不断劝降台湾原住民，文煜于6月24日、7月8日上奏的奏折中，都有"声称欲与生番聊和"，❻"（日本军队）以甘言财利说降各社"❼的情形。此外，日本军队针对天气炎热、时疫流行、久攻不下等情况，还在大埔角、琅㟌、龟山等地驻扎，建造督府、开荒屯田、设立医院，俨然一副长久盘踞驻扎的态势。

❶ 台湾银行经济研究室. 同治甲戌日兵侵台始末 [M]. 南投：台湾省文献委员会，1997：27.
❷ 台湾银行经济研究室. 同治甲戌日兵侵台始末 [M]. 南投：台湾省文献委员会，1997：27–28.
❸ 台湾银行经济研究室. 同治甲戌日兵侵台始末 [M]. 南投：台湾省文献委员会，1997：28.
❹ 萧一山. 清代通史（第3册）[M]. 上海：华东师范大学出版社，2006：740.
❺ 台湾银行经济研究室. 同治甲戌日兵侵台始末 [M]. 南投：台湾省文献委员会，1997：21–22.
❻ 台湾银行经济研究室. 同治甲戌日兵侵台始末 [M]. 南投：台湾省文献委员会，1997：22.
❼ 台湾银行经济研究室. 同治甲戌日兵侵台始末 [M]. 南投：台湾省文献委员会，1997：27.

第三节　不得要领的外交折衷

日本军队在台湾作战的同时，日本官员不断向中国官员施加外交压力，这种军事侵略与外交干涉的方式并存，可谓双管齐下。

1874 年 5 月 28 日，日本公使柳原前光抵达上海，与两江总督李宗羲、署江苏布政使应宝时、苏松太道沈秉成等人展开谈判。谈判中，李宗羲等人"与之切实申论，诘其擅自兴兵之由……反复辩论数百言"。而柳原前光故意不谈"兴兵之由"，他声称来上海的目的是"专为通商和好而来"，与西乡从道等人出兵台湾的目的不同，他与西乡从道之间是"各办各事"。❶ 柳原前光此举，是利用"假言和平"的方式来麻痹清廷官员。

6 月 22 日，日本都督西乡从道与福建布政使潘霨会晤，双方展开谈判。在这次谈判中，西乡从道"始则一味推诿，继遂理屈词穷"，后来直接"托病不见"。❷ 潘霨为了证明生番地区的归属，还特意翻出《台湾府志》给西乡从道阅看，可是这个时候日本方面怎么可能听得进去这些？

很显然，上述这些谈判，日本怀有故意拖延作战时间、分散清廷精力的不轨目的。日本的外交伎俩接二连三，中、日双方争来争去，最根本的争议焦点其实是台湾生番地区的归属问题。日本认为台湾的生番地区是没有主权之地，日本出兵台湾与清廷无关；中国则认为生番地区隶属台湾版图，而台湾隶属于福建省，根据 1871 年中日《修好条规》的约定，日本不应侵犯中国的领土主权。

此时日军在台湾的战事已呈胶着状态，清廷官员仍在与这些狡黠的日本官员费尽唇舌，显然已经意义不大，因此，对于清廷而言，这些外交折衷看似据理力争，其实根本就不得要领。

就在中日双方的战事相持不下、外交谈判又难以达成一致意见之时，台湾的战事突然出现了转折。

1874 年 8 月初，日本突然转变了对台侵略的策略，由武力侵占台湾变为"罢兵索款"。日本突然调整策略，有以下八个方面的原因：

第一，军力和财力不足。

侵台事件是日本政府在明治维新之后的首次对外重大侵略活动，对于这次军事活动，日本在军事、财力等方面都准备不足。

第二，高山族居民的顽强抵抗。

日本军队在台湾当地遭到了当地高山族居民的奋勇抵抗，为了应对台湾居民的抵抗，日本军队甚至采用了"说降番社"的策略。

第三，酷暑作战，时疫流行。

日本出兵作战之时是酷夏，炎热难耐，加之台湾时疫流行，日本士兵死伤惨重。

❶ 台湾银行经济研究室.同治甲戌日兵侵台始末 [M].南投：台湾省文献委员会，1997：25.

❷ 台湾银行经济研究室.同治甲戌日兵侵台始末 [M].南投：台湾省文献委员会，1997：45.

第四，日本政府内部关于出兵台湾之事的分歧。

早在日本出兵台湾之前，日本政府内部就有"征台论"和"征朝论"两种论调，对于征服台湾和朝鲜的先后顺序，日本政府内部早有分歧。总理衙门在 1864 年 7 月 13 日的奏折中称："日本尚有五千兵在长崎。台湾退兵后，将从事高丽……若日本果欲逞志朝鲜，兼有法、美相助，势难漠视。"❶ 从这个奏折看出，在对台作战久攻不下的情势下，日本内部的这种"征台"还是"征朝"的分歧再次显现。

第五，西方国家的舆论压力。

战事开始之时，欧美各国纷纷对中、日两国的战事作出评论，"日付报纸，乘机鼓煽，将收局外之利"。❷ 随着战事的发展，西方各国出于其各自的利益考虑，又开始谴责日本的侵略行径，比如英国驻华公使威妥玛提出："日本不要染指台湾，而应向朝鲜扩张，若这样做，英国首先支持。"❸ 面对西方国家纷纷提出的质疑与质问，日本政府压力倍增。

第六，台湾局势转危为安。

清廷意识到事态严重后，积极部署，调兵遣将，派大员驰赴台湾。在沈葆桢等人的努力下，台湾的海防局势大振，日本军队在台湾呈现出不利局面。据马钰的考证，"当时停泊在琅峤港内的日军兵船共 7 只，可打仗者不过两只，余皆西洋旧商船。中国方面，1867 年至 1874 年间，仅福州船厂造成的轮船就有 16 只……船炮皆超过日本"❹。

第七，外交谈判迟迟打不开局面。

日本方面先后有柳原前光、西乡从道等人与清朝官员展开外交谈判，但是双方各执一词，在焦点问题上始终争论不下，日本想通过外交方式进行讹诈的伎俩并未得逞。

第八，"退一步征琉球"。

日本认为如果对台侵占不成，还可以"退一步"，侵占台湾北面的琉球国。事后证明，日本真的于 1879 年 3 月吞并了琉球，将其改为日本的冲绳县。

日本对台战略的转变，对于清廷来说是一个转机，清廷甚至可以趁此良机打一个翻身仗。但是很遗憾，清廷并没有这么做，从而助长了日本侵华的野心。为此，日本政府为了达到"罢兵索款"的目的，又开始在外交方面做文章。

8 月 30 日，日本使节柳原前光抵达北京，与总理衙门的大臣再次展开外交谈判，据奕䜣等人事后的奏折所称，柳原前光"哓哓置辩"，仍然在重复"台湾生番，为无主野蛮，本不必问之中国"❺ 这些陈词滥调。总署的大臣们为此费尽唇舌，与柳原前光展开激烈辩论。可是双方辩来辩去，仍无结果。

由于柳原前光在北京的外交谈判迟迟无进展，日本政府又派内阁参议兼内务卿大久保利通来华，展开新一轮外交谈判。

9 月 1 日，大久保利通抵达天津，住在美国领事馆。美国领事毕德格声称愿意为

❶ 台湾银行经济研究室 . 同治甲戌日兵侵台始末 [M]. 南投：台湾省文献委员会，1997：41.

❷ 连横 . 台湾通史（上册）[M]. 北京：商务印书馆，2010：303.

❸ 马钰 .1874 年日本侵略台湾始末 [J]. 文史精华，2000（11）：34.

❹ 马钰 .1874 年日本侵略台湾始末 [J]. 文史精华，2000（11）：34.

❺ 台湾银行经济研究室 . 同治甲戌日兵侵台始末 [M]. 南投：台湾省文献委员会，1997：99.

中、日双方做调停工作，但是如果中国"不给兵费，（日本）必不退兵，且将决裂扰乱中国"。❶ 9 月 6 日，大久保利通抵达北京，开始与总理衙门大臣正式展开谈判。在这一轮谈判之中，日本方面为了达到其目的，已经开始在谈判桌上隐隐透露出其罢兵的条件——索款。

谈判伊始，大久保利通向总署呈递了两份条说，亮明了两点强硬的态度：①生番不服教化，地非中国所属；②生番屡害漂民，曾不承办。总署认为大久保利通是在"游移矫饰，百计强辩"。之后，大久保利通援引《国际公法》，认为台湾生番是无主地区，中、日双方应援引《国际公法》解决此事，不能根据 1871 年中日《修好条规》中"中日互不侵犯领土"的条款约定来处理。几经争执后，大久保利通甚至放出狠话，"数日间如无此办法，即欲回国"，大久保利通所说的"回国"，就是意味着谈判无果之下，日本要与中国决裂。❷

从 1874 年 9 月 14 日至 10 月 23 日，中、日双方共举行了八次外交谈判，最终，失去耐心的大久保利通终于表明最终目的，称日本可以撤兵，但是中国要赔偿日本兵费五百万两，最少也要二百万两。大久保利通的原话如下："日本初意，本以生番为无主野蛮……拟将本国兵撤回，由中国自行办理，惟日本国民心兵心，难以餍服，必须得有名目，方可退兵。该国于此事费尽财力，欲台番偿给，台番无此力量；中国如何令日本兵不致空手而回。"❸ 大久保利通这是在赤裸裸的索要军费赔款，而且还巧立名目。为了达到目的，10 月 25 日、26 日，大久保利通"已悻悻然作登车之计"❹，有模有样地做出一副要登车回国、与中国决裂的模样。

在谈判陷入僵局之时，英国公使威妥玛出面了。威妥玛自愿充当"调停者"，愿意居中化解中日双方的谈判僵局。威妥玛危言耸听地向清廷陈述中、日双方的战事是一场"重大的灾难"，而且认为清廷"付出一定代价以免除所谓'重大的灾难'是值得的"。❺于是，威妥玛"初示关切，继为恫喝之词，并谓日本所欲二百万两，数并不多，非此不能了局"❻。由此可见，威妥玛根本不是在居间调停，而是基于英国政府的利益而从中作梗，强迫中国接受有利于日本的赔偿方案。

纵观一个多月以来中日双方的多次谈判，日本使节一直在重复之前的陈词滥调，还迫不及待地索要军费赔款，甚至摆出了与中国决裂的姿态。其实，这都是日本方面色厉内荏的表现，日本迫于上述八个原因，是非退兵不可了，这个时候的谈判主动权完全在清廷一边。

可惜，清廷没看出当时日本迫切希望收兵的焦急和无奈，还一直认为日本很强大，进而对日本一味退让。

❶ 赵国辉. 近代初期中日台湾事件外交 [M]. 台北：海峡学术出版社，2008：316.
❷ 台湾银行经济研究室. 同治甲戌日兵侵台始末 [M]. 南投：台湾省文献委员会，1997：140.
❸ 王芸生. 六十年来中国与日本（第 1 卷）[M]. 北京：生活·读书·新知三联书店，2005：94.
❹ 台湾银行经济研究室. 同治甲戌日兵侵台始末 [M]. 南投：台湾省文献委员会，1997：177.
❺ 王绳祖. 中英关系史论丛 [M]. 北京：人民出版社，1981：57.
❻ 台湾银行经济研究室. 同治甲戌日兵侵台始末 [M]. 南投：台湾省文献委员会，1997：177.

清廷的妥协和退让的思想由来已久，在中日双方开始谈判之前，中央的奕䜣，地方的李鸿章、沈葆桢等人早已抱有息事宁人的想法，奕䜣在 1874 年 10 月 20 日的奏折中说："前接李鸿章信，谓闽省设防，非必欲与用武。沈葆桢来信，亦有兵端未开，宜防而未宜阻……臣等思兵端不可遽开，既与李鸿章、沈葆桢用意相符。"❶ 在谈判结束前夕，奕䜣在奏折中再次说到李鸿章、沈葆桢的这些想法，还说"统筹目前大局，不能不姑示羁縻"。❷

所以，不论是柳原前光与清廷官员的谈判，还是大久保利通与清廷官员的谈判，清廷在外交谈判桌上始终不得要领，甚至畏葸退让。这直接导致日本方面步步紧逼，不断讹诈，也注定了清廷的败局。

第四节　息兵了事的《台事专条》

日本的强势，清廷的妥协，再加上英、法等国的"调停"，清廷最终以媾和的方式结束了战争，息兵了事。

1874 年 10 月 31 日，中、日两国代表在北京签订《北京专条》(又称《台事专条》)。此条约共三款，附《会议凭单》一份。条款内容如下：

（一）日本国此次所办，原为保民义举起见，中国不指以为不是。

（二）前次所有遇害难民之家，中国定给抚恤银两，日本所有在该处修道、建房等件，中国愿留自用，先行议定筹补银两，别有议办之据。

（三）所有此事两国一切来往公文，彼此撤回注销，永为罢论。至于该处生番，中国自宜设法妥为约束，以期永保航客不能再受凶害。

《会议凭单》：……日本国从前被害难民之家，中国先准给抚恤银十万两。又日本退兵在台地方所有修道、建房等件，中国愿留自用，准给费银四十万两……❸

值得一提的是，在中、日条约的"互换凭单"上，居然签有英国公使威妥玛的名字。这是对英国"调停者"威妥玛多日以来"辛勤付出"的一种"犒劳"，多么讽刺！

1874 年 12 月 20 日，西乡从道从台湾撤军，日本侵略台湾事件至此结束。

从 1874 年 5 月至 10 月，清廷为了应对"台事"，又是调兵遣将，又是外交谈判，可以说是劳民伤财，但最后的结局却是换来这么一个条约，草率了事。非但如此，在条约的约定下，中国还要白白地向日本赔偿 50 万两，甚至要忍气吞声，承认日本出兵台湾是"保民义举"，窝囊至极！

日本方面看似满载而归，实则只是险胜；中国方面看似平息战事，其实大输特输。

中国输在哪里？输在七个方面。

第一，输在订约。

通过这次日本侵台的事件，中国与日本订立了双方外交关系史上的第二个条约。日

❶ 台湾银行经济研究室 . 同治甲戌日兵侵台始末 [M]. 南投：台湾省文献委员会，1997: 141.

❷ 台湾银行经济研究室 . 同治甲戌日兵侵台始末 [M]. 南投：台湾省文献委员会，1997: 178.

❸ 王铁崖 . 中外旧约章汇编（第 1 册）[M]. 北京：生活 · 读书 · 新知三联书店，1957: 342–343.

本出兵台湾原本是丧失道义之举，但从条约的条款来说，清廷不但要向日本白白地赔偿50万银两，还被逼承认日本出兵是"保民义举"。赔了礼还要赔钱的中国，可谓"哑巴吃黄连"。

第二，输在丧权。

琉球国从明朝开始一直是中国的藩属国，虽然作为藩属国，但其也是独立主权的国家。在《台事专条》中，琉球国人民被陈述为"日本国属民"，这是清廷变相地承认琉球国属于日本国。日本在这一方面可谓寡廉鲜耻，而中国丧失主权，堪称屈辱。1879年3月，中国在新疆的伊犁地区陷入边疆危机时，日本趁机出兵琉球，并吞并了琉球，将其改为日本的冲绳县。

第三，输在无能。

首先，清廷得到战事爆发的消息居然是通过英国人，足见地方当局消息之不灵通；其次，战事开始后，清廷官员一直沉浸在与日本的外交谈判中，并未一如既往、全心全意地筹划战事，这正好中了日本外交诈诓的圈套，贻误了战机；再次，"罢兵战略"原本是日本无力作战的迂回策略，但清廷却畏敌如虎，在谈判桌上一味妥协。为了尽快罢兵了事，加上英国使节的恫吓，清廷又主动接受日方罢兵条件，让日本人有机可乘，清廷是何等畏葸无能！

另外，此时同治帝虽然亲政，但是基本不理朝政，萌发并坚持怀柔、妥协政策的，其实是奕䜣、李鸿章、沈葆桢等人，这些人没有看清当时中日对峙的情势，没有看出清廷当时完全可以与日本奋力一战，而一味认定日本很强大。由此可知，这些大员虽然在外交、海防方面做了诸多努力，但仍应对屈辱条约的签订负主要责任。

第四，输在一盘散沙。

奕䜣曾于战事爆发后向清廷建议，让各省筹划海防；清廷随后也下了谕旨，让沿海各省的督抚负责筹划海防；各省的督抚也于之后的三个月之内，把各省筹办海防的情形奏报到京。但是，这些奏报大多数只是临时抱佛教，都是在敷衍了事。从此事可以看出，晚清王朝从中央到地方是一片散沙。

第五，输在外交软弱。

中、日双方谈判时，时刻能见到欧美各国使节的身影。这些国家的使节名为调停，实为干涉，所言所行看似对中国关切备至，实则都是为自己国家的利益考虑。清廷明知各国暗怀鬼胎，却迫于无奈，仍要请这些使节来"公评是非"，可见其当时外交之弱。

第六，输在长他人志气。

通过这次事件，中国助长了日本帝国主义的嚣张气焰，日本也从此尝到了甜头，并进一步了解到清廷的懦弱空虚，为之后的甲午战争、抗日战争等战事埋下了祸根。

第七，输在并未找到失败的根源。

日本侵台事件结束后，奕䜣等人正式上奏，检讨过失。他们认为日本之所以兵踞台湾，是因为十多年来洋务运动的收效甚小："人人有自强之心，亦人人为自强之言，而迄今仍并无自强之实。"奕䜣等人进一步认为，洋务运动收效甚小的原因，是"歧于意见、致多阻格者有之，绌于经费、未能扩充者有之，初基已立、而无以继起久持者有之。同心少，异议多，局中之委曲，局外未能周知。"❶

于是，清廷发出上谕，谕令各省从"练兵、简器、造船、筹饷、用人、持久"等方面加强海防，并让李鸿章、沈葆桢、刘坤一、李鹤年等十五位地方大员在一个月之内详细筹议海防问题，上呈奏复之本。

这就是晚清时期发生的第一次"海防大筹议"，前后历时七个月。参与这次筹议之人，包括沿海各省的封疆大吏，动静很大。

1874 年 12 月 12 日，李鸿章的奏议复本上呈清廷。在奏折中，李鸿章认为今后对日本不可不防："目前惟防日本为尤急，洵属老成远见。"❷ 同时，李鸿章以发展的眼光谈到了筹划海防的重要性："总之，居今日欲整顿海防，舍变法与用人，别无下手之方。伏愿我皇上顾念社稷生民之重，时势艰危之极，常存欿然不自足之怀，节省冗费，讲求军实，造就人才，皆不必拘执常例，而尤以人才为极要。使天下有志之士，无不明于洋务，庶练兵、制器、造船各事，可期逐渐精强。"❸ 这篇奏折言辞恳切，是身为清廷洋务、外交大员的李鸿章发出的肺腑之言。

正在这些大臣的奏议复本陆续呈京时，中国西北的新疆地区也同时面临危机。东南沿海和西北边塞的防务在同一时间吃紧，清廷内部上演了一场"海防论"和"塞防论"的辩论，最终，清廷采取了"海防和塞防并重"的方针。❹

很可惜，清廷虽然在经历了日本侵台事件之后加强了海防，但过了一段时间后，清朝从中央到地方都是"好了伤疤忘了疼"，海防事务再次被搁置下来，除了少数人一直在坚持筹划海防之外，海防之事几乎无人问津。《同治甲戌日兵侵台始末》一书的"弁言"之中对此事做出了评价："等到事过境迁，一切便都松懈下来……单就曾为日本所觊觎的台湾而论，只要看看刘璈《巡台退思录》和《刘壮肃公奏议》二书所述光绪七年到十年间台湾的海防情况，就可证明这次筹议的办法并没有真正做到。"❺ 清廷没有将筹划海防之事贯彻到底，这也直接导致了中国海防持续薄弱，导致中国于十年后、二十年后再次挨打（中法战争、甲午战争）。

日本侵略台湾事件，是中、日双方在近代史上的第一战，之后，中、日之间又爆发了甲午战争、抗日战争等战争，所以，从中日关系史的角度而言，日军侵台这段历史虽然已经过去一百多年，但其深刻教训应该吸取。

---

❶ 台湾银行经济研究室.同治甲戌日兵侵台始末 [M]. 南投：台湾省文献委员会，1997：181.

❷ 台湾银行经济研究室.同治甲戌日兵侵台始末 [M]. 南投：台湾省文献委员会，1997：233.

❸ 台湾银行经济研究室.同治甲戌日兵侵台始末 [M]. 南投：台湾省文献委员会，1997：219.

❹ 参见第四章第十节"海防论"与"塞防论"。

❺ 台湾银行经济研究室.同治甲戌日兵侵台始末 [M]. 南投：台湾省文献委员会，1997：4.

第五节 "滇案"

日本侵台事件刚刚处理完毕，在中国的云南，又发生了一件边疆危机的事件——"滇案"。

两次鸦片战争之后，随着《南京条约》《天津条约》《北京条约》等条约陆续签订，英国的侵略势力已经渗透到中国沿海及长江流域各省，但是，英国的侵略步伐并未因此停止。19世纪60年代至70年代，英国又把侵略方向瞄准了中国的西南边陲。

英国将魔爪伸向云南，有其特定的历史背景与历史原因：

首先，英国国内生产原料不足、市场狭小，这促使其向海外扩张。

其次，1870年7月，《阿礼国协定》被英国政府否决，[●]这意味着英国想通过修改《天津条约》而扩大侵略的愿望没有实现，此时，既得的侵略利益已经远远不能满足英国的胃口，英国正在择机再次侵略中国。

第三，诸多西方列强逐步实现工业近代化，并开始争相侵略中国：1871年俄国侵占了中国西北的伊犁；1874年日本侵略台湾……更让英国感到紧张的是法国，法国对云南地区觊觎已久，并于1862年出兵越南，占领越南三省，之后又派人三次进入云南，率先探明了由越南进入云南的通道。这些事情让英国这个"老牌"的工业国家颇感压力，英国唯恐中国西南落入其他国家的势力控制范围，所以快马加鞭地对中国西南门户实施侵略，"以免法人由越南得着先鞭"[●]。

第四，英国通过两次英缅战争，已控制了缅甸南部的部分地区，称为"英属缅甸"，或"下缅甸"，云南西部已在英国势力范围的笼罩之下。1873年1月，云南的回民起义被清廷镇压，杜文秀建立的大理政权烟消云散，这又让英国入侵云南少了一些阻碍。

基于上述原因，想要进一步攫取利益的英国人，不断鼓吹一种新论调——"打开中国的西南后门"。

早在1868年，英属缅甸的斯赖登少校就率领了一支探险队，从缅甸八莫进入云南腾越地区（今云南省腾冲县），窥探了云南境内的大量地理、人文等情况。1873年夏，英国又想故技重施，准备成立一个探查团，经八莫进入云南。

几经筹措之后，英印政府决定派遣柏郎上校组成"新华西探路队"，由缅甸进入云南，目的是侦察中国西南边境的地理形势、贸易情况。"1874年6月13日，印度总督打电报给英国外交部，通知远征军（即柏郎的探险队）将于1874年11月起程，路线是从曼德勒到八莫，然后至腾越和大理。"[●]

为了使这个探险队顺利从缅甸入境，并展开对中国边境的侦察，英国做了四个方面的准备工作：

❶ 参见本书第三章第三节"清廷的新烦恼——修约"。

❷ 萧一山.清代通史（第3册）[M].上海：华东师范大学出版社，2006：795.

❸ 于乃仁，于希谦.马嘉理事件始末[M].德宏：德宏民族出版社，1992：22.

一、向清廷申请护照

中英《天津条约》的第九款约定，英国人可以前往中国内地游历、通商，但是必须要有护照。● 根据此条约的约定，1874 年 7 月 16 日，英国公使威妥玛派参赞梅辉立到总理衙门，请求总署发放护照，从而让柏郎率领的探险队顺利入境。

二、谎报探险队的人员数量

为了顺利拿到探险队的护照，英国参赞梅辉立声称印度总督只派了三四名官员前来云南。事实上，柏郎的探险队共有 193 人！这个团体包括有 16 名采集人和仆役，以及由 17 名印度的塞克教徒和 150 名缅甸人组成的一支警卫队；当最后集结的时候，所有属于这个远征队的人数为 193 名。● 对于过境人员的数量，英国使节撒了一个弥天大谎。

三、将探险队冠以"游历"之名

对于这支探险队的出行目的，英国人称"纯粹是为了勘察和报告……主要目的是勘查各个商业路线……尽量搜集旅途经过各地的情况、资源、历史、地理和商务的情报……"●，这是英国方面的一个障眼法。

四、派马嘉理前去云南接应

为了让探险队顺利过境，英国公使威妥玛精心挑选了一名精通中国语言的英国领事去云南接应，此人是英国驻烟台领事马嘉理。马嘉理前去云南的目的有二：一是送护照，并接引探险队过境；二是为探险队充当翻译。

马嘉理出发之前，威妥玛曾向马嘉理传达训令：这次探路队的目的是考察云南边界贸易，原定目的地是大理，但是对中国官员切勿提起通商和大理；勿绘图测量或于人口稠密的附近地方打枪猎鸟，引起人们的注意。●

从英国的上述举动来看，其侵略西南的意图已经非常明显。如果这支探险队是出于科研考察、游历之类的单纯目的而入境，也就无可厚非，但英国的这种"游历"明显是一个骗局。姑且不论这支探险队的真实目的，仅从探险队的内部构成、人员数量等方面来看，就已经显得动机不良。

总理衙门的大臣们也不傻，他们已经嗅到这支探险队的侵略意图，据奕䜣的奏折所载：

英人蓄意欲由印度至滇开通陆路，设领事通商……英人拟由印度历西藏至滇蜀，复与缅甸立约通商，即由缅境历猛卯、蜡撒各土司界，自西南而来，其途更近。●

恭亲王奕䜣明知英国人不怀好意，但苦于应付日本侵略台湾事件，无暇顾及英国这

---

❶ 王铁崖. 中外旧约章汇编（第 1 册）[M]. 北京：生活·读书·新知三联书店, 1957: 97.

❷ [美] 马士. 中华帝国对外关系史（第 2 卷）[M]. 张汇文, 等译. 上海：上海书店出版社, 2006: 303.

❸ 王开玺. 晚清南国 [M]. 北京：东方出版社, 2015: 52.

❹ 王绳祖. 中英关系史论丛 [M]. 北京：人民出版社, 1981: 86.

❺ 王彦威, 王亮. 清季外交史料（第 1 册）[M]. 长沙：湖南师范大学出版社, 2015: 6–7.

支探险队，况且中英《天津条约》也明确约定英国人可以持护照到内地游历，所以，总理衙门最终还是向英国使节签发了护照。

奕䜣毕竟是多年与洋人打交道的外交官员，他在向英国公使发放护照后留了一个心眼，致函云贵总督岑毓英："该翻译官（马嘉理）到境量为照料……留意预伐其谋。"● 可以看出，奕䜣对待这个探险队的态度是矛盾的，一方面叮嘱岑毓英要对其"量为照料"，一方面又要"预伐其谋"（防止英国人开通陆路、设领事通商的阴谋），这对于岑毓英来说无疑是一个大难题。岑毓英接到这个指示后，面对这支明显是来意不善的探险队，要想同时做到这两点，似乎并不可能。

马嘉理拿到护照后，于1874年8月22日从上海出发。1875年元月，马嘉理到达云南边境的蛮允，在蛮允期间，马嘉理还得到李珍国（前署腾越镇左营都司、副将衔候补参将）的款待。1875年1月17日，马嘉理到达缅甸的八莫，与柏郎上校的探险队会合。

柏郎上校与马嘉理会合后，其率领的探险队整装待发，并于2月6日从八莫出发，18日越过中缅边境的红蚌河，向中国的蛮允进发。此时此刻，这支英国探险队的行为，已然构成非法越境，这无疑是违反了当时的《国际公法》，严重侵犯了我国的主权。

探险队入境后，腾越厅（今云南德宏及腾冲一带）的民众面对这支突如其来的外国探险队，纷纷传言这些人"来腾（越）设立洋行，并有洋兵数百人，携带军火，欲借通商为名，袭据腾越"●。另一方面，探险队也从缅甸人口中听说中国境内有武装力量埋伏，准备阻拦他们的前进。听到这个消息后，马嘉理率领6名中国随从先行探路。

2月21日，马嘉理及其随从在距离蛮允约两公里的地方，与当地的一百余名民众相遇，当地人民让马嘉理离境，马嘉理非但不服从，还向当地人民开枪逞凶。当地人民瞬间就恼怒了，将马嘉理及几名随行的中国人杀死。次日，柏郎率领的探险队在营地遭到两千余名当地民众的阻击，之后探险队仓惶退回缅甸的八莫。

这就是1875年发生在云南腾越厅一带的"滇案"，这个案件是"马嘉理被杀事件"和"柏郎率领的探险队受阻事件"的合称。这个案件的关键之处在于"谁是杀害马嘉理和拦击柏郎探险队的主要责任者"，即"谁是幕后真凶"。

第六节　案件的众多谜团

"滇案"发生后，由于找不到幕后的真凶，所以这个案件起因也成为了未解之谜。

目前，关于"滇案"的起因，即"谁是杀害马嘉理和拦击柏郎探险队的主要责任者"，主要有四种说法：

第一种说法认为，"滇案"是中国边民发动的一次偶然性的暴动，并无幕后主谋。这种观点的主要根据是云贵总督岑毓英在事后调查此案后得出的结论，岑毓英认为"滇案"的发生是因为中国的边民"见财起意，遂纠众拦路抢劫"。●

● 王彦威，王亮.清季外交史料（第1册）[M].长沙：湖南师范大学出版社，2015：6-7.
● 萧一山.清代通史（第3册）[M].上海：华东师范大学出版社，2006：796.
● 王彦威，王亮.清季外交史料（第1册）[M].长沙：湖南师范大学出版社，2015：15.

第二种说法认为，"滇案"的主要责任者是云南边疆的官员李珍国。主要依据是四川总督李瀚章在事后调查此案之后得出的结论："李珍国计阻洋人入境……惟各路之布置，皆李珍国一人之主谋，无由治其胁从，应即咎其主使。"❶

第三种说法认为，"滇案"的主要责任者是清廷。主要依据是英国公使威妥玛的指控："关于滇案的真正罪责……我确信，摩民（腾越）当局，如人所说，是对调动军队拦击柏郎负有责任；云南政府对摩民当局所发布的命令负有责任；北京朝廷对云南政府可能发出的训令负有责任。"❷

第四种说法认为，"滇案"的主要责任者是缅甸政府。主要依据是探险队的柏郎上校的指控："杀害马嘉理和拦击柏郎探路队的主要责任应落在缅甸政府一方，其次才是云南边界的中国官员。"柏郎上校认为，缅甸国王和八莫缅官"充分知道即将发生的事件，但是直到我们走进了中国国境，没有让一点消息透到我们的耳朵里，不仅没有给我们警告，而且有理由相信，宫中对我们立即被消灭的前途，曾感到极大的欣慰"❸。

这四种说法各有道理，也各有漏洞，而"滇案"从发生到处理完毕，中、英双方也一直在竭力寻找关于幕后真凶的有力证据。可惜，当时调查此案之人并未找到任何确凿的证据，所以上述的各种说法由于缺乏证据证实，只能称之为"猜测"。

尽管案件的起因扑朔迷离，但学界的主流观点一直认为"滇案"的性质是一场"爱国主义运动""反侵略战争""反殖民主义运动"，这种观点在《马嘉理事件始末》一书中有详细论述，该书作者认为，"滇案"是"正义的力量与邪恶的势力狠狠地碰在一起，展开了一场激烈的厮杀"❹。

近年来，随着对"滇案"研究的深入，一些学者对"滇案"的性质持有不同的观点。吕蒙在《滇案与〈烟台条约〉再研究》一文中提出了一个新颖的观点，他认为"滇案"虽然是英国的侵略事件，但直接的责任却在中国：

对于滇案的发生，大多是从反侵略的角度，对这一事件的责任人大家赞扬，认为是爱国、反侵略的义举。事实上，滇案的发生固然在于英国企图把势力渗入中国云南，但是直接的责任却在中方。

按照这种逻辑，"滇案"的性质似乎并不构成"反侵略战争"。为了印证这个结论，吕蒙阐述了以下几点论据：

论据一：长期以来，学术界笼统地把滇案定性为人民群众采取的与清政府妥协投降完全相反的反侵略义举，今天看来似有不妥。史学界长期以来似乎就有一种偏向，凡是与外国人发生冲突，引起争端，不管是什么人处于何种动机，以何种方式，一概简单地视为中国人民反抗外来侵略的壮举，这个不能不说是在极"左"思潮影响下的一种公式化、模式化的思维方式，这不利于正确地总结历史的经验、教训。

论据二：马嘉理由京至滇入缅往迎由缅入滇的柏朗一行，是得到了清政府允许的，

❶ 王彦威，王亮.清季外交史料（第1册）[M].长沙：湖南师范大学出版社，2015：88-89.

❷ 王绳祖.中英关系史论丛[M].北京：人民出版社，1981：102.

❸ 王绳祖.中英关系史论丛[M].北京：人民出版社，1981：99,100.

❹ 于乃仁，于希谦.马嘉理事件始末[M].德宏：德宏民族出版社，1992：51.

持有总理衙门的护照。护照共两纸，其一载明 4 人来华，其二载明 1 人从华赴缅。因而往返滇缅交接并非是"擅自越过中国边境"。

论据三：英国勘探队是一支勘探性质的队伍，并非"侵略军"。柏朗所率领的 190 人中，有 150 人是缅甸政府为柏朗一行派出的缅人卫队。缅甸政府出于外交上的考虑，派出 150 人组成了卫队护送柏郎通过中缅交界双方均不设防的丛山野岭中的所谓"野人区"。这支武装队伍是自卫性质的武装队伍，并非侵略性质的队伍。●

这个观点明显是站不住脚的！提出这个观点的学者，能够采用"不偏不倚"的冷静方法来分析"滇案"，这种研究精神值得肯定，但是由于其在论据方面出了问题，因而得出了不正确的结论。

想要认定"滇案"的性质，必须要从这个事件的起因、经过、结果、责任主体等方面来分析。

一、从事件起因来看

"滇案"的发生源于动机不良的英国人，他们希望把势力渗入到云南，从中国的西南地区攫取侵略的利益。

二、从事件经过来看

英国公使向清廷申请护照时，声称只有三四人过境，清廷也依照《天津条约》的约定发放了四个人的护照。然而，英国方面真正从缅甸过境的并非只有 4 人，而是 193 人的大队伍！这 193 人中，就算有 4 人是持护照合法入境，但是还有 189 人，难道剩下的这 189 人是在合法入境？当然不是！认定这个问题不能以偏概全，不能以清廷发放了 4 个护照，就简单地认定 193 人的过境行为都合法。英国探险队非法入境的行为不但违反了《国际公法》，侵犯了我国主权和威胁我国的国家安全，同样也违反了中英《天津条约》中"必须持护照才能到内地游历"的约定。

三、从事件的责任主体来看

杀死马嘉理的民众共一百余人，参加阻击探险队之战的人共有两千多人，这些人大多数是云南当地的景颇族，也有部分傣族和其他民族。这两千多人的队伍，并非偶然地聚集到了一起，而必然是有幕后的策划、主使。对于"谁是幕后主使"这个问题，从案件发生后，清廷和英方就各执一词，争论不休。根据目前的史料，根本找不到任何有关当时的幕后主使的确切证据。也就是说，"滇案"的责任主体目前在学界尚无定论，在无法找到确切证据证明谁是责任主体的情况下，中国不应作为直接责任的一方。

四、从事件的结果来看

"滇案"直接导致了英国领事马嘉理被杀、柏郎上校率领的探险队被阻。这个结果是英国人自卫，还是他们咎由自取？既然之前英国公使口口声声说只是过境"游历"，而为何过境的探险队却还带有军火，还有缅甸人的警卫队？马士在《中华帝国对外关系

● 吕蒙.滇案与《烟台条约》再研究 [D]. 贵阳：贵州师范大学,2007.

史》中这样说："腾越城，它在二十年来曾经是一个回民的堡垒，并且只是在过去的十八个月内，才恢复了帝国的统治；派遣一支武装队伍进入那样一个混乱的地区，即使它的目的是和平的，但是却在中国官吏的睦邻工作上以及在他们的抑制扰乱（不论是预谋的或者不是预谋的）能力上，加上了一种过分重大的责任。"❶腾越厅一带本来就民族众多、动荡不安，探险队过境后，在听闻前方有埋伏的情况下，仍旧贸然前进，这必然要导致双方交火、血案发生。所以，探险队带军火过境的行为，并非自卫，而是开衅，最终的血案，是其咎由自取。

综上，关于"滇案"性质的结论毋庸置疑，这是一场云南边民反对侵略的战争！

"滇案"发生后，英国方面坚持认为他们的探险队是无辜一方，也是受害一方，因为探险队持有总理衙门盖印的护照却在中国边境遭到杀害。事已至此，不论"滇案"的性质如何，也不论责任主体在谁，面对已经发生的血案，当时的清廷所要面对的，是英国方面的发难，因为英国公使威妥玛根本不会轻易放过这个向清廷讹诈的良机。

第七节　英国的三次外交讹诈

"滇案"发生后，英国人找到了借题发挥的口实，准备以外交谈判的方式对清廷实施讹诈。

1875年3月13日，英国公使威妥玛照会总理衙门，称："云南腾越一厅大员前调兵勇三千人，将本国官员等狙杀，马翻译及随同华人数名均遭杀戮。"紧接着，威妥玛指控了幕后真凶："查前来攻击兵勇等之统领，即南甸员李之亲侄。"❷威妥玛的这个指控，并无实质证据，况且他指控的这个副将衔候补参将李珍国，还专门款待过马嘉理。

随着威妥玛的指控，中、英双方针对"滇案"的交涉正式拉开了帷幕。

一、英国的第一轮外交讹诈

1875年3月19日，威妥玛正式向总理衙门发出照会，向清廷提出六项要求：

第一，中、英双方共同派人到云南腾越厅，调查"滇案"。

第二，总理衙门重新发放护照，印度政府要重新派遣探险队入滇。

第三，清廷向英国赔偿白银十五万两。

第四，中、英立即协商"优待驻京公使"的办法。

第五，中、英协商英国商人的税务问题。

第六，解决历年各地的未结案件，向英国商人做出补偿。❸

威妥玛提出的这六项要求，只有前三项与"滇案"有关，后面三项与"滇案"简直风马牛不相及。不难看出，英国在借机利用"滇案"大做文章，想进一步扩大侵略利益。

❶ [美]马士.中华帝国对外关系史（第2卷）[M].张汇文，等译.上海：上海书店出版社，2006：307.

❷ 王彦威，王亮.清季外交史料（第1册）[M].长沙：湖南师范大学出版社，2015：7.

❸ 王彦威，王亮.清季外交史料（第1册）[M].长沙：湖南师范大学出版社，2015：8.

清廷意识到事态的严重性，于 1875 年 3 月 21 日发布上谕，谕令云贵总督岑毓英彻查此案。岑毓英的关键任务，是要查出"滇案"的幕后真凶。

3 月 22 日，总理衙门针对威妥玛提出的六项要求，回复威妥玛："对马案允调查偿款。"❶ 总署只是"允调查偿款"，对威妥玛提出的其他事项概不提及。威妥玛立即威胁总署，让其必须答应前三项要求，否则英国将"下旗断交"，使馆全体人员离开京城。

4 月 3 日，威妥玛果然离开了北京，前赴上海。威妥玛此去上海其实是有其他目的（便于与英国政府联系），但他这种故作骄纵的行为，对清廷还是起到了恫吓的作用。与此同时，总理衙门还听闻威妥玛与俄国使臣秘密协商，将来如果英国出兵云南，俄国也同时出兵伊犁，让中国"首尾不能相顾"。此外，海关总税务司赫德也来到总理衙门，称"英国现派兵五千人，由缅甸蓝贡海口至云南交界处所驻扎"❷。

面对英方咄咄逼人的态势，总署大臣吃不住惊吓，他们出于"大局攸关，实非浅鲜"❸ 的考虑，答应了威妥玛所提的前三项要求。这三项要求之中，清廷对第一项要求比较重视，所以清廷于 6 月 19 日任命四川总督李瀚章（后调任湖广总督）为钦差大臣，前往云南查办"滇案"。在谕旨之中，清廷饬令李瀚章查清以下问题："马嘉理由缅入滇究在何处失事？是否野人冒名嫁祸，抑系参将李珍国旧勇所为？"❹ 英国方面，威妥玛也派参赞格维纳前赴云南调查"滇案"。

李瀚章动身前往云南还需一段时间，所以这段期间内，仍是云贵总督岑毓英在案发一线查办"滇案"。1875 年 4 月 14 日，岑毓英致函总理衙门，称其"已奏委总兵杨玉科、道员陈席珍、知府徐承勛驰往永昌、腾越，督同地方文武赴盏达一带（腾越厅属盏达土司地）认真查勘"❺。1875 年 7 月 14 日，岑毓英将三个月以来的调查结果上奏清廷，调查结果主要有三个内容：

第一，威妥玛指控"李珍国是幕后主使"一事是诬告。

第二，此案的凶犯是当地的"野人"（当地原住民），马嘉理被杀一事是当地原住民"见财起意，遂纠众拦路抢劫"。

第三，本案的责任主体是马嘉理，马嘉理"慢藏诲盗，祸由自取"，而案件发生在土司管辖之地，所以该地土司也应负责。❻

清廷曾下旨要对此案"澈底确查，秉公办理"❼，但岑毓英迫于种种压力，在缺乏确凿证据的情况下，草率地将"野人"定为主犯。岑毓英查案查了近四个月，不仅浪费了案发之后查清案件事实的宝贵时间，而且查了半天居然没找到主谋！

❶ 郭廷以. 近代中国史事日志（上册）[M]. 北京：中华书局，1987：601.

❷ 王彦威，王亮. 清季外交史料（第 1 册）[M]. 长沙：湖南师范大学出版社，2015：8.

❸ 王彦威，王亮. 清季外交史料（第 1 册）[M]. 长沙：湖南师范大学出版社，2015：9.

❹ 王彦威，王亮. 清季外交史料（第 1 册）[M]. 长沙：湖南师范大学出版社，2015：14.

❺ 屈春海，谢小华. 马嘉理案史料（一）[J]. 历史档案，2006（1）：28.

❻ 王彦威，王亮. 清季外交史料（第 1 册）[M]. 长沙：湖南师范大学出版社，2015：15-16.

❼ 王彦威，王亮. 清季外交史料（第 1 册）[M]. 长沙：湖南师范大学出版社，2015：9.

二、英国的第二轮外交讹诈

岑毓英定案结论已出，但是英国方面对这个定案结论并不满意，认为岑毓英"涉嫌指使敷衍诿过，应将其革职"❶。总理衙门预料到英国公使会再次发难，遂委托直隶总督兼北洋大臣李鸿章出面与英国方面谈判。在总署大臣眼中，李鸿章颇具与洋人打交道的经验，派他去谈判很合适。

1875 年 8 月 3 日，威妥玛在天津与李鸿章会晤。这次会晤，威妥玛完全不顾外交礼仪，大肆咆哮、出言讥讽，威妥玛说：

> 总理衙门大臣，皆喃喃学语之小儿耳，挈之则号哭，抚之又娇惯。❷

> 自咸丰十一年到今，中国所办之事，越办越不是，就像一个小孩子，活到十五六岁，倒变成一岁了……其中三人（总署大臣文祥、宝鋆、沈桂芬）表示极端顽固的倾向。❸

威妥玛不但态度骄纵，而且狮子大开口，向清廷提出七项要求：

（1）优待驻京公使。

（2）整顿商务。

（3）派员护送格维纳参赞由滇赴缅。

（4）将来印度再派人入滇，清廷须护送。

（5）降旨诘责岑毓英办案失职。

（6）中国派钦差大臣到英国，向英国君臣公开道歉。

（7）以上谕旨必须明发，刻在京报。❹

威妥玛看准了清廷的懦弱，所以于第一轮外交交涉中只提出 6 项要求，在这次交涉中居然提出了 7 项。按理来说，英方的马嘉理在"滇案"之中也有一定责任，但是，清廷大员的定案结论中并未找到真凶，所以毫无谈判的"制高点"，这让英国方面更加嚣张，从而趁机加重谈判砝码，敲诈勒索。

自 1875 年 8 月至 1876 年 2 月，中英双方进行了多次外交谈判，清廷不断妥协，大体上接受了英方提出的 7 项要求。

就在李鸿章与威妥玛谈判期间，负责查办"滇案"的钦差大臣李瀚章于 1875 年 11 月 22 日抵达昆明，开始针对"滇案"展开调查，并邀请英国参赞格维纳前往观审。五个月后的 1876 年 4 月 20 日，李瀚章将调查结果上奏清廷。李瀚章的调查结果与岑毓英的调查结果有出入，主要内容有：

第一，李珍国应负主使责任，"李珍国计阻洋人入境……惟各路之布置，皆李珍国一人之主谋，无由治其胁从，应即咎其主使"。

❶ 萧一山.清代通史（第 3 册）[M].上海：华东师范大学出版社，2006：796.

❷ 徐珂.清稗类钞（第 1 册）[M].北京：中华书局，2010：457.

❸ 王绳祖.中英关系史论丛 [M].北京：人民出版社，1981：119–120.

❹ 王彦威，王亮.清季外交史料（第 1 册）[M].长沙：湖南师范大学出版社，2015：44.

第二，杀害马嘉理的人是"山匪"，杀人动机是"索过山礼"。[1]

李瀚章的调查结论比岑毓英高明得多，首先，他将"马嘉理被杀""探险队受阻"两个事件分开调查，认为马嘉理被杀的责任在于"山匪"，探险队受阻的责任在于李珍国；其次，他将有关涉事者的处理意见呈报朝廷：11名"匪犯"建议判处死刑；李珍国暂行革职。

李鸿章与威妥玛多次谈判，清廷也基本接受了威妥玛提出的七点要求；另一方面，清廷接到李瀚章的详细调查结论之后，认可这个定案结论。之前，威妥玛一直指控李珍国是幕后指使，清廷此时也认可了李瀚章的调查结论，认定李珍国是主谋，中、英交涉至此，"滇案"似乎可以得到了结。

三、英国的第三轮外交讹诈

正当"滇案"看似快要了结之时，英国使节得陇望蜀、欲壑难填的嘴脸再次呈现。

1876年5月12日，威妥玛与总署大臣沈桂芬、董恂等人会晤。在这次会面中，威妥玛竟然对李瀚章的调查结论提出质疑，其陈述如下：

> 供招中确未有腾越绅士之供。现将钦差复奏各情与印度访查各节逐一酌夺，迥不相符。据李钦差三次奏折，看来初次说与岑抚台[2]无干，二次方说李珍国主使，此次所奏口供太少，亦多不实不尽……现在滇案所办不实，如止办野人，我不答应；如止办李珍国及吴同知等，我不答应；如止办岑抚台，我亦不答应。总须另有办法。[3]

之后，为了再次加重谈判砝码，威妥玛突然改口，不再认定李珍国是主谋，而是信口雌黄地称主谋是云贵总督岑毓英，并要求"岑毓英以及各官各犯，必须提京审讯；李瀚章、薛焕查办不实，亦应一并处分"，甚至加以威胁，"中国如不照办，是国家愿自任其咎，自取大祸"。[4]

对于威妥玛这种"提岑毓英赴京受审"的无理要求，清廷果断地予以拒绝。威妥玛抓住清廷不肯"提岑毓英赴京受审"的行径，于1876年6月2日再次向总理衙门发难，竟然又提出新的条件，共计八项：

（1）总署应上奏"滇案"详细经过以及钦差大臣具体查案经过，奏稿在上奏之前，必须经英国公使阅看。

（2）上述奏折及谕旨，必须张贴于全国告示之内。

（3）今后中国审理涉及英国人生命财产的案件，英国有权派员观审。

（4）云南应派员与英国官员商定边界贸易章程。

（5）允许英国在五年内向云南内地及四川重庆派驻领事。

（6）开辟奉天大孤山、湖南岳州、湖北宜昌、安徽安庆及芜湖、江西南昌、浙江温州、广东北海及水东为通商口岸。

❶ 王彦威，王亮.清季外交史料（第1册）[M].长沙：湖南师范大学出版社，2015：88-89.

❷ 岑毓英是云南巡抚，1873年又兼署云贵总督，故威妥玛称岑毓英是"抚台"。

❸ 屈春海，谢小华.马嘉理案史料（四）[J].历史档案，2007（1）：22.

❹ 王彦威，王亮.清季外交史料（第1册）[M].长沙：湖南师范大学出版社，2015：101.

（7）中国派遣使节携带对滇案表示惋惜的国书前往英国道歉，国书底稿须经英国公使阅看。

（8）中国对英赔款，数额由英方决定。❶

总署大臣同意了英方的大部分要求，但对赔偿数额有异议。威妥玛见状，于 6 月 15 日再次离京，"下旗断交"，谈判再次破裂。威妥玛离京之前，甚至还抛出"从前所议全为罢论"❷之言，态度何等骄纵，气势何等咄咄逼人！

威妥玛虽然表面强势，但却已是强弩之末，因为此时巴尔干半岛危机重重，英国大军集结于君士坦丁堡附近海面，根本不可能有过多的兵力投入中国。英国外相德比甚至于 7 月 8 日发电报指示威妥玛："非常盼望云南问题从速了结。"❸

可惜，清廷并不了解英国方面的情况，中英谈判再次破裂后，整个清廷愁云惨淡，紧张至极。为了防止英国真的出兵，总理衙门还奏请清廷下旨，让南、北洋大臣整顿海防，"万一竟致决裂，务期足资备御，以绥疆圉而顾全局"❹。清廷为了慎重起见，下旨饬令李鸿章、沈葆桢整顿海防、江防，"庶几有备无患"❺。

总署为了挽回局面，还特意请了海关总税务司赫德前往上海面见威妥玛，赫德也表示愿意居间说情。赫德于 7 月 15 日到达上海，随后面见威妥玛。7 月 16 日、17 日，赫德致函李鸿章，称：

> 威大臣（威妥玛）大约过一个礼拜要往烟台。如中国派大员往商，威大臣必可见他……该大员（清廷派出的大员）须奉有全权便宜行事之谕旨；此大员必有新样主意，商办事件要大方。❻

赫德这种"转圜"手段很高明，首先，此时的威妥玛已经黔驴技穷，他让清廷派员到烟台与威妥玛谈判，其实是在帮威妥玛找一个台阶下；其次，赫德认为这次在烟台谈判的中国钦差大臣必须"有新样主意""要大方"，说白了就是必须同意英方所有要求，不能讲条件。赫德名为"转圜"，其实是在向清廷施压。

1876 年 7 月 28 日，李鸿章上奏，认为不宜因"滇案"而与英国失和："此事究因滇案而起，似不值竟开衅端，且时势艰难，度支告匮，若与西洋用兵，其祸患更有不可测者。"❼当日，清廷同意了李鸿章的建议，并发布谕旨，任命李鸿章为全权大臣，赴烟台与威妥玛谈判。

❶ 王彦威，王亮．清季外交史料（第 1 册）[M]．长沙：湖南师范大学出版社，2015：102-103.

❷ 王彦威，王亮．清季外交史料（第 1 册）[M]．长沙：湖南师范大学出版社，2015：103.

❸ 王绳祖．中英关系史论丛 [M]．北京：人民出版社，1981：141.

❹ 王彦威，王亮．清季外交史料（第 1 册）[M]．长沙：湖南师范大学出版社，2015：107.

❺ 王彦威，王亮．清季外交史料（第 1 册）[M]．长沙：湖南师范大学出版社，2015：107.

❻ 王彦威，王亮．清季外交史料（第 1 册）[M]．长沙：湖南师范大学出版社，2015：108-109.

❼ 王彦威，王亮．清季外交史料（第 1 册）[M]．长沙：湖南师范大学出版社，2015：110.

第八节 《烟台条约》

1876 年 8 月 14 日，威妥玛抵达烟台；8 月 18 日，李鸿章也抵达烟台。8 月 21 日，中英烟台谈判正式开始。

8 月 26 日，英国海军司令赖德和兰伯乘坐"味吉兰特"号兵舰来到烟台，这次中英谈判，俨然是英国兵力挟持之下的一次谈判。此外，俄、德、法、美、奥、西班牙等国的驻京公使，以"避暑"为名，纷纷聚于烟台，美、德、法三国还将军舰停泊于港内。这些国家并不是来烟台凑热闹，而是要随时掌握中英谈判的动态。

谈判之中，李鸿章表示，如果要提岑毓英到京受审，就必须要拿出岑毓英是幕后主谋的确切证据。威妥玛根本拿不出确凿的证据，竟然再次改口，要无赖地指控幕后主使是清廷的军机处："此案若问真正罪人，不是野番，不是李珍国，也不是岑抚台，只是中国军机处。"● 9 月初，威妥玛故技重施，再次摆出一副要离开烟台前赴上海的姿态，"下旗断交"。

清廷及李鸿章不愿中英关系决裂，又迫于烟台附近英、美、德、法等国军舰的压力，所以基本上接受了威妥玛在谈判桌上提出的全部要求。

1876 年 9 月 13 日，中、英两国的代表签订了《烟台条约》。《烟台条约》共有三个内容，即"昭雪滇案、优待公使、通商事务"，共计十六款，在条约之后又有《另议专条》。

《烟台条约》的主要内容如下：●

第一，"昭雪滇案"，共计六款。

李鸿章应将"滇案"的经过、处理过程上奏清廷，奏稿须先经英国公使阅看，再由清廷发布谕旨，阐明"昭雪"的态度；奏折及谕旨必须张贴于全国告示之内，英国驻京公使可以随时派人到中国各地查看张贴情形；云南督抚应派员与英国官员商定边界贸易章程；允许英国在五年内向云南内地及四川重庆派驻领事；中国赔偿白银二十万两，作为马嘉理等人家属的抚恤费、办理滇案的经费开支以及历年来因办理欠妥应偿还英商损失之款；中国派遣使节携带对滇案表示惋惜的国书前往英国道歉，国书底稿须经英国公使阅看。

第二，"优待公使"，共计三款。

总理衙门照会各国驻京公使，共同商订礼节条款；中国在各通商口岸设立会审衙门，办理与英国人有关的命案或是盗窃案件时，英国派员观审；中国发生的涉外案件，均由被告人所在国的官员按照本国法律审理，原告所在国的官员只能在审案时在一旁观审。

第三，"通商事务"，共计七款。

在各通商口岸租界内免征洋货厘金；开辟宜昌、芜湖、温州、北海为通商口岸；允许英国派官员到四川重庆驻寓，察看川省英商事宜；允许外国轮船在大通、安庆、湖

● 王绳祖. 中英关系史论丛 [M]. 北京：人民出版社，1981：145.

● 王铁崖. 中外旧约章汇编（第 1 册）[M]. 北京：生活·读书·新知三联书店，1957：346–350.

口、武穴、陆溪口、沙市等地停泊上下货物及旅客；在各通商口岸如有尚未划定租界之处，由各国领事馆会同中国地方官将洋人居住区划分为租界；外国鸦片贩运中国，由英国公使申请英国政府同意制定办法，在入口处缴纳关税、避免偷漏，应缴厘金由各省根据情况自行酌办；重申洋货入口，进入内地时缴纳子口半税并领取半税单据，即可贩运各地，逢关遇卡，不再重征；英商贩运洋货的单据有效期为 3 年；广东海关在领海内设巡船稽查税务的活动，需要由英国、香港及中国各派一名官员共同制定章程加以限制；上述新增通商口岸及沿江 6 城市允许外轮停泊上下货物等条款，应在半年内付诸实施；关于外国鸦片贩运中国缴纳税厘的条款，要由英国与其他国家会商后再决定日期执行。

中英《烟台条约》虽然签订，但英国政府一直未予批准，所以一直没有生效。英国之所以迟迟未批准，在于条约的一些细节尚未落实。比如，英国公使请求慈禧太后召见外国的公使，并由大臣宣读关于"优待公使"的谕旨，清廷的官员对于这个请求持反对意见，称："大皇帝（光绪帝）冲龄，皇太后垂帘听政，万无召见外臣之礼，此层断办不到。"❶ 又如，英国政府以部分英商对"外国鸦片贩运中国缴纳税厘的条款"有不同意见为由，一直推宕批准条约之事。

之后的九年间，中英双方针对"鸦片税厘并征"的问题不断进行谈判，终于在 1885 年签订中英《烟台条约续增专条》。至此，英国政府才批准两个条约一起生效。

《烟台条约》给中国造成的影响是巨大的，英国侵略中国的"果实"好比一个雪球，越滚越大，《烟台条约》的签订，标志着英国攫取的侵略利益再创新高。对此，马士在《中华帝国对外关系史》一书中认为："《烟台条约》被称为中国对外关系史中的第三阶段，重要程度仅次于 1842 年和 1858 年的条约。"❷

此外，"滇案"的解决与中英《烟台条约》的签订，给中国的外交近代化进程带来了一个重要的影响是中国被迫地推进了外交近代化。

1876 年 12 月 3 日，清廷的兵部侍郎郭嵩焘登上海轮，前赴英国。郭嵩焘使团赴英的任务有二：

第一个任务，郭嵩焘向英国女王呈递国书，并表示对"滇案"的歉意。

清廷的致歉文书是《大清国皇帝致大英国后帝惋惜马嘉理国书》，该国书载："马嘉理持照入滇边境，惨遭被害，不但有关生命，并致几伤和好，朕深为惋惜……务望推诚相信，得以永臻友睦，共享升平。"❸

第二个任务，郭嵩焘的使团将作为中国在国外的第一个常驻使团。

在"滇案"发生之前，清廷也向国外派遣过外交使团，如斌椿使团、蒲安臣使团，但这些使团都是临时使团，旋即回国。郭嵩焘的使团是清廷派出的第一个常驻使团，这个使团在伦敦建立起第一个中国公使馆，这是中国外交近代化历程中的又一个重要历史事件。可惜，这种近代化不但来得被动，而且使团还肩负着向英国女王道歉的任务，羞辱至极！

❶ 陈恭禄 . 中国近代史（上册）[M]. 北京：新世界出版社，2017: 196.

❷ [美] 马士 . 中华帝国对外关系史（第 2 卷）[M]. 张汇文，等译 . 上海：上海书店出版社，2006: 321.

❸ 王彦威，王亮 . 清季外交史料（第 1 册）[M]. 长沙：湖南师范大学出版社，2015: 133–134.

仔细分析整个“滇案”，案件的发生是源于英国侵略的不义之举，谈判的主动权应在中国。但是，随着中国与英国进行的三轮外交谈判，英国公使威妥玛不断讹诈，而且愈演愈烈，其向清廷所提的要求从 6 项变为 7 项，由 7 项又变为 8 项。在这个过程里，中国何其被动，何其屈辱！

问题究竟出在哪？

首先，虽然清廷对“滇案”非常重视，但是对于案件的真凶，始终没有拿出有力的证据，这是致命的软肋，也导致英国人不断在真凶问题上钻空子，并在谈判条件上层层加码。

其次，“滇案”影射出的是中、英双方的外交斗争。通过这个时期清廷官员与英国使节的对答节略可知，清廷官员的外交能力比起之前大大提升，但是，这种外交能力仍旧处于稚嫩阶段。

第三，地方与中央之间配合失调。在“滇案”的处理阶段，地方官员或钦差大臣查案的经过与结论，直接影响了中央的外交，也不断让英国方面抓到漏洞。中央的外交谈判之所以频频受挫，很大一部分原因在于办理案件的官员的失察。

第四，边疆危机层出不穷。这个时期，中国的东南、西南、西北都出现了边疆危机，一方面，清廷疲于应付，另一方面，迫于国力弱尤其是海防弱等原因，不敢轻易开战，这让中国在处理“滇案”方面捉襟见肘，非常被动。

中英《烟台条约》签订后，英国的侵略步伐并未停止，因为《烟台条约》的附款《另议专条》是一个后患无穷的条款。该条款的内容如下：

英国计划派官员由北京前往甘肃、青海、四川、西藏等地区，探访路程，并由西藏出境赴印度。总理衙门应签发出境及入境的护照，驻藏大臣应对英国官员妥为照料。●

根据该条款的约定，英国人进入西藏地区是受清廷保护的合法行为。

果然，1879 年，英国又以“筑路”的名义，将魔爪伸向西藏，当英国人到达西康巴塘时，遭到当地藏民的阻截。1885 年，英国政府又派出一支“商务代表团”，由印度入藏，同样遭到藏民的阻截，英国使节通过外交交涉的方式，再次向清廷讹诈。

1888 年 3 月，英国悍然出兵，公开侵略西藏。在敌我力量悬殊的情况下，中国军队被迫撤退。胆颤心惊的清廷派谈判代表与英国议和，并于 1890 年、1893 年与英国签订《藏印条约》《藏印条款》，划分西藏与哲孟雄的边界，承认哲孟雄受英国的保护，也同意开放亚东为商埠。

英国侵略滇藏的历史，既是英国的侵略史，又是中国的屈辱史，国人应当铭记！

● 王铁崖. 中外旧约章汇编（第 1 册）[M]. 北京：生活·读书·新知三联书店，1957: 350.

第九节　后院起火，俄占伊犁

新疆自古以来就是中国的领土。1759 年，清廷将西域改称"新疆"，并开始在新疆各地置官立府，行使对天山南北各地的管辖治理权。当时的新疆并非行省，而是一个府，该地的最高军政长官是"伊犁将军"。

《清史稿》记载："同治以来，回疆不靖"❶，其实在同治帝之前的两次鸦片战争期间，沙俄就已经对中国的西北边疆实施了大量的侵略活动，并强迫清廷签订了中俄《伊犁塔儿巴哈台通商章程》《天津条约》《北京条约》《勘分西北界约记》《科布多界约记》等不平等条约，通过这些条约，沙俄不但攫取了大量侵略利益，还割占了中国西北地区的大片领土。这些条约之中，中、俄双方于 1851 年 8 月 6 日签订的《伊犁塔儿巴哈台通商章程》是近代史上中、俄签订的第一个不平等条约，这个条约让沙俄收获满满，也让沙俄尝到了侵略的甜头，据夏笠考证，这个条约签订后，"仅仅就贸易而言，沙俄在中国西北边境地区的输出额就由 1850 年的 211.516 卢布增至 1854 年的 652.127 卢布，四年间增长了两倍多。"❷

19 世纪 70 年代之后，沙俄针对我国西北边疆，又开始了新一轮的侵略活动。

一、阿古柏政权

1862 年，陕西爆发回民起义，随后，甘肃、青海等地的回民也群起响应，西北政局一片大乱。

1864 年，在陕甘回民起义的影响下，新疆地区的库车、伊犁等地也相继爆发了起义。1865 年之后，新疆地区一共盘踞了五个反清割据势力，而且互不相属。这五个割据势力包括：

第一，白山派头目托合提马木提文来姆称王，建立以南疆喀什噶尔为中心的政权，不久，柯尔克孜族头目司迪克攻占了喀什，登上王位。

第二，妥明自称"清真王"，建立以北疆乌鲁木齐为中心的割据势力。

第三，热西丁自称"汗和卓"，建立以库车为中心的割据势力。

第四，迈孜木杂特自称"苏丹"，建立以伊犁为中心的割据势力。

第五，哈比布拉自称"帕夏"，建立以和田为中心的割据势力。❸

这些割据势力排满反汉、互相攻伐，而清廷忙于应付捻军起义及陕甘地区的回民起义，对新疆地区的这些割据势力根本无力剿伐。

以司迪克为首的喀什噶尔割据势力，为了控制喀什噶尔地区的局势，在久攻清军固

❶ 赵尔巽.清史稿·八旗志（第 5 册）[M] 天津：天津古籍出版社，2012：1849.

❷ 夏笠.第二次鸦片战争史 [M].上海：上海书店出版社，2007：84.

❸ 五个割据势力，参见《沙俄侵略中国西北边疆史》《中国历史辞典》、刘海荣《左宗棠收复新疆》、梁俊艳《阿古柏入侵新疆的罪行》、王绳祖《中英关系史论丛》等。

守的汉城（今疏勒）不下之时，竟然向中亚的浩罕国求援，这无疑是引狼入室的卖国行为！浩罕国在英国的支持下，派遣了一个叫阿古柏的人，率领大军侵入南疆。

1865年1月，阿古柏率军抵达南疆的喀什噶尔，随后，阿古柏率军相继攻灭了南疆的割据势力，先后侵占了喀什噶尔、英吉沙尔、和田、阿克苏、库车等城，并于1867年建立"政权"——"哲德沙尔汗国"。● 1870年，阿古柏继续入侵北疆的乌鲁木齐等地，消灭了以妥明为首的割据势力。至此，阿古柏政权控制了南疆全部地区和北疆的部分地区。●

不难看出，阿古柏率领的军队之所以能在短短的几年内就侵占中国新疆的大部分地区，主要原因是清廷的积弱，而直接原因是中国西北地区"后院起火"。正是因为新疆地区政局的大乱，反清割据政权林立，才导致阿古柏有机可乘，在入侵新疆后建立了政权。

二、俄国侵占伊犁

随着阿古柏政权的建立，虎视眈眈的沙俄看到了侵略中国西北边疆的良机。

俄国对新疆地区觊觎已久，在第二次鸦片战争中，俄国趁火打劫，对中国威逼利诱，于1860年、1864年强迫清廷签订了《北京条约》和《勘分西北界约记》，割占了中国巴尔喀什湖以东、以南的四十四万多平方公里的领土。1867年，沙俄政府发布命令，在中亚地区新占领的塔什干城建立"土耳其斯坦总督府"，下辖七河省和锡尔河省，● 考夫曼被任命为土耳其斯坦总督。

19世纪70年代，俄国再次将侵略方向瞄准了新疆的伊犁地区，这有以下几点原因：

第一，俄国通过两次鸦片战争，已采用鲸吞蚕食的方式割占了中国东北、西北的大量领土，这是其扩张主义的欲望所致，然而这种欲望是贪得无厌的。

第二，阿古柏之所以能在入侵新疆后顺利地建立"政权"、横行无忌，其中一个重要原因是得到了英国的支持。当时，中国正面临东南及西南的边疆危机（日本侵略台湾、英国意谋滇藏），俄国眼见其他国家都在侵略中国的边疆，颇感压力，唯恐落后于这些侵略国，所以决定对中国西北地区实施侵略。

第三，清廷的积贫积弱，导致了新疆地区的起义此起彼伏，而正因新疆地区局势的动乱，才让俄国人看到了侵占中国西北领土的可乘之机。阿古柏建立的"政权"虽然控制了南疆全部地区和北疆的部分地区，但并未控制伊犁地区，该地区仍是反清头目迈孜木杂特建立的"苏丹政权"在盘踞。正因如此，俄国开始垂涎伊犁地区。

起初，沙俄对于伊犁地区采取的入侵策略是"窥测方向，待机而动"，想通过诱骗

● "哲德沙尔"是维吾尔语音译，意思是"七座城池"，指喀什噶尔、英吉沙尔、叶尔羌、和阗、阿克苏、乌什、库车七城。

● 阿古柏割据势力并未控制北疆的伊犁地区，当时控制伊犁地区的仍是反清割据势力，是迈孜木杂特建立的"苏丹政权"。

● 七河省管辖的地区是沙俄通过《勘分西北界约记》所侵占的中国领土，锡尔河省管辖的地区是沙俄新占领的中亚各汗国的领土。

和拉拢的手段，控制伊犁地区的苏丹政权，进而达到侵略北疆的目的。❶随着阿古柏"政权"的稳固，沙俄为了防止阿古柏进一步扩张势力，于1871年初开始策划侵略伊犁地区的方案。

1871年2月和5月，俄国政府召开了两次特别会议，并下达了强占伊犁的命令。之后，俄七河省省长兼驻军司令科尔帕科夫斯基少将开始出兵伊犁。

1871年7月4日，俄国军队攻占了伊犁，这种侵略行为，是俄国趁火打劫的惯用伎俩，也暴露了其蚕食我国领土的巨大野心。

三、俄国拒还伊犁

总理衙门于1871年8月28日收到俄国使节倭良嘎里派人送来的信函，看完信函后，总署大臣大吃一惊，得知俄国已经侵占了伊犁。

在这封信函中，俄国恬不知耻地声称其占领伊犁是在帮助中国"防乱"："该城（伊犁）距俄国边境不远，伊犁未复，俄国边防终不能撤，屡请派兵往剿，并愿相助。"❷为了粉饰罪行，俄国又表现出一副慷慨之状，称其是在帮清廷"代为收复"伊犁："无久占伊犁之意，只以中国回乱未靖，代为收复。"此外，俄国声称只要清廷恢复了对新疆的统治，俄国就归还伊犁："俟关内外肃清，乌鲁木齐、玛斯纳各城克复后，即当交还。"❸在俄国人眼中，积弱的清廷再也不可能收复新疆了，所以俄国可以肆无忌惮地通过这种颠倒黑白、粉饰罪行的方式，达到永久侵占伊犁的目的。

1871年9月1日，奕䜣等大臣向清廷上奏此事。在奏折中，奕䜣等人认为清廷不能马上出兵伊犁，理由是"因甘肃关内尚未肃清，不能不由渐而及"❹。清廷当日发布谕旨，认为"此事关系甚重，亟应豫为筹划，以弭衅端"，派人前往伊犁地区，落实伊犁是否确实已被俄国人侵占，并派署理伊犁将军荣全驰赴伊犁，会见俄国七河省省长科尔帕科夫斯基，希望以外交谈判的方式将伊犁收回。❺

署理伊犁将军荣全等人查实伊犁已被俄国人侵占之后，于10月12日上了一封奏折给清廷："奴才荣全猝接此信（伊犁被侵占的信息），五内如焚，是俄人袭取伊犁，已属确实。"❻随后，荣全等人正式开始与俄国方面交涉。

中俄交涉旷日持久，但是收效甚微，在中俄的谈判过程中，俄国方面回避主要问题，根本不谈侵占伊犁一事，反而还提出在新疆全境通商、重新划定中俄边界及赔偿俄国损失等无理要求。比如，1872年2月13日，前科布多帮办大臣文硕的奏折中称："（俄国人）始终借口于协拏贼匪，继而又称会同查办积年拖欠俄商账目。"❼又如，1872年12

❶ 沙俄侵略中国西北边疆史编写组.沙俄侵略中国西北边疆史[M].北京：人民出版社，1979：207.
❷ 中华书局编辑部，李书源，等整理.筹办夷务始末（同治朝）[M].北京：中华书局，2008：3288.
❸ 袁大化，等.新疆图志[M].上海：上海古籍出版社，1988：489.
❹ 中华书局编辑部，李书源，等整理.筹办夷务始末（同治朝）[M].北京：中华书局，2008：3288.
❺ 中华书局编辑部，李书源，等整理.筹办夷务始末（同治朝）[M].北京：中华书局，2008：3289.
❻ 中华书局编辑部，李书源，等整理.筹办夷务始末（同治朝）[M].北京：中华书局，2008：3352.
❼ 中华书局编辑部，李书源，等整理.筹办夷务始末（同治朝）[M].北京：中华书局，2008：3416.

月 6 日，荣全的奏折称俄国人不让中国干预当地事宜："西湖人民，皆我们（俄国人自称）所属之内，我国大官无话，你们军营不可前往，西湖各村立有界限，贵国（中国）不可派员管理。如不遵我们文约，仍行混走，逐出甚易。"❶

正在中国与俄国交涉期间，阿古柏为了在新疆进一步巩固自己的统治，与英、俄两国沆瀣一气，相互勾结：

1872 年，俄国政府承认阿古柏为"哲德沙尔汗国君主"，沙皇政府与阿古柏签订了《俄国与喀什噶尔条约》，俄国获准在南疆地区进行贸易；

1873 年，阿古柏遣使土耳其，土耳其在英国的策划下，向阿古柏赠送了大批军火；

1874 年 2 月 2 日，阿古柏和英国签订了《英国与喀什噶尔条约》，英国取得了在阿古柏统治区通商、驻使、设领事等特权。

就这样，阿古柏"政权"彻底沦为了英、俄两国侵略新疆的傀儡，此事不仅表现了满清王朝的积弱，也侧面反映了英、俄两个列强之间的恶性竞争。

至此，阿古柏控制着南疆全部地区和北疆的部分地区，俄国又在"代收""代守"的谎言下强占了伊犁地区，拒不交还。一时之间，"外日强大，内日侵削"❷，清廷几乎丧失了对整个新疆地区的管制权。

新疆地区的局面错综复杂，形势岌岌可危，虽然清廷认为俄国侵占伊犁一事"关系甚重"，但毕竟有心无力，因为当时陕甘地区回民起义尚未肃清，清廷实在没有太多人力物力处理新疆事务。

1873 年，陕甘回民起义被清廷镇压，关内动乱已经基本肃清，清廷此时再不对新疆地区采取措施，后果将不堪设想！

第十节　"海防论"与"塞防论"

1873 年，陕甘地区的回民起义被镇压。清廷虽然恢复了对陕甘地区的统治，但新疆地区的局势仍然不乐观。

不巧的是，1874 年春，日本借口"牡丹社事件"悍然出兵台湾，清廷为了应付东南边疆的事宜，再次劳民伤财。

当时的清廷可谓腹背受敌：西北有阿古柏政权与俄国势力盘踞，东南台湾的战事又频频告急。在这种情势之下，西北和东南的边防事宜均需耗费巨大的财力、兵力、物力，对于二者孰轻孰重、孰缓孰急，清廷的官员们的观点出现了分歧，由此引发了一场"海防论"与"塞防论"的辩战。

一、"海防论"

直隶总督兼北洋大臣李鸿章认为"海防"重于"塞防"。1874 年 12 月 12 日，李鸿

---

❶ 中华书局编辑部，李书源，等整理 . 筹办夷务始末（同治朝）[M]. 北京：中华书局，2008: 3550.
❷ 中华书局编辑部，李书源，等整理 . 筹办夷务始末（同治朝）[M]. 北京：中华书局，2008: 3994.

章上奏了《详议海防折》，[1] 该折先点明"海防亟宜切筹"的主旨，之后详细阐述了"海防"重于"塞防"的四个原因：[2]

第一，大势所迫。当时各国都从东南海疆通商传教，"炮弹所到，无坚不摧"，且"一国生事，诸国构煽"，从这个局势来看，"海防"才是满清王朝的当务之急。

第二，"塞防"是肢体之患，"海防"才是心腹大患。新疆距离京城万里之遥，而且是"数千里之旷地"，"新疆不复，于肢体之元气无伤；海疆不防，则心腹之大患愈棘，孰重孰轻，必有能办之者"。

第三，新疆不能久守。"（新疆）北临俄罗斯，西界土耳其、天方、波斯各回国，南近英属之印度"，面对众多列强，就算勉强收复，也不能久守。

第四，财政拮据。按照清廷当时的财力，"实不及专顾西域"，而且，收复新疆之后每年还要花费三百余万银两来维持统治，实在是不值得。

此外，李鸿章针对海防和塞防的事宜，还向清廷提出了四点建议：

（1）训练水师，"敌从海道内犯，自须亟练水师"。

（2）以玉门关为断，只守关内，放弃关外。

（3）对于失守的边塞地区力图维持现状，"不必急图进取"，招抚当地"回酋"，"准其自为部落"，仿照云、贵的苗瑶土司制度，"奉正朔可矣"。

（4）已经出塞或尚未出塞的各军，"可撤则撤，可停则停"，节省下来的这部分饷银，"即匀作海防之饷"。

二、"塞防论"

陕甘总督左宗棠的意见与李鸿章不同，他认为"东则海防，西则塞防，二者并重"[3]。1875年4月12日，左宗棠上奏，针对李鸿章的"海防论"做了如下回应：[4]

第一，新疆地理位置极其重要。左宗棠认为："我朝定鼎燕都，蒙部环卫北方，百数十年无烽燧之警……重新疆者所以保蒙古，保蒙古者所以卫京师，西北指臂相连，形势完整，自无隙可乘。"这个观点正面驳斥了李鸿章的"放弃新疆论"，力陈新疆地区地理位置的重要性。

第二，针对已经失守的地区，倘若如李鸿章所言"准其自为部落"，则"必仍折入俄边"。

第三，此时陕甘大局已定，如果不抓住机遇规复新疆的领土，"将获目前局势且不可得矣"。

第四，针对李鸿章所言将塞防节省下来的饷银"匀作海防之饷"，左宗棠认为："夫使海防之急倍于今日之塞防，陇军之饷裕于今日之海防，犹可信也……停兵节饷，于海防未必有益，于边塞则大有所妨。"

---

[1] 当时日本侵台事件已经处理完毕，清廷让李鸿章等地方大员讨论海防事宜，并在一个月之内上呈奏议之本，故李鸿章的这篇奏折，既是奉上谕而筹议海防事宜，又在论述"海防"重于"塞防"。

[2] 中华书局编辑部，李书源，等整理. 筹办夷务始末（同治朝）[M]. 北京：中华书局，2008：3986-4000.

[3] 左宗棠. 左宗棠全集·奏稿（第6册）[M]. 刘泱泱，注解. 长沙：岳麓书社，2009：176.

[4] 左宗棠. 左宗棠全集·奏稿（第6册）[M]. 刘泱泱，注解. 长沙：岳麓书社，2009：176-183.

值得注意的是，左宗棠的观点并非"塞防"重于"海防"，而是认为"海防塞防二者并重"，换言之，海防与塞防不能偏废。左宗棠调任陕甘总督之前，曾在福建一手创办了福州船政局，[1] 他对于海防事宜尤其是造船事宜颇具心得，也深知海防的重要性。可是，当时"闽局（福州船政局）造船，渐有头绪，由此推广精进，成船渐多，购船之费可省，雇船之费可改为养船之费"，所以经费应该用在"刀刃"上，充作西北兵饷。

长期以来，不同的学者对晚清的这次"海防塞防之争"有着不同的评价。

蒋廷黻认为："边省虽然要紧，但是腹地倘有损失，国家大势就去了。反过来说，倘若腹地强盛起来，边省及藩属自然就保存了。左宗棠的言论比较动听，李的比较合理；左是高调，李是低调。"[2]

萧一山认为："若李鸿章则虽注重海防，固无往而不失败，责任未必尽由鸿章负之，但鸿章之豪气消沉，已不能与宗棠相比，故世称'曾左'，而不曰'曾李'者，可以知其因矣。"[3]

戚其章认为："这场争论的波及面甚广，几乎当时沿江沿海各省的封疆大吏都被卷入，尽管各有侧重，意见纷纭，但其效果却基本上是积极的，从而保证了决策的基本正确性。于是，不仅规复新疆的计划得以实现，而且海防问题也受到了更多的重视。"[4]

胡绳的观点最为极端，他认为："当时，李鸿章正在把国家财力大量用于经营他的北洋海军，所以他极力强调海防的重要，而视西北边防可有可无。左宗棠处于在西北地区拥有重兵的地位，使他不能不重视新疆问题。从本质上看，他们之间在新疆问题上的分歧，是要不要捍卫领土完整的问题，是在帝国主义势力压迫面前采取什么态度的问题。左宗棠在这个问题上的言行是符合中华民族的长远利益的爱国主义的表现。"所以，胡绳认为李鸿章"只能成为卖国的奴才"[5]。

关于这场"海防塞防之争"，双方看似是在争论"收复新疆还是放弃新疆"的问题，但从深层次分析，双方争论的其实是"在有限的财力下，海防与塞防何者为先"的问题。当时东南海疆有日军侵台，西北边塞有俄占伊犁，在这种"数千年来未有之变局"[6] 的背景下，清廷的官员们对于救国策略必然会萌发出一些思考，然而"仁者见仁，智者见智"，因此，海防塞防的这场争论也是在所难免的。

从本质上来说，不论是"塞防论"还是"海防论"，持有这些论调的人都是在救国，只不过李鸿章的策略是"下下策"，所以一直饱受诟病，被人骂作卖国贼。尽管李鸿章的"海防论"是"下下策"，但这种"下下策"是否能简单地与"卖国投降"划等号，这是值得商榷的。

❶ 参见本书第二章第九节"福州船政局"。
❷ 蒋廷黻. 中国近代史 [M]. 武汉：武汉出版社，2012：73.
❸ 萧一山. 清代通史（第 3 册）[M]. 上海：华东师范大学出版社，2006：764.
❹ 戚其章. 晚清史治要 [M]. 北京：中华书局，2007：28.
❺ 胡绳. 从鸦片战争到五四运动 [M]. 上海：华东师范大学出版社，2014：175-176.
❻ 中华书局编辑部，李书源，等整理. 筹办夷务始末（同治朝）[M]. 北京：中华书局，2008：3987.

第十一节　左宗棠收复新疆

左宗棠决心克复新疆，其"塞防论"的观点也得到了武英殿大学士、军机大臣文祥的大力支持。值得庆幸的是，清廷权衡利弊之后，最终采纳了左宗棠等人的意见。

1875年5月3日，清廷任命左宗棠为钦差大臣，督办新疆军务，随后又命直隶总督李鸿章督办北洋海防事宜，命两江总督沈葆桢督办南洋海防事宜。

左宗棠被任命为督办新疆军务的钦差大臣后，花了近一年的时间，做足了出兵新疆的准备工作。这些准备工作包括：

第一，制定作战方针。

左宗棠的作战方针有两点：其一，"缓进急战"，即充分准备，速战速决；其二，"先北疆后南疆"。

第二，筹备军粮、军饷。

军粮与军饷都是作战的重要保障。为了解决军粮问题，左宗棠分别从河西等地筹粮，并在归化设立了西征采运总局，在包头设立了分局。此外，左宗棠还使用就地采买、俄边采买的方式筹粮。秦翰才的《左文襄公在西北》一书中对左宗棠筹粮一事有详细记载：

> 截至光绪二年四月，由河西运存安西和哈密的，约一千万斤；由哈密运存古城子的，约四百万斤；从归化和包头运存巴里坤的，约五百万斤；从宁夏运存巴里坤的，约一百万斤；俄粮运存古城子的，也约有四百八十余万斤。❶

军饷方面，经过左宗棠的预估，大约需要一千万两。关键时刻，清廷出面主持大局，解决了这一千万两的难题：

> 由户部在所收海关洋税项下，一次提拨二百万两；由各省关把西征协饷尽先解足三百万两（福建省六十万两，广东省五十万两，浙江省四十万两，湖北省三十八万两，江苏省三十万两，山西省和四川省各二十万两，安徽省和闽海关各十万两，湖南省和山东省各六万两，河南省五万两）；剩下的五百万两，由左宗棠自借外债。❷

第三，部署军队。

左宗棠认为，"自古关塞用兵，在精不在多"❸，为此，左宗棠对军队做了裁并，精简队伍，并奏调老湘军统领、署西宁道刘锦棠担任西征军的总指挥。在左宗棠出关之前，先头部队刘锦棠、张曜所部，陆续经过肃州（今甘肃酒泉），开赴哈密等地。

经过一系列的准备之后，1876年4月7日，左宗棠由兰州移驻肃州，并留在肃州坐镇指挥。湘军将领刘锦棠于1876年4月27日开始西征，率领六万大军向新疆进军。清军所向披靡，用时不到两年，就收复了除伊犁之外的整个新疆地区的领土。

---

❶ 秦翰才.左文襄公在西北[M].长沙：岳麓书社，1984：111.

❷ 秦翰才.左文襄公在西北[M].长沙：岳麓书社，1984：118.

❸ 杨书霖.左文襄公全集·奏稿[M].台北：文海出版社，1983：1755.

左宗棠收复新疆的大小战争，大致可以分为三个阶段：●

第一阶段：北疆之战。

1876 年 8 月 11 日，西征大军收复黄田，17 日又收复古牧地；10 月 16 日，西征大军收复乌鲁木齐，11 月 6 日，又收复玛纳斯。至此，北疆完全克复。

第二阶段：吐鲁番之战。

此间，沙俄政府为了支持垂死挣扎的阿古柏政权，派出了一个代表团前往阿古柏政权的腹地，企图为阿古柏撑腰，也想借机窃取新疆西南部的大片领土和重要军事据点。不料，清军刘锦棠部以迅猛之势出兵达坂，达坂于 1877 年 4 月 19 日被清军收复。5 月底，恶贯满盈的阿古柏在库尔勒身亡，其"政权"随之覆灭。之后，左宗棠乘胜追击，命徐占彪、张曜等部出兵吐鲁番。4 月 26 日，西征大军攻克托克逊、吐鲁番。

第三阶段：南疆之战。

1877 年 10 月，清军分别克复库车、阿克苏。1877 年 11 月至次年 1 月，清军分别克复喀什噶尔、叶尔羌、英吉沙尔、和田。至此，沦陷十余年的新疆领土（除伊犁以外）全部被清廷收回。

左宗棠不负众望，挥师新疆后成功地收复了国土，维护了中国领土的完整，功在当代，利在千秋。左宗棠收复新疆之战，一方面，是中国近代史上少有的几次反对外国侵略并获得胜利的战役之一，极大地鼓舞了当时的中国人民；另一方面，收复新疆之战也给阿古柏、英俄等侵略势力予以沉重打击。为此，杨昌濬曾作一诗赠予左宗棠："大将西征人未还，湖湘子弟满天山，新栽杨柳三千里，赢得春风渡玉关。"●

左宗棠之所以能收复新疆，有以下几个方面的原因：

第一，制定正确的作战方针。

作战方针乃是用兵的根本，左宗棠的两个作战方针都制定得很成功。

关于"缓进急战"的作战方针，秦翰才做出如下评价：

文襄公自以为这一次战役，决机制胜，全在"缓进速战"四字……其意义差不多就像如今的闪电战……闪电战是一种科学化的战争，文襄公缓进速战的战略，依他种种计算，种种布置，实和闪电战相仿佛。●

"先北疆后南疆"的作战方针也是睿智的决策。左宗棠率领的清军，在结束了第一阶段的"北疆之战"后，将敌人全部压在天山南路，既让敌人处于清军的包围之下，又保证了后路清军的安全，为第二阶段和第三阶段的决胜之战提供了充分的准备。

第二，战前充分准备。

左宗棠用了近一年的时间筹备军粮、军饷，正所谓"不打无准备之仗"。事后证明，左宗棠的这些准备工作发挥了重要的军事作用。

另外，左宗棠也善于用人，其麾下的良将刘锦棠、张曜等人为收复新疆的大业做出巨大贡献，《清史稿》给予了刘锦棠、张曜等人极高的评价：

● 左宗棠收复新疆的各战役，参见《沙俄侵略中国西北边疆史》、萧一山《清代通史》、崇汉玺《论左宗棠收复新疆》等。

● 萧一山. 清代通史（第 3 册）[M]. 上海：华东师范大学出版社, 2006: 792.

● 秦翰才. 左文襄公在西北 [M]. 长沙：岳麓书社, 1984: 133–134.

从左宗棠立功西陲最名者，湘军中称二刘，豫军中称曙。之数人者，投袂攘难，不数月，廓清万里，虽张骞、班超，奚多让焉！●

第三，得到清廷的支持。

当时海防吃紧，朝廷财政困难，左宗棠虽有一腔热血，但若没有文祥、王文韶、丁宝桢等人的支持，慈禧太后也不一定会做出"海防与塞防并重"的正确决断。

清廷对左宗棠西征军的支持，还体现在军饷方面。清廷曾传旨，让户部在海关关税下提银，又让各省一共凑足了三百万两的经费作为西北军饷，这对于左宗棠而言是莫大的支持！根据《剑桥中国晚清史》的记载：

左宗棠在军事上之能够取胜，是靠着从几家英国银行借得的五笔为数 1470 万两的贷款：它们由关税作担保，并且最后由关税（部分来源于 60% 的款项，部分来源于 40% 的款项）来偿还。●

第四，侵略势力"失道寡助"。

早在 1873 年 4 月 14 日，署理伊犁将军荣全就在奏折中说过："（新疆）兵民贫困，该俄曾散口粮，劝令归顺。兵民不从，亦不领粮，惟盼大兵早到，共图收复。"●这个现象说明新疆军民起码是一心对外的，阿古柏的残暴统治，加之英、俄侵略势力的横行，引起了新疆当地人民的强烈不满，这是这些侵略势力"失道寡助"的体现。

第十二节　中俄交涉，议收伊犁

1878 年初，除伊犁以外的新疆领土全部被清朝收回。盘踞新疆多年的阿古柏"政权"虽然覆灭，但伊犁地区仍在俄国人的占领之下。

俄国曾于 1871 年占领伊犁之时做出承诺，只要清廷恢复对新疆的统治，俄国就归还伊犁。此时，左宗棠已经收复了南疆、北疆，具备了俄国允诺归还伊犁的条件，所以，沙俄应当履行归还伊犁的诺言。

俄国方面的态度如何？

早在左宗棠出兵之前的 1876 年 4 月 23 日，俄国就召开了一次特别会议，会议决定，俄国将伊犁归还中国，但是中国必须允许俄国商人进入中国内地贸易，并将帖克斯川流域和莫萨尔山口让给俄国。●俄国这种"先议条件，后交领土"的行为，再次暴露了其狡诈、蛮横的嘴脸。

左宗棠收复新疆的大部分领土后，总理衙门的大臣与俄国使节针对归还伊犁一事展

● 赵尔巽.清史稿·刘锦棠传（第 10 册）[M] 天津：天津古籍出版社,2012:4162.

● [美] 费正清,等.剑桥中国晚清史（上卷）[M].中国社会科学院历史研究所编译室,译.北京：中国社会科学出版社,1985:501.

● 中华书局编辑部,李书源,等整理.筹办夷务始末（同治朝）[M].北京：中华书局,2008:3599.

● 王绳祖.中英关系史论丛 [M].北京：人民出版社,1981:178.

开多次谈判，但"往返照会数次，未有归宿"。[1]在这种情况之下，清廷转变了外交方针，准备派一个钦差大臣出使俄国，向沙俄政府直接交涉归还伊犁之事。

1878 年 6 月 22 日，清廷发布上谕，派盛京将军崇厚出使俄国，与俄国政府当面交涉。崇厚曾经于 1871 年作为谢罪使节出使法国，[2]在清廷眼中，崇厚"向能办事，于中外交涉情形亦俱熟悉"[3]，是出使俄国的最佳人选。

崇厚抵达俄国后，与俄国政府展开了历时九个月的交涉。沙俄的外交代表不但极力粉饰其侵略罪行，提出讹诈条件，而且对崇厚施加各种压力，玩弄各种手段。根据中国驻俄参赞邵友濂所称："我愈急，彼愈缓；我愈退，彼愈进。不餍其欲不止，餍其欲方止。"[4]

1879 年 10 月 2 日，崇厚在没有得到清廷批准的情况下，擅自与俄国签订了《里瓦几亚条约》，另有《瑷珲专条》《兵费及恤款专条》《陆路通商章程》。该条约的主要内容为：[5]

第一，中国仅收回伊犁城，但是，伊犁西境霍尔果斯河以西、伊犁南境特克斯河流域以及塔尔巴哈台地区斋桑湖以东的土地却划归俄国。

第二，赔偿俄国"代收、代守"伊犁的兵费以及恤款，共计五百万卢布（合银二百八十万两左右）。

第三，俄国在蒙古、新疆贸易免税，并增开三条通商路线：除了原有从恰克图至库伦，经张家口、通州到天津外，增加尼布楚至库伦；从科布伦多至归化，经张家口转天津；从新疆经嘉峪关、西安或汉中至汉口。此外，由陆路运入天津、汉口的俄国货物，进口税较海陆运入者减低三分之一。开放松花江，俄国商人在嘉峪关、乌鲁木齐、哈密、吐鲁番、古城、科布多、乌里雅苏台等七处增设领事。

这个条约毫无疑问是个丧权辱国的条约！俄国看似把伊犁交还清廷，但实际上该地区十分之七的领土割让给了俄国，得不偿失。此外，这个条约还约定了一系列有利于俄国的侵略条款：将喀什噶尔及塔尔巴台两处的双方边界做有利于沙俄的修改；赔偿俄国军费五百万卢布；免税贸易；增辟通商线路和增设领事。

崇厚在签订条约之前，曾将上述中俄议定的条款电告总理衙门，总理衙门认为这个条约对清廷不利。但是，身为钦差大臣的崇厚急于回国，竟然不等总署的最终同意，草率地在这个条约上签字。崇厚此举，既体现了其毫无外交经验，也体现了其昏聩卖国的无知！左宗棠的西征大军耗时近两年，成功收复南疆、北疆，然而，到头来竟然被崇厚换来了这么一个得不偿失的条约，不但丧权辱国，而且窝囊至极！

总理衙门得知崇厚已经在条约上签字后，大为震惊，称"伊犁已成弹丸孤注，控守弥难……收还伊犁与不收同，或尚不如不收之为愈"[6]，"查伊犁等处分界关系回疆全局，若任俄人侵占要隘，是名为收还伊犁，而准部与回疆形格势禁，反不如不收还之为

❶ 王彦威，王亮.清季外交史料（第 1 册）[M].长沙：湖南师范大学出版社，2015: 195.
❷ 参见本书第三章第六节"天津教案始末（下）"。
❸ 王彦威，王亮.清季外交史料（第 2 册）[M].长沙：湖南师范大学出版社，2015: 255.
❹ 沙俄侵略中国西北边疆史编写组.沙俄侵略中国西北边疆史 [M].北京：人民出版社，1979: 243.
❺ 王铁崖.中外旧约章汇编（第 1 册）[M].北京：生活·读书·新知三联书店，1957: 360–368.
❻ 王彦威，王亮.清季外交史料（第 2 册）[M].长沙：湖南师范大学出版社，2015: 322.

愈"❶。与此同时，朝野上下一片哗然，对崇厚口诛笔伐。两江总督沈葆桢认为："应将使臣（崇厚）所议作为罢论……若划地对抵，奚啻割无瑕之肉以补已溃之疮。"❷陕甘总督左宗棠认为："我得伊犁只剩一片荒郊，北境一二百里间皆俄属部，孤注万里，何以图存？……武事不竞之秋，有割地求和者矣。"❸张之洞认为："俄人索之可为至贪至横，崇厚允之可谓至谬至愚。"❹

不但中国国内沸腾，西方各国也感到惊讶，据《清代通史》记载：

外国官方报纸，无不同感惊异。因俄人强占伊犁，已属无理，而如约交还伊犁，乃属当然义务，其条件竟如此苛刻，较之鸦片战争与英、法联军之役，我国战败求和，殆犹过之而无不及也。❺

崇厚闯了大祸，清廷迫于舆论的压力，紧急做了四项补救措施：

第一，拒绝批准《里瓦几亚条约》。

清廷让大学士、六部九卿、翰詹科道妥议具奏崇厚私订的《里瓦几亚条约》。1880年1月21日，大学士、六部九卿、翰詹科道奏，崇厚所订条约"不可许者四端：一、伊犁、喀什噶尔、塔儿巴哈台各城定界；二、新疆、内外蒙古通商；三运货直至汉口。四、行船直至伯都讷惟"❻。1880年2月19日，清廷照会俄国政府："崇厚在俄国所议条约、章程、专条各款，'多有违训越权之处''事多窒碍难行'，不予批准。"❼

第二，问罪崇厚。

清廷于1880年1月2日传旨，将崇厚以"不候谕旨，擅自起程回京"之由交部严加议处。❽3月3日，清廷传谕，将崇厚判刑，定为"斩监候"。❾

第三，派曾纪泽出使俄国。

1880年2月19日，慈禧太后发布懿旨："着曾纪泽前往再行商办一切，妥慎将事。"❿曾纪泽是曾国藩的儿子，时任驻英法的公使、大理寺少卿、一等毅勇侯，清廷让曾纪泽再次出使俄国，是对崇厚越权私订条约一事的补救，要让曾纪泽改订《里瓦几亚条约》。

第四，军事准备。

清廷为了支持曾纪泽出使俄国并顺利改订条约，谕令左宗棠率军进驻新疆，左宗棠立即调度三路大军直指伊犁。

清廷拒绝批准《里瓦几亚条约》、降罪崇厚等补救措施，彻底激怒了俄国，对于俄

❶ 王彦威，王亮.清季外交史料（第2册）[M].长沙：湖南师范大学出版社，2015：339.

❷ 王彦威，王亮.清季外交史料（第2册）[M].长沙：湖南师范大学出版社，2015：328.

❸ 王彦威，王亮.清季外交史料（第2册）[M].长沙：湖南师范大学出版社，2015：341-342.

❹ 王彦威，王亮.清季外交史料（第2册）[M].长沙：湖南师范大学出版社，2015：350.

❺ 萧一山.清代通史（第3册）[M].上海：华东师范大学出版社，2006：774.

❻ 郭廷以.近代中国史事日志（上册）[M].北京：中华书局，1987：662.

❼ 沙俄侵略中国西北边疆史编写组.沙俄侵略中国西北边疆史[M].北京：人民出版社，1979：248.

❽ 王彦威，王亮.清季外交史料（第2册）[M].长沙：湖南师范大学出版社，2015：345.

❾ 王彦威，王亮.清季外交史料（第2册）[M].长沙：湖南师范大学出版社，2015：365.

❿ 王彦威，王亮.清季外交史料（第2册）[M].长沙：湖南师范大学出版社，2015：360.

国而言，到口的肉岂能轻易跑了？俄国先是派署理使节凯阳德到总理衙门进行言论威胁，凯阳德声称"若将此事报知本国（俄国），不但疑惑，一定以为中国不是真心和好"，随后凯阳德"艴然而去"。● 紧接着，俄国派了二十三艘战舰驶往中国，在炫耀海军实力的同时，对清廷实施武力恫吓。

曾纪泽抵达俄国后，立即与俄国展开谈判。此时的俄国于俄土战争中惨败，内外交困，根本无力出兵中国，迫于压力，俄国在这次谈判中有所让步。

1881年2月24日，中俄签订《圣彼得堡条约》（又称《改订条约》），另有《专条》《改订陆路通商章程》及附件《俄商前往中国贸易过界卡伦单》。条约的主要内容如下：●

第一，俄国将伊犁的大部分地区归还中国，但霍尔果斯河以西、伊犁河南北一带仍归俄国所有。

第二，斋桑湖以东一带的中俄边界"有不妥之处"，中俄两国应派员"勘改"。所有未安设界牌的中俄边界，中俄两国应派员"勘定，安设界牌"。

第三，对于伊犁居民的去留问题，该地居民"或愿仍居原处为中国民，或愿迁居俄国入俄籍者，均听其便"。

第四，清廷赔偿俄国"代收、代守"伊犁的兵费以及恤款，共计九百万卢布（合银五百万两左右）。

第五，俄国商人在蒙古、新疆贸易免税。

第六，准许俄国在肃州（嘉峪关）和吐鲁番增设领事。

1882年至1884年之间，俄国又根据《改订条约》关于修改中俄边界的约定，强迫清廷签订了中俄《伊犁界约》《喀什噶尔界约》《科塔界约》《塔尔巴哈台西南界约》和《续勘喀什噶尔界约》等五个勘界条约。俄国通过这些勘界条约，再次侵吞了塔城东北和伊犁、喀什噶尔以西约七万多平方公里的中国领土。

如何评价中俄签订的这个《改订条约》？

首先，从条约本身来看，这仍然是一个不平等条约。俄国虽然在条约中做出了让步，退还了伊犁的大部分地区，但最终还是蚕食了我国西北七万多平方公里的领土，并且攫取了大量经济特权（赔款与崇厚签订的《里瓦几亚条约》相比，增加了四百万卢布）。这无疑是一个有损中国经济主权和领土主权的条约。

其次，这是清廷对于崇厚闯下的弥天大祸的一种补救。曾纪泽出使俄国，充分展现了其外交才干，也为国家挽回了一些损失，在当时的清廷人与外国使节的眼中，这是中国在外交方面的伟绩，因为"中国迫使俄国做了她从来没有做过的事，那就是吐出了她已经吞进的土地"●。

此外，这个条约的签订，体现了清廷内部不同派系之间的角逐。此事之后，清廷内部以张之洞为首的"清流党"暗中崛起，这些人高谈阔论、言语激愤，然而"全系纸上

● 王彦威，王亮.清季外交史料（第2册）[M].长沙：湖南师范大学出版社，2015：345.

● 王铁崖.中外旧约章汇编（第1册）[M].北京：生活·读书·新知三联书店，1957：381-391.

● [美]马士.中华帝国对外关系史（第2卷）[M].张汇文，等译.上海：上海书店出版社，2006：361.

谈兵，与左宗棠之主张，似是而实不同，未可混而为一"❶。"清流党"的崛起，在一定程度上影响了晚清的政局。

新疆地区重归清廷统治，清廷开始重视对新疆地区的管治。在俄国侵占伊犁之前，新疆并非行省，而是一个府。1884年，清廷接受了左宗棠的多次建议，将新疆改为行省，并推行州县制，于乌鲁木齐设新疆巡抚、布政使，下辖道、府、厅、州、县各级行政机构，与内地各省无异。之后，清廷任命刘锦棠为新疆的首任巡抚。清廷此次在新疆建省，可谓意义重大，徐中约认为："这一制度革新成了中国边疆史上的里程碑。"❷

新疆自古就是中国的领土，但在晚清时期，这块沃土却厄运连连。今时今日，新疆仍在我国版图之内，这是晚清时期的中国人民用多年的战争和外交的努力换取而来，是中国人民誓死捍卫领土主权的成果。我们应当铭记左宗棠、刘锦棠这些民族英雄，同时也不能忘记俄国侵略新疆这一段屈辱的历史。

❶ 萧一山.清代通史（第3册）[M].上海：华东师范大学出版社，2006：779.

❷ [美]费正清等.剑桥中国晚清史（下卷）[M].中国社会科学院历史研究所编译室，译.北京：中国社会科学出版社，1985：95.

第五章 中法战争

引言

中法战争，又称为清法战争，1883年12月至1885年4月，由于法国侵略越南进而侵略中国的一次战争。

中法战争之前，越南作为清朝的藩属国，是清朝的"藩篱"，也是中国的国防线。然而，中法战争之后，中国既没能保住对越南的宗主权，而且让法国在商业上攫取了中国的诸多权利。战争之后，积弱的中国变得更弱。对此，《剑桥中国晚清史》一书中有如下评价：

中国的日子并不好过，在两年之内的陆上和海上的零星战斗中，中国人在经费、人力、物力和威望上都遭受了巨大的损失。❶

中法战争前后历时一年半，如果从战前酝酿阶段起算的话，远远不止一年半，这次战争大体可以分为五个阶段：

（1）战前酝酿阶段（1883年12月之前）。法国将侵略魔爪深入越南，实乃侵略中国西南的前奏。清廷战议不坚，在"主战"与"主和"间摇摆不定。

（2）战争第一阶段（1883年12月—1884年4月）。中法战争爆发，战场在越南北部。这个时期的清廷被迫应战，旋又在越南北部的山西、北宁等战场上失利。随着作战失利，清廷内部爆发了一场名为"甲申易枢"的宫廷政变。

（3）短暂的议和阶段（1884年4月—7月）。中、法双方议和，企图利用和谈方式解决争端，但事与愿违，双方兵端再起，谈判破裂。

（4）战争第二阶段（1884年7月—1885年4月）。中、法双方继续开战，战争的硝烟不但弥漫在越南北部，甚至扩大到中国东南沿海。这个时期的战役很多，有基隆大捷、马尾海战、淡水海战、石浦事件、镇海之战、宣光之战、镇南关大捷等。在这个时期，清廷一方面向法国发布宣战书，另一方面并未放弃以外交和谈方式解决争端的机会。

---

❶ [美]费正清,等.剑桥中国晚清史:下卷[M].中国社会科学院历史研究所编译室,译.北京:中国社会科学出版社,1985:247.

（5）停战、签约阶段（1885年4月—6月）。慈禧太后突然发布"停战撤兵"之令，中、法双方再次和谈，最终签订《中法新约》。清廷在大捷连连之时以签约的方式停战息兵，清廷的这种"乘胜即收"行为，被后人评为"中国不败而败，法国不胜而胜"。

中法战争属于清末边疆危机的重要专题，其中充满了很多值得深入研究的问题：清廷到底是"主战"还是"主和"？"清流党"给朝局带来何种影响？清军在马尾海战之中失败的原因？中国是否"不败而败"，法国是否"不胜而胜"？

中法战争的这段历史，不但史料繁多、扑朔迷离，而且惊心动魄、耐人寻味。

第一节　法国侵略越南

1881年12月19日，翰林院侍讲学士周德润在其奏折中说过一段精辟之言："以琉球守东南，以高丽守东北，以蒙古守西北，以越南守西南：非所谓山河带砺，与国同休戚者哉？"[1] 这是时人对中国边疆的审度，也充分体现了边疆防务的重要性。

越南与中国山水相连、唇齿相依，清朝时期，越南是中国的藩属国，从1664年至1881年，越南约有五十个朝贡使团到过北京。

晚清时期的越南，从地理区划而言分为三个部分：北部称为北圻（西方人称为东京），共十六个省，以河内为首府；中部称为中圻，共四个省，越南的国都设于此处的顺化；南部称为南圻（西方人称为交趾支那），共十个省，以西贡为首府。

从19世纪50年代开始，法国为了扩大侵略，不断派兵侵略越南：

1858年9月，法国借口其传教士被杀，同西班牙组成侵略军，共同出兵越南，占领了南圻的首府西贡（今胡志明市）。

1860年第二次鸦片战争结束后，法国虽然已与中国签订了《北京条约》，攫取了大量侵略利益，但是作为老牌工业国家的法国，伴随着与英国等其他列强侵略中国的竞争压力，并未停止对中国的侵略，胃口反而越来越大。由此，法国军队再次侵略越南，迫使越南于1862年6月签订了《柴棍条约》（又称《西贡条约》）。根据条约的约定，法国割占了越南南圻的边和、嘉定、定祥三省以及昆仑岛；此外，法国还获得了400万法郎的战争赔款，并获得了传教、通商、在湄公河自由航行等权利。1867年6月，法国再次蛮横地出兵，吞并了越南南圻的永隆、河仙、安江三省。至此，法国占领了以西贡为中心的南圻六省，并在此设立西贡法国总督。

法国的侵略步伐不仅踏向越南，还通过对周边国家的侵略，对中国西南形成军事包围的态势。比如，1863年法国入侵柬埔寨，并强迫柬埔寨签订了《武东条约》，使柬埔寨沦为法国的保护国；1866年，法国的探险队考察澜沧江时也路过柬埔寨，次年，法国又同暹罗（泰国）签订条约，让暹罗承认法国保护柬埔寨。

法国侵略越南无疑是侵略中国的前奏，因为越南与中国的云南、广西接壤，法国想通过越南寻找进入中国云南的商业路线，并把侵略的魔爪伸向中国西南。当时，法国企图通过越南的湄公河（中国境内称为澜沧江）深入中国的西南腹地。

---

[1] 中国史学会.中国近代史资料丛刊·中法战争：第5册[M].上海：上海人民出版社，1957：89.

1866 年，法国政府任命拉格莱为总办，安邺为帮办，率领由植物学家杜克洛、地质学家优伯尔组成的调查团从西贡出发，沿湄公河上溯，途径柬埔寨、老挝，水路兼程，于次年抵达思茅。[1] 对湄公河深入考察后的法国认为，该河流湍急，飞瀑过多，河床落差太大，不适合通航，反倒是越南北圻的红河（中国境内称为元江）航行条件较好。自此以后，法国人不再对湄公河感兴趣，而是把注意力转向了红河。

法国想从红河流域深入中国西南的欲望非常强烈，法国驻西贡总督杜白蕾决定向越南北圻扩张。1873 年 11 月，杜白蕾派遣海军上尉安邺率军舰北上，法国军队随即攻占了北圻的河内，之后，海阳、宁平、南定三省也相继失陷。

越南政府再也招架不住法国军队的铁蹄，开始向中国求援。当时清朝的军队驻扎于越南的高平、谅山一带，但是清军不愿与法国军队开仗，只是给越南政府指了一条明路，让越南政府向驻扎在越南的刘永福率领的"黑旗军"求援。

黑旗军的领袖是刘永福，刘永福生于 1837 年，广西人，他于 1857 年加入广西天地会，投奔天地会首领吴凌云的部署郑三手下当先锋，之后又投奔其他起义队伍，1866 年，他又转投吴亚忠领导的起义军。随着太平天国被清廷镇压后，他率领其军队三百余人避入越南境内。刘永福在越南期间，带领黑旗军自耕自养，不与当地百姓发生冲突，深受当地百姓的拥戴。

阮福时（越南阮朝第四位皇帝）向刘永福发出求援申请后，刘永福果断地带领黑旗军从保胜出发，翻山越岭，于 1873 年 12 月 21 日抵达河内城外。法国海军上尉安邺见状，纠集军队向黑旗军开火。刘永福足智多谋，佯装不敌法军而逃跑，法军穷追不舍。当法军追赶黑旗军抵达城西的纸桥时，埋伏在这里的黑旗军突然出现，打得法军措手不及。黑旗军的一名将领名叫吴凤典，当即杀死了安邺，法国军队大溃败。

此役史称"纸桥大捷"，黑旗军大获全胜，打击了法国侵略者的嚣张气焰，也让洋人及越南人见识了黑旗军的厉害。《清史稿》评价刘永福："永福战越，名震中外，谈黑旗军，辄为之变色。"[2] 越南国王为了表彰刘永福，任命刘永福为"三宣副提督"，管理越南的山西、兴化、宣光三个地区。

可惜，懦弱的越南政府怕遭到法国人报复，居然在黑旗军大获全胜之时命令刘永福撤军，希望与法国议和。[3] 随后，越南政府派官员与法国驻西贡总督杜白蕾谈判，法、越双方于 1874 年 3 月 15 签订了法越《和平同盟条约》（又称《第二次西贡条约》）。8 月，法国又与越南签订了《越法商务条约》。通过这两个条约，法国获得了在南圻六省[4] 的完全主权，也获得了多项通商权利，比如越南开放河内、宁海等处为通商口岸，还向法国开放了红河，让法国取得了红河的航行权。

《第二次西贡条约》第二条约定了法国承认越南独立，该条内容如下："法兰西共和

---

❶ 于乃仁，于希谦 . 马嘉理事件始末 [M]. 德宏：德宏民族出版社，1992: 18.

❷ 赵尔巽 . 清史稿·刘永福传（第 10 册）[M]. 天津：天津古籍出版社，2012: 4216.

❸ 罗惇曧 . 中法兵事本末 [M]// 中国史学会 . 中国近代史资料丛刊·中法战争：第 1 册 . 上海：上海人民出版社，1957: 2.

❹ 南圻六省，包括边和、嘉定、美获、永隆、昭笃、河仙。

国承认安南王的主权和他的完全独立。"● 同时，该条约又称越南受法国的保护："（法国）答应给他（越南）帮助及救援，并约定在他要求时，将无偿地给予必要的支持，以维持他国内的秩序和安宁。"对于法国此举，牟安世总结得很到位："这个条约一面承认越南独立，一面又规定越南受法国保护，似乎前后矛盾。实际上，表面承认越南独立只不过是把越南置于法国保护之下的幌子而已；同时，又藉'独立'两字否认了中国对越南的宗主权，这是法国侵略者一举两得的欺骗阴谋。"●

1875 年 5 月 25 日，法国驻华公使罗淑亚将法、越签订《第二次西贡条约》一事照会中国，法国的意图是让清廷承认此条约，并要求中国军队不得进入越南。

6 月 15 日，总理衙门复照法国公使，拒绝承认《第二次西贡条约》，并向法国声明："越南为我藩属，中国自有保护之责任。"● 此时，清廷的头脑还是比较清醒的，但拒绝承认这个条约的深层次原因，是清廷正忙于处理"滇案"和日本侵台事件的善后工作，根本无暇顾及越南方面的局势。

1880 年，茹费里出任法国内阁总理，开始极力鼓吹扩张主义。1881 年 7 月，在茹费里的主持下，法国议会拨款 240 万法郎，作为侵略越南的军费。● 法军军队经过多年的休整，决定卷土重来。

1881 年农历九月，云贵总督刘长佑听闻法国向越南增兵，上奏朝廷："法国垂涎越南已久，开市西贡，据其要害……法人终在必得越南，以窥滇、粤之险，而通楚、蜀之路。入秋以来，增加越南水师，越南四境皆有法人之迹……越南危如累卵，势必不支。"●

1881 年 12 月 6 日，清廷发布上谕："法人计殊叵测，该国（越南）积弱已久，若任其侵削，则滇、粤藩篱尽为他族逼处，后患不可胜言。"同时，清廷命李鸿章、左宗棠、张树声、刘坤一、刘长佑、杜瑞联等大臣筹商妥办，还让丁日昌、曾纪泽等人继续与法国方面谈判。● 清廷发布这道上谕之时，已处理完毕日本侵略台湾、英国侵略云南、俄国侵略伊犁等边疆危机的事件，对于越南的局势，开始采取备战方针，并想听取各位地方大员的意见。

1882 年 3 月，法国派遣海军上校李维业再次向北圻的河内进犯，4 月，法国军队占领河内。1883 年 3 月，法军又占领了南定。

面对法国的侵略，越南国王阮福时苦不堪言，决定再次向清廷请求派兵援助。

● 高第.一八七四年越法和平同盟条约[M]//中国史学会.中国近代史资料丛刊·中法战争：第1册.上海：上海人民出版社,1957：380.

● 牟安世.中法战争[M].上海：上海人民出版社,1961：24.

● 萧一山.清代通史（第3册）[M].上海：华东师范大学出版社,2006：825.

● 中国史学会.中国近代史资料丛刊·中法战争（第1册）[M].上海：上海人民出版社,1957：476.

● 罗惇曧.中法兵事本末[M]//中国史学会.中国近代史资料丛刊·中法战争（第1册）.上海：上海人民出版社,1957：1.

● 中国史学会.中国近代史资料丛刊·中法战争（第5册）[M].上海：上海人民出版社,1957：91.

第二节　主战主和

法国侵略者步步进逼越南，越南政府开始向清廷求助。这个时期的清廷内部，对待"是否应当援越抗法"的问题，出现了不同的声音，有的主战，有的主和。至此，主战派和主和派之间开始了旷日持久的争论，可以说，在中法战争期间，双方的争论一直不断。

一、主战派

主战派内部又分为两拨人，一拨是湘系、淮系集团的地方官员，代表人物有左宗棠、刘坤一、刘长佑、曾纪泽、张树声等。

两江总督左宗棠认为：

越南地势，南滨大海，北阻崇山，与中国连接，隘口林立，实中土藩篱，非若琉球隔在外洋，距日本较近，可以度外置之也……是越终必亡，而我之外藩尽撤，广东边宇危，滇黔之边腹均形棘手，其祸患何可胜言。❶

两江总督刘坤一认为：

今法人又欲以兵船占据东京（越南北圻），窥我云南……臣愚以越南为中国外藩，本应保护，如法之于西班牙，英之于比利时，以其临近，极力维持，况中国之于越南乎？❷

两广总督张树声认为：

近日法人屡乘小船沂流上驶，查探水道，其所注意，尤在于此，然则越南图存之道，与中国防患之方，亦不得不注意于北圻矣。❸

驻英、法大臣曾纪泽认为：

法之图越，蓄谋已久，断非口舌所能挽救。吾华海防水师渐有起色，如拨派数艘移近南服，敌人有所顾忌，或可不至于剥肤噬脐之悔。❹

这些湘、淮集团的官员，从保护藩篱、稳定边疆、杜绝后患、中外形势等方面剖析，认为必须援越抗法，此外，他们也提出了许多恳切的建议，比如云贵总督刘长佑认为应当支助刘永福的黑旗军抗法，其奏折称：

法人破东京后，每日增兵，悬万金购刘永福，十万金取保胜州。刘永福屡请越廷决战。广西提督防军统领黄桂兰屯谅山，永福自保胜赴越之山西，与总督黄佐炎等御敌。经谅山调桂兰，言方分兵赴北宁助守，保胜有所部严防，法人当不得逞；惟兵力不足，丐天朝援助。❺

---

❶ 中国史学会.中国近代史资料丛刊·中法战争（第4册）[M].上海：上海人民出版社,1957: 327.

❷ 中国史学会.中国近代史资料丛刊·中法战争（第5册）[M].上海：上海人民出版社,1957: 92.

❸ 中国史学会.中国近代史资料丛刊·中法战争（第5册）[M].上海：上海人民出版社,1957: 98.

❹ 中国史学会.中国近代史资料丛刊·中法战争（第4册）[M].上海：上海人民出版社,1957: 257.

❺ 罗惇曧.中法兵事本末[M]// 中国史学会.中国近代史资料丛刊·中法战争（第1册）.上海：上海人民出版社,1957: 2.

清廷于 1882 年农历五月间命云贵总督刘长佑入京陛见，其云贵总督一职由岑毓英署理。刘长佑到达北京后，进一步向慈禧建议资助刘永福。清廷于 1882 年 9 月 23 日发布上谕，让道员沈寿榕率领滇军出发，进抵越南宣光省安平府扎营；让云南布政使唐炯赶赴保胜，察看情形，并对黑旗军做了明确指示："法人意在尽据北圻，殊为叵测，着刘长佑酌度情形，相机因应。刘永福一军可为防军（清朝军队）声援，亦应设法笼络，俾为我用。"❶ 此时，清廷对待黑旗军的策略虽是"设法笼络"，其实已是暗助黑旗军。

主战派内部的另一拨人是"清流党"，代表人物有李鸿藻、张之洞、张佩纶、陈宝琛等。

这些"清流党"虽然也极力主张抗击法国，但是喜欢唱高调，喜欢夸夸其谈，实际上并无真知灼见。而且，他们缺乏战略知识，并未提出什么实质建议，或者提出的建议不切实际，所以"清流党"虽然主战，但却是空发议论。

比如，署理左副都御史张佩纶认为：

> 臣惟越南山川间阻，非用众无以制胜。法即增兵，多仅千人，少或数百，饷力不充，终难久集，此不足虑也。使之辩拙与兵之强弱相因，我足应敌，易使何害？此亦不足虑也。❷

张佩纶认为法国出兵"多仅千人，少或数百"，而且认为法国使节"辩（论技术）拙（劣）"，这显然是夜郎自大、颠顸虚妄！

二、主和派

主和派的代表人物有李鸿章、郭嵩焘、潘鼎新等。

李鸿章认为：

> 窃查中国之于属邦，向止循封贡虚文，并不干预其政事，侵占其土地，原系圣朝宽大之典……其在南洋与英、法占地相近者，如缅甸、暹罗，旧皆我属，今已为英人分治，其国君拥虚位而已。❸

李鸿章又认为：

> 一时战胜未必历久不败，一处战胜未必各口皆守……一朝决裂，全局动摇。战而胜，则人才以磨砺而出，国势以奋发而强；战而不胜，则后日之要盟弥甚，各国之窥伺愈多，其贻患更不可言也。盖使越为法并，则边患伏于将来；我与法争，则兵端开于俄顷：其利害轻重，皎然可观。❹

以李鸿章为首的主和派的观点，认为清廷不必趟法越战争的浑水，而且中国积弱已久，应以力保中法之间的和局为主。很显然，李鸿章对于越南事宜的态度，是逃避现实、只顾眼前利益的态度，"越为法并，则边患伏于将来；我与法争，则兵端开于俄顷"，这种言论从这位位高权重的洋务大臣的口中说出，着实让人大跌眼镜！

---

❶ 王彦威、王亮.清季外交史料（第 2 册）[M].长沙：湖南师范大学出版社，2015：563.

❷ 中国史学会.中国近代史资料丛刊·中法战争（第 5 册）[M].上海：上海人民出版社，1957：139.

❸ 中国史学会.中国近代史资料丛刊·中法战争（第 4 册）[M].上海：上海人民出版社，1957：92.

❹ 中国史学会.中国近代史资料丛刊·中法战争（第 5 册）[M].上海：上海人民出版社，1957：158.

三、清廷的部署

面对主战、主和两派人马的争论不休，清廷的最高统治者慈禧太后开始摇摆不定，这与第一次鸦片战争期间道光帝对于英国人是"剿"还是"抚"的情况多少有些相似。

尽管清廷对于越南事宜拿捏不定，但还是对越南的局势进行了三个方面的部署：

首先，派军援越。

清廷派遣军队进驻越南北圻，但同时又一再交代："第不可衅自我开，转滋口实"●，避免清军直接与法军冲突。

其次，外交谈判。

清廷不放弃通过外交途径解决问题的机会，继续与法国方面的谈判。此间，驻英、法公使曾纪泽与法国外交部进行了多次外交谈判，但是毫无结果。1882年12月，李鸿章又与法国驻华公使宝海在天津进行谈判，双方终于达成了解决越南问题的初步协议——《宝海三条》（又称《李宝协议》）。

《宝海三条》的内容是：

（1）中、法两国在滇、桂边界以外与红河中间之地划界，界之南北，分别由法国和中国巡查保护。

（2）开放越南保胜（老街）为商埠。

（3）清廷如果撤退驻扎在滇、桂的军队，法国则声明不侵犯中国及越南主权。●

第三，暗助刘永福。

英勇的刘永福在清廷的暗助之下，于1883年5月10日向法国海军上校李维业下战书，并率领黑旗军于5月19日在纸桥与法军交战。此次战役中，黑旗军再次获胜，法军受到重创，李维业战死，史称"第二次纸桥大捷"。1883年10月22日，清廷传旨，拨银十万两给刘永福应急，此后，刘永福的黑旗军正式纳入到清廷整体的军事行动中。

清廷的这三项部署看似井井有条，实际上却是竹篮打水。主要原因如下：

原因之一：派军援越，坐失良机。

清廷虽然派军援越，但却只是被动防御，而非主动出击，这种军事部署反倒给法国提供了进攻越南北圻的时机与条件。

果不其然，1883年3月，狂热的殖民主义分子茹费里再次出任法国内阁总理，并派遣海军上将孤拔率军进攻越南中圻，越南的国都顺化随即失陷。此时越南国王阮福时病死，宫廷内部发生内讧，法国趁机强迫越南签订了《顺化条约》，让越南承认并接受法国的保护，撤走北圻的越南军队。此外，法国通过此条约还获得多项"特权"：法军可以在顺化及红河沿岸永久驻军，并有权将黑旗军及其他军队赶出越南国境；法国可以控制越南各地的官吏、警察、财政等。

《顺化条约》的签订，不但让越南元气大伤，完全置于法国的"保护"之下，还让清廷陷入了更加被动的局面。

● 中国史学会．中国近代史资料丛刊・中法战争（第5册）[M]．上海：上海人民出版社，1957：170．

● 牟安世．中法战争[M]．上海：上海人民出版社，1961：49；萧一山．清代通史（第3册）[M]．上海：华东师范大学出版社，2006：830-831．

原因之二：外交谈判，得不偿失。

《宝海三条》的第三条约定"清廷如果撤退驻扎在滇、桂的军队，法国则声明不侵犯中国及越南主权"。中国根据约定，很自觉地撤了军，但是狡诈的法国人根本没有履行承诺，法国内阁总理茹费里甚至轻易地撕毁了《宝海三条》。

《宝海三条》被撕毁，让李鸿章外交谈判的努力付之东流，也让清廷大大地栽了一个跟头。

原因之三：刘永福抗法，杯水车薪。

刘永福抗法虽有现实意义，但终究是势单力孤。法国海军上校李维业战死后，法国军队恼羞成怒，于1883年8月15日再犯怀德府的纸桥，黑旗军寡不敌众，被迫转移到山西驻扎。

此时，法国已经制伏了越南，并控制了越南境内的大部分地区，即将对中国西南地区采取侵略行动，而此时清廷中枢仍然在主战与主和之间摇摆不定、战议不坚，制定的三个方针又解决不了越南方面的实际问题。

在这种形势之下，中国与法国之间的战争一触即发！

第三节　中法战争爆发

1883年12月，法国议会拨款1900万法郎用于侵越、侵华的战争，并增派军队至一万五千人，孤拔被任命为法国远征军总司令。

在此之前，清军虽然进驻越南北圻，但并未与法军主动挑起战事，与法军作战的主要是黑旗军。自1883年12月开始，法国侵略大军开始向驻扎于北圻的清军进攻，清军被迫应战，法、越之间的战事终于演变为中、法之间的战争。中法战争正式爆发。

法国此次出兵的主要目的是夺取越南北圻的山西、北宁两座互为犄角的城市。从地理角度而言，河内、山西、北宁三城呈现倒三角的形状，此时山西、北宁二城由清军驻守，河内被法国占据，因此，不论是想要继续扩大侵略范围的法军，还是想规复河内的清军，山西、北宁都是必争之城。

考虑到山西、北宁二城分别位于河内的西北、东北方向，因此清廷军队主要也是分为西、东两条线路，分别驻守山西、北宁。这两条线路的清军，俨然成为了抵抗汹汹来袭的法军的主要力量。

西线清军驻守山西，主帅是云贵总督岑毓英、云南巡抚唐炯，但此时岑毓英尚未启程，所以驻扎在山西的军队只有滇军三个营，以及刘永福率领的黑旗军十二个营（三千余人）、吏部主事唐景崧率领的桂军两个营（八百余人），共计五千余人（一说六千余人）。

东线清军驻守北宁，主帅是广西巡抚徐延旭，所属军队四十四营，共计一万五千六百人，驻扎在越南东北部的谅山等地。由于北宁靠近谅山，广西提督黄桂兰、广西道员赵沃又率领九千六百人驻守北宁，巩固东线清军的实力。

12月11日，孤拔率领的法军六千余人由河内出发，向山西发起突袭，西线的清军和黑旗军连续奋战三昼夜，法军死伤近千人，清军则死伤一千余人。清军终究没有抵挡住法军的炮火，被迫转移兴化，山西城随即失陷。

山西是越南北圻的军事要害之地，山西失守使清军的形势更加被动，北宁也失去了犄角之势。

攻克山西后，法国立刻又把矛头对准了北宁。

1884年2月，法国政府让米乐接替了孤拔的远征军总司令一职，孤拔则全力负责海军的军事行动。此外，法国的兵力也有所增加，米乐总司令共率领两个旅团，这两个旅团分别由波里埃、尼格里指挥。

1884年3月初，法国军队兵分两路，由米乐和波里埃率领第一个旅团，尼格里率领第二个旅团，开始进犯北宁。3月12日，法军的两个旅团开始攻城。面对法军炮火的恫吓，驻守北宁的清军将帅竟然弃城而逃，北宁被法军轻而易举地占领。

就这样，在三个月之内，清军连失山西、北宁两个军事要地。另一方面，法军在山西、北宁之战的胜利，极大地刺激了法国政府进一步侵略中、越两国的野心。

清军于山西、北宁之战中的失败并非偶然，而是意料之中的事情。清军的溃败，主要原因如下。

一、将帅无能

山西的失守，主要原因是西线主帅、云南巡抚唐炯采取消极避战的策略，迟迟不率滇军主力赴山西援助，甚至不经请示私自逃回云南。此外，西线炮火连天，而东线的清军却隔岸观火，不知是保存实力还是畏敌如虎，总之这种毫无大局意识的举动让西线的清军和黑旗军陷入了孤战。

相比西线主帅唐炯而言，东线主帅徐延旭更加荒唐！徐延旭是个昏庸怯懦之辈，他之所以得到清廷的破格提拔，并当上广西巡抚，纯粹是因为"清流党"的吹捧。西线的山西失陷后，徐延旭竟然奏报"山西失守，北宁断无他虞"，清廷下旨"责其夸张"。❶遭到斥责后徐延旭立刻转变了姿态，向清廷奏报"就现在情形而论，北宁守御固可无虞"❷的大话。主帅如此，安能御敌？

法军进逼北宁之时，徐延旭望风而逃，将北宁拱手相让，法军不费吹灰之力而夺取北宁。之后，徐延旭上了一封前线战报给清廷，在这封奏折中，徐延旭竟然没有奏报北宁失守一事，而是粉饰败绩，说了一堆漂亮的废话。这封奏折于3月14日从越南发出，但到达清廷已是4月8日，此时清廷早已知晓北宁失守之事，所以降旨大骂徐延旭："徐延旭发此折时，北宁业已失守两日，该抚竟未得信，其于前敌军情形同聋聩，殊堪痛恨！"❸徐延寿这种瞒天过海、粉饰太平的伎俩没有得逞，反而弄巧成拙，他也由此失去了清廷的信任，最终被清廷革职。

二、部署涣散

徐延旭虽然昏聩无能，但对于当时清军部署的态势还是比较了解的，他曾在奏折中

---

❶ 罗惇曧.中法兵事本末 [M]// 中国史学会.中国近代史资料丛刊·中法战争（第1册）.上海：上海人民出版社，1957：6.

❷ 中国史学会.中国近代史资料丛刊·中法战争（第5册）[M].上海：上海人民出版社，1957：286.

❸ 中国史学会.中国近代史资料丛刊·中法战争（第5册）[M].上海：上海人民出版社，1957：294.

提道："惟愿仰仗天威，会合各军，及时扫荡，防务庶有止期。"● 这句话，隐隐指出了当时驻扎在越南的清军的弱点——涣散。正因如此，徐延旭才婉转地请求清廷下旨让各军会合，"西聊滇军，东防江口"。

三、将领失和

山西失守后，东线北宁的得失对于整个越南北圻的战局具有决定性的作用。然而，徐延旭身为东线主帅，做起了"甩手掌柜"，自己坐镇于几百里之外，而把北宁这个重镇的军权交给了两个人，一个是左路统领、广西提督黄桂兰，另一个是右路统领、广西道员赵沃。黄桂兰轻敌自大、有勇无谋，而赵沃年老多病、昏庸无识，更致命的，是这两个人地位相当，彼此不和，而且各自为战，毫无大局意识。最终，此二人弃城而逃，直接导致了东线清军的全军溃败。

四、兵力不足，弹药稀缺

兵力于战争之中十分重要，法国此次出兵山西蓄足了力量，出兵山西之时共有六千余人，进攻北宁之时，兵力又有所增加。反观清军，在兵力方面占很大的劣势。此外，法军此次出兵共有炮舰十三艘、军车五百余辆等，可谓装备精良，而清军武器简陋，火炮数量少、子弹稀缺，在关键时刻弹药告罄，从军备而言，中、法之间的力量非常悬殊。

五、内奸投敌

山西战役中，黄佐炎率领的越南军队虽然有所部署，但是越南内奸阮廷润叛国，竟然开门迎敌，加快了清军失败的进程。

山西、北宁失守后，法军乘胜追击，继而又攻下谅江、太原等地，东线的清军退守谅山、镇南关一带，整个东线的清军一败再败。

1884 年 4 月初，法军进攻西线的滇军，云贵总督岑毓英不战而退，清军驻扎至河口、保胜一带，法军趁机拿下了兴化、临洮、宣光等地。

短短的四个月，法军连战连胜，先后占领了越南北圻的山西、北宁、谅江、郎甲、太原、兴化、临洮、宣光等重镇，基本上控制了越南北圻的整个红河三角洲流域。法军方面愈战愈勇，气焰嚣张，而清军方面早已溃不成军。

第四节　甲申易枢

山西、北宁失守的消息传到北京后，慈禧太后大发雷霆，东、西线的前线将帅受到重罚：东线主帅、广西巡抚徐延旭被革职，交刑部治罪，其广西巡抚一职由潘鼎新继任；西线的两位主帅云贵总督岑毓英、云南巡抚唐炯也均被革职，云南巡抚由张凯嵩补

● 中国史学会.中国近代史资料丛刊·中法战争（第5册）[M].上海：上海人民出版社，1957：286.

授，贵州巡抚由李用清署理。此外，广西提督黄桂兰自杀身亡，免予追究；广西道员赵沃被军前正法。

杀头的杀头，革职的革职，但愤怒的慈禧太后仍未停手。

1884 年 4 月 8 日，慈禧太后下了一道懿旨，对军机处来了一次大换血：恭亲王、首席军机大臣、总理衙门大臣奕䜣以"委蛇保荣、因循日甚"等罪名被罢黜，并"撤去恩加双俸，家居养疾"。奕䜣的职位竟然在一夜之间被抹了个精光，而其余的军机大臣也同遭厄运：宝鋆"原品休致"；李鸿藻、景廉"开去一切差使，降二级调用"；翁同龢"革职留任，退出军机处，仍在毓庆宫行走"。❶

同一天，清廷又颁发了一道上谕，重新组合了整个军机处：礼亲王世铎"在军机大臣上行走"，并主持军机处；户部尚书额勒和布、阎敬铭、刑部尚书张之万"在军机大臣上行走"；工部侍郎孙毓汶、刑部右侍郎许庚身"在军机大臣上学习行走"。此外，清廷在谕旨中明确指出："军机处遇有紧要事件，著会同醇亲王奕譞商办。"最后，清廷颁发了一道谕旨，谕令庆郡王奕劻主持总理衙门。❷

通过一系列懿旨、上谕，慈禧太后改组了整个清廷的中枢机构。这一年是 1884 年，农历甲申年，因此这次政变被后人称为"甲申易枢"。

"甲申易枢"是晚清三次政变的第二次政变。❸1861 年的辛酉政变在政斗色彩方面较为浓烈，而 1884 年的"甲申易枢"虽然也是政斗的结果，但在政斗之余又夹杂一些特定时空的特点，因此这次政变的前因后果显得尤为错综复杂。

总体而言，这次政变并非是清廷简单地重组军机处，而是暴露了以下几个问题：

一、清廷掩盖中法战争的败绩

这次政变发生在中法战争的山西、北宁失陷之后，清廷发动政变的直接目的，显然是在掩盖清军的败绩。

中法战争爆发前，清廷在主战与主和之间举棋不定，而且选用的前线抗敌之人是徐延旭这种昏庸无能之辈。按理来说，清军吃了败仗，清廷也难辞其咎，然而最高统治者往往不会承认自己的过错，而是找替罪羊。很不幸，军机处的大臣们成了替罪羊。

二、枢垣大洗牌

这次政变的直接结果是军机处的大臣们全体下岗，慈禧太后改组了军机处。

慈禧在懿旨中这样斥责奕䜣："每于朝廷振作求治之意，谬执成见，不肯实力奉行，屡经言者论列，或目为壅蔽，或劾其委靡，或谓簠簋不饬，或谓昧于知人。"❹相比 1865 年慈禧第一次罢黜奕䜣时那道错字连篇的谕旨，❺这道懿旨竟然运用了排比的句型，而且

---

❶ 萧一山.清代通史（第 3 册）[M].上海：华东师范大学出版社,2006: 718-719.

❷ 萧一山.清代通史（第 3 册）[M].上海：华东师范大学出版社,2006: 719-720.

❸ 晚清三次政变分别为辛酉政变、甲申易枢、戊戌政变。

❹ 萧一山.清代通史（第 3 册）[M].上海：华东师范大学出版社,2006: 718.

❺ 参见本书第三章第八节"一波三折的恭亲王"。

字字珠玑，把奕䜣骂得狗血淋头。慈禧愤怒的原因，表面上是奕䜣等人"谬执成见""簋簋不饬"，而实际上是慈禧与奕䜣之间的矛盾已经白热化，此时慈禧与奕䜣长期以来积攒的矛盾已经爆发，这是双方争权所导致的必然结果。可以说，山西、北宁战役的失败，在慈禧眼中是除去奕䜣的一个天赐良机。

三、政权大集中

恭亲王奕䜣曾于1865年、1869年、1874年三次遭到清廷的打压，而1884年的这次罢黜，奕䜣在政治上直接被"一撸到底"，直到1894年甲午战争时才被重新起用。

"甲申易枢"的宫廷政变，最大的牺牲者无疑是奕䜣，他被逐出政坛，跌至了人生的最低谷。此时奕䜣已经51岁，多次被清廷打压，早已没有了当年的雄心壮志，变得意志消沉。《晚清宫廷实纪》中这样评价此事：

恭王从此投闲，论者惜之，盖以三数人两立之恩怨，眩千万人一时之是非，谈朝局变故者均以恭王之进退关系清室之加速败亡也。❶

另外，慈安太后于三年之前的1881年4月8日在宫内暴崩，❷慈安太后的死因扑朔迷离，连《十叶野闻》这种野史都不敢妄下结论，该书记载："竟以（慈安）诘责慈禧之失，（慈安）致遭惨毒。顾宫闱事秘，莫能佐证。"❸尽管慈安死因成迷，但导致的结果显而易见，即垂帘听政的太后由两人变成一人！

太后暴崩，权臣下台，此时光绪帝还不满13岁，中央大权悉数落入了慈禧太后之手。

四、狗尾续貂

奕䜣被罢，留下首席军机大臣、总署大臣两个空缺，这两个职位被礼亲王世铎、庆郡王奕劻继任。荒唐的是，醇亲王奕譞并未位列军机，但谕旨命令军机处遇到紧急事件，必须要与奕譞商办。可惜，奕譞政治才能平庸，与奕䜣根本不是一个档次，萧一山如此评价："奕譞素与奕䜣不合，奕䜣主持外务二十余年，遇事持重，不轻开衅；奕譞则排外心强，稍嫌鲁莽。"❹正因如此，军机处的这次改组，被后人讥为"易中枢以驽马，代芦服以柴胡"。

奕譞之所以能暗操枢垣大权，原因有三点：

原因之一，奕譞是慈禧太后的亲信，曾于辛酉政变中出力不少。

原因之二，奕譞的妻子是叶赫那拉·婉贞，她是慈禧的胞妹。

原因之三，奕譞是当朝天子光绪帝的生父。关于这个原因，许指严在《十叶野闻》一书中一语道破："时帝（光绪）年已长，太后恐其亲政，己权即被夺……名为引用帝父，实则借以分帝权也。"❺

❶ 吴相湘.晚清宫廷实纪[M].北京：中国大百科全书出版社,2016：104.

❷ "甲申易枢"发生于1884年4月8日，而慈安暴崩于1881年4月8日，两个事件前后竟然整整间隔三年，一天不差！

❸ 许指严.十叶野闻[M].北京：中华书局,2007：49.

❹ 萧一山.清代通史（第3册）[M].上海：华东师范大学出版社,2006：834.

❺ 许指严.十叶野闻[M].北京：中华书局,2007：55.

五、成也清流，败也清流

此次政变的导火索，是日讲起居注官、左庶子盛昱在 4 月 3 日上奏的一封名为《疆事败坏请将军机大臣交部严议》的奏折。此折中，盛昱将中法战争的败绩归结于军机大臣李鸿藻等人："疆事败坏，责有攸归……唐炯、徐延旭自道员超擢藩司……皆谓侍讲学士张佩纶荐之于前，而协办大学士李鸿藻保之于后。" ❶

这个盛昱是个典型的"清流党"，中法战争之前论调极高，坚持主战，但又毫无战争经验，只会一味地抨击弹劾。这次盛昱把监察对象瞄准了李鸿藻，讽刺的是，李鸿藻自己也是个"清流党"。

慈禧最终目的是扳倒奕䜣，盛昱的这个奏折恰好又符合慈禧的胃口，所以慈禧借此机会铲除了奕䜣集团，李鸿藻反倒成了此次政变的牺牲品。

罢免奕䜣等人的懿旨下发后，盛昱没想到太后的动静如此之大，所以再次上奏，恳请太后收回成命。盛昱的奏折，言辞真诚恳切，但为时已晚，这封奏折没有得到慈禧太后的回应，而是"留中不发"，犹如石沉大海。

总体而言，"清流党"注重品评吏治，这是好事，但好说大话、喜欢挑刺的缺点也流弊无穷，在中法战争与甲午战争中，"清流党"多次影响了清朝中央的决策。

第五节　短暂的中法议和

前线战事失利，清廷又发生政变，面对瞬息万变的局势，清廷内部的主和势力再次抬头，一时之间，向法国侵略者的议和舆论甚嚣尘上。

让人意料不到的是，正当清廷再次陷入战和不定的苦境时，法国方面突然抛来了橄榄枝。

1884 年 4 月 17 日，法国海军总司令福禄诺通过前天津海关税务司德璀琳的关系，向直隶总督李鸿章提出议和。在福禄诺转交给李鸿章的密函中，福禄诺首先强调法国军队的高风亮节，称法国此次出兵是"为保护红江界内地方起见"，随后，福禄诺开始了言辞恫吓，称"法国力量，能于一月之期派兵三四万人前赴东京（越南北圻），能于一月之内派铁甲十余号、兵船一大队前来中国沿海布置，无论饷银若干，议院亦必批准"。密函的最后，福禄诺亮出了底牌，说了四条拯救中国"病症"的"用药之法"：

（1）中国应与法国订立有关越南通商事宜的条约。

（2）越南若开口通商，中国也有裨益。

（3）中国应迅速将驻法国的公使曾纪泽调离（法国人视曾纪泽为眼中钉）。

（4）法国要向中国索偿军费。❷

通过福禄诺的这封密函不难看出，法国看似与清廷主动议和，其实是在趁机敲诈。

---

❶ 萧一山.清代通史（第 3 册）[M].上海：华东师范大学出版社,2006:716—717.

❷ 王彦威、王亮.清季外交史料（第 2 册）[M].长沙：湖南师范大学出版社,2015:768—769.

法国军队在前线连战连胜，此时为何突然想与清廷议和？牟安世在《中法战争》一书中全面剖析了法国主动议和的原因：

第一，趁清朝政府在军事上失败的时候，用拉拢的手段来谋取更多的利益，提出更多的要求，比在平时自然要容易达到目的。

第二，清朝军队虽然在越南前线失败，但黑旗军仍然是法军的威胁和阻碍，因此想通过清朝政府来解决黑旗军的问题。

第三，茹费里这种剧烈扩张殖民地的政策，虽然得到一小撮大资本家的支持，但遭到人民群众的坚决反对，各报纸纷纷指摘茹费里的远东政策，同时，国内反对派也曾经指摘了茹费里不忠实地否认与中国战争的存在、在议会休会时期无权擅自派兵前往越南，认为在越南进行战争就是削弱法国在欧洲大陆上的防御等，因此，为了缓和国内舆论，就选定了这个有利的时机提出议和。❶

面对突如其来的议和，驻英、法大臣曾纪泽于 4 月 19 日发电报给总理衙门，请求总理衙门严拒法国索要兵费的要求："闻谢署使（法国署理公使谢满禄）索兵费确否？想署必严拒之。我理应保越，战虽不利，不应偿费。"❷ 总理衙门对曾纪泽的劝告，只是短短回应了几个字："谢（满禄）未索费。保越不偿费，论极是。"❸ 从字面上来看，总署给曾纪泽的回复之中并没有说谎，因为法国署理公使谢满禄确实没向清廷索要军费，但索费的仍然是法国人——法国海军司令福禄诺。清廷和曾纪泽玩了一个文字游戏，此事充分证明此时的清廷已经坚定了与法国议和的决心。

李鸿章于中法战争爆发前一直是"主和派"，战争爆发后，面对越南前线战事失利，其再次奏出了主和的旋律。4 月 20 日，李鸿章将福禄诺的信函转呈总理衙门，并称："与其兵连祸结，日久不解，待至中国饷源匮绝，兵心、民心摇动，或更生他变，似不若随机因应，早图收束之有裨全局矣。"❹

清廷于 4 月 20 日传旨李鸿章，让李鸿章"通盘筹划，酌定办理之法"❺，随后，清廷又任命李鸿章为全权大臣，与法国使臣办理条约事务。

5 月 6 日，李鸿章与法国代表福禄诺展开谈判。谈判过程极为短暂，仅用了两个小时就基本解决了焦点问题。5 月 11 日，李鸿章与福禄诺在天津签订了《中法会议简明条约》（又称《李福协定》），这个条约的主要内容有五点：❻

（1）中国承认法国同越南签订的条约和法国对越南的保护。

（2）法国保护中国与越南北圻的边界，中国驻越军队调回境内。

（3）法国不索要赔款，中国同意法国在中越边境开埠通商。

（4）法国与越南修订条约时，不得出现有损中国政府体面的字样。

❶ 牟安世. 中法战争 [M]. 上海：上海人民出版社，1961：62-63.

❷ 王彦威，王亮. 清季外交史料（第 2 册）[M]. 长沙：湖南师范大学出版社，2015：767.

❸ 王彦威，王亮. 清季外交史料（第 2 册）[M]. 长沙：湖南师范大学出版社，2015：767.

❹ 中国史学会. 中国近代史资料丛刊·中法战争（第 5 册）[M]. 上海：上海人民出版社，1957：306.

❺ 中国史学会. 中国近代史资料丛刊·中法战争（第 5 册）[M]. 上海：上海人民出版社，1957：305.

❻ 王铁崖. 中外旧约章汇编（第 1 册）[M]. 北京：生活·读书·新知三联书店，1957：455.

（5）三个月后，双方派遣全权代表，遵照以上各节，商定详细条款。

这个《李福协定》是李鸿章外交谈判的一大败笔。败在两个地方：

第一，此协定让中国丧失大量权利，堪称屈辱。

第二，此协定只是一个粗略的协议，并不是双方议和的最终条款，尤其是没有详细约定清军从越南撤军的时间。正因此协定为初步条款，丝毫没有解决最终的问题，所以双方才约定在三个月后再各派全权代表商定详细条款。

《李福协定》签订后，中国舆论哗然，诸多朝臣对李鸿章口诛笔伐，清廷共收到了47份弹劾李鸿章的奏折；法国方面则喜出望外，法国内阁总理茹费里致函福禄诺："我高兴地热烈祝贺你迅速地结束了和中国的冲突，这些新的协定必将于法国与中国之间建立密切的连系。"❶

如果中法的议和事宜顺利地进行下去，那么中法战争也就随着中法双方在三个月后最终签订的屈辱条约而结束。然而，世事往往出乎意料。

5月17日，福禄诺为了补充谈判中的未尽事宜，又向李鸿章交付了一份名为《1884年5月17日面交李鸿章阁下之书面通知》的节略。在这份节略中，福禄诺提到了两个重要的问题：

第一，福禄诺称法国军队将于6月5日进驻越南北圻的谅山等地区，中国军队应及时撤走，让法国军队顺利接防。

第二，法国政府已派巴德诺为全权代表来华谈判详细条款。

此时的李鸿章又犯了一个极大的错误，对于福禄诺让清军及时撤走的要求，没有明确同意，也没有明确反对，而是含糊其辞，仅仅给予福禄诺口头答复"余将安排此事，但须假我以时日"。❷更严重的是，李鸿章并未将此事上奏朝廷。

李鸿章之所以将此事捂得严严的，有两点原因：首先，当时弹劾李鸿章的奏折以排山倒海之势扑来，李鸿章唯恐将这种妥协的交涉上奏后，自己乌纱帽不保；其次，万一清廷让李鸿章拒绝福禄诺的要求，那么李鸿章之前与福禄诺的谈判将功亏一篑，自己落下"出尔反尔"的笑柄不说，法方甚至会再度用兵，中国好不容易争取来的"和局"也保不住了。

福禄诺并非外交使臣，而是海军司令，他完全不懂李鸿章口中"余将安排此事"这种云里雾里、似是而非的外交辞令，还以为全权代表李鸿章答应了撤军。随后，法国代表巴德诺与越南全权大臣范慎通订立了最后的保护条约，即《第二次顺化条约》，否定了清朝对越南的宗主权。

6月23日，法国的杜森尼中校（一译为杜然中校）以胜利者的姿态，率领法军到谅山附近的北黎地区（当时中国称为"观音桥"），准备从清军手中接防。面对突然来换防的法军，驻扎在此地的清军一头雾水，他们并没有接到清廷要求撤军的指令。杜森尼中校狂妄至极，看到清军不撤防，立即与清军开仗。双方军队交战两天，各有死伤，法军阵亡24人，清军伤亡300余人。这次事件，史称"观音桥事件"（又称"北黎冲突"）。

❶ 中国史学会.中国近代史资料丛刊·中法战争（第7册）[M].上海：上海人民出版社，1957：215–216.

❷ 陈悦.中法海战[M].北京：台海出版社，2018：118.

观音桥事件发生后，法国署理公使谢满禄愤怒至极，向总理衙门发出照会，称中方违反《李福协定》，拒不撤军，造成法军死伤。总理衙门的奕劻答复谢满禄，称中方并未违反《李福协定》，因为这个协定里并未约定中方从谅山一带撤军的具体时间："谅山是中国驻兵之地……条约中并无此说。"● 法方为了证明中国违约，提出了《1884 年 5 月 17 日面交李鸿章阁下之书面通知》这份证据，称李鸿章已经答应了清军于 6 月 6 日撤出谅山。

面对法方突然提出的这份证据，清廷的官员们哑口无言，清廷也立即下旨责问李鸿章。然而，李鸿章的答复令人吃惊，他说法方所称的清军撤军时间，只不过是自己与福禄诺闲谈之时提出的派法军巡边计划，而且中、法双方之所以会引起这个巨大的误会，是因为"条约法文与汉文不符，似系旁观挑衅之论"。●

仔细梳理观音桥事件的前因后果可知，中、法双方在这个事件中均存在过错：

中方的过错在于，李鸿章并未及时将福禄诺要求撤军的节略上奏朝廷。法方的这个节略非常重要，不论朝廷对节略中中方撤军一事认可与否，李鸿章都不应瞒住不报。李鸿章的这个失误，导致了事后一连串的连锁反应——法军"换防"、清军拒绝撤军、观音桥事件、总署谈判限于被动……

法方的过错在于，正式签订的《李福协定》里确实没有约定中方撤军的具体时间、地点。关于这些事宜，是在协定之后福禄诺提交的节略中才提到，而这些要求李鸿章并未明确表示认同。另外，杜森尼中校面对观音桥的清军不撤防，没有冷静处理，反而主动开火，大失将领之风。

观音桥事件的最终结果，是导致了《李福协定》成为泡影，中国想要继续和谈的愿望也付之东流。

法国借此找到了再次向中国诉诸武力的口实，1884 年 7 月 12 日，法国发出最后通牒，要求清廷撤走越南北圻的军队，并赔偿军费二亿五千万法郎（约白银三千八百万两），还限清廷在七天之内答复。7 月 14 日，法国的两艘军舰以"游历"为名到达福建闽江口，扬言要消灭福建水师、摧毁马尾船政局。

清廷被吓得不轻，急忙派两江总督曾国荃于 7 月下旬在上海与法国新任公使巴德诺谈判，以求和平解决争端。然而，法方提出的战争赔款是巨额的——二亿五千万法郎（约白银三千八百万两），清廷的底线则只是五十万两白银（约三百三十万法郎）。双方仅军费赔偿数额就无法达成一致，谈判再次破裂，战争态势进一步升级，在东南沿海的法国战舰即将发起猛烈攻击。

可怜东南沿海，于 1874 年刚刚经历了日本侵略台湾的战事，十年之后，又将卷入中法战争的硝烟。

● 中国史学会.中国近代史资料丛刊·中法战争（第 5 册）[M].上海：上海人民出版社,1957: 393.

● 中国史学会.中国近代史资料丛刊·中法战争（第 5 册）[M].上海：上海人民出版社,1957: 405.

第六节　台湾海疆硝烟滚滚

中、法双方谈判破裂，法国重新诉诸武力，并且把战火从越南北圻蔓延到了中国东南沿海的福建和台湾。

按照当时法国上尉军官罗亚尔的说法，法国突然扩大战场的举动，其实是想通过"据地为质""取得某种担保品"❶ 的方式，武力占领中国某地，并以此为要挟，逼迫中国答应其侵略条件。

面对法军的到来，清廷在不放弃外交谈判的同时，也在中国的东南沿海积极做了一些海防部署。

一、基隆大捷

对于台湾的防务，清廷重新起用了老将刘铭传。

刘铭传生于 1836 年，安徽合肥人，早年追随曾国藩镇压太平天国运动，洋务运动时期，刘铭传接受新知识，其所率的"铭军"积极学习西洋枪炮队法，清廷曾传旨赞扬刘铭传：刘铭传军营，均练习洋枪队炮队，步伐整齐，号令严肃，着各省咨取其教演章程照办，实事求是，变疲弱为精强。❷

1884 年 6 月 24 日，刘铭传向清廷上奏了一份整顿海防的奏折，"讲求武备十端"，当时东南海疆局势紧张，清廷正是用人之际，刘铭传的奏折得到清廷的认可，清廷遂命刘铭传"督办台湾军务"❸。刘铭传接到清廷的授命后，于 7 月 16 日抵达台湾，开始加强台湾一带的防务。

8 月 4 日，法国海军副司令利士比率领一支舰队进犯台湾，扬言要"摧毁基隆的炮台，并占据附近的煤矿工厂"。❹ 法国之所以把台湾定为"据地为质"之地，主要是因为"台湾是最良好的、选择得最适当的、最容易守、守起来又是最不费钱的担保品"。❺ 法国进犯台湾的举动可谓一箭双雕，既可达到其"据地为质"的目的，也能牢牢控制基隆煤矿厂，为法国战舰提供资源。

8 月 5 日，法国舰队强行登陆台湾，占领海港。6 日，利士比副司令带领法军从海港深入内陆，想要抢占基隆。路途中，法军没有遇到清军，结果刚翻过一座山头，清军立刻从四面八方出现，乌泱泱一片，包围了法军，据法国人罗亚尔的记载："（清军）总

❶ [法]罗亚尔.中法海战[M]//中国史学会.中国近代史资料丛刊·中法战争（第3册）.上海：上海人民出版社，1957：539.

❷ 萧一山.清代通史（第3册）[M].上海：华东师范大学出版社，2006：679.

❸ 郭廷以.近代中国史事日志（上册）[M].北京：中华书局，1987：740.

❹ [法]罗亚尔.中法海战[M]//中国史学会.中国近代史资料丛刊·中法战争（第3册）.上海：上海人民出版社，1957：539.

❺ [法]罗亚尔.中法海战[M]//中国史学会.中国近代史资料丛刊·中法战争（第3册）.上海：上海人民出版社，1957：539.

是陆续增加，距离就在不过数百公尺的地方，而且他们的包围圈渐渐收缩起来"。❶清军在刘铭传的率领下奋勇抵抗，法军受创，被迫撤退。

刘铭传不负众望，率军成功抗击法军，取得基隆大捷。基隆大捷意义重大，它粉碎了法国"据地为质，占领基隆"的梦想，使法军不得不退回海上。

清军取得基隆大捷的原因有四点：

第一，刘铭传抗法意志坚定，加强台湾防务是其爱国心驱使。此外，刘铭传作战勇猛，曾镇压过太平天国运动与捻军，具有良好的作战经验。在基隆大捷之中，刘铭传采用"诱敌深入，包围歼敌"的策略成功取胜。《清史稿》记载："（刘铭传）抵台湾未一月，法兵至，毁基隆炮台，铭传以无兵舰不能海战，伺登陆，战于山后，歼敌百余人，毙其三酋，复基隆。"❷

第二，天时。法军登陆后，适逢海港下大雨，"水兵们在大雨之下无眠地过了一夜"，❸法国水兵的作战状态受到影响。

第三，地利。法国此次出兵的目的是占据基隆煤矿厂，而该厂距离海湾六公里，中间多山，法军正是在这些从海湾至基隆的山道中遇到了清军的埋伏。

第四，人和。刘铭传在抵达台湾督办军务之前，得到了李鸿章的大力支持，李鸿章考虑到刘铭传"孤身渡台，既不能布置防务，尤恐难控制台军"❹，积极抽调良将，并向台湾防军馈赠武器。

二、淡水海战

基隆大捷让法国方面恼羞成怒，法国伺机再犯，并于 1884 年 8 月底进攻福建的马尾港。在马尾海战中，法国军队大获全胜，福建海师一败涂地（下一节详述）。

法军在马尾海战得胜后器张气焰大盛，决定再次进攻台湾。10 月初，法舰兵分两路，海军司令孤拔率领五艘军舰进攻台湾基隆，海军副司令利士比率领三艘军舰进攻台湾淡水。

面对法军的分两路对基隆、淡水合击，刘铭传有些力不从心。鉴于兵力不足等原因，刘铭传当机立断，决定放弃基隆，坚守淡水。事后的事实证明，刘铭传的"放弃基隆，坚守淡水"的作战策略是正确的，法军之所以兵分两路，是想取下基隆和淡水之后，合击台北。如果刘铭传采取"基隆、淡水两边兼顾"的策略，则很可能两边都会被法军击败。

法军在登陆台湾后，顺利地攻下基隆。攻下基隆后，法国人占据了垂涎已久的基隆煤矿，但当他们看到这些煤矿时，内心颇为失望，因为：

❶ [法] 罗亚尔. 中法海战 [M]// 中国史学会. 中国近代史资料丛刊·中法战争（第 3 册）. 上海：上海人民出版社，1957：544.

❷ 赵尔巽. 清史稿·刘铭传传（第 10 册）[M]. 天津：天津古籍出版社，2012：3878.

❸ [法] 罗亚尔. 中法海战 [M]// 中国史学会. 中国近代史资料丛刊·中法战争（第 3 册）. 上海：上海人民出版社，1957：543.

❹ 中国史学会. 中国近代史资料丛刊·中法战争（第 5 册）[M]. 上海：上海人民出版社，1957：409.

（煤矿）品质并不优良，它燃烧很快，火焰很高，当蝰蛇号第一日使用它时，竟至不久即见烟突发红，火焰烧及桅樯和帆布。●

法军成功占领基隆后，法国海军副司令利士比率领军队再犯淡水，并顺利登陆，但很快又中了清军的埋伏。刘铭传率领的清军誓死抵抗、浴血奋战。最终，法军被迫撤退。这个战役，史称"淡水海战"。

法军在淡水海战失败后，处境显得异常尴尬，表现为三个方面：

第一，法军仅仅占领了基隆，没有占领淡水，两路军队合击台北的计划告吹。

第二，法国军队对于基隆煤厂生产的煤矿非常不满意，这让法国军队企图利用煤矿作为军舰燃料的梦想破裂。

第三，法国虽占据了基隆，但这个城镇是刘铭传主动放弃的，法军不可能用这样一个弃城来挟持清廷，其"据地为质"的企图流于空想。

无奈之下，法军从 1884 年 10 月 23 日起对台湾实行海上封锁。面对敌人的军事封锁，台湾军民同仇敌忾，沿海的官民也积极支援台湾，据《台湾通史》记载，南洋、北洋、广东等水师均输送武器战备到台湾，给予台湾很大的物质帮助："沿海各省以台湾危急，协饷馈械，志切同仇。南洋最多，北洋次之，广东亦助银十余万两。士乃得枪五百杆，前门枪三千杆，故稍无困乏。"●

《清史稿》这样评价这场淡水海战："（刘铭传）扼沪尾（淡水），调江南兵舰，阻不得达。敌三犯沪尾，又犯月眉山，皆击退，歼敌千余，相持八阅月。"●最后一句"相持八阅月"总结得很到位，因为孤拔率领的海军从 1884 年 10 月至 1885 年 4 月一直据守在台湾附近的海面上，法军看似是在封锁台湾，其实已经被台湾战事牢牢牵制，进退不得，抽身不能！当时的孤拔非常无奈，曾致电法国公使巴德诺诉苦："为占据台湾所羁束，在四月半以前不能协助封锁北直隶。从现在到四月，中国有时间补充各省的粮食，我们恐将失掉最近在石浦及谅山所得胜利的裨益。"●

1885 年 1 月，法军为了堵截前来支援台湾的战舰，孤拔司令率领法舰进犯浙江镇海，截击了由上海驶往福建的五艘中国军舰，并在浙江石浦击沉了其中两艘军舰，史称"石浦事件"。

1885 年 3 月底，狡黠的法军开始转移军事目标，进攻澎湖岛和渔翁岛，史称"镇海之战"。此间，法舰遭到招宝山炮台的中国军队奋勇还击，不过法军还是于 3 月 31 日占领了澎湖岛，法国海军司令孤拔在此战中受了重伤，并于 6 月 11 日病死在澎湖岛。

在法军攻打台湾期间，法国公使巴德诺曾经给法国总理茹费里发过一封电函。在这封电函中，巴德诺透露了一个惊人的消息：法军原本的作战计划是攻下台湾后，舰队继

❶ [法]罗亚尔.中法海战[M]// 中国史学会.中国近代史资料丛刊·中法战争（第 3 册）.上海：上海人民出版社，1957: 562.

❷ 连横.台湾通史（上册）[M].北京：商务印书馆，2010: 306.

❸ 赵尔巽.清史稿·刘铭传传（第 10 册）[M].天津：天津古籍出版社，2012: 3878.

❹ 中国史学会.中国近代史资料丛刊·中法战争（第 7 册）[M].上海：上海人民出版社，1957: 292.

续北上，进而攻取旅顺、威海卫。❶ 历史环节往往是环环相扣，试想，倘若台湾没有保住，法舰转而北上，旅顺和威海卫岂不遭殃？

刘铭传是台湾第一任巡抚，他临危受命，坐镇台湾，不畏艰险，加强海防，并成功地抵御了法军多次进攻台湾，粉碎了法国"据地为质"的阴谋。《清史稿》对于刘铭传的评价极高："刘铭传才气无双，不居人下，故易退难进。守台治理台，自有建树。"❷《台湾通史》也给予了刘铭传高度评价："溯其功业，足与台湾不朽矣。"❸

第七节　一败涂地的马尾海战

基隆大捷让法国政府恼羞成怒，1884 年 8 月 16 日，法国议会通过三千八百万法郎的侵华军费，准备再次进犯中国东南海疆。

法军这次的进犯目标是福建的马尾海港。马尾海港位于福建闽江下游，这里有清廷推动洋务运动以来所经营的两大成果——福建水师和福州船政局（又称马尾船政局、马尾船厂）。

自"观音桥事变"后，法舰就以"游历"为名进入福建省的马尾海港，并对该港虎视眈眈。关于法军把攻击目标选择在马尾海港的原因，法国驻华公使巴德诺于 1884 年 8 月 10 日发给茹费里总理的电报中做出了高度总结："如果放弃福州，将有不幸的后果。这将使中国建立完全的自信心。基隆什么时候都可以重新占领，但是如果我们离开福州，则无疑应放弃一切攻击船厂的计划。"❹ 具体而言，法军这次进犯马尾海港的原因有三：

第一，打击中国于基隆大捷之后的自信心。

第二，继续采用"据地为质"的方式，占领马尾，借机向清廷讹诈。

第三，摧毁福州船政局，打击福建水师，摧残清廷于洋务运动之中的成果。

当时马尾海港共有福建水师的军舰 11 艘，另有江防陆军 20 余营。11 艘军舰分别是：扬武号、伏波号、福星号、艺新号、福胜号与建胜号（字母型细胞式钢铁小炮舰，共两艘）、永保号、琛航号、济安号、振威号、飞云号。这 11 艘战舰共载 47 尊大炮，都是前期洋务运动之中军事工业近代化的重要成果，其中又以"扬武号"最厉害，长 58 公尺、宽 11.2 公尺，舰载 19 公分口径大炮一尊、16 公分口径前进和后退大炮两尊、固定炮位的大炮六尊。❺

法国的舰队共有 9 艘军舰：窝尔达号（又称伏尔泰号）、益士弼号、野猫号、蝮蛇

❶ 中国史学会.中国近代史资料丛刊·中法战争（第 7 册）[M].上海：上海人民出版社，1957：289.

❷ 赵尔巽.清史稿·刘铭传传（第 10 册）[M].天津：天津古籍出版社，2012：3884.

❸ 连横.台湾通史（下册）[M].北京：商务印书馆，2010：694.

❹ 中国史学会.中国近代史资料丛刊·中法战争（第 7 册）[M].上海：上海人民出版社，1957：246–247.

❺ [法]罗亚尔.中法海战 [M]// 中国史学会.中国近代史资料丛刊·中法战争（第 3 册）.上海：上海人民出版社，1957：559.

号、杜居土路因号、费勒斯号、德斯丹号，另有两艘水雷艇，以上舰队共有大炮五十八尊。❶

1884 年 8 月 22 日，法国政府电令海军司令孤拔，让其消灭福建水师。接到法国政府的出兵指令后，孤拔马上召集所有的船长开会，会议决定法舰于次日下午退潮时向马尾开战，具体的作战计划是，"当退潮移转船身的时候，各船即准备出动，互相保持各船现在碇泊的距离，维持极微小的汽力速度"❷。对于法军而言，孤拔的这个作战策略相当高明，因为退潮后再开始攻击，可使大部分清朝军舰位于法舰的前方，清军无法进行有力的回击。但是，这个策略也是一个险招，因为法军用整整一个夜晚等待退潮，这给清军在满潮之前提供了难得的机遇，随时可以炮轰法国军舰。

然而，清军并未趁机对法舰发动进攻，此时清廷给予福建海防大臣们的最高指示是"彼若不动，我亦不发"❸，在这样的指示下，负责海疆防务的一线将领们都不敢冒然开火，而是隔海观望。

8 月 23 日上午 8 时，法国驻福州副领事白藻泰向闽浙总督何璟发出最后通牒，限福建水师于当日下午撤出马尾，否则开战。船政大臣何如璋得知后，竟然向海军军队封锁消息，命令各舰不准发放子弹，不准无命自行起锚，还企图让法军延至 24 日开战，法军当然一口拒绝。

13 时 56 分，孤拔趁落潮之机，率领法舰向马尾发起突袭，负责海疆防务的大臣们还没回过神来，福建水师的军舰就已经被法军击沉了两艘，另外几艘也受到重创。

"扬武"号是当时福建水师最好的一艘军舰，驾驶管带詹天佑不顾何如璋的禁令，用尾炮准确地攻击了法舰"伏尔泰"号，罗亚尔的《中法战事》记载："突然一支中国水雷艇（即'扬武'号），带与平常不同的决战神气，向窝尔达号一边驶来。"❹法军感到不妙，用鱼雷艇攻击"扬武"号，"扬武"号被迫驶至岸边搁浅。中国岸防大炮随即开炮，击中法国的这艘鱼雷艇。

福建水师的炮艇"福星"号，在开战时就受了重伤，但它们立即断锚转向，冲入敌阵后猛烈射击法军的旗舰，而且连续命中。但是，"福星"号遭遇法舰的三面夹攻，火药库中弹爆炸，全艇官兵殉国。"飞云"号、"福胜"号随即也加入了海战，奋战至船沉。

尽管中国的上述军舰奋勇抗敌，但也有部分军舰不战而逃，比如"伏波"号和"艺新"号，这两艘军舰不顾大局，逃避海战，驶入上游搁浅。

14 时 25 分，马尾海战在进行了约半小时之后（法国人罗亚尔记载的是 29 分钟），清军将士伤亡 700 余人，福建水师的 11 艘舰艇居然全部被法舰击沉！法军方面，仅死伤 30 余人，两艘鱼雷艇受重伤，其余为轻伤。

---

❶ [法]罗亚尔.中法海战 [M]// 中国史学会.中国近代史资料丛刊·中法战争（第 3 册）.上海：上海人民出版社，1957: 546.

❷ [法]罗亚尔.中法海战 [M]// 中国史学会.中国近代史资料丛刊·中法战争（第 3 册）.上海：上海人民出版社，1957: 548.

❸ 中国史学会.中国近代史资料丛刊·中法战争（第 5 册）[M].上海：上海人民出版社，1957:414.

❹ [法]罗亚尔.中法海战 [M]// 中国史学会.中国近代史资料丛刊·中法战争（第 3 册）.上海：上海人民出版社，1957: 550.

仅仅半个小时，轮船尽毁、水师溃败，福建水师于马尾海战中一败涂地！战后，法国海军司令孤拔在报告中沾沾自喜地写道："我们重二十八公斤的榴弹，对凡力所能及的东西，均予摧毁……铸造所、装配所、设计所受到很大的破坏，巡洋舰遍身是孔洞。"❶

马尾海战是中法战争中的重要一役，这一战，法军以极小的代价获得胜利，也顺利地达到了出兵前的三个目的：打击清军自信、据地为质、摧毁船厂。中国方面付出了惨重的代价，福建水师的军舰作为洋务运动成果之一，在这一仗中遭到了毁灭式的打击。

福建水师为何会败？有以下四个原因。

一、清廷指示游移不定

马尾海战之前，法舰在马尾港以"游历"的名义进进出出，清廷给予负责福建海防的大臣最高指示是"彼若不动，我亦不动"，清廷还于 1884 年 7 月 15 日电令福州将军穆图善："总署现与法使照会，反复辩论，局势未定。法两兵舰既进闽口，穆图善等当向法领事告以中、法并未失和，彼此均各谨守条约，切勿生衅。"❷清廷到这个时候还在做着"中法并未失和"的迷梦，尚未坚定战意，试图和平解决战事。这种游移不定的指示，大大贻误了战机。

二、海疆大员庸碌无能

当时负责福建海防的大臣有：会办福建海疆事宜大臣张佩纶、闽浙总督何璟、船政大臣何如璋、福建巡抚张兆栋、福州将军穆图善等。这些官员在马尾海战中表现如何？

最高指挥官是钦差大臣张佩纶，他是清流党的代表人物。这个主帅刚愎自用，平时只会唱高调、乱弹劾，在用兵打仗方面是个门外汉。马尾海战开始后，此帅竟然临阵脱逃，而且他还掩饰败绩，将马尾败仗瞒住不上奏，时人评之"矫情傲物""愎谏饰非、固败是求"。

闽浙总督何璟，虽然性情忠厚，但是才能平庸，而且极其迷信，在海战爆发的紧急关头，何总督居然每天"拜佛念经""仰观天象"。

船政大臣何如璋，"日事宴饮，擅作威福，对于目前敌患，绝不预防"，而且在法国军队发出最后的通牒战书时，竟然向福建水师封锁消息，企图让法军延后开战，荒唐！

福建巡抚张兆栋，唯恐被法军围困，买了大量粮食囤积于家中，时人评之"只图一己口腹，不顾民生涂炭"❸。

自 7 月中旬法舰在马尾港航行以来，这些海防大臣就没有积极部署。8 月 23 日，法军发出最后通牒后，清军也没有提高警惕。开战时，法国军队又利用了退潮的有利条件，让福建水师限于不利局面。因此，将帅庸碌无能，是马尾海战失败的重要原因。

❶ [法] 罗亚尔.中法海战 [M]// 中国史学会.中国近代史资料丛刊·中法战争（第 3 册）.上海：上海人民出版社，1957: 557.

❷ 中国史学会.中国近代史资料丛刊·中法战争（第 5 册）[M].上海：上海人民出版社，1957: 414.

❸ 采樵山人.中法马江战役之回忆 [M]// 中国史学会.中国近代史资料丛刊·中法战争（第 3 册）.上海：上海人民出版社，1957: 130—131.

三、战备武器令人堪忧。

从中、法双方的军舰、武器和装备等方面来看，福建水师的军舰大多数是木壳，重炮也比法国军舰少，法国在武器装备方面无疑要强大得多。法军参战人数一千八百人，清军参战人数一千三百人，从军队数量来看，清军又输一筹。更要命的是，中国的军舰出自马尾船厂，而该船厂当年制造军舰时，出于"安内"和"御外"的迫切性，请了法国人德克碑、日意格这些洋教官来当造船顾问，"先立条约，定其薪水，到厂后由局挑选内地各项匠作之少壮明白者，随同学习"，❶ 中国这些军舰是法国人督造的，其性能、缺陷等方面，法国人自然是了如指掌。

四、奥援无果

当时清廷的水师主要包括北洋、南洋、福建、广东四支。北洋、南洋水师的军权分别由直隶总督李鸿章、两江总督曾国荃掌控。在海战之前，有不少士大夫上奏，要求直隶总督、北洋大臣李鸿章派北洋水师支援福建战事，但是李鸿章拒绝支援。

在台湾的淡水海战中，面对法军的军事封锁，南洋、北洋水师都积极支援台湾战事，但为何福建水师有难之时，南、北洋水师拒不援助？原因很简单：第一，福建水师与南、北洋水师从性质上来说都是近代海军的雏形，这些水师相互竞争，各自为战；第二，镇守台湾的刘铭传是李鸿章的旧部下，与李鸿章有旧情，而镇守福建的统帅是主战派的张佩纶，这个张佩纶一直与李鸿章唱反调，李鸿章岂会资助他？

吃了败仗后，会办福建海疆事宜大臣张佩纶被革职，流放边疆。有趣的是，经过一段时期的流放后，张佩纶竟然做了李鸿章的幕僚，还当上了李鸿章的女婿。

马尾海战失利的消息传到清廷，清廷的最高统治者暴跳如雷，1884 年 8 月 26 日，清廷颁发了一封措辞严厉的上谕：

越南为我大清封贡之国，二百余年，载在典册，中外咸知。法人狡焉思逞，肆其鲸吞，先据南圻各省，旋又进据河内等处，戕其民人，利其土地，夺其赋税；越南君臣暗懦苟安，私与立约，并未奏闻。法固无理，越亦与有罪焉。是以姑予包涵，不加诘问。

（中国）保全和局者，实已仁至义尽……（法国）竟始终怙过，饰词狡赖，横索无名兵费，恣意要求……该国专行诡计，反覆无常，先启兵端。若再曲予含容，何以伸公论而顺人心！❷

在谕旨的最后，清廷谕令陆路各军迅速进兵，沿海各地严防法军侵入，做出了"沿海防御，陆路反攻"的军事部署："如有法国兵船驶入，著即督率防军，合力攻击，悉数驱除。"为了表彰在越南北圻战场的黑旗军抗法有功，清廷还专门拔擢了黑旗军的统领刘永福，"收为我用，著以提督记名简放，并赏戴花翎"❸，刘永福的黑旗军至此正式纳入了清朝军队的编制。

---

❶ 中国史学会.中国近代史资料丛刊·洋务运动（第 5 册）[M].上海：上海人民出版社，1961：6.

❷ 中国史学会.中国近代史资料丛刊·中法战争（第 5 册）[M].上海：上海人民出版社，1957：517–518.

❸ 中国史学会.中国近代史资料丛刊·中法战争（第 5 册）[M].上海：上海人民出版社，1957：518.

清廷发布的这道上谕，实际上是对法国侵略者的宣战书！

从 1883 年 12 月中法战争爆发至此，已经有八个月，这八月中，清廷一直战议不坚、摇摆不定，到了此时才正式向法国宣战。可惜，此时宣战，为时已晚，更何况福建水师、马尾船政局等洋务运动的重要成果已经在马尾海战中遭受了毁灭式的重创！

第八节 镇南关大捷

面对法国人"狡焉思逞，肆其鲸吞"❶的行径，清廷咬紧牙关，于 1884 年 8 月 26 日向法国下了宣战书。

此时东南海疆的局势是：福建水师于马尾海战中遭受重创，台湾战事中、法双方又相持不下。基于此，清廷积极备战，并转变了军事部署，即"沿海防御，陆路反攻"的作战方针，准备将精力重点投入到越南北圻的战场中，伺机反攻。

在清廷的部署下，越南北圻战场的清军分为东、西两条线路：

东线主帅是广西巡抚潘鼎新，主力部队是潘鼎新率领的桂军。东线清军的作战目标是夺回被法军占领的谅江城。

西线主帅是云贵总督岑毓英，主力部队是岑毓英率领的滇军，以及刘永福率领的黑旗军。西线清军的作战目标是夺回被法军占领的宣光城。

清廷想要让这两路清军分别收复谅江、宣光，然后又合为一体，联合规复北宁、河内等城镇。

1884 年 10 月，西线的岑毓英率领滇军和黑旗军进攻宣光，不久便包围了宣光城。从此开始，至 1885 年 2 月，清军一直紧紧包围宣光城，还不断有支援的清军抵达。围困在宣光城之中的法军弹尽粮绝，不断向法国政府发出救援信。

法国远征军司令波里埃立刻向宣光城增援五千人，想要解宣光城中法军之困，也想给包围在此的清军来个反包围。殊不知，这五千人的军队在路途中遭到黑旗军的伏击，溃不成军。随后，波里埃再次调集五千人，亲自率军前来支援宣光。面对法军疯狂的炮火，西线的清军终究难以抵抗，被迫撤走。

1885 年 2 月 12 日，法军进攻谅山。2 月 13 日，东线清军遭遇挫败，谅山被法国人占据。东线主帅、广西巡抚潘鼎新见势不妙，仓惶逃入了关内。

在此千钧一发之际，两广总督张之洞上奏清廷，极力推荐冯子材到越南前线主持军务，清廷于 1885 年 2 月 17 日传旨，决定重新起用年近 70 岁的老将冯子材帮办广西关外军务，该谕旨曰："冯子材着帮办广西关外军务，所统各营亦归潘鼎新调派。"❷冯子材生于 1818 年，早年参加过湘军，镇压过太平天国运动，战功显著。1882 年，冯子材因与当时的广西巡抚徐延旭不和，所以自称身体有疾，解甲归田。

❶ 中国史学会.中国近代史资料丛刊·中法战争（第 5 册）[M].上海：上海人民出版社，1957：517.
❷ 王彦威，王亮.清季外交史料（第 3 册）[M].长沙：湖南师范大学出版社，2015：1073.

冯子材接旨后，还未来得及赶赴前线，2 月 23 日，法军就侵占了镇南关。[●] 法军已经打到家门口了，越南北圻的战事可以说是非常紧张，据前线的电报称："法入镇南关，杨玉科阵亡，潘帅（潘鼎新）受重伤，龙州危在旦夕。"[●] 夺取关卡后的法军，竟然在关口立起一块木牌，用汉字写下一行字"广西的门户已不再存在了"，态度极其骄横狂妄！最终，由于兵力不足等因素，法军决定不在镇南关长驻，而是炸毁了关城，并退至文渊（今越南同登）、谅山一带。

冯子材下定了规复越南北圻各城的决心，其抵达镇南关后，用最快的速度做了以下战前准备。

一、召兵

此处是"召集兵勇"，而非"招募兵勇"，因为冯子材有很多旧部将领，只需召集即可。冯子材这种"旧部多，成军易"的优势，也是张之洞极力推荐其主持广西军务的一个重要原因。冯子材不负众望，在短时间内集齐了十八个营，称为"萃军"。[●]

二、挂帅

本应主持军务的广西巡抚潘鼎新早已躲至关内，并极力执行李鸿章等主和派的议和政策（之后潘鼎新被清廷革职）。当时，前线共有多名清军将领，包括总兵王孝祺、湘军统领王德榜、广西提督苏元春等，这些将领面临强敌，极具大局意识、团结意识，但群龙无首。冯子材抵达镇南关一带后，各营将领都推举德高望重的冯子材为主帅，至此，越南北圻军务的重担落到了冯子材的肩上。

三、加强城防

冯子材亲力亲为，仔细勘察镇南关的地形，面对被炸毁的关门城墙，他抢筑了一条横跨东西两岭高七尺、长三里、底宽一丈的长墙，墙外深掘堑壕，筑成了较完整的防御阵地。

四、军事部署

冯子材的军事部署如下：冯子材亲自率领萃军 9 营扼守长墙及两侧山岭险要，充作第一梯队，担任关前隘主阵地正面防御；总兵王孝祺部 8 营屯冯军之后为第二梯队；湘军统领王德榜部 10 营屯关外东南的油隘，保障左翼安全并威胁敌之后路；冯子材另以所部 5 营屯扣波，保障右翼安全；广西提督苏元春部 18 营，屯关前隘之后的幕府为后队；另有 12 营为机动营。此次部署，清军兵力总计约 60 余营，3 万余人，一切准备就绪。

法军终有一日会卷土重来，再犯镇南关。冯子材决定先发制人，于 1885 年 3 月 21 日率总兵王孝祺的军队夜袭法军占据的文渊，取得初步胜利，也打乱了法军伺机重犯镇南关的计划。

● 镇南关即今广西壮族自治区的友谊关。

● 王彦威，王亮.清季外交史料（第 3 册）[M].长沙：湖南师范大学出版社，2015:1085.

● 冯子材，字"萃亭"，故其军队称为"萃军"。

3月23日，法国军队在东京区副司令尼格里的指挥下，对清军来了一个突袭。法国此次出兵，共有二千一百三十七名士兵以及十尊大炮。●

法军开火后，冯子材指挥清军顽强抵抗，与法军展开了激战。当日下午，苏元春率部赶到东岭参战，王德榜部也从油隘向文渊出兵，并袭击了法军，截击了法军的运输队，一时之间，战斗呈胶着状态。23日夜，清军迅速调整作战计划，准备次日的鏖战。

24日晨，尼格里率领法军，在炮火的掩护下再次对清军发起攻击。冯子材传令各部将领："有退者，无论何将遇何军，皆诛之。"冯子材已年近七十，仍率领他的两个儿子亲自上阵，可谓身先士卒。全军在冯子材的带领下，与法军进行了殊死搏斗，战斗异常惨烈。据法国远征军参谋部军官黎贡德在战后的回忆录中记载：

中国军的号筒愤怒地响起"前进"的命令，从所有的堡垒，从所有的天边各处，烟云一般的敌人，展开旗帜跑来，发出把枪炮的声响都遮断的喊杀声，他们因成功而胆力加大，奋力狂怒地向我军驰突前来，如果战事不立时中止，惨祸怕就要来临了。尼格里将军于是传达命令与一四三团和外国人编成队的第二营，开始作梯形阵势的退却。●

中、法双方战至24日中午，法国军队溃败，尼格里下令撤退，狼狈逃回文渊、谅山一带。

随后，在越南北圻东线作战的冯子材愈战愈勇，乘胜于3月26日攻克文渊，29日攻克谅山，31日收复谷松、屯梅，之后规复北宁、河内。通过这些战役，清军给予法军极大的打击。

就在镇南关大捷胜利的同一天（3月24日），在西线作战的刘永福率领的黑旗军与越南军队共同在临洮作战，并大败法军，接着又收复了广威府、黄冈屯、鹤江和老社等地。至此，清军在越南北圻的东、西两线军队都呈现了由败转胜、由危转安的局面，法国军队已经没有反攻的可能。

镇南关大捷是鸦片战争爆发以来，清廷对外作战的战役之中难得的一次大胜利，此战不但标志着清军在北圻战场上由败转胜，给当时的战局也产生了很大的影响，引发了一系列余波：

法国方面，法军战败的消息传至巴黎后，民意沸腾，巴黎人民聚集于街道，高呼"打倒茹费里"。最终，法国议会以306对149票否决军费追加案，内阁总理茹费里在舆论的压力之下引咎辞职，号称"世界第二"的法国的国际声誉也在一时之间一落千丈。

中国方面，以镇南关大捷为标志的各大小战役，是中法战争之中中国人民不屈不挠抵抗侵略的体现，既沉重打击了法国侵略者，也给当时的前线官兵带来了极大的精神鼓舞。此外，镇南关大捷让冯子材载入千秋史册，《清史稿》记载："法越之役，克镇南，复谅山，实为中西战争第一大捷。摧强敌，扬国光，子材等之功也。"●

● ［法］黎贡德.法军谅山惨败[M]// 中国史学会.中国近代史资料丛刊·中法战争（第3册）.上海：上海人民出版社,1957:444.

● ［法］黎贡德.法军谅山惨败[M]// 中国史学会.中国近代史资料丛刊·中法战争（第3册）.上海：上海人民出版社,1957:459.

● 赵尔巽.清史稿·冯子材传（第10册）[M].天津：天津古籍出版社,2012:4201.

第九节 《中法新约》

就在清军于越南战场转败为胜、愈战愈勇之时，清廷于 1885 年 4 月 7 日做了一个让人难以预料的举动：电令沿海、滇桂各督抚，停战撤军。[1]

在清廷做出这个决定的背后，有着诸多复杂的原因。

一、战势难料

清军在越南北圻战场虽然反败为胜，而东南海疆的战局却始终处于僵持状态。

中法战争自 1883 年 12 月爆发之后，至 1884 年 8 月底清廷下达宣战书之前，这个期间属于清廷被迫应战阶段；而 1884 年 8 月底至 1885 年越南北圻取得镇南关大捷时，这个阶段又属于清廷主动宣战阶段。在整个战争里，中、法双方大小战役无数，战争的硝烟弥漫着越南北圻战场、中国东南海疆，中法双方各有胜负，互相拉锯。

二、和战不定

自战事爆发以来，清廷内部关于主战还是主和的争论一直没有停论过，清廷也一再踌躇不定。1884 年 8 月底，清廷向法国正式宣战后，也没有放弃通过外交途径和平解决兵端的机会。从整个战争经过来看，清廷对于"和"还是"战"的立场，根本就没有坚定过。镇南关大捷之后，出于"乘胜即收"的考虑，主和的言论再次抬头。

李鸿章一直怀有主和的倾向，而此时清廷的最高决策者分析局势后认为，如果此时继续把仗硬打下去，是胜负难料的，况且国力也难以支撑；反之，清军如果"乘胜即收"，那么清廷似乎还能在外交谈判中赢得主动、占据谈判制高点。

三、粮运断绝

1885 年 2 月 26 日，法国海军司令孤拔向欧美的各中立国发出照会："孤拔知照各国商轮禁运漕米。"[2] 阴险的法国人宣布大米为违禁品，不允许欧美的中立国商船载运。这个时期，运粮北上的商船几乎是英国所有，法国企图利用这种断绝北上粮源的方式，逼迫清廷在台湾战事之中妥协。

另外，据王绳祖考证："英国指法国此举违犯国际公法，坚决拒绝法国捕获法庭关于这项问题的判决。港督鲍温论战争严重地损害中外商务，洋商都希望英国调停。"[3] 法国断绝粮运的做法，不但让清廷慌了神，也把英国得罪了。

四、弃越保台

在 1885 年 4 月 7 日清廷下发停战撤军谕旨的当天，两广总督张之洞就提出抗议："条

---

❶ 中国史学会.中国近代史资料丛刊·中法战争（第 6 册）[M].上海：上海人民出版社，1957：382.

❷ 王彦威、王亮.清季外交史料（第 3 册）[M].长沙：湖南师范大学出版社，2015：1083.

❸ 王绳祖.中英关系史论丛 [M].北京：人民出版社，1981：229.

款未定，万万不可撤兵……关外兵机方利，法人震，中法用兵年余，未有如今日之得势者。我撤敌进，徒中狡谋，悔不可追。"❶清廷于两日后电令张之洞，再次严令停战撤军，并详细阐述了撤军的理由："若不乘胜即收，不惟全局败坏，且孤军深入，战事益无把握；纵再有进步，越地终非我有，而全台隶我版图，援断饷绝，一失难复，彼时和战两难，更将何以为计？"❷清廷的意图很明确，越南是藩属国，而台湾是国内领土，二者不可兼顾的情况下，台湾显然更为重要。

此外，从法国侵略越南以来，越南作为中国的藩属国，并未将中越《西贡条约》等事上奏清廷，让清廷于之后的外交谈判之中陷入被动。在中法战争爆发后的山西之战中，越南竟有内奸（阮廷润）叛国，开门揖盗。越南这种反复无常的行径，让清廷大为失望，也让清廷更加坚定了弃越保台的决心。

五、边疆危机

从 19 世纪 80 年代开始，清廷的边疆再次爆发了危机。

西北边疆：1881 年中俄签订了《圣彼得堡条约》（即《改订条约》），❸之后，俄国又根据条约中关于修改南、北疆边界的约定，强迫清廷重新勘定中俄西段边界，并于 1882 年至 1884 年之间强迫清廷签订勘界协议书。

西南边疆："滇案"爆发后，中、英签订了《烟台条约》，英国人食髓知味，于 1885 年又派出一支"商务代表团"，由印度入藏，企图把侵略魔爪伸向藏区，并通过外交交涉的方式，再次向清廷讹诈。❹

朝鲜危机：1884 年 12 月，日本策划朝鲜发动了"甲申政变"，企图控制朝鲜，进而侵略中国。1885 年初，日本使节伊藤博文来华与李鸿章商谈朝鲜政变一事，李鸿章仔细观察日本的举动后，觉察到了日本的野心："朝鲜又有内乱，似有日人播弄主持。"同时，清廷也认为"日人意存叵测，现又突起衅端，难保不因中、法有事，伺隙寻衅；事关重大，亟应严密筹办"。❺

这是列强于 19 世纪 70 年代之后发动的第二轮边疆侵略，也是中国面临的新一轮的边疆危机。面对列强们对我国边疆的蚕食与侵略，清廷坐立不安。

六、国际调停

对于议和，并非清廷一厢情愿，1885 年 2 月 27 日，出使法德意奥大臣许景澄就电告清廷："（法国人）语气微露肯退基隆，不押关，不索费，另商办法"❻，很明显，法国人已经放低姿态，以"退兵、不索费"的重大让步谋求和谈。镇南关大捷后，积极鼓吹扩

---

❶ 中国史学会.中国近代史资料丛刊·中法战争（第 6 册）[M].上海：上海人民出版社,1957：384.
❷ 中国史学会.中国近代史资料丛刊·中法战争（第 6 册）[M].上海：上海人民出版社,1957：385.
❸ 参见本书第四章第十二节"中俄交涉，议收伊犁"。
❹ 参见本书第四章第八节"《烟台条约》"。
❺ 清德宗实录（第 3 册）[M].台北：华文书局股份有限公司,1970：1831.
❻ 中国史学会.中国近代史资料丛刊·中法战争（第 6 册）[M].上海：上海人民出版社,1957：319.

张论的法国总理茹费里下台，犹如丧家之犬，法国舆论喧哗，法国此时再不收兵，局势就更加不利了。

许景澄曾经电告清廷："德、法有嫌，故专劝中国，嘱专电。"● 可见，不但中、法双方有息兵停战的意愿，其他欧美国家也在极力"居中调停"，这些国家名义上是调停，其实是在遏制法国人的侵略势力不断扩张。总之，这些因素更加促使了一向倾于主和的清廷做出"乘胜即收"的决策。

综合以上六个方面的因素，清廷"乘胜即收"的意愿已定，万事俱备，只欠东风。

关键时刻，海关总税务司赫德又出现了，他积极充当斡旋者，主动居中调停。1885年2月，赫德在清廷的同意下，派其僚属英籍中国海关驻伦敦办事处税务司金登干赴巴黎促进中法议和。经过镇南关战役的惨败，法国政府意识到再打下去，不仅捞不到赫德所拟草约中"非常巨大利益"，而且还要使它与英国的关系恶化。● 1885年4月4日，金登干和法国外交部政务司司长毕乐在巴黎签订了《巴黎停战协定》。

1885年4月7日，慈禧太后颁发了停战诏令，中法战争最终以媾和的方式结束。之后，清廷明令批准1884年5月李鸿章与福禄诺签订的《李福协定》，并下令驻扎在越南北圻的清军分期撤退回国；法国也解除了对台湾和北海的军事封锁。

停战后，双方的详细条约尚需商议。1885年5月13日，清廷任命李鸿章为谈判代表，与法国代表、驻华公使巴德诺在天津开始谈判。1885年6月9日，中、法双方的代表在天津签订了《中法会订越南条约》（又称《越南条款》《中法新约》或《李巴条约》），共十款，主要内容是：●

（1）清廷承认法国对越南的保护权，而且"法兵永不得过北圻与中国边界，法国并约明必不自侵此界，且保他人必不犯之"，"中国约明亦不派兵前赴北圻"。

（2）中国承认法国与越南订立的条约，"凡有法国与越南自立之条约、章程，或已定者，或续立者，现时并日后均听办理"。

（3）此约签字后六个月内，中、法两国派官员到中国与越南的边界处"会同勘定界限"。

（4）法国及其保护国的人民想要进入中国，由中国边界官员发给护照；中国人想要进入越南，由法国官员发给护照。

（5）中、越陆路交界开放贸易，并开辟两个通商口岸，中国在通商口岸"设关收税"，法国也要在通商口岸设立领事官，"其领事官应得权利，与法国在通商各口之领事官无异"。

（6）此约签字后三个月内，中、法两国派官员另行订立越南北圻与中国云南、广西、广东各省的陆路通商章程，"所运货物，进出云南、广西边界，应纳各税，照现在通商税则较减"。

（7）日后中国修筑铁路，应该"向法国业此之人商办"。中国"招募工人，法国无不尽力襄助"，法国"不得视此条系为法国一国独受之利益"。

● 中国史学会. 中国近代史资料丛刊·中法战争（第6册）[M]. 上海：上海人民出版社，1957：367.

❷ 王绳祖. 中英关系史论丛 [M]. 北京：人民出版社，1981：233.

❸ 王铁崖. 中外旧约章汇编（第1册）[M]. 北京：生活·读书·新知三联书店，1957：466–469.

（8）此约十年期满之后可以续修。

（9）此约一经双方签字后，法军退出台湾、澎湖，解除海面封锁。

1885 年 11 月 28 日，此条约在北京交换批准。从此，中国承认法国吞并安南，越南也不再是中国的藩属国。

1886 年至 1888 年，清廷又被迫与法国签订了《中法越南边界通商章程》《中法界务条约》《中法续议商务条约》等一系列不平等条约，法国再次攫取了诸多利益。一时之间，中国西南门户洞开，法国侵略势力渗入中国的云南、广西和广州湾（今湛江市）等地，并使上述地区变成法国的势力范围。

第十节　中国不败而败

清廷在取得镇南关大捷之后"乘胜即收"，颁发停战诏书，并以媾和的方式结束了战争。关于这个"乘胜即收"的策略，被史界的学者们研究了很久。

长期以来，学者们研究这个问题时，往往认为中国是"不败而败""虽胜犹败"。持此观点的学者认为，当时的战势有利于中国，而腐朽懦弱的清廷竟然下诏停战，以签订不平等条约的方式匆匆了结了中法战事，堪称屈辱，所以，中国是"不败而败"，法国是"不胜而胜"。

比如，胡绳在其《从鸦片战争到五四运动》一书中这样评价：

投降主义者既不敢抗议法国并吞越南，又使法国侵略者打开中国西南边境大门的目的如愿以偿。由于侵略者在战场上失利而没有提出赔款的要求，并答应从基隆和澎湖撤兵，这使投降主义者感到在"面子"上已经是很过得去了。❶

胡绳把主和派冠以"投降主义者"，字里行间影射出"中国不败而败"的屈辱。

又如，牟安世在其《中法战争》一书中这样评价：

如果说清朝政府从前因为人民起义部队黑旗军的胜利而心存疑忌的话，那末（那么）这时却是腐败得连自己的军队的胜利也不敢相信了。在清朝政府坚持卖国投降政策之下，睦南关（镇南关）的胜利不仅没有成为援助越南反攻法国侵略者的起点，反而被投降派首领李鸿章用来作为向侵略者求和的资本。❷

显然，牟安世也是持"中国不败而败"的观点的。

当时的清廷固然是腐败不堪，然而中国真的是"不败而败"？

在分析这个问题之前，首先应该保持冷静，其次要对当时的国际、国内情势详细考察。

应该说，清廷选择的"乘胜即收"策略，无疑是屈辱的，但这种策略在当时的形势之下，其实是最好的选择。这个论断，有以下几点原因。

一、胜负难料，国力不支

纵观中法战争里的大小战役，清廷完胜的战役屈指可数，只有基隆大捷和镇南关大

---

❶ 胡绳．从鸦片战争到五四运动 [M]．上海：华东师范大学出版社，2014：187-188.

❷ 牟安世．中法战争 [M]．上海：上海人民出版社，1961：94.

捷以及刘永福率领的黑旗军在越南北圻的一些战斗胜利了。反之，在许多战役里，不是中、法双方相持不下（如淡水海战），就是清廷彻头彻尾地溃败（如马尾海战、北宁之战）。从战役的胜负来看，中国并非连战连胜、所向披靡，从清廷的角度而言，整个战事如果继续发展下去，实在没有必胜的把握。

尽管冯子材的萃军、刘永福的黑旗军在越南北圻取得了镇南关战役等一系列战役的胜利，但这些胜利不应被过分地夸大。据《剑桥中国晚清史》记载：

胜利之取得并不是由于中国军事制度起了作用，恰恰是因为没有中国军事制度影响的缘故，而且中国人的伤亡几乎总是比法国人的伤亡大得多。只有在台湾的中国军队才能够一比一地坚持与法国人交战，这大部分应归功于刘铭传的精明的准备工作和几位淮军军官的指挥才干。●

可见，倘若中法战争绵延无期地发展下去，面对严重不支的国力，清廷不仅劳民伤财，还可能会付出比《中法新约》还要惨重的代价。

二、国际局势，瞬息万变

法国总理茹费里倒台后，法国犹如强弩之末，但是国际态势波诡云谲、瞬息万变，西方列强你争我赶，纷纷企图再度染指中国边疆。

此时中国边疆已经爆发了新一轮的边疆危机，据《剑桥中国晚清史》记载：

中国的外交和战略形势实际上处于非常不利的地位。中俄关系和中日关系因中国在朝鲜的地位问题而闹得很紧张，而且谣传法国人正想在北面帮助日本人与中国交战。●

在当时的国际局势下，中国如果在中法战争里继续耗下去，实在不敢保证其他列强不趁机侵略中国，清廷也根本不能兼顾其他边疆地区的安危。中国不应只偏顾中法战事，而不顾其他边疆地区的安危，应鉴于当时国内、国际各方面的不利形势而做出一个最明智的、居中的选择。

三、外交谈判，频频失利

19世纪70年代，中国发生了三次边疆危机（日本侵略台湾、英国染指云南、俄国强占伊犁）。在这三次边疆危机中，清廷不一定每次都与列强宣战，但是每次都必定采取了外交和谈的方式解决问题，就连左宗棠成功收复新疆广大地区后，面对尚未规复的伊犁，清廷同样还是采取外交方式解决。

中法战争时期，中国的这种外交策略丝毫不变，甚至议和的色彩更为浓厚。战争爆发前，清廷针对主战还是主和就已摇摆不定，战争爆发后，面对主战、主和的争论，清廷先是制定了"不可衅自我开"●的主和方针，之后又对法国下了宣战书，转为主战的

● ［美］费正清，等．剑桥中国晚清史（下卷）[M]．中国社会科学院历史研究所编译室，译．北京：中国社会科学出版社，1985：249．

● ［美］费正清，等．剑桥中国晚清史（下卷）[M]．中国社会科学院历史研究所编译室，译．北京：中国社会科学出版社，1985：248．

● 中国史学会．中国近代史资料丛刊·中法战争（第5册）[M]．上海：上海人民出版社，1957：170．

策略，然而，不论主战还是主和，整个战争过程中，清廷绝不放弃以和谈的方式解决争端。

可惜，中国的国弱，不但表现为军队之弱，也表现为外交之弱，所以，在作战一线频频失利的同时，清廷的外交也频频失利，面对这种"双重失利"，清廷是很无奈的。

四、条约损害，并非最甚

《中法新约》虽然是不平等的条约，但是没有涉及战争赔款等方面的问题。与第一批不平等条约（第一次鸦片战争中《南京条约》等条约）、第二批不平等条约（第二次鸦片战争中《天津条约》等条约）相比，《中法新约》让中国所遭受的创伤明显要小得多。就在九年之前，清廷为了解决"滇案"，与英国人签订了《烟台条约》，这个条约被美国人马士称为"中国对外关系史中的第三阶段，重要程度仅次于 1842 年和 1858 年的条约"❶，《中法新约》的屈辱程度，显然也是远远不及《烟台条约》的。

应当说明的是，虽然条约损害小，但不代表没有损害。法国人很聪明，在一些事情上往往出人预料、捷足先登，比其他列强快一步。早在 1844 年中、法签订的《黄埔条约》中，法国就抢先约定了传教士的传教权利，结果这个侵略利益被其他国家效仿，"利益均沾"。这次的《中法新约》中，法国人又比其他列强快一步，最先取得了在中国修建铁路的特权。这是清廷始料未及的，也让法国攫取了大量侵略利益，给中国带来了严重的后患。

五、弃越保台，明智之举

从 19 世纪 60 年代开始，英、日等国就已经染指台湾，可见台湾的地理位置极其重要。台湾隶属于中国版图，而越南只是藩属国，关于两者孰轻孰重，清廷的头脑还是比较清醒的。何况越南在中法战争里反复无常、首鼠两端，让清廷大失所望，清廷于 1884 年 6 月颁发的对法宣战书里曾指责越南："法固无理，越亦与有罪焉。是以姑予包涵，不加诘问。"❷

综合以上五个方面不难看出，虽然清廷"乘胜即收"的策略是屈辱、畏葸的表现，但是清廷的这个举动不宜被评论为"不败而败"。如果处理事情的策略分为上策、中策、下策的话，这个"乘胜即收"的策略固然不能称为上策，但也不能简单地称为"下策"，而应称为"中策"。

吕思勉在其《中国近代史》一书中对于中法战争的结局曾做出如下评价："此次战事，中国业已获胜，而仍如法意结束，论者多咎李鸿章之失策，然是时海陆军力，实皆不足恃，似亦不当狃于小胜也。"❸吕思勉的这句话很精辟，一共有两层涵义。

首先，中国以签订不平等条约的方式结束了战争，看似是李鸿章的责任，其实根本责任在于清廷的海陆军力太弱。

❶ [美]马士.中华帝国对外关系史（第2卷）[M].张汇文，等译.上海：上海书店出版社,2006:321.
❷ 中国史学会.中国近代史资料丛刊·中法战争（第5册）[M].上海：上海人民出版社,1957:517.
❸ 吕思勉.中国近代史[M].南京：江苏人民出版社,2014:72.

其次，中国已经在战场上获胜，但最终却以满足法国侵略意图的方式结束了战争，其中原因，似乎不应当拘泥于中国在战场上的这些"小胜"，而是有其他方面的原因，换言之，并不能简单地用"中国不败而败"的结论来概括中法战争的结局。

由吕思勉的这个观点可知，研究中法战争这段历史，不能非左即右，而应冷静地、不偏不倚地分析问题。我们作为后世之人，不能"马后炮"，而应回归到当时的历史背景，设身处地地分析问题，想一想当时清廷出台这个策略的深层原因。

如果一味地唱高调，只会抨击与批评，我们又与张佩纶、李鸿藻这些"清流党"有何区别？

第六章　后期洋务运动

引言

从 1872 年开始，直至 19 世纪末期，中国的洋务运动步入了后期阶段。

这个时期，中国在推进军事工业、外交、文化教育等方面近代化的同时，继续探索救国和强国之道。具体而言，后期洋务运动成果包括三个方面。

一、发展民用企业

这个时期，追求利润的民用企业开始萌芽，并逐渐壮大。这些民用工业主要分为四大类：运输业（轮船航运业、铁路运输业）；电线电报业；采矿业；纺织业。除此之外，金融行业也有所发展。这些企业不但反映了后期洋务运动的发展方针由"求强"变为"求富"，从实践结果来看，这些"求富"的企业也不断辅助着中国"求强"。

二、企业组织形式转型

早期洋务运动，都是由清廷出资，并指派官员创办或经营的工业，即"官办工业"。后期洋务运动里，企业的组织和经营形式开始转型，由清廷或洋务派官员指派商人招徕民间资金，并由清廷派官员管理，即"官督商办"。到了洋务运动末期，甚至有了"官商合办""商办"等形式的企业出现。这是一种特定历史时期下产生的特殊的企业组织形式，体现了官、商之间的合作，被后期洋务运动之中的民用企业广泛采用。

三、筹建近代海军，加强海防

19 世纪 70 年代之后，中国边疆地区接连出现危机，面对边陲地区的千年危机，清廷筹划海防，筹建近代海军。中法战争之后，清廷成立了"海军衙门"，也在台湾设置了行省，北洋海军也是在这个时期成军，标志着海洋时代的到来。

这一段历史，从近代化历程来看，称为"洋务运动"，而从清廷内部而言，又称为"同光中兴"，即同治、光绪二朝的王朝中兴。在这个时期，中国通过设招商局、办纺织厂、架电线、开煤矿、筹海防、建海军、修铁路等方面的洋务革新措施，似乎已经实现了"中兴"。然而，"中兴"实则"未兴"，洋务运动最终也以失败而画上句号，其中缘由是耐人寻味的。

第一节 "求强"变为"求富"，"求富"反哺"求强"

后期洋务运动之中，清廷改变了发展思路，大体的方针是从"求强"变为"求富"，并由"求富"反哺"求强"，二者之间呈现相辅相成的状态。这种发展思路的调整，不但解放了思想，也让民用企业、海军海防等方面的近代化付诸实践，所谓"思想大解放，发展大跨越"。

后期洋务运动，中国虽然开始出现"求富"的民用企业，但是发展这些民用企业不仅是为了追求利润，更是为了辅助军事工业。另外，在这些民用企业发展的同时，面对西方列强在边疆地区展开的侵略，这个时期的海军、海防等近代化也得到推进。所以，由"求强"变为"求富"的表述是片面的，准确的表述应该是"求强"变为"求富"，"求富"反哺"求强"。

关于清廷调整发展路线的原因，中学的历史教材里这样总结："洋务运动后期，为解决军事工业资金、燃料、运输等方面的困难，洋务派打出'求富'的旗号，兴办了一批近代民用工业，以辅助军事工业。"● 显然，这种归纳只谈及了其中的一部分原因。洋务运动绵延三十余年，是清朝从中央到地方的一场自救运动、自强运动，推进了中国的外交、军队、军事工业、民用企业、文化教育等方面的近代化，正因洋务运动是全国层面的救国运动，而且涉及的革新方面较广，所以但凡有发展路线的重大调整，必定有深刻的、多方面的原因。

总体而言，除了上述"解决军事工业困难"的原因之外，清廷调整洋务运动发展路线的深层次原因，还有以下五个方面。

一、内乱被镇压

在洋务运动兴起之时，清廷把太平天国等起义视为"心腹之害"，而把俄、英等国的侵略行为视为"肘腋之忧""肢体之患"。● 清廷不能同时做到"安内"和"御外"，所以采取了"两害相权取其轻"的政策，确定了"灭发捻为先"的思路。在这种政策的带动下，清廷的当务之急是发展军事工业，以满足剿内的需要。19世纪60年代，中国与西方列强的关系相对平静，所以尤以军工业为标志的初期洋务运动得到一定的发展。

随着时间的推移，太平天国起义于1864年被清廷镇压，捻军起义、天地会起义、回民起义、苗民起义等清廷眼中的"内乱"也相继被扑灭，清廷"灭发捻为先"的目标已经基本实现。既然初期目标已经实现，旧的政策已经难以适应新的形势，所以相应的发展路线也将面临调整。

● 人民教育出版社历史室.中国近代现代史（上册）[M].北京：人民教育出版社，2006：35.
● 中华书局编辑部整理.筹办夷务始末（咸丰朝）[M].北京：中华书局，1979：2675.

二、边疆新危机

所谓"内患刚平，外患又起"，19 世纪 70 年代，中国的边疆地区接连出现危机——日本侵略台湾、英国势力侵入云南与西藏、俄国强占伊犁、中法战争……这让清廷陷入了无限的苦楚。

1874 年的日本侵略台湾事件，就给边疆的海防敲了一次警钟。祸不单行，新疆的战事也在同一时期频频告急。西北、东南边疆同时陷入危机，引发了清廷内部"海防论"与"塞防论"的辩论，这充分暴露了当时中国的最根本问题——国弱。

对于"国弱"的问题，清廷有了一系列觉悟。李鸿章曾感叹地说："盖发、捻、苗、回诸贼，皆内地百姓，虽有勇锐坚忍之气，而器械不及官军之精备，可以剿抚兼施。外洋本为敌国，专以兵力强弱角胜，彼之军械强于我，技艺精于我，即暂胜必终败。"❶ 由此可见，清廷的洋务官员认为外国的侵略不同于中国的内乱，而且仅仅单纯地推动军工业发展是难以应付当下形势的，必须调整发展路线，在发展军事工业的同时，还应发展能带来利润的民用企业，以辅助军事工业。

中国军事工业原材料、燃料严重匮乏，而且这些原材料、燃料大部分取自洋人。清廷认为，只有通过"求富"，才能解决军事工业资金、燃料、运输等方面的困难，从而辅助军事工业，抵御"军事外侮"。秦翰才对于这个方面总结得很到位："起先大家以为只要中国也有轮船和大炮，便可自强，和外国一拼。现在才知道，要有轮船和大炮，先要有钱，要强先要富，于是大家想生财之道。"❷

三、对财富渴求

"财富是权力的基础，一个国家要强大就必须富有。"❸ 这个时期的清廷开始"求富"，初衷是想抵御外侮，而西方列强带来的外侮又分为"军事外侮"和"经济外侮"。

"军事外侮"表现为边疆危机，上一点已经提到，而抵御"经济外侮"也是清廷"求富"的一个重要原因。外国侵略者通过一系列不平等条约，对中国实行经济侵略，清廷想通过自我"求富"，达到"分洋商之利"❹ 的效果，抵御西方列强的经济侵略。

在清廷眼中，能同时抵御"军事外侮"和"经济外侮"的，就是发展民用企业。比如，李鸿章在 1875 年 4 月 3 日的奏折中就提到设立轮船招商局这一民用企业的好处："（轮船）无事时可运官粮客货，有事时装载援兵军火"❺。

❶ 台湾银行经济研究室. 同治甲戌日兵侵台始末 [M]. 南投：台湾省文献委员会，1997：220.

❷ 秦翰才. 左文襄公在西北 [M]. 长沙：岳麓书社，1984：119.

❸ [美] 徐中约. 中国近代史：1600–2000 中国的奋斗 [M]. 计秋枫，等译. 北京：世界图书出版公司北京公司，2013：206.

❹ 中国史学会. 中国近代史资料丛刊·洋务运动（第 6 册）[M]. 上海：上海人民出版社，1961：8.

❺ 中国史学会. 中国近代史资料丛刊·洋务运动（第 6 册）[M]. 上海：上海人民出版社，1961：8.

四、领导人更迭

早期的洋务运动中，总理衙门在中央"综揽全局"，为全国各地的洋务运动做出了一定的贡献。但在后期的洋务运动之中，洋务派的领导集团发生了一些变化。

第一，从中央层面而言，恭亲王奕䜣于洋务运动初期主持总理衙门，但他于同治帝在位期间三次遭到打压，中法战争爆发后，又在甲申易枢政变中被革去一切官职；另外，军机大臣、总理衙门大臣文祥也是洋务运动的一大功臣，但文祥于1876年去世，其去世是洋务派的一大损失。

第二，作为地方洋务派领袖的曾国藩于1872年去世。洋务派的另一个重要人物是李鸿章，他于1870年调任直隶总督，成功地处理天津教案。虽然李鸿章从湖广总督调任直隶总督属于平调，但是随后"三口通商大臣"崇厚作为谢罪专使出使法国，清廷发布上谕，裁撤"三口通商大臣"一职，所有洋务海防各事宜，均归直隶总督经营，所以李鸿章的实权大大提升。

此外，中法战争时期，清廷内部的"清流党"异军突起，这支言官的势力，或多或少地影响了清廷在洋务运动中的各项决策。

洋务运动时期是一个变换叵测的年代，而不同的主持者有不同的发展思路，领导人更迭，意味着路线随时面临调整。当时，李鸿章俨然成了手握大权的重臣，而且得到了慈禧太后的宠信，因此，在后期洋务运动之中，多方面的近代化革新都是在李鸿章的主持下完成的，李鸿章也由此成为了后期洋务运动的灵魂人物。

五、洋人的敦促

早在1865年和1866年，海关总税务司赫德、英国驻华公使威妥玛就分别向总理衙门递交了《局外旁观论》《新议略论》的折子，在这些折子中，洋人们强调铁路、轮船、电报、采矿等方面的好处。洋人的这些建议，其实是在让中国"求富"，可见这些问题早已被洋人们察觉。

尽管洋人在敦促，但当时清廷与地方官员并未意识到"求富"的重要性，比如，当时总理衙门极力反对修筑铁路、架设电线，认为引进铁路、电报之后，会失去对军事要地的控制，而且破坏风水、影响民生。

面对国际、国内的新形势，再加上与洋人们的进一步接触，清廷在后期洋务运动中终于把"求富"和"求强"联系起来。

从以上五个方面的原因来看，清廷调整洋务运动的发展路线，其实是近代化的规律所致。事物发展到一定的时期，必然要发生改变，引发革新。

可是，尽管清廷在救国和自强方面的信心是坚定的，调整的路线在当时而言也具有一定进步意义，但在实践过程中，仍然出现了不少问题，主要表现在以下两个方面：

（1）时空压缩，矛盾叠加。

西方国家经过多年完成的近代化改革，中国在短时间内提上议程，并想在短时间内完成，这显然是在"压缩时空"。所以，后期洋务运动的发展之中，各项革新措施遭受了诸多挫折：

第一，受到洋人的挤兑，比如轮船招商局设立后，受到英国太古、怡和，美国旗昌等轮船公司的排挤。

第二，遭到国内反对派的反对，比如修筑铁路一事，引起了洋务官员和守旧势力之间的大辩论。

第三，洋务派内部自己的恶性竞争，比如，中法战争时期，福建水师于马尾海战中面临危机，但北洋、南洋两支水师拒绝前去支援；再如，甲午战争时期，北洋海军独立抗击日本海军，但南洋水师竟然保持"中立"。

（2）时务使然，缺乏主动。

清廷调整洋务运动的发展路线，并非主动去调整，而是在经历了边疆危机等历史事件后，才把这些急迫的事务匆匆提上议程，整个过程充满了被动性与滞后性。

主动去做一件事与被迫去做一件事，从结果而言，是存在很大区别的。

第二节　轮船招商局

1873 年 1 月 14 日，轮船招商局在上海成立，这个企业是洋务派创办的第一个民用企业，标志着洋务运动的发展方针由"求强"转变为"求富"。

关于洋务大臣们创办轮船招商局的原因，可以说是被现实所迫。

第二次鸦片战争结束后，洋人们的轮船纷纷驶入新开辟的通商口岸，1862 年，经营鸦片走私的美国旗昌洋行在中国创办了"旗昌轮船公司"，这是洋商在华设立的第一家专业轮船航运公司。自此以后，英国等国家的商人们纷纷在中国创立轮船公司，中国航运市场被外国轮船公司垄断。

中国的江海航运被西方列强霸占后，这些国家开始对中国进行吸血般的经济侵略。比如，在沪汉航线上行驶的外国轮船，货运每吨收费 25 两，这在当时而言是一笔不菲的水脚（水路运输费用），"往返一次所收水脚足敷（购置轮船）成本"●。西方列强这些经济侵略的行为，不但使其囊中鼓鼓，更让中国的旧式航运业遭到致命冲击。

19 世纪 70 年代以后，西方列强的这种经济侵略更为严重，加之中国边疆开始出现千年危机，所以当时主持洋务的大臣们恍然意识到，应该创立属于中国自己的轮船航运企业，从经济上抵制西方列强的侵略。但问题接踵而至，积弱的清廷财力不足，无力拨付巨款直接投资航运企业，而且无力承担亏损。在这种情况下，清廷的一些大臣认为应当联合商人的力量来经办轮船航运企业，所谓"官商联络"●，这样既能充盈本国经济实力，也能反哺军事、军队，增加饷银，正如陈兰彬所说："洋人欲图强兵必先富国，欲图富国必先聊商，官商聊则集资厚，资本厚则财力雄，获其盈余，从而练兵制器。"●

● 徐润. 徐愚斋自叙年谱 [M]// 中国史学会. 中国近代史资料丛刊·洋务运动（第 8 册）. 上海：上海人民出版社，1961：96.

● 中国史学会. 中国近代史资料丛刊·洋务运动（第 6 册）[M]. 上海：上海人民出版社，1961：9.

● 中国史学会. 中国近代史资料丛刊·洋务运动（第 6 册）[M]. 上海：上海人民出版社，1961：9.

不仅清廷的大臣有此觉悟，连一些旧式商人、买办也积极支持创立轮船航运企业，比如商人朱其昂和朱其诏兄弟，买办唐廷枢、徐润，官办商人盛宣怀等，后来又有谢家福、马建忠、郑观应等具有维新倾向的商人加入。这些商人积极支持清廷创办轮船航运业，表面上看来，这是多年以来官、商之间的对立情绪趋于缓和，但实质上这是官、商在"求富"的观点上达成了一致。

官办商人盛宣怀是李鸿章的僚属，也是一位思想进步的洋务人士，他在李鸿章的建议下，于1872年4月草拟了一份《轮船章程》，这份章程的核心思想是"将洋船一律给价收回，不让洋人尽占中国之利"，这种思想让当时的官、商们耳目一新，也进一步增强了他们创办轮船航运业的信心。

李鸿章深知，仅仅靠官、商的努力是不够的，创办轮船航运业必须得到清廷的支持，所以，李鸿章于1872年12月23日上奏，请求设立轮船招商局，分运江浙漕粮，由海运委员候补知府朱其昂招股试办，并陈述了创立轮船招商局的好处：

海运难在雇船，今有招商轮船以济沙卫之乏，不但无碍漕行，实于海运大有裨益……若从此中国轮船畅行，闽沪各厂造成商船，亦得随时租赁，庶使我内江外海之利，不致为洋人占尽，其关系于国计民生者，实非浅鲜。❶

之后，李鸿章为了赢得封疆大吏的支持，又致函江苏巡抚何璟、两江总督张树声，函称："船局为目前海运事小，为数千百年国体商情、财源兵事开拓地步者大，故破群议而为之。"❷

1872年12月26日，清廷允准了李鸿章的奏请，同意设立轮船招商局。

可是，虽然清廷允准设局，但创办轮船招商局仍面临着诸多困难：❸

首先，李鸿章在之前的奏折中就曾向清廷请求拨银："请照户部核准练饷制钱借给苏浙典商章程。"这意味着轮船招商局的创立资金不足。

其次，"官造轮船内，并无商船可领"，也就是缺乏轮船。

第三，"各省在沪股商，或置轮船，或挟资本，向各口装载贸易，俱依附洋商名下"，这也就是说，当时一些华商隐附在洋商名下，他们并不对清廷负责，而是属于"买办"性质的洋人雇员。

为了解决这三个困难，李鸿章等人付出了很多努力。

针对第一个困难，朱其昂"以身家作抵"，带头投资，之后，朱其昂、朱其诏兄弟于1873年1月拿到10万两的官银。

针对第二个困难，李鸿章等人向英国购买了"伊顿"号轮船，之后又继续购进"永清""福星""利运"等轮船。

针对第三个困难，李鸿章等人将隐附在洋商名下的商人招徕至轮船招商局，由这些商人认股10万两（其中李鸿章带头认股5万两），这样做的目的，是让这些商人渐渐地摆脱对洋人的依附，归并官局。此外，朱氏兄弟也积极准备了应需的栈房、码头等事宜，做好了航运事宜的准备。

❶ 中国史学会.中国近代史资料丛刊·洋务运动（第6册）[M].上海：上海人民出版社，1961：6.
❷ 徐泰来.洋务运动新论[M].长沙：湖南人民出版社，1986：379.
❸ 中国史学会.中国近代史资料丛刊·洋务运动（第6册）[M].上海：上海人民出版社，1961：5-6.

准备妥当后，轮船招商局于 1873 年 1 月 14 日在上海创立，朱其昂以官方的身份主持局务。该局总部设在上海，又在天津、牛庄、烟台、汉口、福州、广州、香港设立分局，甚至在国外的横滨、神户、吕宋、新加坡等地也有分局。

运营初期，轮船招商局的漕运业务并不理想，1873 夏，轮船招商局改组，盛宣怀重新制订了轮船招商局的章程。经过这次改组，轮船招商局的股金增至 100 万两，先收 50 万两，并由唐廷枢担任总办，朱其昂、朱其诏、徐润、盛宣怀等人担任会办。在具体工作的分工方面，朱氏兄弟代表官方主管漕运事宜，唐廷枢和徐润主管招股、航运业务，盛宣怀主管漕运和揽载工作。

轮船招商局的这次改组工作是成功的，不但扭转了不利局面，而且让轮船招商局在其后的几年之内取得了初步的成效。1873 年 7 月，李鸿章称："此为开办洋务四十年来最得意文字。创办之初，即以运漕为词，各国无不惊服，现运来二十万石，委员朱其昂、盛宣怀、唐廷枢、徐润，皆熟生意，殷实明干。"[1] 1876 年 12 月 9 日，太常寺卿陈兰彬上奏朝廷的奏折中，也谈到了轮船招商局的七个裨益："漏卮稍塞，转运快便，协济江防，储备水师，民无冤抑，开拓远谟，杜绝要挟。"[2]

另外，轮船招商局也促进了近代保险业的发展。

早在太平天国时期，洪仁玕在其《资政新篇》中就提出过兴办保险事业的构想，但很可惜这种构想未能付诸实践。1875 年 11 月，轮船招商局发起组建"保险招商局"，由唐廷枢和徐润主持工作，这是中国人自办保险业之始。

保险招商局仿照国外的保险章程，自己拟订了一份《轮船保险单格式并章程》，并在这份保险单的模板中详细约定了"遇风沉没，船破货没，火烧盗劫"等保险事故之下的保险赔偿事宜，颇具近代运输保险的特色。[3] 保险招商局承办了轮船招商局所有船舶的货物运输保险业务，据 1876 年 2 月徐润写给盛宣怀的信函中称，轮船招商局的"厚生"号轮船遭遇"起火延烧"的保险事故，最终轮船的修理费和抽水费均由保险行赔偿，"将来摊偿与本局所亏尚属无多，大局不致有碍"。[4]

虽然轮船招商局在漕运方面取得了一定成就，但该局在营业过程中并非一帆风顺，最大的阻碍就是遭到了洋商的挤兑。

早在 1875 年 4 月，李鸿章的奏折中就提到了这个问题："洋人又复嫉忌，往往跌价相争。"[5] 当时，在华的美国旗昌公司和英国太古、怡和等轮船公司眼见中国自办的轮船航运业蒸蒸日上，所以一方面大肆散布"无洋经理，断难自立"的言论，一方面暗中勾结，联合采用大幅度降低运费的手段恶性竞争，纵然亏本也在所不惜，目的就是想挤垮轮船招商局。

为了扭转这种不利局面，李鸿章等人竭力扶持轮船招商局，采取了一系列对抗措

❶ 徐泰来. 洋务运动新论 [M]. 长沙：湖南人民出版社，1986：381.

❷ 中国史学会. 中国近代史资料丛刊·洋务运动（第 6 册）[M]. 上海：上海人民出版社，1961：10–11.

❸ 汪熙，陈绛. 盛宣怀档案资料·轮船招商局 [M]. 上海：上海人民出版社，2016：26–27.

❹ 汪熙，陈绛. 盛宣怀档案资料·轮船招商局 [M]. 上海：上海人民出版社，2016：34.

❺ 中国史学会. 中国近代史资料丛刊·洋务运动（第 6 册）[M]. 上海：上海人民出版社，1961：8.

施，比如，外轮公司降低运费，轮船招商局也跟着降低运费，招商局因此导致的亏损，由"漕粮水脚稍补""北洋又酌拨官帑以济之"；❶又如，李鸿章等人采取增拨漕粮及承运官物等措施，积极挽救轮船招商局的危机。

结果，在李鸿章等人的有力回击之下，旗昌公司反而遭到破产，太古、怡和两家公司也不得不于1877年与轮船招商局签订了一份"齐价合同"，该合同约定，中外公司在各条航线上共同议定统一的运输费用，确定水脚收入和货源分配方案。

关于轮船招商局与太古、怡和公司签订的"齐价合同"，长期以来被认定为轮船招商局单方面向西方侵略者妥协的产物，但是，这个合同对于保护中国近代的航运业也有积极的一面，夏东元评价：

"齐价合同"是削价竞争到筋疲力尽时的相互妥协的产物……这种斗争在客观上对外资航运业在华势力的扩张起到了一定的抵制作用，这种作用是应该实事求是地加以肯定的。❷

旗昌公司破产，这对于轮船招商局的发展而言是一个良机，李鸿章决定收购旗昌公司。然而收购这样一家航运公司谈何容易，首先面临的就是资金问题，据1877年两江总督沈葆桢的奏折，收购旗昌公司的资金需要222万两，轮船招商局内部只能筹集到122万两，尚缺100万两。沈葆桢认为收购旗昌公司的事宜不能半途而废："万一中途蹉跌，忌我者传笑，任事者寒心"，为此，针对尚缺的100万两，沈葆桢决定从本省藩司之处筹集50万两，而剩下的50万两，只有向清廷求援，并提出了建议：让浙江巡抚筹拨20万两，江西巡抚筹拨20万两，湖北督抚筹拨10万两。❸

清廷很快同意了沈葆桢的建议，传旨湖广总督李瀚章、署理湖广总督湖北巡抚翁同爵、江西巡抚刘秉璋、浙江巡抚杨昌濬，让这些官员向轮船招商局筹拨上述银两。湖北、江西、浙江三地的督抚虽然牢骚满腹，但从大局考虑，最终还是向轮船招商局拨款，给予了支持。众人拾柴火焰高，轮船招商局在种种努力之下凑足了资金，并于1877年收购了美国的旗昌公司。至此，轮船招商局成为了一个拥有三十三艘轮船的较大的轮船航运公司。

1883年，世界爆发经融危机，上海证券大幅下跌，轮船招商局亏欠巨款，债台高筑。1885年，轮船招商局再次改组，"总办"一职被废除，盛宣怀被清廷任命为轮船招商局的"督办"。

盛宣怀担任督办后，首先向汇丰银行借款30万镑，将在中法战争中押卖给旗昌洋行的船只赎回；其次，招商局倚靠清廷，争取官方力量维持招商局，并雇佣具有真才实学的洋人。在这种努力之下，轮船招商局迎来了迅速的发展。在盛宣怀担任督办18年之间，轮船招商局的资本由200万两增至2000万两。此后，轮船招商局一直存续下来，截至1947年11月，共有船只四百六十艘。

轮船招商局揭开了洋务运动史的新篇章，是洋务运动的改革之中浓墨重彩的一笔，其创立和经营，具有以下重大意义。

❶ 中国史学会.中国近代史资料丛刊·洋务运动（第6册）[M].上海：上海人民出版社，1961：13.

❷ 夏东元.晚清洋务运动研究[M].成都：四川人民出版社，1985：191.

❸ 中国史学会.中国近代史资料丛刊·洋务运动（第6册）[M].上海：上海人民出版社，1961：14-15.

一、带动民用企业的崛起

起初，官、商之间虽然都是抱着"求富"的初衷创立轮船航运业，但是深层次的目的各有不同，官员是想通过"求富"而辅助军事工业、增加饷源，巩固清王朝的统治，而商人们虽也有报国的热忱，但更多的是考虑经济利益。虽然官员和商人对于求富的最终目的不同，但轮船招商局促成了一个结果，即民用企业崛起。轮船招商局是洋务派创立的第一个民用企业，在其带动下，至 1895 年中国共建成民用企业 117 家。❶

此外，轮船招商局投资创立了南洋公学（现上海交通大学的前身），曾资助南洋公学教学经费约 10 万两。

二、巩固了"官督商办"的企业组织经营模式

所谓"官督商办"，是一种企业的组织经营形式，即运用官商合作的形式组建股份制公司，由商人出资认股，官方委派官员参与经营管理。

在后期的洋务运动中，率先采用"官督商办"的企业是电线电报业（下一节详述）。前期的轮船招商局的组织形式未脱离官办的影子，所以严格来讲其企业组织经营模式并非"官督商办"。经过多次改组，轮船招商局于 1885 年正式采用"官督商办"的模式，并巩固和发展了这一模式。

轮船招商局不断改组，反映了当时的民用工业不断适应国际、国内新变化，可谓"摸索中前进"，而 1885 年之后正式定型为"官督商办"，这是对"官督商办"模式的巩固。在轮船招商局的带动下，"官督商办"的模式在后期洋务运动之中大量铺开。

三、"分洋商之利"

轮船招商局在创立之初，就确立了"与洋商争利"的发展路线。《轮船招商局公局规条》之中明确规定，股票必须"将有股份者姓名、籍贯注明，以便稽查"❷，这是杜绝洋人混入局内做"隐形股东"，是抵制洋人侵略，以"分洋商之利"的举措。轮船招商局在经营与发展期间，打破了外国轮船垄断中国航运业的局面，甚至将美国旗昌公司挤垮，保护了中国的航运权利。

1873 年至 1879 年，轮船招商局的赢利如下：

同治十二年（1873 年）得利六万七千余两；

同治十三年（1874 年）得利十三万五千余两；

光绪元年（1875 年）得利十五万一千余两；

光绪二年（1876 年）得利三十四万九千余两（因与太古争衡半年少得十余万两）；

光绪三年（1877 年）本年除开销并赈捐三万四千余两外，尚得利四十一万九千余两（亦因与太古竞争半年故少得十余万两）；

光绪四年（1878 年）本年生意除开销外，得利七十六万六千余两（因光绪三年十二月与太古议和，故余此数）；

❶ 徐泰来.洋务运动新论 [M].长沙：湖南人民出版社，1986：54.

❷ 汪熙，陈绛.盛宣怀档案资料·轮船招商局 [M].上海：上海人民出版社，2016：3.

光绪五年（1879 年）本年除开销外，得利六十七万余两。●

从轮船招商局的赢利结果来看，该局确实在一定程度上达到了"求富"的目的，也达到了"分洋商之利"的效果。

第三节　星驰电掣的电报

晚清时期的电报，必须由电线传送信号，二者密不可分，所以，电线业、电报业是同时动议与发展的，从某种意义上来说，它们是同一个概念。

电线、电报业在洋务运动中的发展并非一蹴而就，清廷一开始极力抵制架设电线，直到 19 世纪 70 年代中期才允准洋务大臣架设电线。此后，电线电报业又经过了漫长的动议、准备，才渐渐发展起来。从电线电报业的发展史来看，体现了洋务运动之中中国的保守思想与西方近代化思潮的不断碰撞。

早在 1862 年，沙俄就曾经向清廷建议架设一条从北京到天津的电线，但被清廷一口拒绝，而且拒绝的理由颇为牵强："中华未能保其永固，且不免常有损坏，以致缘此生隙。"● 之后的若干年之间，英国、美国等国也向清廷提议架设电线，但清廷仍旧一概拒绝。1865 年，上海利富洋行在浦东树立了 200 多根电杆，不久后，地方官员密令百姓将电杆全部拔除。

关于清廷拒绝西方列强在中国架设电线的理由，我们可以通过 1865 年 2 月 12 日总理衙门写给盛京将军的信函之中可以窥探一二。该信函称："倘任其（西方列强）安置飞线，是地隔数千百里之遥，一切事件，中国公文尚未递到，彼已先得消息，办事倍形掣肘。"● 然而，总理衙门的这种理由是极其牵强且站不住脚的，既然西方在中国架设电线后能够通信便捷，中国当然也能享有这样的便利，况且中国何不自己架设电线与西方抗衡？可见，总署所述的这个原因是隔靴搔痒，没有说到点子上。

清廷拒绝西方列强架设电线的深层次原因，是对于架设电线怀有惧怕的心理。首先，清廷认为万一同意了一个西方国家在中国架设电线，则其他西方国家将会蜂拥而至，"利益均沾"，让中国陷入被动的局面；其次，清廷惧怕底层百姓对于架设电线一事的阻挠，总理衙门于 1866 年 12 月 22 日的信函中称："中国地广人稠，水陆既多险阻，且民情奸狡蛮悍，防不胜防……地方官实在无从究问，是洋人欲设铁线以图利，反因铁线而受害，此系万不能行之情形。"●

可是，就算清廷一再拒绝，洋人们也并未放弃在中国架设电线的请求。1870 年，总

● 夏东元 . 晚清洋务运动研究 [M]. 成都 : 四川人民出版社 , 1985: 15.

● "中央"研究院近代史研究所 . 海防档·电线（上册一）[M]. 台北 : "中央"研究院近代史研究所 , 2015: 1.

● "中央"研究院近代史研究所 . 海防档·电线（上册一）[M]. 台北 : "中央"研究院近代史研究所 , 2015: 5.

● "中央"研究院近代史研究所 . 海防档·电线（上册一）[M]. 台北 : "中央"研究院近代史研究所 , 2015: 49.

理衙门再也招架不住西方列强的压力，于 6 月 6 日允许了英国公使威妥玛的要求，在广州至上海由英商设海底电线，但不准引线上岸。

1874 年，日本侵略台湾，挨打之后的中国大受刺激，思想先进的洋务大臣也渐渐觉醒，开始觉察到发展电线、电报业的必要性。日本侵略台湾之事结束后，李鸿章上奏朝廷，认为中国之所以频频遭到侵略，是因为侵略者"轮船电报之速，瞬息千里"[1]，此外，李鸿章认为日本之所以崛起得如此迅速，"敢称雄东土，藐视中国"，是因为日本"改习西洋兵法，仿造铁路火车，派置电报……其势日张，其志不小"。[2]

除了李鸿章有此觉悟，良心大臣沈葆桢在日本侵略台湾期间也上奏朝廷，提出架设电线的必要性："从前文报，恒累月不通……欲消息常通，断不可无电线。"此外，沈葆桢又建议架设一条从福州至厦门、从厦门至台湾的电线。[3]

清廷慎重考虑后，允准了沈葆桢在台湾架设电线的请求。对于清廷而言，这是思想和实践路线方面的一个重大调整。

清廷之所以不再抵制电线，并决定发展电线电报业，是由于时势的推动，也是"御外"和"分洋商之利"等动力的驱使。这种策动力，其实与后期洋务运动中"求强"和"求富"的方针无异。

在清廷允准沈葆桢架设电线之前，丹麦大北公司的总办就曾经与候补知府丁嘉玮签订了一份电线合同，这份合同约定由丹麦架设福州至厦门、厦门至闽江的电线。看到这个良机，沈葆桢随即与福建巡抚王凯泰商议，决定买下丹麦的电线合同，所需经费由海防经费项下开支。1875 年 5 月 21 日，清廷与丹麦大北公司订立购归合同，将这两条电线收归官办，福厦线共出资 15.45 万两，马尾线出资 4000 两。

清廷将丹麦的电线合同收归后，开始在福州一带架设电线，但沿途的百姓非常倔强，奋起反抗架设电线，架设电线一事被迫暂时停工。此时主张洋务改革的丁日昌接任福建巡抚，丁日昌一方面派轮船招商局的总办唐廷枢点收架设电线的机器物料，积极完成向丹麦收购电线合同之后的善后工作，开展架设电线的准备工作；另一方面，丁日昌在台南筹办起了电报学堂，收艺童 40 名，于 1876 年 4 月 8 日开学。丁日昌筹办电报学堂，是在储备人才，可谓眼光长远。

经过努力，1878 年，清廷在台湾的高雄建立了由中国人自己架设、自己掌管的第一条电报线路。

自此之后，中国的电线电报业迎来了迅猛的发展，发展速度可谓星驰电掣。

1880 年清廷建起了津沽线，1881 年建立了津沪线，1882 年又建立了沪粤电线、长江电线等。1882 年 1 月 14 日，由上海《申报》记者通过天津与上海间有线电报线路拍出的中国新闻专电，是中国第一则新闻电讯稿。[4]

在此期间，清廷为了加强通讯业的管理，专门设立了电线电报业的管理和筹备机

[1] 台湾银行经济研究室 . 同治甲戌日兵侵台始末 [M]. 南投 : 台湾省文献委员会 , 1997: 218.

[2] 台湾银行经济研究室 . 同治甲戌日兵侵台始末 [M]. 南投 : 台湾省文献委员会 , 1997: 234.

[3] 台湾银行经济研究室 . 同治甲戌日兵侵台始末 [M]. 南投 : 台湾省文献委员会 , 1997: 18.

[4] 徐泰来 . 洋务运动新论 [M]. 长沙 : 湖南人民出版社 , 1986: 401.

构，这个机构是筹建津沪电线时在天津成立的津沪电报总局。1881年津沪线完工前，津沪电报总局正式命名为"中国电报总局"，由盛宣怀任总办，并在紫竹林、大沽、济宁、苏州、上海等处设立分局。

后来，电线电报业更是推及于全国，从1879年至1894年，中国架设的联系全国的线路共44条；到了1910年，根据《中华帝国对外关系史》的记载，中国的电报体系"包括四五、二六〇秆的空线（80.407 哩的空中电线），一、七七二秆的海底电线，和一六五秆的地下电线"。❶另外，电线电报业是后期洋务运动的企业之中赢利较多的部门，股票大体保持在超过面值50%的水平，可见，尽管改革的过程比较曲折，但从发展结果而言，电线、电报业最终还是达到了"求富"的效果，贴合了后期洋务运动发展的总方针。

电线电报业作为后期洋务运动的重要产业，是洋务运动之中成效最显著的行业之一，促进了中国在民用工业方面、电报业方面的近代化，具有以下几个方面的重要意义。

一、御外

《清季外交史料》辑录了清末军机处及外务部的大量档案，根据这部史料的记载，清廷首次使用电报传送谕令，是在1883年10月1日发给岑毓英的电令——《谕岑毓英等法人迫胁越南着督饬防军严密扼守电》。❷

此后，对于边防事务，清廷与地方的折函往来，大多使用电报的方式，一时之间，电报铺天盖地。这种通信迅速的电报，对战争起到了一定的军事御外作用。徐泰来对此做出评价："洋务派办电报之成功，使外国侵略者在中国设立电报的企图一直未能得逞，其保护中国主权之功，不可忽视。"❸

二、开"官督商办"这一企业组织形式的先河

谈到"官督商办"的企业，很多人首先想起的是轮船招商局，其实，轮船招商局创立之后并无"官督商办"的影子，而是到了1885年才确定这种模式，而首次使用"官督商办"这种企业模式的，是清廷于1881年架设的津沪线。可以说，电线电报业开了"官督商办"这种企业组织形式的先河。

三、促进外交

清廷架设了通往外国的电线，南方陆线由镇南关、东兴、蒙自、思茅与法国线路相接（当时越南已沦为法国的保护国），北方陆线由珲春、恰克图、伊犁与俄国线路相连。清廷通过架设与外国之间的电线，加强了对外的联系，清廷的驻外代表也大多采取电报的方式与清廷取得联系。因此，电线电报业的发展，既促进了民用企业方面的近代化，同时也促进了外交方面的近代化。

---

❶ [美] 马士.中华帝国对外关系史（第2卷）[M].张汇文，等译.上海：上海书店出版社，2006：359.

❷ 王彦威，王亮.清季外交史料（第2册）[M].长沙：湖南师范大学出版社，2015：678.

❸ 徐泰来.洋务运动新论 [M].长沙：湖南人民出版社，1986：88.

四、反哺民用工业企业、军工边防

夏东元认为：洋务民用工业企业从 70 年代中期起，大力筹办和很快发展起来，为了能在市场上竞胜和达到分洋商之利的目的，商务信息灵通是重要关键，于是架设和利用电线电报，也成了发展工商业的迫切需要了。❶

清廷大力发展民用工业企业，而民用工业企业的发展又必然地带动了电线电报业的发展，可以说，电线电报业是这种发展历程中的副产品，也是适应民用工业发展的时势之需。逆向地看，电线电报业也不断反哺民用工业企业，甚至反哺军事边防，从一定意义上也起到了"与洋商分利"（经济御外）、抵抗西方侵略（军事御外）的双重效果。

第四节 "官督商办"

研究后期洋务运动之中的民用企业，有一个问题不容忽视，即这些企业的组织及经营形式。

晚清民用企业，主要分为四种组织经营模式，即"官办""官督商办""官商合办"和"商办"。这种分类，是按照资本所有权及经营管理权的不同而区分的。"官办"和"商办"，分别由官或商出资经营；"官商合办"是由官方出一部分资本，其他资本由商人认股，经营管理权则往往由官操纵；"官督商办"比较特殊，是由商人出资认股，官方委派官员参与经营管理。❷

在前期洋务运动之中，军事工业的模式清一色是"官办"，但后期洋务运动之中出现了轮船运输业、电线电报业等民用企业，这些民用企业中，有的企业开始采用不同的组织经营模式，"官督商办"的模式也是在这一时期犹如雨后春笋般涌现出来的。

关于"官督商办"出现的原因，曹凯风以轮船招商局为例，做出如下总结：

思想较为开通的官僚最终下定决心要引进西方轮船，创办中国自己的轮船运输公司。但是对于财政衰竭的清廷来说，临渴掘井，亡羊补牢，事情在此情况之下，政府既想达到与洋商争利、维护本国江海权利、增加财政收入目的，而自身又拿不出资金来创办轮船公司，只好采用一个变通的办法，那就是"官商合办"，以官府的名义出面组织轮船公司，由财力雄厚的华商投资入股，利益共享。对于这样的企业，当时人们有一个非常恰当的称呼——名之曰"官督商办"。❸

在后期洋务运动的各种民用企业之中，轮船招商局、开平矿务局、天津电报局、上海机器织布局等企业都采用"官督商办"的组织经营模式，这其中，最早使用"官督商办"模式的企业，当属电线、电报业之中的天津电报局。可是，天津电报局并非一开始就采用"官督商办"的模式，而是从"官办"慢慢过渡为"官督商办"。

早期的电线电报业与之前的军事工业相同，都是纯粹的"官办"性质，比如，清廷

❶ 夏东元. 洋务运动史 [M]. 上海：华东师范大学出版社，1992: 220.

❷ 徐泰来. 洋务运动新论 [M]. 长沙：湖南人民出版社，1986: 57.

❸ 曹凯风. 轮船招商局：官办民营企业的发端 [M]. 成都：西南财经大学出版社，2002, 1–2.

从丹麦收来的福厦线、在高雄地区自己架设并掌管的电线以及后来清廷架设的津沽线。当时这些电线电报业采用官办的性质来发展，其实是行之有效的方法，夏东元认为："在风气未开，在一般人心目中对电线电报利害未卜的当时，官不为之倡导维持，单由商人自办，困难是很多的，而官却能较为顺利地克服这些困难。第一，在商股招徕以前，官可为垫款先行筹办，以免误时；待股份招足，分年缴本。第二，在自办电线之初，来自官民人等的阻力是很大的。" ❶

随着洋务运动的发展，电线电报业的企业组织模式有所变化，变为"官督商办"的性质。天津电报局率先启动这种改革，从1882年4月开始，该企业模式改为"官督商办"，电线电报业就此打破了"官办"模式的桎梏。此后，中国电线电报业的模式又经调整，除了在边疆地区架设官办的线路以外，其他地方的线路大部分是"商办"。1890年前后，清廷根据企业模式的区分，干脆将中国电报总局一分为二，分为电报官局和电报商局，官局由佘昌宇任总办，商局由盛宣怀任总办。

关于从"官办"过渡为"官督商办"的这种情况，轮船招商局也是一个典型。

轮船招商局在创立初期虽然打出"所有盈亏，全归商认，与官无涉"❷的旗号，但是从实际性质来看，轮船招商局还没过渡到"官督商办"的组织形式，而是纯粹的"官办"企业，夏东元总结了以下三个理由：

第一，主持局务的是朱其昂，而且是以官方的身份主持。

第二，该局的资本原先拟定由商人认股10万两，但是商股迟迟未交足，股份制形同虚设。

第三，这个时期轮船招商局主要以运送漕粮为主，不揽客货。❸

从1873年夏轮船招商局改组，直至1885年8月，轮船招商局的组织形式仍然不是"官督商办"，虽然临省在收购资金方面给予了支持，但全无"督办"的影子。夏东元认为，这个时期轮船招商局的组织形式是"商办"。❹直至1885年8月1日，盛宣怀被清廷任命为轮船招商局的"督办"开始，轮船招商局的组织经营形式才真正地变为"官督商办"。

天津电报局率先创立了"官督商办"的企业模式，后期的轮船招商局又巩固了这种模式，自此之后，"官督商办"这种模式在后期洋务运动的民用企业中广泛铺开。

那么，怎样客观地评价这种晚清时期特有的企业组织经营模式？

一些学者对"官督商办"的企业持全面否定的态度，比如，胡绳认为这些企业是"阻止民间资本自由发挥的镣铐"❺；又如，徐中约认为："官督商办企业是一种混合体制，带有很强的官方色彩及其通常所有的无能、贪污腐败和任人唯亲。由于是以追逐利润为

❶ 夏东元.洋务运动史[M].上海：华东师范大学出版社，1992:226.

❷ 中国史学会.中国近代史资料丛刊·洋务运动（第6册）[M].上海：上海人民出版社，1961:6.

❸ 夏东元.洋务运动史[M].上海：华东师范大学出版社，1992:200.

❹ 夏东元.洋务运动史[M].上海：华东师范大学出版社，1992:200.

❺ 胡绳.帝国主义与中国政治[M].北京：人民出版社，1996:60.

目的，它们便通过政府优惠或干预来打击平民的竞争，并趋向于垄断行业。"❶ 再如，戴逸认为："一批寄生虫官僚，硬被安插在企业的各级机构里，贪污舞弊，无所不为……官督商办的形式并没给中国工业辅筑一条康庄大道，恰恰相反，它愈来愈成为工业进一步发展的严重障碍。"❷

上述这些评价，诚然指出了"官督商办"的弊端与不足，但是这样评价并不全面，在当时的情形之下，"官督商办"的企业还是有其积极的一面。

另一些学者肯定了"官督商办"的积极作用，比如，姜铎认为没有官方的支持，当时的民用企业往往办不起来，而且采取"官督商办"的形式，是"中国在当时的社会条件下，资本主义初期发生阶段所必经的过程"；❸ 又如，徐泰来将"官督商办"的积极作用总结为以下三个方面：

第一，给一部分官僚、地主、商人以投资近代企业的机会，对中国民族资本主义的发生发展起了催生扶幼的作用。

第二，一些官督商办和官商合办的企业后来直接转为民族资本主义企业，推动了民族资本主义的发展。

第三，官督商办、官商合办的形式，对一部分民族资本起了保护的作用。❹

总体而言，"官督商办"这种企业组织经营模式既有裨益，也有弊端，但前者是主要的，后者是次要的，或者说，"官督商办"在前期发挥了较大的裨益，但到了后期却弊大于利。

在晚清时期，"官督商办"企业是一种新事物，这种企业虽然看似像怪胎，但在当时的情况下，采用这种企业模式属于发展过程中的摸索与过渡之举，不但标志着官、商之间开始了一定程度的合作，也从一定程度上解决了清廷无力投资民用企业的现状，让追求利润的商人积极投身于洋务运动的救国大潮之中。从结果而言，这种企业组织形式加速了民用企业的近代化，也不断瓦解着以小农自然经济为主导的社会经济结构，实乃大势所趋。

另外，有一个问题常被忽视，即晚清法制与"官督商办"的联系。

清朝的法典编纂形式，采用的是"诸法合体"的形式，即刑法、民法、商法等实体法与诉讼法混同，直到后来清末修律时，清廷才分别制定和颁行了有关宪法、刑法、民法、商法等法典或法规，摒弃了"诸法合体"的法律编纂形式。到了 1904 年 1 月，清廷颁行了《钦定大清商律》，这是清朝的第一部商律，标志着有关公司、企业等领域的私法开始出现。

然而，在"官督商办"这种企业模式出现之时，清廷并未修律，有关商事领域的企业模式等规定可谓一片空白，面对当时的形势，企业面临着革新，也必然需要摸索。所以从这个角度来看，对于洋务大臣们创立"官督商办"企业模式的创新精神，是值得肯定的。

---

❶ [美] 徐中约. 中国近代史：1600-2000 中国的奋斗 [M]. 计秋枫，等译. 北京：世界图书出版公司北京公司，2013：207.

❷ 戴逸. 洋务历史试论 [N]. 人民日报，1962-9-13（2）.

❸ 乔还田，晋平. 洋务运动史研究叙录 [M]. 天津：天津教育出版社，1989：60.

❹ 徐泰来. 也评洋务运动 [J]. 历史研究，1980（4）：32-33.

可是，虽然"官督商办"在创立初期具有一定进步意义，但发展到后期却越来越变味，弊端也逐步暴露，饱受后世学者的诟病。这是为何？因为，"官督商办"企业在一开始就烙上了"官督"的烙印，所以也就注定了其在后期发展中必然具有一些"官督"的局限性。这些局限性主要表现在两个方面：

首先，清廷干预企业的经营。关于这一点，周建波在其《洋务运动与中国早期现代化思想》一书中有全面的描述：

现代企业要求产权明晰，要求所有权、控制权、使用权和剩余索取权的统一，而在清政府的官督商办企业里，政府并无投资（政府对企业的资金支持是以债权的名义出现的），却有最重要的控制权，由此也控制了企业资本的使用权和剩余索取权。而商贾呢，空有资本所有权，却无相对应的控制权、使用权和剩余索取权。这样必然导致企业经营状况的恶劣。[1]

其次，这些企业的发展既然需要倚靠清廷，就必须报效清廷，比如在1894年慈禧太后的"万寿庆典"期间，轮船招商局向朝廷"报效"了五万两千余两；1899年至1903年，轮船招商局又"报效"了三十八万余两。

从这两个方面来看，"官督商办"发展到后期逐渐成为一种桎梏，最主要的原因不在于"官督商办"本身，而坏就坏在清廷的腐朽和无力。清廷作为洋务运动的总枢纽，根本无力促进近代企业制度的发展，甚至让近代企业制度在发展历程中遇到了阻碍。

第五节　采矿业的兴办与发展

中国幅员辽阔，矿产资源丰富。在后期的洋务运动中，清廷开始运用近代技术开采矿产，由此，近代采矿业成为了后期洋务运动中的重要项目。

1867年，中、英修改《天津条约》的前夕，清廷让18位地方官员讨论修约时可能涉及的六个问题，其中有一个问题是"议贩盐、窀（挖）煤"[2]。当时作为总理衙门不建议开矿挖煤，认为开矿会将"自然之利"拱手让与外国人。总理衙门的观点如下："至开挖煤窑，欲将自然之利供彼贪婪……两事（洋人私挖煤矿）虽已照办，论内地行栈轮船之言斥驳，而利在必争，根株依然未断。"[3]

大多数地方官员也反对开矿，但值得欣慰的是，曾国藩等洋务大臣认为，中国可以自力更生，"借外国开挖之器，兴中国永远之利"，[4]并将矿业设为官办，所采之煤，洋人与中国人都可以购用。针对这种想法，沈葆桢上奏曰："挖煤之法，彼有机器，能激水出窑……可否官为设厂，招彼国之精于是术者，优予廪给，购机器，于湖广之大军山，先

❶ 周建波. 洋务运动与中国早期现代化思想 [M]. 济南：山东人民出版社, 2001: 286.
❷ 参见本书第三章第三节"清廷的新烦恼——修约"。
❸ 中华书局编辑部, 李书源, 等整理. 筹办夷务始末（同治朝）[M]. 北京：中华书局, 2008: 2126–2127.
❹ 中华书局编辑部, 李书源, 等整理. 筹办夷务始末（同治朝）[M]. 北京：中华书局, 2008: 2226.

行试办，所得之煤，许中国（外）均照平价交易，利则他处仿照办理，斯权操诸我，足以杜其首先饶舌之一端矣。"❶

面对采矿业，一些思想先进的洋务大臣并没有像面对电线、铁路一样在一开始就拒绝，而是在不排斥、不回避的情况下，主动提出了自力更生的办法。洋务大臣们对待采矿业和对待电线电报业等行业之所以有此截然不同的态度，主要原因有以下几点：

第一，中国采矿业历史悠久，早在东汉末年，中国人就有挖煤、用煤的记载，相比电线电报这些新鲜事物而言，采矿业对于中国人并不陌生。所以，在当时而言，主要的问题不是"是否应该采矿"，而是"应当怎样采矿"。

第二，西方列强对中国的矿产（尤其是煤矿）觊觎已久，为了抵御西方国家夺取中国的煤矿开采权，中国必须抢先一步。此外，中国自己开矿，让洋人也可以购用矿产，这种折中的方法可以缓和中外之间关于挖煤一事的矛盾，正如沈葆桢在奏折中所说，此事"足以杜其首先饶舌之一端矣"。

第三，当时中国已建立了多个军事工业，采矿业的发展能辅助军事工业的发展。

可惜，尽管一些洋务大臣对采矿一事颇有头绪，但随着《阿礼国协定》被否决以及中、英修约事宜的失败，采矿一事也一直被搁置，迟迟没有进展。

转眼到了 1872 年，在轮船招商局成立前夕，李鸿章预料到轮船招商局创办后必定会面临燃料供应紧张的局面，而且中国不应继续依靠洋煤，因为洋煤开销太大，洋人又一贯"挟技居奇"。为此，李鸿章于 1872 年 6 月 22 日上奏，"奏议招商购用机器，开采台湾等地煤矿"❷。

1874 年发生了日本侵占台湾事件，事件处理完毕后，清廷痛定思痛，于 1875 年 5 月 30 日传谕，谕令封疆大吏筹办海防，同时也对采矿业做出了明确批示，让李鸿章等人在磁州、台湾试办采矿业，谕曰："开采煤铁事宜，着照李鸿章、沈葆桢所请，先在磁州、台湾试办，派员妥为经理。"同时，清廷又特别强调"即有需用外国人之处，亦当权自我操，勿任彼族搀越"。❸

清廷谕令李鸿章等人在磁州、台湾试办采矿业，揭开了中国采矿业迈向近代化的序幕。

李鸿章等人接旨后，立即在清廷指定的磁州、台湾等处开始了试办前的勘察，勘察之后发现，磁州的地理位置并不理想，"矿产不旺，去河太远"❹，所以果断地放弃了磁州，把创办矿业的主要精力投入到台湾基隆、湖北广济等地。1875 年至 1876 年，官办性质的湖北广济兴国煤矿和台湾基隆煤矿相继成立，这批企业成了中国的第一批具有近代意义的煤矿业。

❶ 中华书局编辑部，李书源，等整理. 筹办夷务始末（同治朝）[M]. 北京：中华书局，2008: 2199.

❷ 徐泰来. 洋务运动新论 [M]. 长沙：湖南人民出版社，1986: 379.

❸ 孙毓棠. 中国近代工业史资料（第一辑，下册）[M]. 北京：中华书局，1962: 567-568.

❹ 李鸿章. 李文忠公全集·朋僚函稿，第 16 卷，第 25-26 页. 光绪三十一年至三十四年金陵刻本，天津图书馆藏.

除了台湾基隆煤矿、湖北广济煤矿之外，开平煤矿（又称开平矿务局）也是晚清矿业中成就很大的企业，而且其性质并非"官办"，而是"官督商办"。

1876 年，李鸿章派上海轮船招商局总办的唐廷枢至开平一带勘察，唐廷枢勘察地形后，写了《察勘开平煤铁矿务并呈条陈情形禀》《请开采开平煤铁并兴办铁路禀》等报告给李鸿章。在这些察勘报告中，唐廷枢针对开平一带的"山川形势、土人采煤情形、风山铁矿情形、风山铁石仿照西法熔化成本、开平煤之价值、满盘筹算"等方面做了详细陈述，并从"富强根基、专采煤一法、采煤兼熔铁、煤铁铁路一齐开办"等方面论述了如何具体地筹办采矿厂。❶ 之后，唐廷枢于 1878 年拟订了《开平矿务设局招商章程》，建议采用"官督商办"的形式开办开平矿务局，招股 80 万两。

1878 年 7 月 24 日，清廷在直隶唐山开平镇正式成立"开平矿务局"，次年，该局用外国机器，按照西式方法开采煤矿。

1881 年，开平煤矿全面投产，在之后的若干年之间，其产量的上升幅度很大：1882 年产煤 38000 吨，1883 年产煤 75000 吨，1889 年产煤 247800 吨，1898 年产煤高达 730000 吨。

此外，该局不断扩充设备，在运营时也不断改善运输条件，并于 1886 年成立了"开平铁路公司"，1889 年又购买了一艘运煤船，往来于天津、牛庄、烟台等地。至 1894 年，开平煤矿的轮船增至四艘，在塘沽、天津、上海、牛庄等港口，设有专用码头和堆栈。到了 19 世纪末，开平矿务局的总资产已近六百万两，在洋务派创办的采矿业中成效最为显著。

从企业组织形式来看，虽然《开平矿务设局招商章程》中规定开平矿务局的性质为"官督商办"，但夏东元认为该局性质是"商督商办"："唐廷枢、徐润、吴炽昌等人，名义上也有道、府之类的官衔，总理、会办的名义也是清政府所札委，实际上'商'是他们的主导方面，而且他们也是主要投资者。因此，开平这个企业，名为'官督商办'，实为商督商办，官、商之间的矛盾很少。"❷ 夏东元的观点不无道理，但目前学术界的主流观点，仍是把开平矿务局的性质定为"官督商办"。

在开平矿务局筹办的前后，清廷还在全国各地开办了许多煤矿开采业，主要有：1875 年，李鸿章创办的直隶磁州煤铁矿（官办）；1875 年，盛宣怀创办的湖北广济兴国煤矿（官办）；1876 年，沈葆桢创办的台湾基隆煤矿（官办）；1877 年，唐廷枢创办的台湾后垅石油矿（官办）；1877 年，杨德、孙振铨创办的安徽池州煤矿（官督商办）；1879 年，盛宣怀创办的湖北荆门煤矿（官督商办）；1880 年，叶正邦创办的广西富川贺县煤矿（官督商办）；1880 年，戴华藻创办的山东峰县煤矿（官督商办）；1882 年，钮秉臣创办的直隶临城煤矿（官督商办）；1882 年，盛宣怀创办的奉天金州骆马山煤矿（官督商办）；1882 年，胡恩燮、胡碧澄创办的江苏徐州利国驿煤铁矿（官督商办）；1883 年，徐润创办的安徽贵池煤矿（官督商办）；1884 年，吴炽昌创办的北京西山煤矿（官督商

❶ 中国史学会. 中国近代史资料丛刊·洋务运动（第 7 册）[M]. 上海：上海人民出版社，1961：113–124.

❷ 夏东元. 洋务运动史 [M]. 上海：华东师范大学出版社，1992：258.

办）；1887 年，张曜创办的山东淄川煤矿（官办）；1891 年，张之洞创办的湖北大冶王三石煤矿（官办）；1891 年，张之洞创办的湖北江夏马鞍山煤矿（官办）。●

清廷不但兴办与发展了煤矿开采业，金、银、铜、铁、铅等金属矿的开采与冶炼也迅速发展，主要有：1881 年热河承德府平泉铜矿（官办）、1881 年湖北长乐鹤峰铜矿（商办）、1882 年江苏徐州利国驿煤铁矿（商办）、1882 年热河承德府三山银矿（商办）、1883 年山东平度招远金矿（商办）、1883 年直隶顺德铜矿（商办）、1885 年福建福州石竹山铅矿（商办）、1886 年贵州青谿铁矿（官办）、1887 年山东淄川铅矿与煤矿（官办）、1887 年热河土槽子、遍山线银铅矿（官办）、1887 年云南铜矿（官办）、1887 年海南岛琼州大鬐山铜矿（商办）、1889 年广西贵县天平寨银矿（商办）、1889 年广东香山天华银矿（商办）、1889 年黑龙江漠河金矿（官办）、1890 年吉林珲春天宝山银矿（商办）、1890 年湖北大冶铁矿（官办）、1892 年热河建平金矿（商办）、1894 年吉林三姓金矿（商办）。●

上述采矿业，主要呈现了以下三个特点：

（1）范围广，数量多，遍及全国各地。

（2）从企业组织形式来看，这些矿业有"官办"，有"商办"，也有"官督商办"。

（3）有的成效显著，有的本小利微，甚至中途失败停闭。总体而言，成功的采矿业并不多，而失败或勉强能维持的企业占大多数。

关于第三个特点，为何有的矿业成功，有的矿业失败？

以开平矿务局为例，该局前期属于"官督商办"的性质，甚至"商办"的性质隐隐然盖过了"官督"，所以商人们为了追求利润，必定辛苦经营，取得了显著的成效。但是，该局的"督办"唐廷枢于1892年去世后，江苏候补道张翼接任总办，此人是醇亲王的侍役，其接任总办后，意味着官方开始插手局务管理，"官督商办"的性质名存实亡。张翼盲目扩建，耗资过巨，大借外债，致使后期的开平矿务局江河日下，甚至有外国垄断势力渗入。

可见，企业组织形式、管理模式是非常重要的，关于这一点，夏东元认为：

> 矿业成败因素是很多的，诸如：投资环境、交通运输、贫矿富矿等自然条件、技术人员的优劣、销售渠道畅滞等等……但从各洋务企业成败的事实看，最关键者还在于企业是商办还是官办的问题上。商办不是绝对成功，官办却大多失败，因此，商办与官办，基本上是洋务工矿企业成败关键。●

不论采矿业的成败如何，从近代化的角度而言，这些采矿业的贡献是主要的。洋务运动中采矿业的兴办与发展，具有以下意义：

第一，采用西式方法采矿，推进矿业近代化。

洋务运动中的采矿业，与中国之前的采矿业不同，此时的采矿业之所以标志着近代化，是因为采用了西式方法采矿。这些采矿业从筹办矿厂前的察勘，再到矿井的施工；

● 孙毓棠. 中国近代工业史资料（第一辑，下册）[M]. 北京：中华书局，1962：1170–1173.

● 孙毓棠. 中国近代工业史资料（第一辑，下册）[M]. 北京：中华书局，1962：1170–1173.

● 夏东元. 洋务运动史 [M]. 上海：华东师范大学出版社，1992：294.

从西式机器的采购，再到机器的安装使用，都离不开西式方法。在当时的情况下，如果不学洋人、不请洋匠，这些企业的创办与经营是充满荆棘的。采用西式方法采矿，既是洋务大臣对于当时闭塞风气的挑战，也在客观上推动了矿业的近代化。

第二，利于国计民生，反哺军工国防。

在开平矿务局开办之前，唐廷枢就曾说"私则市肆所需钉铰锅镬，官则军械所铸炮弹戈铤，巨细咸宜，流通易售。则是开采煤铁，于国计民生均有利益，诚非虚谬也"。[1] 事实证明，采矿业不仅于"私"有利，也于"官"有利，是"求强"与"求富"的有机结合。

于"私"有利表现在：采矿业的兴办，让贫苦群众获得了衣食之源，用现在的话来说，这是"促进就业，改善民生"。

于"官"有利表现在：中国人自己采矿，不受洋人挟制，而且矿业的赢利能充盈国库，增加饷银。以开平矿务局为例，该局产煤主要供应轮船招商局和天津机器局，辅助了军事工业和民用企业，同时，该局所产之煤也大量投入市场，获利甚厚。

第三，带动了铁路等副产品的发展。

矿业的发展必然牵引其他工业企业的近代化，在兴办开平矿务局之初，唐廷枢就说过采矿业必须与铁路运输业一同发展："开煤必须铸铁路，铸铁路必须采铁，煤与铁相为表里，自应一齐举办。"[2] 1886 年，开平矿务局成立了开平铁路公司，后又将此铁路公司改组为津沽铁路公司。1888 年秋，唐山至天津的铁路全线通车。

由此可见，矿业不但自己发展，而且还带动了铁路业等其他企业的发展，可以说这是矿业在自身近代化的同时，带动了一系列其他产业的近代化。

第六节　北洋海军的兴亡（上）

"水师"和"海军"，看似为同一个概念，但却有着细微的差别，就连《清史稿》都是把"水师"和"海军"分志记载。"水师"的称呼，充满了浓浓的封建性与陈旧性，是老式衙门所辖的一个军种，"仅为防守海口、缉捕海盗之用"[3]；"海军"一词则充满了近代化的韵味，是洋务运动中出现的新产物。

《清史稿》的《海军志》记载："中国初无海军，自道光年筹海防，始有购舰外洋以辅水军之议。"[4] 清朝初期的水师，有内河水师和外海水师之分，到了雍正年间，雍正帝认为"天津附近京畿，海防綦重"，[5] 所以又设立了"满洲水师"。然而，这些水师在军事编制和军事装备方面并不具备近代化的要素，所以并非近代化意义上的海军。

从近代化的历程而言，清廷并非直接筹建近代海军，而是在西方军事力量的冲击

❶ 中国史学会.中国近代史资料丛刊·洋务运动（第 7 册）[M].上海：上海人民出版社，1961：120.

❷ 中国史学会.中国近代史资料丛刊·洋务运动（第 7 册）[M].上海：上海人民出版社，1961：117.

❸ 赵尔巽.清史稿·水师志（第 5 册）[M] 天津：天津古籍出版社，2012：1900.

❹ 赵尔巽.清史稿·海军志（第 5 册）[M] 天津：天津古籍出版社，2012：1924.

❺ 徐珂.清稗类钞（第 2 册）[M].北京：中华书局，2010：755.

下，先向西方购买船炮，并自制船炮，进而又筹划海防，最后才发现海军的重要性，开始筹建近代海军，因此，从时间的延续性来看，"坚船利炮的渴求""海疆防务的筹划"和"近代海军的筹建"是一脉相承的。

姑且不说筹建近代海军一事，仅是购买和制造船炮，清廷就经历了从麻木到觉醒的三个阶段。

一、第一次鸦片战争时期，购、造船炮是"一片胡言"

1840 年鸦片战争爆发后，"开眼望世界第一人"的林则徐提出中国应当购买、仿造西方国家的近代军舰。他的奏折说："以船炮而言，本为防海必需之物，虽一时难以猝办，而为长久计，亦不得不先事筹办……粤海关已征银三千余万两，收其利者，必需豫防其害，若前此以关税十分之一，制炮造船，则制夷已可裕加。"不料，这种想法遭到内外臣工和封疆大吏的激烈反对，道光帝甚至在林则徐的奏折上批示"一片胡言"！❶ 由于当时的清廷还在做着"天朝迷梦"，因此林则徐等人振臂疾呼的海防之议很快被淹没。

二、第二次鸦片战争时期，购、造船炮"力不从心"

第二次鸦片战争爆发时，清廷饱受内忧外患之苦。战争结束后，两江总督曾国藩于 1860 年 12 月奏称："此次款议（《北京条约》）虽成，中国岂可一日而忘备……将来师夷智以造炮制船，尤可期永远之利。"❷1861 年 1 月 24 日，清廷传谕："哗（法）夷枪炮既肯售卖，并肯派匠役教习制造。著曾国藩、薛焕酌量办理。"❸ 上谕的最后，咸丰帝谕令曾国藩雇用洋匠，在上海制造外国的先进枪炮，所以，这道上谕是清廷正式提出学习西方先进技术并付诸实践的第一个诏谕。但很可惜，由于当时缺乏技术，所以造船之事力不从心，收效甚微。

三、早期洋务运动时期，清廷渴求坚船利炮

1863 年，清廷出于"剿内"的需要而向外国购买军舰，并用 173 万两向英国购买了一支舰队，可是由于指挥权的问题，这支舰队最终被解散，清廷仅收回 106 万两，这就是著名的"阿思本舰队"事件，❹ 这个事件导致了海军近代化的进程再次被延迟。

尽管购置船炮之事受挫，但这个时期清廷在自制船炮方面还是有了一定进展，比如江南制造局和福州船政局的创立，让中国在制造船炮方面迈了一大步。从 1869 年的"万年青"号到 1874 年的"大雅"号，福州船政局共造兵船 15 艘，而且突破了依赖洋人的传统，开始自造轮机，不过，这些轮船均是仿造的，存在不少缺陷。

❶ 文庆，等.筹办夷务始末·（道光朝）[M].北京：中华书局，1964：531.

❷ 中国近代兵器工业档案史料编委会.中国近代兵器工业档案史料（第 1 册）[M].北京：兵器工业出版社，1993：2.

❸ 中华书局编辑整理.筹办夷务始末（咸丰朝）[M].北京：中华书局，1979：2699.

❹ 参见本书第二章第三节"坚船利炮的渴求"。

经历了上述三个阶段后，清廷逐渐接受了西方的海防观念，在购买和制造船炮方面从麻木变为觉醒。

19 世纪 70 年代，清廷经历了一系列边疆危机的侵略事件后，猛然意识到海防的重要性，终于在 19 世纪 70 年代中期将筹划海防之事提上了议程。

1874 年，日本悍然出兵台湾，清廷无论如何也不愿相信，日本作为一个弹丸小国，竟然敢与"天朝上国"作对。总理衙门的奕䜣认为，日本之所以敢侵略台湾，主要是因为中国"备虚"："窃查日本兵踞台湾番社之事，明知彼之理曲，而苦于我之备虚"，奕䜣坦言，倘若这种状况再不改善，则后患无穷："今日而始言备，诚病其已迟；今日而再不修备，则更不堪设想矣。"❶ 为此，清廷传旨，让滨海沿江各督抚、将军针对六项筹划海防的措施进行讨论，并在一个月内复奏。这六项筹划海防的措施包括"练兵、简器、造船、筹饷、用人、持久"。❷

这就是晚清时期发生的第一次"海防大筹议"，前后共历时七个月。当时，几乎所有沿海各省的封疆大吏都被卷入这场讨论，各自发表关于筹划海防的意见，耗时之长、动静之大，可谓前所未有。❸

正在这些大臣针对海防问题陆续复奏时，中国的西北新疆也同时面临危机（阿古柏"政权"盘踞、俄国侵占伊犁）。东南沿海和西北边塞的战事在同一时间吃紧，引发了清廷内部一场"海防论"和"塞防论"的辩论，❹ 最终，清廷采取了"海防与塞防并重"的方针，任命左宗棠为钦差大臣，督办新疆军务；同时，又分别任命李鸿章、沈葆桢为北洋、南洋海防大臣，进行海防建设。

政策既定，李鸿章等人开始在沿江、沿海一带筹划海防。自 1875 年至 1884 年的十年之间，李鸿章等洋务大臣从以下几个方面加强了海防建设。

一、购买军舰

筹划海防必须先得拥有兵舰，由此，清廷开始大量地向西方国家购买军舰。

海关总税务司赫德向清廷推荐了"伦道尔炮艇"（又称"蚊子船"），该炮艇以小巧精悍著称，可将较大的前膛炮安置在两三百吨的小型军舰上。1875 年，清廷向英国订购了两艘"蚊子船"，共计 45 万两。1876 年 11 月，这两艘"蚊子船"由英国水兵送至天津大沽口，李鸿章赴大沽口验收。

"蚊子船"到华后，清廷购买洋舰的欲望依旧不减，于是，李鸿章又经赫德之手向英国订购了四艘炮舰。1877 年 11 月，这四艘炮舰开至天津，清廷命名为"镇东""镇西""镇南"和"镇北"。一年后，清廷再次向英国购舰两艘，命名为"镇中"和"镇边"。

当时，铁甲舰是一种颇具战斗力的军舰，也是清廷一直以来梦寐以求的军舰。1880

❶ 台湾银行经济研究室 . 同治甲戌日兵侵台始末 [M]. 南投：台湾省文献委员会, 1997: 181.
❷ 台湾银行经济研究室 . 同治甲戌日兵侵台始末 [M]. 南投：台湾省文献委员会, 1997: 182–183.
❸ 参见本书第四章第四节"息兵了事的《台事专条》"。
❹ 参见本书第四章第十节，"'海防论'与'塞防论'"。

年，清廷决定向西方订购两艘铁甲舰，于是李鸿章派曾纪泽等人前赴英、法、德等国考察，最终由德国伏尔铿船厂承揽了清廷的订单。清廷为了购买这两支铁甲舰，可谓下足了血本，因为这两支铁甲舰的造价分别为116.3万两、117.9万两。这两支铁甲舰，也就是后来的"定远"舰和"镇远"舰，均为7335吨，6000马力，其中"定远"成为了之后北洋舰队的旗舰。

由于"定远"和"镇远"在短期内无法制造完毕，所以海关总税务司赫德又向清廷介绍了另一种"轻型巡洋舰"，该舰可搭载鱼雷艇，能在作战中快速地撞坏敌船。在赫德的推荐下，清廷于1880年向英国订购了两艘轻型巡洋舰，即"超勇"和"扬威"。

1881年1月，丁汝昌率北洋水师官兵200余人从中国出发，亲自赴英国接"超勇"和"扬威"两艘巡洋舰回国。在英国，丁汝昌觐见了英国维多利亚女王，拜访了英国海军部的海军司令，还绕道德国，参观了正在建造中的"定远"舰。

1875年到1884年之间，清廷向西方国家购买了大量军舰，这些军舰大多数都留于北洋水师操练。截至1884年，尽管"定远""镇远"尚未在德国制造完成，但北洋水师已经拥有军舰（巡洋舰、练船、通报船、运输舰、炮舰）14艘，[1]此时北洋水师虽未成军，但已颇具近代海军的规模。

二、设置水师统领

这个期间，清廷设置了一个专门统领北洋水师的官职，担任此职之人是丁汝昌。

丁汝昌早年参加过淮军，是李鸿章的旧部，1877年，丁汝昌去甘肃任职之前，到天津拜访李鸿章。此时的李鸿章身兼直隶总督、北洋大臣等要职，而且正在挑选统率北洋水师的良将，丁汝昌作为李鸿章的旧部下，又深得李鸿章赏识，所以李鸿章立即奏请清廷将丁汝昌留在了北洋水师。

之后，李鸿章又派丁汝昌担任"督操"，负责军舰的监督和操练事宜。1881年，丁汝昌从英国接带"超勇"和"扬威"两艘巡洋舰回国，李鸿章又奏请清廷将丁汝昌任命为统领。

三、修建海防基地

1875年之后，中国沿海的海防得到了一定程度的加强。清廷先是修筑山东烟台的炮台，从1880年开始，又修筑营口、旅顺、大连和威海等地的炮台，并在这些地方建立港口，设立营所。不仅北洋一带的海防基地开始筹建，台湾、福建、广东、浙江、江苏、山东等地也修筑了一些炮台，可是，这些炮台的攻守实力与北洋一带的炮台相差甚远。

四、培养海军人才

清廷为了培养海军人才，开始向海外派遣第一批海军留学生。

1877年3月，30名留学生们从福州乘船出发，前往欧洲，其中12人到英国学习驶船，18人到法国学习造船。前往英国留学的12名学生，分别是刘步蟾、林泰曾、蒋超英、

❶ 夏东元. 洋务运动史 [M]. 上海：华东师范大学出版社，1992：314.

严宗光、方伯谦、林永升、叶祖珪、萨镇冰、何心川、林颖启、江懋祉和黄建勋，他们在英国伦敦的格林威治皇家海军学院得到了良好的海军军事教育，后来也成为北洋海军的坚实力量。杨晓丹评价："中国近代海军的留学史由此发端，这在海军人才建设史上是非常重要的一笔，因为，所去留学的国家，是当时海军教育最先进的国家，对于提高中国海军军官队伍的水平，推进中国海军近代化进程都具有非常重要的意义。"●

此外，北洋水师学堂于 1880 年在天津成立，这也是洋务大臣们培养海军人才的举措。

可见，从 1875 年至 1884 年的十年间，清廷为了筹划海防，做了很多方面的努力。在海防建设初具成效的同时，北洋水师虽未成军，但近代海军的雏形在这个时期已经初步形成。

第七节　北洋海军的兴亡（中）

正当清廷如火如荼地筹划海防时，中法战争爆发了。

1884 年 8 月的马尾海战，清军一败涂地。这场败仗让福建水师的军舰全军覆没，左宗棠、沈葆桢多年辛苦经营的洋务成果付之东流，而且清廷从 1875 年之后在闽江口和台湾等地修筑的炮台也遭到法军的严重破坏。●

霎时间，举朝震动！此时距离 1875 年的第一次"海防大筹议"已经过去了十年，十年过去了，为何水师还是不堪一击？痛定思痛，清廷开始从多方面思考战败的原因。

《中法新约》于 1885 年 6 月 9 日签订，12 天后，清廷就发布了一道上谕，总结了中国的失败之因，而且下了大决心，要"大治水师"：

我之筹画备御，亦尝开立船厂、创立水师；而造船不坚，制器不备，选将不精，筹费不广。上年法人寻衅，迭次开仗，陆路各军屡获大胜，尚能张我军威。如果水师得力，互相援应，何至处处牵制？当此事定之时，惩前毖后，自以大治水师为主。●

上谕的最后，清廷谕令李鸿章、左宗棠、彭玉麟、张之洞等大臣针对海防建设"迅速具奏"。9 月 30 日，慈禧太后又发布懿旨，将参与讨论的人员扩大至军机大臣、总署大臣及醇亲王奕譞。

这是历时十年后，清廷发生的第二次"海防大筹议"。这次的讨论所涉及的海防问题主要是海军发展的重点、海军军费、军火制造等问题，相比第一次的海防讨论更为深入。

这次的"海防大筹议"时间较短，以 1885 年 10 月 16 日慈禧太后发布了一道懿旨而结束。根据群臣的奏议复本以及慈禧的懿旨，清廷转变了海防的发展思路，并形成或调整了以下几项重要的决策。

● 陈红，雪野. 北洋海军兴亡史 [EB/OL].（2014-07-29）[2017-12-05].http://tv.cntv.cn/video/VSET100200753875/0d986279837e4347bb87d8215d58ad13.

● 参见本书第五章第七节"一败涂地的马尾海战"。

● 朱寿朋. 光绪朝东华录（第 4 册）[M]. 北京：中华书局，1960: 1943.

一、优先发展北洋水师

早在第一次"海防大筹议"期间，总理衙门就提议优先发展北洋水师。❶可是，清廷并未采纳这个意见，而是分别任命李鸿章、沈葆桢为北洋、南洋大臣，让南北洋水师同步发展。

这次的"海防大筹议"，总理衙门再次提出了"优先发展北洋水师"的构想：

与其长驾远驭，难于成功，不如先练一军，以为之倡……查北洋屏蔽畿辅，地势最为扼要，现有船只亦较他处稍多。拟请先从北洋开办精练水师一支。❷

最终，慈禧太后采纳了总理衙门的建议，决定优先发展北洋水师，并且"责成李鸿章专司其事"。❸至此，南北洋水师同步发展的海防政策被修改了。

关于清廷优先在北洋一带筹建海军的原因，主要有以下几点：

首先，当时的清廷被有限的财力拘囿，无力同时发展各支水师。

其次，清廷想先集中主要力量优先发展北洋水师，待北洋水师成军后，再将这套发展模式复制到沿海各地的其他水师。

第三，清廷历来注重京津一带的防务，北洋一带临近京师，发展北洋海军能起到拱卫京畿的作用。

二、成立"海军衙门"

早在这次海防筹议之前，1883 年总理衙门就增设了一个叫"海防股"的内设机构，凡是铁路、矿务、轮船、枪炮、弹药、机器制造、长江水师、沿海炮台、船厂等行政事宜都由该股统一掌管，这个内设机构标志着水师、船政等事宜的指挥权开始出现了统一的趋势。

此次海防筹议之中，为了解决各地水师涣散、管理松散的弊端，内外臣工纷纷上奏，请求专门设立一个指挥全国海军的中央机构。比如左宗棠提议设立"海防全政大臣"，穆图善提议在天津设立"海部"，吴大澂提议设立"水师总理衙门"，李鸿章提议设立"海防衙门"。

为此，清廷于 1885 年 10 月 12 日专门成立了一个"总理海军事务衙门"（简称"海军衙门"，或称"海署"）。这个机构负责管理全国海军，统一了全国海军指挥权。在慈禧的懿旨中，醇亲王奕譞被任命为海军衙门的总理大臣，庆郡王奕劻、大学士直隶总督李鸿章"会同办理"，正红旗汉军都统善庆、兵部右侍郎曾纪泽"帮同办理"。❹

海军衙门的成立，既破除了传统水师"辖境虽在海疆，官制同于内地"❺的弊端，也标志着海军统一领导体制的确立，传统的"水师"称谓被"海军"所取代。姜鸣对海军衙门的成立做如下评价。

---

❶ 中国史学会.中国近代史资料丛刊·洋务运动（第 1 册）[M].上海：上海人民出版社，1961：146.

❷ 张侠，等.清末海军史料 [M].北京：海洋出版社，2001：59.

❸ 张侠，等.清末海军史料 [M].北京：海洋出版社，2001：66.

❹ 张侠，等.清末海军史料 [M].北京：海洋出版社，2001：66.

❺ 赵尔巽.清史稿·水师志（第 5 册）[M].天津：天津古籍出版社，2012：1900.

海军衙门的设立，标志着中国近代海军已成为一个独立军种，在中国军队发展史上，有着十分重要的意义。❶

三、裁汰旧式水师

1885 年 10 月 16 日，慈禧让彭玉麟、曾国荃等大臣筹议裁撤长江水师之事。1887 年 5 月 21 日，慈禧太后下一道名为《裁撤无用之船精练兵船》的懿旨，想要通过裁撤旧式水师的方式，达到"腾出饷项，精练兵船"❷的目的。

清廷裁撤旧式水师的动机很明显，这能让清廷专心地"精练北洋"，但是，这种政策也有一些负面影响，包遵彭认为：

李鸿章非常急需经费来维持和建立他的舰队及其相关的设施……（清廷）甚至为此削减绿营和勇营兵额以及废除海军的中国帆船式战船和无用的陈旧轮船也在所不惜。除此之外，又宣布新设"海防捐"。为此目的，公开实行卖官鬻爵，官员被鼓励出钱来"报效"，以使自己能够晋升或使过去的渎职行为得到宽恕。❸

四、台湾设省

经历了日本侵略台湾和中法战争两个事件后，总理衙门认为台湾一带"为南洋要区，延袤千余里，民物繁富"，所以"宜有大员驻扎控制"。❹清廷采纳了总署的建议，将台湾升格为行省，并任命刘铭传为台湾的首任巡抚，让其在台湾一带加强边防建设。

第二次"海防大筹议"结束后，在海防大臣们的加倍努力之下，中国的海军近代化进程又向前迈了一大步。

1885 年 11 月，中国向德国伏尔铿船厂订购的铁甲舰"定远""镇远"终于抵达了中国的天津大沽口，随同此二舰抵达中国的，还有中国续订的轻型巡洋舰"济远"。由于这些船舰吃水较深，大沽口的港湾内还没有相应的泊位，所以"定远"和"镇远"两艘铁甲舰只能锚泊于大沽口外的深水水域。

之后，李鸿章加速购置船舰，扩充北洋军舰，分别向英国和德国订购了两艘穹甲巡洋舰，分别命名为"致远""靖远"；此外，又订购了两艘装甲巡洋舰，命名为"经远""来远"。

不但购舰，海防大臣们还加紧了以下几个方面的海防建设。

第一，建设海军基地。

海军基地的重要性不言而喻，姜鸣认为："海军基地是为保障海军兵力驻泊和机动而建立的军事基地，具有指挥、通讯、后勤、岸防等功能，为舰队提供战斗保障和后勤保

❶ 姜鸣.龙旗飘扬的舰队：中国近代海军兴衰史 [M].北京：生活·读书·新知三联书店,2014:218.

❷ 张侠,等.清末海军史料 [M].北京：海洋出版社,2001:75.

❸ [美]费正清等.剑桥中国晚清史（下卷）[M].中国社会科学院历史研究所编译室,译.北京：中国社会科学出版社,1985:251.

❹ 张侠,等.清末海军史料 [M].北京：海洋出版社,2001:59.

障，并且建立海岸防御体系，以构成易守难攻的要塞。"[1] 在李鸿章等人的努力下，旅顺和威海这两个海军基地建成。这两个基地有不同的作用，"山东之威海卫为宿泊海军之所，奉天之旅顺口为修治战舰之所"[2]。

第二，设立水师学堂。

为了储备人才，各地相继成立了水师学堂：广州鱼雷学堂于 1886 年在广州设立；广东水陆师学堂于 1887 年在广州创办；昆明湖水师学堂于 1887 年创办；威海水师学堂于 1889 年在威海创办；南洋水师学堂于 1890 年在南京创办。

第三，聘用洋人教习。

北洋海军采用西式方法操练，并且聘请了英国人琅威理担任海军总教习。1886 年 5 月，醇亲王奕𫍽巡阅北洋时，认为琅威理训练有功，所以授予其"会统北洋水师提督衔二等第三宝星"的头衔。琅威理是一名优秀的教习，而且对北洋海军的训练颇为严格，可惜，这名教习因为 1890 年北洋海军发生的"撤旗事件"而被迫离开了中国。

第四，草拟《北洋海军章程》。

在奕𫍽、李鸿章的主持下，海军衙门仿照英国的海军章程，结合中国的实际，开始编写《北洋海军章程》。这部章程共分为船制、官制、升擢、事故、考校、俸饷、恤赏、工需杂费、仪制、铃制、军规、简阅、武备、水师后路各局 14 款，[3] 是近代中国海军的第一部章程。1888 年 10 月 3 日，慈禧太后用懿旨的方式允准了这部章程。

经过以上努力，截至 1888 年，北洋舰队初具规模，其舰队编制情况如下：铁甲舰 2 艘（"定远""镇远"，其中定远是旗舰），巡洋舰 7 艘（"经远""来远""致远""靖远""济远""超勇""扬威"），"蚊子船" 6 艘（"镇东""镇西""镇南""镇北""镇中""镇边"），练船 3 艘（"威远""康济""敏捷"），另有辅助战守的鱼雷艇 6 艘、运输船 1 艘，以上船舰共计 25 艘。[4]

1888 年 12 月 17 日，北洋海军于山东威海卫的刘公岛正式成军，官兵 4000 余人。随后，北洋海军颁布施行《北洋海军章程》，丁汝昌被任命为北洋海军提督，林泰曾被任命为北洋海军左翼总兵，刘步蟾被任命为北洋海军右翼总兵。对于北洋海军成军一事，《清稗类钞》中有详细记载：

> 戊子，定海军制，以丁汝昌为海军提督，英兵官琅威理为海军总教习。设提督一，总兵二，副将五，参将四，游击九，都司二十七，守备六十，千总六十九，把总九十九，皆隶北洋大臣。[5]

此外，国旗对于近代军舰非常重要，在鸦片战争之前，清朝并无国旗的概念。大清国的第一面国旗，是 1868 年"蒲安臣使团事件"之中由美国人蒲安臣帮中国设计的三

❶ 姜鸣. 龙旗飘扬的舰队：中国近代海军兴衰史 [M]. 北京：生活·读书·新知三联书店，2014：279.

❷ 徐珂. 清稗类钞（第 2 册）[M]. 北京：中华书局，2010：757.

❸ 姜鸣. 中国近代海军史事编年（1860–1911）[M]. 北京：生活·读书·新知三联书店，2017：376；张侠等. 清末海军史料 [M]. 北京：海洋出版社，2001：471.

❹ 参见张侠等编《清末海军史料》、陈悦《中国近代军舰图鉴》、夏东元《洋务运动史》、戚其章《晚清史治要》等.

❺ 徐珂. 清稗类钞（第 2 册）[M]. 北京：中华书局，2010：757.

角龙旗，[1] 但这面国旗并非官方国旗。北洋海军成军时，根据《北洋海军章程》记载，北洋海军的军旗是长方形的"黄底蓝龙戏红珠旗"，又称黄底蓝龙旗，这面旗帜同时也成为了大清国的国旗。这面官方国旗的诞生，标志着清廷终于具备了一定的海军意识和近代化意识。

蛟龙出海，龙旗飘扬。至此，中国的北洋水师正式蜕变为近代海军，中国也终于实现了海军的近代化。当时，北洋舰队的实力颇强，是一支"东亚第一，世界第九"的海军舰队。[2]

第八节　北洋海军的兴亡（下）

清廷筹建海军之事，在北洋海军成军之时达到了巅峰，北洋舰队甚至一跃成为"东亚第一，世界第九"的舰队。可惜，在取得骄人业绩的同时，中国的近代海军已然悄然走着下坡路，最终，盛极一时的北洋海军在甲午战争中全军覆没，以屈辱的方式画上了句号。

可以说，北洋海军在成军之时，就已经埋下了衰亡的魔咒，这是因为，北洋海军不论是从创立历程还是发展政策而言，都暴露了多方面的隐性问题。总体来说，这些问题主要表现在以下两个方面。

一、"偏重北洋一支"

在第二次"海防大筹议"期间，张之洞上奏，认为中国的水师应分"北洋、南洋、闽洋、粤洋"四支。[3] 奏折称："船成后，分赴各埠，周巡护商……时来时往，议定有事时，各埠之船调集相助，其养船之费即由各埠捐抽。"[4] 张之洞认为，各支水师应当均衡发展，遇到紧急事件时，各水师之间可以相互援助与照应。

张之洞之所以提出这个建议，是因为当时清朝还有另外三支重要的水师（南洋水师、福建水师、广东水师），这些水师也在不同程度地推进海军近代化的革新。可是，清廷没有采纳张之洞的建议，而是采纳了总理衙门的建议，决定集中力量优先发展北洋水师。

当时，北洋舰队的实力一天比一天雄厚，然而其他三支水师的发展历程却显得异常艰难。

广东水师成立的时间较早，可以追溯到康熙年间，这支水师的防区在广东，主要基地设在广州黄埔。鸦片战争时期，广东水师参与过穿鼻海战、珠江海战等战役。1884 年中法战争期间，时任两广总督的张之洞根据《易经》中"元亨利贞"的卦辞，督造了"广元""广亨""广利""广贞"等浅水兵轮。1886 年，张之洞又委托福州船政局制造 12 艘

❶　参见本书第三章第四节"蒲安臣使团"。

❷　采用当年《美国海军年鉴》排名，前八名分别为：英国、法国、俄国、德国、西班牙、奥斯曼土耳其、意大利、美国。

❸　郭廷以 . 近代中国史事日志（上册）[M]. 北京：中华书局，1987：787.

❹　中国史学会 . 中国近代史资料丛刊·洋务运动（第 2 册）[M]. 上海：上海人民出版社，1961：578.

兵船，分别以"广"字为头，按天干的顺序命名（"广甲"至"广癸"），但是，至 1894 年甲午战争之前，这 12 艘兵船只造成了 3 艘，即"广甲""广乙"和"广丙"。

福建水师的防区涵盖福建和台湾，受福州船政局的节制，且主要舰船由福州船政局自制，所以，这支水师又被称为"船政水师"。在中法战争之前，福建水师是中国实力最雄厚的一支舰队，共有 11 艘军舰，分别是：扬武、伏波、福星、艺新、福胜与建胜（字母型细胞式钢铁小炮舰，共两艘）、永保、琛航、济安、振威、飞云。❶ 中法战争爆发后，福建水师的船舰在马尾海战中尽毁，创深痛巨。战后，福建水师一面恢复铁胁兵轮的制造，一面着手准备建造钢甲兵船，❷ 但是已经很难恢复昔日的光景。

南洋水师筹建得较晚，1875 年沈葆桢被任命为南洋大臣时才开始筹办，防区涵盖江苏和浙江。在沈葆桢筹办期间，南洋水师限于财力，并无太大的发展。随着军舰的逐渐购入，南洋水师在 1884 年初具规模，有巡洋舰、炮舰等 17 艘，但是中法战争爆发后，这支水师因为支援台湾的海战，所以失去军舰 2 艘，意外沉没 1 艘。总体而言，南洋水师的船舰、装备等方面的实力远不及北洋水师，但尽管如此，在甲午战争爆发之前，南洋水师的实力仍然位列全国第二，仅次于北洋水师。

按照清廷最初的计划，待北洋水师发展成熟后，在饷银稍有宽裕的情况下，就要把北洋的成功模式推广、复制到其他水师，所谓"俟（北洋水师）力渐充，就一化三，择要分布"❸。然而，北洋水师成军后，清廷根本没有让南洋、福建、广东三支水师发展壮大。仅从船舰而言，"广甲""广乙""广丙"三舰本属广东水师，但此三舰于 1893 年海军会操北上，就留在北洋调用；"龙骧""虎威""飞霆""策电"四艘伦道尔式炮艇最初由北洋订购，但李鸿章发现南洋新购的"镇东"等炮舰更强，所以将"龙骧"等舰调去南洋，自己却把"镇东"等炮舰留下；"镇中""镇边"属于山东，也被抽调至北洋，但一应费用仍由山东省支付。上述情况，是清廷"偏重北洋一支"所造成的后果，也导致了广东等其他三支水师一弱再弱。

此外，清廷这个"偏重北洋"的政策，还带来了一个严重的弊端，即让北洋的李鸿章权力高度集中，造成他拥兵自重，排挤其他水师的发展。

早在第一次"海防大筹议"之后，作为南洋大臣的沈葆桢给予了北洋大力的支助，功不可没。可是，第二次"海防大筹议"之后，由于清廷偏重发展北洋，所以四支水师之间的关系就没那么和谐了。海军衙门成立后，清廷虽然任命醇亲王奕譞为海军衙门总理大臣，但是懿旨又说"并责成李鸿章专司其（北洋）事"❹，从实质而言，北洋水师的指挥、调度大权仍然操控在李鸿章手中。在这种情况下，各支水师其实都在保存实力、各自为战，甚至暗中竞争，颇有"拥兵自重"的味道，比如中法战争时，福建水师遭到法国舰队的袭击，北洋水师竟然隔海观望，拒绝支援。

---

❶ 中国史学会.中国近代史资料丛刊·中法战争（第 3 册）[M].上海：上海人民出版社，1957：559；张侠，等.清末海军史料 [M].北京：海洋出版社，2001：756–759；夏东元.洋务运动史 [M].上海：华东师范大学出版社，1992：106.

❷ 戚其章：《晚清史治要》，第 165 页.

❸ 中国史学会.中国近代史资料丛刊·洋务运动（第 1 册）[M].上海：上海人民出版社，1961：146.

❹ 张侠，等.清末海军史料 [M].北京：海洋出版社，2001：66.

揆诸事实，清廷在 1885 年制定的"优先发展北洋一支"的政策是存在很大问题的，对此，姜鸣将这种政策辛辣地评价为"跛足而行"的政策："先建北洋一军的方针，造成了畸轻畸重的局面。大量的金钱、舰只集中于北洋，使北洋海军后来居上，实力最为雄厚，但又进一步造成淮系尾大不掉，李鸿章拥兵自重的局面。跛足而行，也使海军发展呈现出明显的不平衡。显然，朝廷和洋务派首领对于近代海军这一具有高度机动性的战略打击、威慑和防御力量认识得很不充分。"[1]

二、经费不足

经费问题一直是萦绕在近代海军发展过程中的大难题，试想，如果经费充裕，清廷又怎会采取"偏重北洋一支"的策略？

1875 年清廷任命李鸿章、沈葆桢为北、南洋大臣，曾谕令每年从洋税和部分省份的厘金中调拨 400 万两充作南、北洋的海防饷银。但是，每年各省的解款都远远不足 400 万两，清廷的这一拨款计划自一开始就没有全面地执行过。面对窘迫的财政，北洋水师又耗资甚巨，清廷想要发展其他水师已经力不从心。

可怕的是，北洋海军成军后，直到甲午战争之前，再也没有购置过任何一艘战舰。[2] 这是为何？

戚其章认为："由于清政府最高领导层满足于已有的成就，《北洋海军章程》添置新舰的规划未能实现。"[3] 清廷的固步自封，固然是北洋海军未购新舰的原因之一，但除此之外，还有一个更重要的原因，经费问题。

1888 年，慈禧太后为了修缮颐和园，挪用了海军专款，这让各水师的财源更加匮乏，许指严对此事做出如下评价："自是颐和园为之黯然减色，而海军之劣点亦大显于世。"[4] 关于清廷挪用的海军军费的数目，历来说法不一，据姜鸣考证，当时颐和园的修建费用约在 1000 万两上下，而海军衙门经费用于颐和园工程的总额没有超过 750 万两。[5] 纵然不超 750 万两，在当时国家积贫积弱的背景之下，也是一笔不菲的费用了。

甲午战争时期，面对日本大军的汹汹之势，慈禧太后为了举办六十大寿的"万寿庆典"，居然又从"筹备饷需、边防经费两款中提用一百万两，从铁路经费中腾挪二百万两，专供庆典之用"，[6] 这是何等的奢侈，何等的荒唐！

一人庆寿，举国遭殃！所以，北洋海军自成军之后未购一舰，看似是经费问题，实则反映了晚清时期腐败糜烂的政治制度。

除了上述"偏重北洋一支"和"经费不足"的问题之外，其他诸如军纪废弛、后勤管理腐败、琅威理离华等原因也是造成北洋舰队覆灭的重要原因。这些问题并不是孤

● 姜鸣.龙旗飘扬的舰队：中国近代海军兴衰史 [M].北京：生活·读书·新知三联书店,2014: 316–317.

● 1890 年，北洋海军新装备了一艘国产巡洋舰"平远"号，但此舰系中国自造，并非用海军经费向外洋购买。

● 戚其章.晚清史治要 [M].北京：中华书局,2007: 35.

● 许指严.十叶野闻 [M].北京：中华书局,2007: 63.

● 姜鸣.龙旗飘扬的舰队：中国近代海军兴衰史 [M].北京：生活·读书·新知三联书店,2014: 232–233.

● 李鹏年.一人庆寿,举国遭殃：略述慈禧六旬庆典 [J]// 余炳坤等.西太后.北京：紫禁城出版社,1985: 197.

立静止的，而是相互联系、相互影响的，而究其根源，正是晚清腐朽糜烂的政治制度所致。

时势瞬息万变，就在北洋海军停滞发展之时，日本的海军却在突飞猛进地发展，直至甲午战争爆发之前，日本联合舰队的实力已经超过北洋海军，一跃成为了东亚第一。可见，在近代化进程中，如果发展方针有误，或是发展成效不显著，又或是不谋求发展而原地踏步，这直接等同于倒退。

甲午战争让北洋海军全军覆灭，讽刺的是清廷筹划海防、筹建近代海军，是由日本侵略中国（1874 年日军侵略台湾事件）而起，而北洋海军全军覆没，还是因为日本侵略中国（1894 年的甲午战争），中间整整相隔 20 年！清廷面对这个被其称为"蕞尔小国"的日本，竟然连续摔了两个大跟头，其中原因，值得后人深思。

第九节　三十年的"铁路之争"（上）

洋务运动之中的运输业，除了轮船航运业之外，铁路运输业也得到了发展。然而，比起军事工业和民用企业等方面的革新而言，铁路近代化的革新姗姗来迟。

洋务运动开始后，关于修建铁路一事，不论是中国人与洋人之间的争持，还是清廷内部的辩论，从来就没有停止过，一直争论了三十年。可以说，在洋务运动的这段历史中，铁路近代化的历程无比的漫长，也无比的艰辛。

一、19 世纪 60 年代的"铁路之争"

早在 1863 年 7 月，上海 27 家洋行就曾经联名致函李鸿章，请求修建上海至苏州之间铁路的特许权。可是，时任江苏巡抚的李鸿章断然拒绝了洋人的请求，并说："只有中国人自己创办和管理铁路，才会对中国人有利。"●

1864 年，怡和洋行邀请了一位名为斯蒂文生的英国人来到中国。斯蒂文生在广州和中国的商人们会面，并抛出了一个"综合铁路计划"。这个计划的内容是在中国修筑一个铁路网，铁路线路以汉口为出发点，东至上海，南至广州，西经四川、云南等省直达印度，还要从镇江行至天津、北京。可是，当斯蒂文生将上述计划呈给总理衙门后，总理衙门将这个计划置之高阁，斯蒂文生在无奈之下，悻悻然离开了中国。

1865 年 11 月 6 日，海关总税务司赫德向总理衙门递交了《局外旁观论》，赫德以"旁观者清"的角度向总理衙门陈述了铁路的裨益，并提议中国应该修建铁路。赫德的提醒，有着善意地敦促中国实现铁路近代化的一面，但这个时期的西方列强急于扩大侵略，所以这种敦促其实也是在觊觎中国的铁路修建权。

是否应当修建铁路的问题已经无法回避，在 1867 年中、英修改《天津条约》的前夕，清廷让 18 位地方官员讨论修约时可能会涉及的六个问题，其中的一个问题就是"议铜线、铁路"●。作为洋务运动的中枢机构总理衙门反对引进铜线、铁路，其观点如下：英法美晓

● 宓汝成. 中国近代铁路史资料（第 1 册）[M]. 北京：中华书局，1963：4.
● 参见本书第三章第三节"清廷的新烦恼——修约"。

晓再四，不办不休……本衙门先以失我险阻，害我田庐，妨碍我风水为词辩驳，彼悍然不顾。本衙门又以占我民间生计，势必群起攘臂相抗，众愤难当，设或勉强造成，被民间拆毁，官不能治其罪，亦不能责令赔偿，彼则以自能派人看守防御为词抵制。●

地方官员奏议复本中，基本上都认为决不能允许外国人在华铺设铁路，惟有李鸿章的观点比较独特。1867年12月31日，李鸿章的奏议复本呈上清廷：此两事（修建铁路、架设电线）大利于彼（洋人），有大害于我，而铁路比铜线尤甚……（修筑铁路）凿我山川，害我田庐，碍我风水，占我商民生计……或谓用洋法，雇洋人，自我兴办，彼所得之利我先得之……然与其任洋人在内地开设铁路、铜线，又不若中国自行仿办，权自我操，彼无可置喙耳。●

李鸿章的这篇奏折很有意思，细细品味这篇奏折可知，李鸿章其实是支持修建铁路的。尽管李鸿章也在陈述修建铁路的弊端，但他毕竟是一位兴办洋务、与洋人频频接触的地方大臣，而且认为修建铁路的大势已经无法阻挡，所以他在奏折的最后提出了一种大胆的想法——"中国人自己兴办铁路，稳操铁路大权，让洋人无法争夺我国的铁路修建权"。尽管李鸿章持有这种观点，但他不敢义正言辞地对这种观点加以阐述，而是用了"或谓"（有人说）的口吻说出，显得有些若隐若现。其实，对于修筑铁路一事，李鸿章本人也没有多大信心，因为这个时候若想修筑铁路，确实存在很大的困难，这些困难也正是李鸿章所说的"百姓必群起抗争拆毁""公家无此财力""华商无此巨资，官与商情易隔阂"等。

19世纪60年代是洋务运动的起步的时期，关于修建铁路之事，清廷主要是和洋人在争持，洋人或"晓晓再四"，或善意敦促，其实都是想争夺铁路修建权和特许权，便于攫取侵略利益。但是，这个时期的清廷中枢抵制修建铁路，地方官员之中，除了李鸿章的观点暧昧不明之外，其他官员也都抵制修建铁路，这其中，既有抵御外侮的因素，也有心理惧怕的原因。

面对中国人的这种"倔强"，洋人们也是万般无奈，最终也妥协了，这些洋人曾说：从他们（中国人民）的独立性及巨大的抵抗力量看来，违反他们的意愿，以新奇的东西（铁路、电线等等）强加给他们的国家，会引起剧烈的持久的反抗，同时，会直接地危及该国政府的存在……在中国的统治者或人民有准备之前，强迫地改变中国皇帝底臣民的社会、经济生活，只会引起革命。●

就这样，在19世纪60年代，中国修建铁路之事并未提上议程。

二、19世纪70年代的"铁路之争"

19世纪70年代以后，中国与西方列强的关系出现了变化，中国的边疆地区频频出现危机。在这种情况下，铁路问题伴随着边疆危机，也有了新发展。

● 中华书局编辑部，李书源，等整理. 筹办夷务始末（同治朝）[M]. 北京：中华书局，2008: 2125.

● 中华书局编辑部，李书源，等整理. 筹办夷务始末（同治朝）[M]. 北京：中华书局，2008: 2260-2261.

● 宓汝成. 中国近代铁路史资料（第1册）[M]. 北京：中华书局，1963: 28.

　　1871 年 6 月 14 日，日本政府派使节来华，谋求订立条约。9 月 13 日，李鸿章与日本使节在天津签订了中日《修好条规》《通商章程：海关税则》，这两个条约的签订标志着近代史上中国与日本开始建立邦交。❶ 签订完条约之后的李鸿章，开始意识到防范日本的重要性："日本颇为西人引重，其制造铁厂铁路练兵设关，一仿西洋所为，志在不小……识时务者当知所变计。"❷ 在这篇奏折中，李鸿章再次强调日本强大的原因之一，是其仿造西洋修筑铁路。有了这个觉悟之后的李鸿章，于 1872 年 10 月 2 日致函丁日昌，在信函中明确提到了"造铁路，开煤矿以自强"❸。

　　1874 年的日本侵略台湾事件平息后，一些洋务大臣也逐渐意识到修筑铁路的必要性，愿意在中国铺设铁路。在这个时期，这些洋务大臣支持修筑铁路的原因，已经远远不止是为了"军事御外"那么简单，还多了"分洋商之利""经济御外""利于国计民生"等方面的考虑，这是因为自 19 世纪 70 年代中期以后，洋务运动已经步入了后期阶段，发展方针有所调整，在轮船航运业、电线电报业、采矿业等近代民用工业、企业兴起的同时，修建铁路在洋务官员的眼中似乎也能带动经济利益，进而反哺军事海防。

　　1876 年初，丁日昌被清廷任命为福建巡抚，此人积极支持修筑铁路，并得到李鸿章等人的支持。丁日昌大刀阔斧，准备在台湾修筑铁路。经过丁日昌等人的努力，1876 年秋，基隆矿区一带建起了一条轻便铁道，煤车可以从铁轨上滑行至海岸。这条轻便轨道可不得了，因为它是中国人自己修筑的第一条铁轨道，尽管有些简陋，而且没有机车牵引，但起码体现了丁日昌等洋务大臣勇于革新的精神，也说明了铁路近代化一事必将成为发展大势。可惜，由于资金匮乏，这条铁路最终停止了发展。

　　与此同时，洋人们也不甘落后，他们想在中国修筑铁路的欲望早已按捺不住。

　　早在 1865 年，英国人就向上海道台应宝时提出请求，想要修筑一条从上海至吴淞的铁路，应宝时一口拒绝。一段时间之后，英国人采取诓骗的手法，让后任的上海道台沈秉成答应了修筑吴淞铁路一事。1875 年，急不可耐的英国招足资金，铁轨与机车也购置完毕，于 1876 年 1 月开始修建这条吴淞铁路。

　　1876 年 6 月 30 日，这条长达 38 里的吴淞铁路全线通车。通车之后，四面八方的人群前往上海的起点站观看火车，场面很是壮观。

　　不料，吴淞铁路修成后，引起当地官员的极大恐慌与排斥，新上任的上海道台冯焌光甚至照会英国领事麦华陀，用责问的口吻称英国人："先诓准租路，忽兴此举，由欺伪勉强而成。"❹ 当地的百姓也对铁路存有极大的反感，附近的村民在火车行驶之时前来阻拦，甚至准备用自杀的方式来抵制铁路的修建和通行。❺ 面对汹汹民意，清廷决定息事宁人，李鸿章派朱其诏、盛宣怀等人前往上海，会同新任的上海道台冯焌光，与英国代表梅辉立展开谈判。

---

❶　参见本书第四章第一节"东南海疆的烽火"。

❷　顾廷龙，戴逸.李鸿章全集·信函二（第 30 册）[M].合肥：安徽教育出版社，2008：347.

❸　徐泰来.洋务运动新论 [M].长沙：湖南人民出版社，1986：379.

❹　顾廷龙，戴逸.李鸿章全集·信函三（第 31 册）[M].合肥：安徽教育出版社，2008：380.

❺　宓汝成.中国近代铁路史资料（第 1 册）[M].北京：中华书局，1963：40.

谈判的结果令人极度汗颜：清廷花重金将这条铁路买下，紧接着又费大力气将铁路拆除！具体的收赎和拆除过程是：清廷用了 28.5 万两将这条铁路从英国人手中买下，收购款以一年为期，分三次付清，在未付清前允许铁路继续营运；一年后，清廷将铁路收回，然后将铁路强制拆除，拆除后的铁轨设备运往台湾，弃放在仓库。

如此一来，吴淞铁路的火车运行了不到两个月，便于 1876 年 8 月 24 日停运。

总体而言，这个时期中国所面临的局面是"内患刚平，外患四起"，关于铁路问题的争论，具有以下几个方面的特点。

第一，虽然一些洋务大臣觉醒，但底层百姓抵制铁路的情绪空前高涨，愈演愈烈，吴淞铁路被拆就是汹汹民意所致。

第二，洋务大臣为了加强边防，开始主张自筑铁路，并且迈出了第一步，冲破了禁止修筑铁路的桎梏。

第三，洋务大臣在修建铁路中遇到真正的困难，比如资金方面的匮缺，修建铁路的进展并不顺遂。

第四，洋务运动改善了路线，在"求富"方针的带动下，修建铁路的实践与其他民用工业、企业（采矿业等近代工业）的发展相辅相成，彼此促进。

19 世纪 70 年代，修建铁路之事虽然已有眉目，但由于部分清廷官员的颟顸以及底层百姓的强烈抵制，修筑铁路之事再次被搁置。

第十节　二十年的"铁路之争"（下）

如果说，在 19 世纪 60 年代至 70 年代的十年间，中国的修建铁路之争是中国与西方列强之间的争持，那么 19 世纪 80 年代之后，铁路之争开始上升到一个新的层面，发展到清廷内部之间的争论。

清廷内部之所以兴起铁路问题的争论，主要是因为清廷的大臣们针对修建铁路的观点出现了严重的分歧，有的支持，有的反对，有的暧昧不明，有的抱手观望。其中，支持者与反对者唇枪舌剑，在十年的时间内，一共展开了三个回合的辩论战。

一、辩论战第一回合（1880—1881 年）

修建铁路之争的辩论战，导火索是直隶提督刘铭传的奏折。1880 年 12 月 3 日，刘铭传上奏，建议清廷修建铁路："铁路之利于漕务、赈务、商务、矿务、厘捐、行旅者不可殚述……若铁路造成，则声势聊络，血脉贯通，裁兵节饷，并成劲旅……将来兵权、饷权俱在朝廷，内重外轻，不为疆臣所牵制矣。"[●] 这篇奏折言辞恳切，而最打动清廷的，是"兵权、饷权俱在朝廷""不为疆臣所牵制"等理由。

不料，这封奏折刮起了舆论界的大风。支持的言论不胜枚举，反对的奏折更是车载斗量。

● 中国史学会 . 中国近代史资料丛刊·洋务运动（第 6 册）[M]. 上海：上海人民出版社，1961：138.

1880 年 12 月 22 日，翰林院侍读学士张家骧率先发难，上奏驳斥刘铭传的言论，并列举了修筑铁路的三大弊端："利尚未兴，患已隐伏""势迫刑驱，徒滋骚扰""虚糜帑项，赔累无穷"。●

面对反对者的言论，直隶总督李鸿章于 1880 年 12 月 31 日上奏，大力支持刘铭传的观点，并提出修建铁路的九大利益："便于国计、军政、京师、民生、转运、邮政、矿务、招商轮船、行旅者"●，很显然，李鸿章所谓的这九个利益是直接针对张家骧的三个弊端而提出的，张家骧只说出了三个弊端，而李鸿章毫不示弱，竟然提出九个利益。

1881 年 1 月 17 日，顺天府丞王家璧上奏，质疑李鸿章提出的九个利益："其（李鸿章）言铁路九利，词重意复，甚至自相矛盾，总不过夸火车之速耳。"此外，王家璧还将修建铁路视为"嬉戏无用之举"，甚至暗讽李鸿章卖国："似为外国谋非为我朝廷谋也。"●

1881 年 2 月 6 日，"南洋大臣"刘坤一上奏，进一步支持李鸿章的观点，他还强调修建铁路一事应该详细筹划，赢在起跑线："规划必须详慎。夫不善始者必不善终，为之而不成，或成之而复毁，非惟虚糜可惜，亦将遗笑外人"。●

1881 年 2 月 8 日，翰林院侍读周德润上奏，提出修建铁路的"六不可解"，最终的观点也是反对修建铁路，还说"臣闻夏变夷，未闻变于夷者也"。●"以夷变夏"这种论调早在鸦片战争时期就已出现，当时距离鸦片战争已经过去了 40 年，周德润居然还在重复这种陈词滥调！

通政使司参议刘锡鸿于 1881 年 2 月 14 日上呈的奏折最为可怕。首先，此奏折洋洋洒洒约 7000 余字，而且通篇抵制修建铁路，奏折最后还有一句点睛之笔："铁路一说，固彼人所挟以祸中国，万万不可听从者也。"●其次，刘锡鸿曾经出使英国，是"比较有见识"的官员，比起朝廷中诸多大臣的"空谈"，这个外交使节的言论似乎很有说服力。

双方的奏折相互指责，充满了火药味，而反对修建铁路的官员大多数是言官，这些官员以"清流"自居（清流党），实则空发议论，因循守旧。

最终，清廷被抵制修建铁路的言论所动摇，于 1881 年 2 月 14 日传谕："刘铭传所奏，著无庸议。"●这道上谕意味着第一回合的辩论结束，也意味着反对修建铁路的言论暂时占了上风。

● 中国史学会. 中国近代史资料丛刊·洋务运动（第 6 册）[M]. 上海：上海人民出版社, 1961: 140.

● 中国史学会. 中国近代史资料丛刊·洋务运动（第 6 册）[M]. 上海：上海人民出版社, 1961: 141–143.

● 中国史学会. 中国近代史资料丛刊·洋务运动（第 6 册）[M]. 上海：上海人民出版社, 1961: 149–150.

● 中国史学会. 中国近代史资料丛刊·洋务运动（第 6 册）[M]. 上海：上海人民出版社, 1961: 152.

● 中国史学会. 中国近代史资料丛刊·洋务运动（第 6 册）[M]. 上海：上海人民出版社, 1961: 152–154.

● 中国史学会. 中国近代史资料丛刊·洋务运动（第 6 册）[M]. 上海：上海人民出版社, 1961: 166.

● 宓汝成. 中国近代铁路史资料（第 1 册）[M]. 北京：中华书局, 1963: 103.

二、辩论战第二回合（1883—1888 年）

尽管第一个回合中，反对修建铁路的言论占了上风，但洋务大臣们依然顶着巨大压力，在一片反对声中不懈努力，于 1881 年春夏之交修建了一条"唐胥铁路"。唐胥铁路竣工后，"原以驴马拖车，其引重力几与平地相埒"[1]，1882 年，火车改用机车牵引，机车名叫"中国洛克号"，引重力达到了百余吨。

唐胥铁路建成之时，正是清廷铁路之争最激烈的时候，这条铁路之所以能修建成功，固然离不了洋务大臣的努力，但还有一个重要的原因——醇亲王奕譞的支持。

1881 年 2 月 2 日，李鸿章写信给奕譞，力陈修建铁路之必要性与紧迫性，请求奕譞襄助铁路大计。[2]醇亲王奕譞对修建铁路一事比较积极，而且他是光绪帝的生父，其暗助洋务大臣建造唐胥铁路，无疑给洋务大臣们打了一针强心剂。

1883 年中法战争爆发前后，中越边境的军需物资运送受阻，清廷开始猛然意识到铁路运输的重要性。中法战争结束前，清廷官员与法国代表针对《中法新约》的条款展开谈判时，双方曾反复针对修筑铁路的条款进行磋商。最终，《中法新约》第七款约定："法国在北圻一带开辟道路，鼓励建设铁路……日后若中国酌拟创造铁路时，中国自向法国业此之人商办。"[3]法国人这种争夺铁路修筑权的咄咄逼人的态势，让清廷再次意识到铁路问题的重要性。

但是，在这个时期，抵制修建铁路的大臣们又开始上奏，与洋务大臣们展开了辩论。

1884 年 10 月 31 日，内阁大学士徐致祥上奏《论铁路利害折》："（修建铁路）利小而害大，利近而害远，利显而害隐。"[4]之后，山东道监察御史文海、陕西道监察御史张廷燎、浙江道监察御史王正元等人纷纷上奏附和，反对修建铁路。这些言官们高谈阔论、论调极高，声称罢免修建铁路的议程则"天下幸甚，万世幸甚"[5]。

尽管这个时期反对修筑铁路的大臣们不依不饶，但清廷发生了两件大事，直接影响了铁路修筑工作的发展。

第一件事是 1884 年 4 月 8 日清廷内部发生的"甲申易枢"政变。[6]政变后，恭亲王下台，军机处重组，礼亲王世铎充任首席军机大臣，但是，改组军机的谕旨又说："军机处遇有紧要事件，著会同醇亲王奕譞商办"，[7]如此一来，军机处的实权实际掌握在醇亲王奕譞的手中。

第二件事是 1885 年 10 月清廷成立了"总理海军事务衙门"（简称"海军衙门"，或

---

❶ 宓汝成.中国近代铁路史资料（第 1 册）[M].北京：中华书局，1963：121.

❷ 顾廷龙，戴逸.李鸿章全集·信函五（第 33 册）[M].合肥：安徽教育出版社，2008：4–5.

❸ 王铁崖.中外旧约章汇编（第 1 册）[M].北京：生活·读书·新知三联书店，1957：468.

❹ 中国史学会.中国近代史资料丛刊·洋务运动（第 6 册）[M].上海：上海人民出版社，1961：168.

❺ 中国史学会.中国近代史资料丛刊·洋务运动（第 6 册）[M].上海：上海人民出版社，1961：171.

❻ 参见本书第五章第四节"甲申易枢"。

❼ 萧一山.清代通史（第 3 册）[M].上海：华东师范大学出版社，2006：719.

称"海署"）。铁路修建工作落入了海军衙门的工作管辖范围，巧的是，奕譞被任命为海军衙门的总理大臣。

一时之间，醇亲王奕譞手握诸多大权，成为了朝野炙手可热的人物。庆幸的是，奕譞一直积极支持修建铁路。在奕譞和地方洋务大臣的不懈努力之下，中央与地方形成了合力，中国一共修建了两条铁路，即台北到基隆的铁路，以及津沽铁路。

1887 年，首任台湾巡抚刘铭传主持修建台北到基隆的铁路（四年后竣工）。刘铭传曾于中法战争期间保卫台湾，在修筑铁路一事中，又立下汗马功劳。

1888 年 10 月，津沽铁路全线通车。这条铁路贯穿天津至塘沽、芦台至阎庄、阎庄至唐山，全程 260 公里。津沽铁路通车后，李鸿章率员试乘火车至开平，并惊叹不已。

事后，尝到甜头的李鸿章致函总理衙门，请求准许津沽铁路公司再修筑一条津通铁路，将阎庄至天津的铁路西接通川，东接山海关。❶

三、辩论战第三回合（1889 年）

1889 年农历正月，光绪帝将举行大婚仪式。在此之前，津海关道周馥、候补道潘骏德借光绪帝大婚之机，向慈禧太后和光绪帝献上一份厚礼——西苑铁路（又称紫光阁铁路）。

这是一条从中海到北海的皇家铁路，主要用途是供太后和皇帝赏玩。其实，这条铁路的进呈事宜，是李鸿章在幕后出谋划策，周馥、潘骏德两个道员只是参与铁路的设计和施工，并向法国新盛公司订购火车。李鸿章知道修筑铁路的决断权掌握在慈禧太后手中，所以想用进呈火车的方式来促使慈禧太后同意修铁路。

西苑铁路修通后，慈禧太后第一次见到了铁路和火车，眼界大开，并开始对修筑铁路一事另眼相看。杨乃济在《一条西太后专用的小铁路》一文中这样评价这条皇家铁路：小火车沿着太液池西岸启动运行，享用最多的当然是西太后，但要说这条铁路的兴修全系李鸿章媚上之举，西太后之准许修路只图一己之享乐，却亦不尽妥当。西苑铁路的修建首先是修路之争的产物，法商之"殷勤报效"亦在于争夺中国之路权与铁路车辆与设备市场。但铁路一经建成，慈禧亲身领受了新式交通工具的便利，便从犹豫不决，转向支持修路派的主张。从这个意义上看，西苑铁路亦应在中国铁路史上占有一定的地位。❷

然而，李鸿章的这些行为再次遭到了抵制修筑铁路者的反对。

1888 年 12 月 14 日，国子监祭酒盛昱上奏："今闻由天津至通州将设铁路，愚民震骇，咸谓非便……铁路之举，享利在官，受害在民，官之利有限，洋人之利无穷。"❸ 随后，河南道监察御史余联沅、山西道监察御史屠仁守、户部给事中洪良品也望风希旨、喋喋不休，纷纷上奏阻挠修筑铁路。慈禧太后又被这些言官的言论所左右，甚至感觉这个事情比较严重，亲自下达懿旨，让海军衙门会同军机大臣，对余、屠、洪等人的言论"妥议具奏"。❹

❶ 徐泰来.洋务运动新论 [M].长沙：湖南人民出版社，1986：421.

❷ 杨乃济.一条西太后专用的小铁路 [J]// 余炳坤，等.西太后.北京：紫禁城出版社，1985：181.

❸ 中国史学会.中国近代史资料丛刊·洋务运动（第 6 册）[M].上海：上海人民出版社，1961：200.

❹ 中国史学会.中国近代史资料丛刊·洋务运动（第 6 册）[M].上海：上海人民出版社，1961：210.

面对阻挠者的言论，作为海军衙门总理大臣的醇亲王奕譞终于放出了狠话："外敌之窥伺易防，局外之浮嚣难靖……局内创一事则群相阻挠，制一械则群讥糜费……西洋列强，皆铁路相接，并无相忌之事，中国何能例外？西洋列强，皆建铁路，以至富强，中国何犹不然？"❶

奕譞是慈禧的亲信，奕譞大力支持修筑铁路，促使慈禧终于下定了修筑铁路的决心。随后，清廷降旨允准津沽铁路公司续修津通铁路，至此，李鸿章用进呈火车的方式来促使慈禧太后同意修铁路的目的终于达到了。

正在津通铁路准备修建之时，两广总督署广东巡抚张之洞的一封奏折引起了清廷的高度重视，津通铁路的修筑工作又有了转折。

1889 年 4 月 1 日，张之洞上奏，建议清廷暂缓修建津通铁路，改为修建卢汉铁路（由卢沟桥经河南至汉口），还陈述了卢汉铁路的八个好处。这种观点让醇亲王奕譞耳目一新，奕譞也开始大力支持张之洞的建议。

李鸿章等人虽然内心不满，但是既然中央都同意了，也不敢忤逆，甚至电告奕譞，称其赞成华股、官款、洋债三者并行兴建卢汉铁路的主张。❷ 所以，津通铁路的修建工作被暂缓，卢汉铁路的修筑工作反而提上了日程。

此后，修筑铁路之事总算在中国大地上铺开，清廷从此不再为"是否"修建铁路而争论，转移到为"如何"修建铁路而吵闹了。

可是，尽管清廷已经同意修筑铁路，也从海军衙门之请，由户部每年拨银 200 万两用于开办铁路，但是在这个时期，仍不少官员在极力阻挠铁路的修筑工作，比如身为帝师且掌管户部的翁同龢为了抵制修铁路，竟然于 1889 年 8 月请假两个月返乡，不愿意负筹款建路的责任。由此可见，在晚清时期，修筑铁路之事是多么的不容易！

四、争了二十年

从 19 世纪 60 年代至 80 年代，修筑铁路之事整整争了二十年，一直没有中断，反对者将铁路视为洪水猛兽，极力抵制，而支持者越挫越勇，不断努力。可以说，在晚清的洋务运动期间，没有任何一个方面的改革像修筑铁路一样举步维艰，二十年的铁路之争也成为洋务运动的各种辩论之中延续时间最长、规模最大的一次。

从唐胥铁路到津沽铁路，再到卢汉铁路，经过中央与地方的不懈努力，修建铁路的事宜终于在 80 年代末期有成效。这种成果，来得极其不易，这既是洋务运动中"求强"与"求富"之间的有机统一，也是近代化大浪不断推进的必然结果。

在二十年的争论中，抵制修筑铁路者，大多数是"清流党"，这些言官以"清流"自居，不与浊流同污，靠言论而立足，凭谏言而生存。他们想要体现自身价值，必须要发表一些惊世骇俗的言论，正所谓"语不惊人死不休"，可惜，这些言论往往陷入空谈，所以带有守旧和愚昧的性质。

❶ 中国史学会.中国近代史资料丛刊·洋务运动（第 6 册）[M]. 上海：上海人民出版社，1961: 231–232.

❷ 徐泰来.洋务运动新论 [M]. 长沙：湖南人民出版社，1986: 426.

关于守旧与愚昧，丁贤俊曾做出评价：洋务派与顽固派的争论总的说，具有科学启蒙与愚昧守旧之争的性质。然而这两派人在维护清王朝专制统治的一致性，又决定了科学战胜愚昧的长期性。❶

仔细推敲抵制修筑铁路的大臣们的言论，虽然正如丁贤俊所言具有守旧和愚昧性质，但他们的言论也并非全无道理，比如他们说"（修建铁路）官之利有限，洋人之利无穷"就正中要害，铁路一事本来就是伴随着西方列强的侵略步伐而来，中国在被迫推进铁路近代化的同时，也有适应外国侵略者要求的一面，所以这种属性是双重的。

第十一节　近代纺织业

以毛纺业、棉纺业、缫丝业为主的近代纺织业，在洋务运动中出现得较晚，但这些企业出现后，随即呈现出了迅猛的发展势头。

中国的纺织及印染技术有着非常悠久的历史。在鸦片战争之前，中国社会的经济结构是以小农业和家庭小手工业紧密结合的自然经济，沈渭滨对于这种经济结构做出如下评价：男耕女织是它的典型写照，一家一户就是一个世界；一个自然村落无异于一个社会……农民与土地的紧密结合，使中国的小农经济具有超强的稳定性；小农业和家庭小手工业的紧密结合，又造成了经济生活的充分自给性。❷

在这种经济结构之下，中国的纺织生产都是通过零散的农村家庭手工业来完成的。

鸦片战争后，中国传统的经济体系受到冲击，纺织业领域也不例外，因为英国的纺织商经历了 1825 年的经济危机后，急切地要求打开中国的市场。《南京条约》签订后，英国全权代表璞鼎查回到英国，他在一次演讲中稍带夸张而又直截了当地表达了英国对中国市场的期望，他说："即使开动兰开夏所有工厂的机器，也满足不了该国（中国）一个省做袜子所需要的材料。"❸可惜，条约虽然签订了，中国的门户也打开了，但是被英国商人寄予厚望的棉纺织品的出口并不理想，甚至出口数量逐年大跌，这让英国人非常懊恼。

洋务运动后期，洋务大臣们从"求富"的角度意识到创办纺织企业的必要性，所以从 19 世纪 80 年代开始，近代纺织业开始在中国陆续出现，这些纺织业包括：兰州织呢局、上海机器织布局、上海华盛纺织总厂、湖北织布局、湖北纺纱局、湖北缫丝局等。此外，在纺织业的带动下，铸钱业、火柴制造业、糖酒纸厂等民用轻工业也开始兴办。

兰州织呢局是中国最早的机器毛纺织工厂，也是中国近代纺织工业的鼻祖。

左宗棠收复新疆后，在西北一带推动经济建设。一天，兰州制造局委员赖长用他自己造的机器，把当地的羊毛织成一段绒，并将这段绒拿给左宗棠观赏，左宗棠看到这段绒后惊叹不已，认为这些绒的质量"竟与洋绒相似，质薄而细，甚耐穿著，较之本地所织褐子，美观多矣"。左宗棠进一步认为，"此种机器流传中土，必大有裨益，与织呢、

---

❶　丁贤俊.洋务运动史话 [M].北京：社会科学文献出版社，2011：96.

❷　沈渭滨.道光十九年：从禁烟到战争 [M].上海：华东师范大学出版社，2014：1-2.

❸　[日] 森时彦.中国近代棉纺织业史研究 [M].袁广泉，译.北京：社会科学文献出版社，2010：359.

织布火机同一利民实政也"❶，所以左宗棠决定在甘肃创办机器织呢局。之后，左宗棠派兰州制造局委员赖长向德国泰来洋行订购了全套的小型毛织机器，并雇德国工匠来安装和传授技能。

1880年9月，兰州织呢局开工，每日产呢八匹，每匹长五十华尺，宽五华尺。只不过，这些纺织品的质量不是很乐观，据英国人在上海《字林西报》上刊登的文章所载，兰州织呢局生产的纺织品存在以下不足：

（1）甘肃的羊毛品质不够织造上等呢绒。

（2）羊毛中掺杂太多，拣洗太费工力。

（3）局中水井，质既不好，量又不够，影响漂染。

（4）成品太贵，出品不能运销远地，也不能和外国呢绒竞争。❷

英国人的上述评价，不免有夸大的嫌疑，但也客观地指出了这些纺织品的不足之处。

与兰州织呢局相比，上海机器织布局也是近代纺织业中成效显著的企业，这是李鸿章委派郑观应创办的"官督商办"形式的民用企业，也是中国最早的机器棉纺织工厂。

早在1876年初，李鸿章就写信给沈葆桢，陈述了洋布流入中国的危害，同时认为中国应自办机器纺织厂："英国洋布入中土，每年售银三千数百万，实为耗财之大端……（中国）亟宜购机器纺织，期渐收回利源。"❸1880年，实业家郑观应草拟了一份《上海机器织布局招商集股章程》，对于创办机器织布局一事做了详细的规划，于是，在李鸿章的动议下，上海机器织布局于1880年开始筹办。

但是，上海机器织布局的筹建历程的旷日持久，筹办之后，一直到1890年才正式开厂生产。

关于上海机器织布局筹建了十年之久的原因，日本学者森时彦考证后认为：经营者郑观应借助李鸿章的政治势力庇护，于1881年获得了所谓"十年专利"的经营垄断权，即在其后10年间，上海一概不许再开办其他纱厂。由于这个原因，在1880年代，除湖广总督张之洞在汉口开设的官办湖北织布局，以及相当于上海织布局分厂的官商合办华新纺织新局（皆于1888年发起）外，没有其他新纱厂被允许开办。❹

诚然，李鸿章的"十年内只准华商附股搭办，不准另行设局"的政策确实引起了行业垄断，这种行业垄断造成上海机器织布局毫无竞争压力，最终导致其开业迟缓，但是，这个原因并非该厂开业迟缓的唯一原因，诸如织布局在上海多次抢滩未果、主要负责人多次更换等原因，也是该厂开业迟缓的重要原因。

上海机器织布局开厂后，每日生产布料六百匹，销量颇佳，但经营没几年后，于1893年10月19日发生了一场大火，这场大火将整个工厂烧毁，数百万的资产付之一炬。该厂被焚后，李鸿章立即派盛宣怀、聂缉椝等人重建，招徕新股。重建后的新厂更名为"上海华盛纺织总厂"，比旧厂的规模更大，还在上海、宁波、镇江等地设有分厂。

继上海机器织布局之后，中国创立了多家纺织工厂，除了湖北织布局之外，其余全

❶ 中国史学会.中国近代史资料丛刊·洋务运动（第7册）[M].上海：上海人民出版社，1961：439.

❷ 秦翰才.左文襄公在西北[M].长沙：岳麓书社，1984：249.

❸ 中国史学会.中国近代史资料丛刊·洋务运动（第7册）[M].上海：上海人民出版社，1961：457.

❹ ［日］森时彦.中国近代棉纺织业史研究[M].袁广泉，译.北京：社会科学文献出版社，2010：363–364.

部在上海。这些纺织工厂采用机器纺织的生产方式，大大提高了纺织效率，以湖北织布局为例，张之洞曾说："纺纱、染纱、轧花、提花，悉用机器，一夫可抵百夫之力，工省价廉，销售日广。"❶

近代纺织业在后期洋务运动中出现得较晚，其与同时期的轮船航运业、铁路运输业、电线电报业、采矿业等行业相比，具有以下特点。

一、创办的主动性

中国近代纺织业的创办和发展，相比其他民用企业而言，具有很大的主动性。夏东元认为：轮船航运的创办，是在洋轮充斥于江海，电线架设时，洋商已在沿海设海线，并又在陆上设线，也就是说，轮、电二者都是在洋商侵占了中国利权情况下举办的，至于矿务，洋人也已在中国大事勘查矿藏准备擅自开采的情况下洋务派始着意于此的。纺织工业却是在洋商没有在中国设厂时开始筹建的。❷

相比洋务官员而言，商人们创办纺织业的"觉悟"更早。早在19世纪70年代，一些商人就已开始投资纺织业，比较著名的有1872年广东顺德陈启沅创办的继昌隆缫丝厂。正是在这些商人追求利润的带动下，中国的民族纺织工业主动地崛起、悄然地崛起。

二、抵抗性与求利性

洋商虽然没有在中国设立纺织工厂，但却将洋布源源不断地输送至中国市场，通过这种变相的经济侵略方式破坏了中国的手工纺织业。

1889年8月31日，张之洞奏请在广东设立机器织布局，在这篇奏折中，张之洞将洋人经济侵略、中国财富外溢的现象披露得很到位：中国之财溢于外洋者，洋药而外，莫如洋布、洋纱……惟有购备机器，纺花、织布，自扩其工商之利，以保利权。❸

郑观应在《盛世危言》一书中对于洋人的这种经济侵略也有记载：（中国）进口之货，除烟土外，以纱布为大宗。向时每岁进口值银一二千万，光绪十八年增至五千二百七十三万七千四百余两。❹

正是由于洋人的侵略，中国的纺织厂在创立和发展之时，多了一种抵抗侵略的属性。

此外，轮船航运业、电线电报业、采矿业的创办，不仅有"求富"的目的，而且有很强程度的"求富"反哺"求强"的军事目的，但是，纺织业却非常特殊，其创办并非以辅助军事工业为目的，而是纯粹地"求富"，即追求剩余价值和利润。在李鸿章请求创办机器织布局的奏折中，提到了"土货多销一分，即洋货少销一分，庶漏卮可期渐塞"❺的说法，这个说法是"分洋商之利"的最好的诠释。

❶ 中国史学会.中国近代史资料丛刊·洋务运动（第7册）[M].上海：上海人民出版社,1961:501.

❷ 夏东元.洋务运动史[M].上海：华东师范大学出版社,1992:381–382.

❸ 中国史学会.中国近代史资料丛刊·洋务运动（第7册）[M].上海：上海人民出版社,1961:501.

❹ 郑观应.盛世危言（下册）[M].北京：朝华出版社,2017:355.

❺ 顾廷龙,戴逸.李鸿章全集·奏议十（第10册）[M].合肥：安徽教育出版社,2008:63.

近代纺织业的兴起与发展，处于洋务运动的末期，所以，这批企业的组织经营形式，同样值得探讨。

在这个时期，民用企业的组织经营形式已经发展得较为成熟，所以，近代纺织业具有多种多样的组织经营形式，有的是官办工业（如兰州织呢局），有的是官督商办（如上海机器织布局），有的是官商合办（如湖北织布局一开始采用的模式）。这些企业在组织经营形式方面"百花齐放"，是官、商之间的隔阂进一步缩小，关系进一步融洽的体现。但是，官、商毕竟属于不同性质的阶层，而且这个时期的企业组织形式仍然只是处于起步期间的探索阶段，所以，尽管官商之间加强了合作，但是这些企业仍然具有很多局限性，也必然出现了种种矛盾。

仅从"招集商股"这种制度来看，就存在不少弊端。严中平在《中国棉纺织史稿》一书中对"招商入股"的制度予以严厉的批评："虽经入股,不啻路人"❶，也就是说，虽然有商人入股的制度，但是形同虚设，商人在企业中的地位与普通路人无异。南京大学中华民国史研究中心的李玉教授，对这种企业的股东制度也做出过如下评价：

洋务企业的股东会之所以有名无实，难彰绩效，原因之一是当时清政府尚未制定公司法，以统一规范企业经营，各企业并无召集股东会议的强制责任。原因之二在于股东的维权意识尚待培养。如前所述，在企业经营顺利的情况下，他们对高管心存感激，认为自己获利实拜高管所赐；但当企业遇有变故，损及个人权益之时，则又呼天抢地，亟谋"伸冤"。这种极端的心态均不利于公司经营。这一情况，在 1904 年清政府颁布《公司律》之后，逐渐有所改善。❷

从"官商合办"的企业组织形式来看，也存在不少问题。官、商之间，经常针对"官资与商资所占比例""官权与商权的缺乏协调"等问题发生争议，比如张之洞创立湖北纺纱官局后，一开始是采用"官商合办"的模式，但上述问题逐渐浮出水面，张之洞也感叹地说："官商合办之局诸多窒碍"❸，无奈之下，湖北纺纱官局放弃了"官商合办"的方式，收归官办。

甲午战争之后，中国与日本签订了《马关条约》，清廷面对巨额的赔偿负担，再也无力投资任何民用企业，所以放弃了"官督商办"和"官商合办"的模式，允许华商自由投资创办民用企业。正因如此，中国近代的纺织厂再次迎来了创办高潮，发展势头非常迅猛。至 19 世纪末，以上海为中心的长江三角洲地带集中了内外资本共 16 家纱厂。❹

❶ 严中平 . 中国棉纺织史稿 [M]. 北京 : 商务印书馆 , 2011: 119.

❷ 李玉 . 有名无实的晚清洋务企业股东会 [EB/OL]. （2013-05-31）[2018-01-16].https://history.news.qq.com/a/20130531/003824.htm.

❸ 张之洞 . 张文襄公全集 · 公牍（第 2 册）[M]. 北京 : 新华书店首都发行所 , 1990: 761.

❹ [日] 森时彦 . 中国近代棉纺织业史研究 [M]. 袁广泉 , 译 . 北京 : 社会科学文献出版社 , 2010: 365.

第十二节　洋务运动，不败又如何

先从清廷对洋人的称呼说起。

两次鸦片战争时期，清廷将洋人称为"夷人"，将法国人称为"咈夷"，将美国人称为"咪夷"，在道光、咸丰两朝的《筹办夷务始末》中，各种奏折、谕旨之中多次出现"夷人"的字眼，因此，与洋人打交道的一切洋务也被清廷笼统地称为"夷务"。这种颇具蔑视的称呼，是中国人历来以天朝上国自居，并傲视天下"四夷"心理原因所致。

可是，在第二次鸦片战争之后，清廷对洋人的称呼发生了改变，已经很少有人将外国人称为"夷人"（除把日本称为"虾夷"外），而是将其称为"西人""洋人""泰西"等。这种称呼的转变乍一看并不起眼，却影射出中国人正在觉醒，思想观念也在潜移默化地发生着改变。

曾国藩之子曾纪泽曾经在《中国先睡后醒论》一文中提出："盖自庚申一炬，中国始知他国皆清醒，而有所营为。"● "庚申一炬"指的是英法联军火烧圆明园，而"有所营为"指的是洋务运动。由此可见，在第二次鸦片战争后，一部分中国人已经醒了过来，在这种背景之下，清王朝于 1861 年开始推进"师夷长技以自强"的洋务运动，开始挽救岌岌可危的王朝统治。

洋务运动的革新面很广，涉及外交、军队、军事工业、民用企业、文化教育等方面的近代化，可谓牵动全局。前期的洋务运动（1861 年至 1872 年）主要发展方针是"师夷长技以自强"，在此期间，中国发生了许多大事，比如总理衙门的成立、清廷"借师助剿"、成立京师同文馆、江南制造局及福州船政局的创办、派遣留学生等。后期的洋务运动（1872 年以后），由于种种原因，清廷将发展方针由"求强"变为"求富"，又以"求富"反哺"求强"，在这种方针的指导下，中国的洋务运动继续推进，以轮船航运业、电线电报业、采矿业、铁路业、纺织业为主的一大批民用企业开始登上历史舞台。此外，在外侵与内需的刺激下，清廷筹建了近代海军，筹划了海防，这也是后期洋务运动的一大成果。

长期以来，学界一直都认为洋务运动的结束时间是在中日甲午战争期间，中学历史教材也持此种观点："清政府在甲午中日战争中的惨败，宣告了标榜'自强''求富'的洋务运动的破产。"●

显然，这种说法是片面的，因为洋务运动推进了外交、军队、军工、民企、教育等方面的近代化，而甲午战争中北洋海军全军覆没仅仅标志了军队近代化等一些方面宣告破产，但其他方面的近代化（如铁路运输业、纺织业等）并未完全终止，在甲午战争之后仍在继续发展。由此可见，"中国在甲午战争中惨败标志着洋务运动破产"之说，扩大了范围，模糊了概念，是一种片面的观点。

● 曾纪泽．中国先睡后醒论 [M].// 于宝轩．皇朝蓄艾文编．台北：台湾学生书局，1965：243.

● 人民教育出版社历史室．中国近代现代史（上册）[M].北京：人民教育出版社，2006：36.

关于洋务运动的终止时间，应该这样表述：中国在甲午战争中惨败，标志着洋务运动的一些层面失败，并非全局性的破产。对于这种观点，夏东元在其《洋务运动史》一书中有精彩的表述：诚然，清政府在甲午战争中的失败，在一定意义上说，也是洋务运动的失败，但二者不能画等号，即不能说甲午战争的失败，即等于洋务运动的失败或彻底破产。因为如果那样认识的话，那就是洋务运动没有"成功"之处可言了。❶

夏东元进一步认为，1895 年至 1901 年是洋务运动的尾声阶段，所以洋务运动的起止时间横跨了 40 年（1861 年至 1901 年）。

由于洋务运动主要发生在同治、光绪年间，而清廷又在这个期间力图达到"王朝中兴"的目的，所以从时间跨度而言，洋务运动与"同光中兴"是平行的。可是，最终的结局令人惋惜，自强求富的洋务运动失败了，而挽救王朝统治的"同光中兴"最终也是"中兴未兴"。

洋务运动为何会失败？这是一个值得推敲的问题。关于这个问题，我们应置身到中国近代社会变迁的过程中加以考察。

总体而言，洋务运动失败的原因有如下几点。

一、"中学为体，西学为用"

"中学为体，西学为用"，简称"中体西用"，这是洋务运动的总方针，也是贯穿洋务运动各种革新措施的指导思想。

所谓"中学"，是指儒家学说和封建体制；所谓"西学"，是指由西方国家传入中国的先进技术和自然科学。"中体西用"是中西方文化的一种"混搭"，即在坚决捍卫中国封建统治的基础上，采用造船炮、办工厂、修铁路、开矿山等方式来挽救统治危机，换句话说，也就是"用西方科技来修补中国的政治体制"。

在洋务运动中，从中央到地方的洋务大臣，都是捍卫封建体制的士大夫，他们认为中国的政治制度是完美的，根本不必变革政治体制，所以，必须要在固守"中学"的前提下学习西方科技。但是，这种指导思想有一个致命伤，那就是如果恰恰是政治体制出了问题，则其他方面的革新都是隔靴搔痒，再怎么努力也必然是缘木求鱼。王芸生以清廷筹议海防为例，对这种"中体西用"的指导思想做出如下评价：所谓筹议海防，说穿了，是腐朽的封建统治阶级以金钱购买资本主义国家的武器，其结果只能是更加重对国内人民的压迫和剥削，并不能抵抗资本主义侵略者，从而更加深了对外国资本主义的依赖。❷

二、国弱

晚清王朝积贫积弱，主要表现在三个方面：（1）政治制度腐朽。（2）经济资本匮乏。（3）思想文化落后。清廷的积弱不仅存在于洋务运动期间，而是早在清朝中期的嘉庆年间就已存在，这是一个由量变到质变的过程。

洋务运动期间，外国人曾经以他们的视角，一针见血地指出了中国的积弱。据美国

❶ 夏东元. 洋务运动史 [M]. 上海：华东师范大学出版社，1992: 460.
❷ 王芸生. 六十年来中国与日本（第 1 卷）[M]. 北京：生活·读书·新知三联书店，2005: 104.

公使报告：中国除购买军火、雇外国人收税而外，虽有购买采煤机器之意，但中央政府日趋微落，从中央改革，根本无望，从根本上着手工业化，亦无转机。人人吸鸦片以消遣，官吏以贪污为得意。❶

可见，面对这种积弱的局面，当时的清廷根本无力承担领导中国近代化的使命。

三、政策调整的滞后性与游移性

早期洋务运动期间，清廷饱受内忧之扰，清廷将太平天国等起义视为"心腹之害"，所以确定了"灭发捻为先"的发展思路。19世纪70年代以后，内忧逐渐平息，但是按下葫芦起了瓢，中国的边疆地区却面临着千年未有的重大危机。总之，在洋务运动期间，国内、国际的态势瞬息万变，面对变化叵测的局面，清廷虽然调整了洋务运动的发展策略，但基于认知的局限性，政策的调整终究还是跟不上局势变化的节奏，充满了滞后性。

此外，清廷调整发展政策，还具有游移性。关于这一点，周建波总结得很到位：为了使王朝免于西方列强覆灭的命运，清政府不能不发展资本主义，而这就要冲击传统的生产方式，就要引起封建守旧势力的反对。因此清政府发展现代化的政策就像走钢丝，对洋务运动的支持表现得三心二意，基本上以外患的严重程度为转移，当外患严重时，他们搞洋务的积极性高一些，然一旦警戒消除，则又回复往常。❷

四、缺乏主动性

不论是早期的"自强"，还是后期的"求富"，清廷在整个洋务运动期间推动的革新，基本上都是发生在挨打后，在万不得已的情况下才提上议程。这种被动式的发展模式，从一开始就注定了最终的败局。

五、缺乏协调性

洋务运动是从中央到地方的救国运动。前期洋务运动之中，中央层面好歹还有总理衙门作为中枢机构，但是后期洋务运动之中，由于宫廷政变等原因，中央层面再也没有健全、有力的领导核心。

地方层面，李鸿章是后期洋务运动的领袖人物，但此人只是封疆大吏，并非中枢大臣，所以在资源整合方面具有很大的局限性。此外，李鸿章等地方大臣虽然热心洋务，但他们分布涣散，缺乏全局性、总体性的协调机制，而这种局面在早期没有加以预防，到了后期演变为各地的洋务大臣各自为战。

六、阻力重重

洋务运动从开始到结束，没有任何一个时期不充满阻力。这种阻力又包括多个方面：列强的阻挠，守旧势力的阻挠，底层群众的阻挠。

---

❶ 徐泰来. 洋务运动新论 [M]. 长沙：湖南人民出版社，1986：385.
❷ 周建波. 洋务运动与中国早期现代化思想 [M]. 济南：山东人民出版社，2001：282.

列强的阻挠，不仅表现为对洋务产业的阻挠，还表现为军事上的侵略。日本、英国、俄国、法国在这个时期纷纷侵略中国，既分散了清廷的注意力，又耗费了清廷的精力与财力，让洋务运动的发展充满阻力。

守旧势力的阻挠也一直没有停止过，这些被封闭思想所拘囿之人极力抵制革新，让洋务运动的发展变得举步维艰。在整个洋务运动期间，洋务官员与守旧势力发生了多次辩战，中央的决策也因这些辩战而摇摆不定。

底层群众的力量也不可忽视，在洋务运动期间，中国多次发生底层群众抵制洋务运动的事件，这种现象或多或少地阻碍了洋务运动的发展。

七、洋务派自身的问题

洋务派自身并非尽善尽美，其内部也存在诸多问题，比如，洋务派之中存在不同的派系，这些派系相互倾轧、恶性竞争；又如，在洋务运动后期出现的"官督商办"的企业模式，看似官、商之间的关系趋于缓和，但这只是表象，在这些企业中，不乏官僚压制商人的现象；再如，洋务派的官员们作为清廷的臣子，必然要向朝廷效劳，1888年，慈禧太后挪用三千万两的海军军费修造颐和园，这让各海军的财源更加匮乏，此后北洋海军再也没能进口一艘军舰。

另外，李鸿章作为后期洋务运动的灵魂人物，却为他自己和自己的家族大肆敛财。比如，轮船招商局自1873年至1893年共获利六百多万两白银，但这些银两大都被李鸿章收入囊中，李鸿章死后，竟然留下了四千多万两白银的遗产，这是其中饱私囊的表现，也是晚晴吏治的悲哀。

上述七个原因，是洋务运动失败的主要原因，而学者们通常又把第一个原因（"中体西用"）归结为洋务运动失败的根本原因。对此，夏东元有一句简洁明了的表述："洋务运动以适应时代潮流的变革开始，以应该变革（政治体制）而不去采取措施因而违反时代潮流而结束。"●

然而，事实上真是如此吗？

历史充满了复杂性，用这种简单的"是"与"非"的标准来评判洋务运动失败的根本原因，显然无法反映历史的复杂性。应该说，"中体西用"只是洋务运动失败的其中一个原因，而非根本原因，理由如下。

首先，在当时的形势背景下，洋务人士想撼动最根本的政治制度，是绝对不可能的，这种不可能，既表现在主观方面，又表现在客观方面。主观方面表现为人们接受任何事物都有一个循序渐进的过程，洋务人士限于当时的认知度，根本不可能觉察到改革政治制度的必要性，他们最先接触的是西方的坚船利炮，所以认为中国只要有了这些东西就能振兴王朝；至于客观方面，陈旭麓在《论中体西用》一文中已经总结得很到位，详情如下：

移花接木地把西方资本主义的"用"移到中国封建主义的"体"上来，是近代中国特殊历史条件下的产物，是在中西文化两极相逢的矛盾中第一阶段的结合形式，是用以

● 夏东元.晚清洋务运动研究[M].成都：四川人民出版社，1985: 27.

新卫旧的形式来推动中国社会的新陈代谢的。在当时，要在充斥封建主义旧文化的天地里容纳若干资本主义的新文化，除了"中体西用"还不能提出更好的宗旨来。如果没有"中体"作为前提，"西用"无所依托，它在中国是落不了户的。●

因此，在改变政治体制的可能性为零的情况下，提出失败的根本原因是"中学为体，西学为用"，是多么的苍白无力！

其次，退一万步来说，就算当时的洋务派改变了政治制度，清朝还是要完蛋，因为这个时期的清王朝已经千疮百孔、积重难返，并不是仅仅依靠政治制度的改革就能拯救的。打一个不恰当的比喻，当一个事物已经烂透了的时候，就算是神仙也救不了。

所以，洋务运动就算不失败，又能如何？顶多让清王朝再苟延残喘几年，最终却也难逃覆亡的命运。

尽管洋务运动失败了，但在这段轰轰烈烈的历史中，中国涌现了很多仁人义士，他们勇于探索、敢于革新的精神是值得我们后人学习的。

● 陈旭麓.论"中体西用"[J].历史研究,1982（5）：39.

第七章 甲午战争

引言

　　甲午战争，是1894年爆发的一场日本侵略朝鲜和中国的战争，中国称这场战争为"甲午战争"，而日本习惯将此次战争称为"日清战争"，西方国家则称为"第一次中日战争"。这场战争，给当时的中国带来了深重的灾难，也带来了无限的哀殇。

　　这场战争爆发自1894年7月25日的丰岛海战，结束于1895年4月17日中日双方签订的《马关条约》。详细划分的话，战争可分为七个阶段：

　　第一，战前酝酿阶段（1894年4月之前）。日本执行扩张主义的国策，在19世纪70年代染指台湾、琉球之后，又开始了新的扩张征程，这次的目标，日本选择了中国的最后一个藩属国——朝鲜。

　　第二，战争爆发前的阶段（1894年4月—7月）。期间朝鲜国内爆发了东学党起义，中、日两国均以镇压起义为由出兵朝鲜。一方面，中国涉足朝鲜战场后，陷入了巨大的漩涡，无法自拔。另一方面，欧美列强基于各自利益，纷纷充当"调停者"，借机干预中日之间的局面。

　　第三，战争爆发阶段（1894年7月—9月）。7月25日的丰岛海战，标志着中日甲午战争的爆发。此战后，驻扎朝鲜的清朝陆军又与日军发生了牙山之战（又称"成欢之役"）。8月1日，清廷与日本政府在同一日下达宣战书，战争之火瞬间弥漫了东亚大陆。9月中旬的平壤战役、黄海海战，清军越战越败，这两场战役注定了中国之后的败局。另一方面，欧美各国眼见中国的败象，开始将"赌本"押到了日本一边。

　　第四，战略调整阶段（1894年9月—10月）。这个阶段，中日双方都暂时休战，各自休养生息、调整战略。清廷虽然也积极调整了战略，但议和思潮开始在这个时期酝酿，并逐渐萌发。在这一个月的宝贵时间里，中国贻误了很大的战机。

　　第五，战争高潮阶段（1894年10月—1895年3月）。日本将战火烧至中国境内的辽东半岛及山东。辽东战役从1894年10月持续到次年3月，清军在辽东战场的大小战役中一败再败；山东半岛的威海卫海战，清军的海防与陆防全线崩溃，北洋水师于此役中全军覆没。另外，清廷在这个期间逐渐坚定了议和思想，在列强的"调停"下，中国发生了"德璀琳东渡"及"广岛拒使"两个乞和事件。

第六，战争结束阶段（1895年3月—4月）。李鸿章作为清廷的全权大臣，亲自前往日本马关，与日本全权代表开始了艰苦的谈判。外交往往以武力为后盾，在日本的胁迫下，中方代表逐渐疲软，最终沦落到悲惨的地步，甚至对日本的停战条件只拥有"答应"或"不答应"的话语权。4月17日，中日双方签订《马关条约》及附属条约，战争结束。

第七，战后的余波（1895年之后）。《马关条约》互换期间以及互换之后，中国发生了一系列事件：三国干涉还辽、台湾军民抵抗割台的斗争、中国舆论界的大爆炸（康、梁的公车上书、清流党的口诛笔伐）。战后的余波荡漾，让清王朝更加虚弱，也埋下了欧美列强瓜分狂潮的祸因。

甲午战争的失败，是中国近代史的一个转折点，此战既是对同光中兴的总结，也加速了清王朝的灭亡。虽然这段历史至今已经过去了一百二十多年，但给中国人带来的伤痛至今犹存。

第一节　朝鲜的危机

1871年9月13日，中日两国签订了中日《修好条规》《通商章程：海关税则》，这两个条约标志着中日关系进入新的阶段。

此后，日本于1874年出兵侵略台湾，1879年又吞并了琉球国，其对外扩张的野心昭然若揭。日本为何在对外扩张的道路上一去不复返？这是因为，强烈的国家主义性质，再加上日本国内近代化进程的促使，这让日本在发展之中，除了要不断学习和发展西方的工业文明之外，还要走"富国强兵"的军国主义扩张道路，这种对内发展工业文明、对外积极侵略扩张的策略，也是明治政府的基本国策之一。

早在日本侵略台湾之前，日本国内对于对外扩张的详细策略，就有"征台论"和"征朝论"的分歧，由于国力所限等方面的原因，日本决定先侵略台湾。在日本侵略台湾事件之后，"征韩论"的论调甚嚣尘上，日本又将侵略的矛头对准了朝鲜。

朝鲜临近中国北部，明、清以来，中国与朝鲜关系密切，从1637年至1894年，朝鲜共派遣507个使团来华，中国也派遣过169个使团前往朝鲜。❶ 在清廷眼中，朝鲜既是中国东北的藩篱，也是极重要的外藩和主要朝贡国。自1637年以来，朝鲜闭关锁国，除了向中国和日本遣使以外，一概不与外界交往，因此朝鲜被西方人称为"隐士王国"。

尽管朝鲜被称为"隐士王国"，可日本在对外扩张主义与"征韩论"的影响下，还是决定打开朝鲜国门。这个时期，中国、日本和朝鲜发生了以下几个重要事件。

---

❶ [美]徐中约.中国近代史：1600-2000中国的奋斗[M].计秋枫，等译.北京：世界图书出版公司北京公司，2013：243.

一、1876年，日朝签订《江华条约》

1873年12月，朝鲜王妃闵妃发动宫廷政变，掌握正权，闵妃倾向于开放国门。日本抓住了这个机会，把侵略的矛头对准朝鲜。日本用炮舰外交的方式，借口"云扬号事件"，于1876年2月26日与朝鲜签订了《江华条约》。这是朝鲜和外国签订的第一个条约，也意味着朝鲜打开了国门。这个条约虽然约定"朝鲜为独立之邦，保有与日本国平等之权"，但其实严重侵害了朝鲜的主权，其"独立之邦"之语，隐隐否定了中国与朝鲜之间的宗藩（属）关系，这是日本为逐步吞并朝鲜并挑起侵华战争所做的铺垫。

祸不单行，《江华条约》签订后，美国、英国、德国、法国、俄国、奥匈帝国、丹麦、比利时等国纷至沓来，与朝鲜订立类似的条约，严重侵犯了朝鲜的主权，朝鲜再也做不了"隐士"。

二、1882年，日朝签订《济物浦条约》

1882年，朝鲜发生壬午兵变，这是朝鲜起义军为了推翻闵妃集团，拥戴大院君李昰应复政而发动的兵变。在此期间，朝鲜起义军围攻并烧毁了日本公使馆，赶走了日本驻朝公使花房义质，并且杀死了13名日本人，这让日本找到了侵略朝鲜的借口，立即向朝鲜出兵。清廷为了保障自己的宗主权，也向朝鲜出兵。中、日两国在同一时间出兵朝鲜，虽然最终清军压制住了日军，但日本还是有所收获，其强迫朝鲜签订了《济物浦条约》，这个条约是继《江华条约》之后又一严重侵犯朝鲜主权的条约。

壬午兵变期间，呈现了中、日、朝三方同时出现在朝鲜半岛的局面，这个局面导致了一个严重的后果，即中、日双方在朝鲜问题上开始对立。据陆奥宗光在《蹇蹇录》一书中的记载：自1882年以后，日中两国已将彼此竞争的焦点完全集中到了朝鲜国内，此后只要谈及朝鲜问题，双方便以嫉妒的目光来相互睥睨。●

自此之后，日本不断与中国"争朝鲜之权"，恬不知耻地声称要"谋求朝鲜的安宁"，●并且认为"中日两国在朝鲜必须维持力量平衡"●，在这种背景下，日本加紧了对朝鲜的侵略步伐，其侵略中国的野心也逐步显露。

日本想要在朝鲜方面与中国"争权"，正式成为了甲午战争爆发的肇端。可笑的是，日本侵略朝鲜的理由是"维持中日之间在朝鲜的力量平衡"，这种理由从根本上就站不住脚，只不过是一种掩饰自己侵略行径的华丽借口。此时日本铁了心要对外扩张，所以用这种天大的谎言来自欺欺人。

此外，壬午兵变还给中国带来了一个更为严重的后果，即日、朝签订的《济物浦条约》，这个条约让日本取得了在朝鲜的派兵权和驻军权，这是一个巨大的隐患。甲午战争前夕，日本就是以《济物浦条约》为依据，借口保护使馆而出兵朝鲜，自此开始了一系列匪夷所思的侵略行径。

● [日] 陆奥宗光. 蹇蹇录 [M]. 徐静波，译. 上海：上海人民出版社，2015: 28.
● [日] 陆奥宗光. 蹇蹇录 [M]. 徐静波，译. 上海：上海人民出版社，2015: 25.
● [日] 陆奥宗光. 蹇蹇录 [M]. 徐静波，译. 上海：上海人民出版社，2015: 3.

三、1884 年，中日签订《天津会议专条》

朝鲜国内有一股政治势力是倾向于日本的，这种政治势力被日本人称为"开化党"。1884 年 12 月，日本帮助朝鲜开化党人士金玉均发动"甲申政变"，朝鲜数名重臣被杀。日本此举可谓用心良苦，其策划并帮助朝鲜开化党发动的这场宫廷政变，是企图驱逐中国在朝鲜的势力，并在朝鲜建立亲日政权，促使朝鲜脱离中国。

政变发生后，朝鲜政府向中国乞援，袁世凯随淮军将领吴长庆率领清军东渡朝鲜，击败了日军，镇压了朝鲜的这次政变，袁世凯也由此改变了其人生轨迹。清军镇压朝鲜政变后的 1885 年，中、日双方为了解决朝鲜甲申政变的遗留问题，开始在天津举行谈判。这个时期，也正是中法战争刚刚结束之时，清廷在中法战争之后得以喘息，并异常珍惜战后的和平局面，同时，清廷轻视日本，认为日本这种"蕞尔小国"掀不起什么大浪，于是，在中日双方针对朝鲜政变遗留问题的谈判中，中国在许多重大问题上做了让步，日本人利用了清廷官员的昏聩，于 1885 年 4 月 18 日与中国订立了《天津会议专条》。

中日《天津会议专条》约定，中日两国同时从朝鲜撤兵，而且"将来朝鲜国若有变乱重大事件，中、日两国或一国要派兵，应先互行文知照"，❶ 也就是"两国出兵朝鲜必须互相通知"。这个约定，给中国造成了两个巨大的影响。

影响之一，日本取得了与中国在朝鲜共同行动的权利，日本与中国在朝鲜方面"争权"显然又取得了突破性的进展。陈悦认为这个条约是"默认了日本势力在朝鲜的实际影响力"❷，可见日本对于侵略朝鲜、中国的预谋已经暴露无遗。

影响之二，中国陷入了"出兵朝鲜必须相互知照"的被动。日本人认为《天津会议专条》具有重要意义，当时的日本外务大臣陆奥宗光曾说："在这次的事件上我之所以反复强调了《天津条约》的基本原则就是在派兵时必须互相照会、其他并无任何直接关系，是因为在条约签订后，日中两国政府向朝鲜派兵这乃是首次，确定中国政府是否会遵守该条约，是否会向我国行文告知，乃现在以及今后我国对华外交上最为重要的问题。"❸ 陆奥宗光的话比较拗口，也比较隐晦，其主旨无非就是强调"两国出兵朝鲜必须互相通知"的重要性，如果今后中国出兵朝鲜并未照会日本，日本将会抓到中国违约的口实，也能让中国在外交上陷于被动，这是日本人挖的一个外交陷阱，也是一个巨大的隐患，可惜当时清廷的统治者对于这种隐患，似乎浑然不知。

四、日本抛出"主权线"与"利益线"的理论

1890 年，日本爆发经济危机，限于狭小的国内市场和匮乏的国内资源，日本想通过对外战争的方式实现扩张的欲望更加迫切。1890 年 12 月 6 日，日本内阁总理大臣山县有朋在国会中提出了"主权线"和"利益线"的理论，将日本本土作为主权线，中国和朝鲜半岛作为"利益线"，而且为了粉饰侵略罪行，毫不知耻地认为日本必须用武力"保

---

❶ 王铁崖.中外旧约章汇编（第 1 册）[M].北京：生活·读书·新知三联书店,1957:465.

❷ 陈悦.甲午海战 [M].北京：中信出版社,2014:7.

❸ [日]陆奥宗光.蹇蹇录 [M].徐静波,译.上海：上海人民出版社,2015:11-12.

卫"利益线，加紧扩军备战："要维护一国的独立，不仅要守御主权线，还必须要保护利益线。"[1]

经过一系列的侵略准备与铺垫，日本积极扩充军力，日本陆军已经完成近代化。然而，中国方面的现状却令人担忧，自19世纪70年代以来，中国的洋务运动虽然转变了发展路线，"由求强变为求富，由求富反哺求强"，但是与日本的突飞猛进相比，中国的发展不值一哂。北洋海军成军时，实力曾是东亚第一，可是北洋海军之后的发展却停滞不前，此时，日本海军的实力悄然超过北洋水师，位居东亚第一，这种现状让人捏一把汗。

清廷眼中的"虾夷""蕞尔小国"，军事实力居然在几年之间就超越了中国，为何会出现这种现象？

1868年日本开始明治维新，走上了改革的道路，中国也于同一时期掀起了洋务运动，开始了中兴王朝的"同光中兴"。平心而论，同光中兴的成果并没有明治维新的成果显著，这让中国的发展落后了日本一大截。日本外务大臣陆奥宗光曾说：我国自维新以来的27年中，政府也罢、民众也罢都汲汲于吸取西欧的文明，在此带动下进行了各个领域的改革，整个国家骎骎向上，获得了长足的进步……但是，中国却依然墨守陈规，丝毫没有根据内外的形势而对过去的旧习进行变革，在仅有一衣带水之隔的两国，呈现出了一边是代表了西欧的文明，而另一边则是固守东亚旧习的两种截然不同的面貌。[2]

这段话，是日本人对于我国洋务运动收效甚微的莫大讽刺！

学者们研究甲午战争，往往都是从侵略者的角度分析朝鲜危机，我们不妨换一个角度，从中国的角度去审视当时的朝鲜危机，或许会有不同的感悟。中国之所以在朝鲜问题上与日本频频起冲突，是因为中国认为自己是朝鲜的宗主国，所以，从中国的角度去分析朝鲜危机，必然要从中国与朝鲜的宗藩（属）关系去剖析。

王芸生认为，中、朝之间的宗藩（属）关系只不过是一种"虚礼"："中国封建王朝对待四邻的所谓宗属关系，所谓'朝贡'，正如朝鲜开化党所说，乃是一种'虚礼'。"[3]马勇的见解更为深刻："很显然，此时的中国，决策者不清楚时代的变化，忘记了近代战争已经使国防外线毫无意义，1840年，英国几千人可以在东南地区横冲直闯；1860年，英法联军不过万人，就可以长驱直入，打进北京。新时代的地缘政治不应该是原来那种玩法了，所谓宗藩体制，早已过时，中国与这些属国究竟应该建立怎样的关系，直至最后一个属国丢掉，中国人也没有弄明白。"[4]

不难看出，当时的清廷，不仅没有意识到日本问题的严重性，而且对于"应如何与时俱进地改变属国关系"的问题也没有予以重视。其实，这也不能过分地指责清廷，当时中国人的脑海中，几千年的传统思想根深蒂固，在那种背景之下，在属国问题上，很难谓之"改变"。

不论如何，从本质上来说，日本染指朝鲜，进而意图向中国大陆扩张的行径，无疑

❶ [日]陆奥宗光.蹇蹇录[M].徐静波,译.上海：上海人民出版社,2015：5-6.

❷ [日]陆奥宗光.蹇蹇录[M].徐静波,译.上海：上海人民出版社,2015：27-28.

❸ 王芸生.六十年来中国与日本（第2卷）[M].北京：生活·读书·新知三联书店,2005：2.

❹ 马勇.还原真实的慈禧与光绪的关系[J].博览群书,2015（2）：58.

是侵略的罪行，只不过日本方面不断将这种侵略行径粉饰。日本的行为，好比一个人杀人放火之后，还要寻找一个道德制高点，将自己杀人放火的理由说得冠冕堂皇。正是由于日本的这种扩张欲望愈演愈烈，所以才导致了甲午战争的爆发。

正当日本磨拳霍霍之时，日本"保卫利益线"的机遇来了，这个机遇就是1894年朝鲜爆发的东学党起义。

第二节　东学党起义

1894年4月，朝鲜境内爆发了东学党起义，这是一场反对朝鲜王朝的封建统治、反对西方列强侵略的农民起义，起义的口号是"尽灭权贵，逐灭夷倭"，这个口号充分体现了起义者对朝鲜统治者及西方列强的痛恨。起义不久，起义军就以摧枯拉朽之势攻克了重镇全州，朝鲜政府的军队节节败退。

当时，袁世凯是中国驻朝鲜总理交涉通商大臣，朝鲜政府为了解决困局，向袁世凯递交了乞兵书："兹拟援案，请烦贵总理迅即电恳北洋大臣，酌遣数队，速来代剿，并可使敝邦各兵将随习军务，为将来捍卫之计。"❶

朝鲜政府为了挽救岌岌可危的局面，向中国求援，而朝鲜求援之后，中、日两国将会有何种反应？

先来看中国的反应。

清廷认为朝鲜是中国的藩属国，朝鲜有难，中国应当支援，但是，清廷也意识到，如果中国出兵朝鲜，必将挑起日本的战争欲望。正在清廷左右为难之时，日本不断诱使清廷出兵朝鲜，并表示"贵政府何不速代韩戡？我政府必无他意"。❷时任驻朝总理交涉通商大臣的袁世凯也极力主张出兵支援朝鲜，他认为日本"重在商民，似无他意"。

日本人的诓骗，再加上一线指挥袁世凯的错误判断，北洋大臣李鸿章将朝鲜的乞兵书电告总理衙门后，决定出兵朝鲜。

李鸿章做了三个方面的部署。

第一，令海军提督丁汝昌率"济远""扬威"二舰赶赴仁川、汉城，保护当地的侨商。

第二，奏调直隶提督叶志超率同太原镇总兵聂士成，选派淮军一千五百名，乘坐轮船招商局的轮船，进军朝鲜，准备镇压朝鲜的起义。6月8日，太原镇总兵聂士成部陆军进驻牙山，同日，直隶提督叶志超也从中国出发，驰赴朝鲜。6月25日，原定计划的第三批清军在牙山登陆。至此，屯驻牙山的清军人数达2465人。❸

第三，根据1885年中日《天津会议专条》的约定，"中、日出兵朝鲜必须相互知照"，为此，李鸿章电告中国驻日公使汪凤藻，让汪凤藻将中国出兵朝鲜一事知照日本外务

---

❶ 中国史学会.中国近代史资料丛刊·中日战争（第2册）[M].上海：上海人民出版社，2000：547.

❷ 李鸿章.李文忠公全集·电稿，第15卷，第33页.光绪三十一年至三十四年金陵刻本，天津图书馆藏.

❸ 戚其章.甲午战争史[M].上海：上海人民出版社，2014：15-16.

省。汪凤藻于 6 月 6 日照会日本外务省："我朝保护属邦旧例，用是奏奉谕旨，派令直隶提督叶，选带劲旅，星驰朝鲜全罗忠清一带，相机堵剿，克期扑灭……相应备文照会贵大臣查照可也。"❶

再来看日本的反应。

日本根本不承认朝鲜是中国的属国，《蹇蹇录》一书中记载：日本从一开始就主张应该承认朝鲜是一个独立的国家，废除原先的暧昧不清的宗属关系，而中国的立场则与此相反。❷

日本在这种思想的指导下，再加上有日朝《济物浦条约》作为后盾，所以决定干涉朝鲜的起义。日本的这种干涉，从本质上来说，依然是要在朝鲜问题上与中国"争权"。时任日本外务省大臣的陆奥宗光这样认为：

（日本）如果对此漠视不管，那么原本就已出现了偏颇的日中两国在朝鲜的权力平衡，就将更为严峻，我国今后对于朝鲜的态度，就只能听任中国随意摆布了，日朝条约的精神也有遭到践踏之虞……如果中国向朝鲜派兵的话，不管其以何种名义，我国也应向朝鲜派遣相当数量的军队，以备不测，日中两国在朝鲜必须维持力量平衡。❸

不难看出，日本认为东学党起义是一个千载难逢的机会，因为日本可以借此机会，依据日朝《济物浦条约》的约定出兵朝鲜，在朝鲜半岛大展拳脚，与中国"争朝鲜之权"。为此，日本开始了"谋求朝鲜的安宁"的部署，这些部署具体包括三个方面。

第一，1894 年 6 月 1 日，日本内阁正式通过出兵决定，国内开始进行总动员。值得注意的是，朝鲜向中国发乞兵书的日期是 6 月 3 日，也就是说李鸿章派叶志超等人出兵朝鲜是在 6 月 3 日之后，而日本却早在 6 月 1 日就决定出兵朝鲜，反而还在作为宗主国的中国之前！可见，日本出兵朝鲜的欲望是何等强烈！

第二，当时，时任日本驻朝鲜公使的大鸟圭介获准休假归国，在朝鲜主持驻外工作的是临时代办杉村濬。为此，日本政府指示大鸟圭介，让其赶赴朝鲜。在大鸟圭介出发之际，日本外务省大臣陆奥宗光还训令大鸟圭介："如果时局实在紧迫而等不及请示政府时，公使也可做出认为是合适的临机应变。"❹陆奥宗光的训令，其实是授予了大鸟圭介"全权办理发动战事"的权力。此外，6 月 5 日，日本专门设立了一个"大本营"，作为指挥战争的最高领导机关，这个大本营中，有参谋总长、参谋次长、陆军大臣、海军军令部长等高官。6 月 9 日，日本派出先遣部队，这支部队在驻朝公使大鸟圭介的率领下，以《济物浦条约》为后盾，借口保护使馆和侨民而向朝鲜首都汉城进军。❺其后，日本政府又在 6 月 12 日派兵 1500 人进驻汉城，6 月 16 日，又有 3000 余名日本军人抵达汉城。日本不断增兵朝鲜，其在兵力上完全超过了驻朝的中国军队。

第三，日本外务省接到中国驻日公使汪凤藻发来的"中国出兵朝鲜"的知照后，于

❶ 王芸生.六十年来中国与日本（第 2 卷）[M].北京：生活・读书・新知三联书店,2005: 28.

❷ [日]陆奥宗光.蹇蹇录 [M].徐静波,译.上海：上海人民出版社,2015: 5.

❸ [日]陆奥宗光.蹇蹇录 [M].徐静波,译.上海：上海人民出版社,2015: 3.

❹ [日]陆奥宗光.蹇蹇录 [M].徐静波,译.上海：上海人民出版社,2015: 16.

❺ 关于先遣部队的人员数量，王芸生的《六十年来中国与日本》记载的是 400 余人，而陆奥宗光的《蹇蹇录》记载的是 300 余人。

6月7日复照汪凤藻，并针对中方照会中"保护属邦旧例"提出抗议："贵国已发兵前往朝鲜，行文知照，等因准此。查贵国照会中有保护属邦之语，但帝国政府从未承认朝鲜国为中国之属邦。"❶同时，日本根据中日《天津会议专条》的约定，将自己出兵朝鲜一事知照中国，总理衙门得知日本出兵朝鲜后，复照驳之："倭兵但为使领两署及商民保护，无须多派，更不宜入（朝鲜）内地，嘱令转达倭政府。"❷总署复照日本时，日军已经出动，而且日本铁了心要进军朝鲜，所以，总署的复照根本没有起到任何作用。

从上述中国、日本对于朝鲜东学党起义的反应来看，中、日根据不同的理由、动机，都开始向朝鲜出兵，由此，东学党起义也成了日本侵略朝鲜乃至随后中日甲午战争的导火索。

中、日双方，不论是出兵朝鲜，还是相互发出外交照会，都绕不开一个核心的问题，即朝鲜是独立国还是属国？

尽管属国这种"藩篱镇边"的概念在当时已经跟不上时代的步伐，但是朝鲜确实是中国的属国，而日本却认为朝鲜是独立国，所依据的理由是日朝于1876年签订的《江华条约》。然而，这个《江华条约》虽然约定朝鲜是独立国，但此条约是日本利用炮舰外交的方式胁迫朝鲜订立的，纯粹是个不平等的条约。日本基于这种认识，进而认为应当在朝鲜维持中、日之间的力量平衡，所以大肆出兵，这是"出师不义"之举。日本的这些出兵的理由，正暴露了其侵略朝鲜的动机，也成为了甲午战争爆发的根源。

时事发展瞬息万变，正当中日两国陆续向朝鲜出兵时，1894年6月10日，朝鲜政府和东学党的起义军突然达成了一个《全州和议》。这个和议是起义军和朝鲜政府达成的一个休战合约，不知是起义军出于对宗主国出兵朝鲜的敬畏，还是起义军受到了朝鲜政府的蒙骗，总之起义军与朝鲜政府停战了，并且承诺退出全州。清军、日军虽然进驻朝鲜，但是还未来得及开战，起义就平息了下去，这倒让清军和日军都轻松地完成了任务，可以班师回朝了。

果然，6月13日，朝鲜政府请求中国撤军，并向致函袁世凯："幸值该'匪'已除，冀可解祸，即恳贵总理迅即电禀中堂，酌量援救，非敝邦所敢渎请也。如荷始终庇护，望即施行。"❸

此时此刻，中、日双方对于撤军的态度如何？

先来看中国的态度。

6月13日，李鸿章电告驻扎在朝鲜的叶志超，让其"缓进，暂扎整理归装"。❹同时，清廷也训令袁世凯与日本驻朝公使大鸟圭介进行会谈，建议中日两国军队从朝鲜撤走。中方的这种建议合情合理，因为朝鲜起义既然已经烟消云散了，中、日两国的军队还赖在朝鲜干嘛？

再来看日本的态度。

❶ 王芸生. 六十年来中国与日本（第2卷）[M]. 北京：生活·读书·新知三联书店, 2005: 29.

❷ 中国史学会. 中国近代史资料丛刊·中日战争（第2册）[M]. 上海：上海人民出版社, 2000: 551.

❸ 中国史学会. 中国近代史资料丛刊·中日战争（第2册）[M]. 上海：上海人民出版社, 2000: 556.

❹ 中国史学会. 中国近代史资料丛刊·中日战争（第2册）[M]. 上海：上海人民出版社, 2000: 557.

面对是否撤军的问题，日本方面着急了，侵略魔爪好不容易伸入了朝鲜，到口的肉岂能轻易飞了？所以，日本政府一方面电令大鸟圭介拒绝达成共同撤兵协议，另一方面开始要起了阴谋诡计，向中国抛出了一个"中日两国共同协助朝鲜改革内政"的方案。

日本的这种"改革朝鲜内政"方案，根本不是真心要帮朝鲜改革内政，而是拖延时间，想让日军赖在朝鲜不走，进而给日本创造其在朝鲜实施各种挑衅手段的机会。另外，日本料定了中国不会同意这个方案，所以扬言要与中国共同实施此项改革，一旦中国拒绝与日本共同协助朝鲜改革内政，日本将会借机再起衅端。

关于日本"改革朝鲜内政"这个决策的不良居心，日本外务省大臣陆奥宗光曾说：不管与中国政府的商议是否成功，在产生结果之前，目前派往朝鲜的我国军队决不应撤回；此外，如果中国政府不同意我国提案的话，帝国政府将单独承担起促使朝鲜政府进行上述改革的任务。❶

此外，陆奥宗光也对这个"改革朝鲜内政"方案的真实目的供认不讳：朝鲜的内政改革，说到底只是为了解决日中两国间原本就存在的纠葛而想出来的一个策略，如今时局骤然变化，竟然成了由我国来单独承担的一个重任。❷

日本到底想要如何帮助朝鲜"改革内政"？说起来也可笑，日本的这套"改革朝鲜内政"的方案，无非是"查核度支""淘汰京官并地方官员""使朝鲜政府设置所需军备，以保国安"等，❸日本一方面要承认朝鲜是独立国，一方面又要越俎代庖地帮朝鲜"改革内政"，这简直又矛盾，又荒谬！

日本在极力鼓吹"改革朝鲜内政"论调的同时，也开始不断向朝鲜增兵，6月16日，大岛义昌少将率领混成旅团第一批部队在仁川登陆，6月28日，混成旅团第二批部队登陆，侵朝日军达到了8000余人。

之后，日本怀着"拳拳盛意"，向中国提出了"共同协助朝鲜内政改革"的建议，中国面对这种建议，是拒绝，还是同意？如果中国拒绝，日本将会采取何种行动？

第三节　日本的"绝交书"

1894年6月16日，日本外务省大臣陆奥宗光与中国驻日公使汪凤藻会面，陆奥宗光向汪凤藻提出"中日共同协助朝鲜改革内政"的建议，并希望汪凤藻将此提案转告清廷。谈判中，汪凤藻似乎对于"中日共同协助朝鲜改革内政"的建议并不热衷，而是反复强调中、日两国应尽快从朝鲜撤军。

为了保险起见，6月17日，陆奥宗光又分别训令日本驻北京的临时代办小村寿太郎、日本驻天津领事荒川巳次，让二人将"中日共同协助朝鲜改革内政"的建议分别提交给总理衙门及北洋大臣李鸿章，企图让清廷尽快就此事进行答复。

❶ [日]陆奥宗光.蹇蹇录[M].徐静波，译.上海：上海人民出版社，2015：21-22.

❷ [日]陆奥宗光.蹇蹇录[M].徐静波，译.上海：上海人民出版社，2015：30.

❸ 王芸生.六十年来中国与日本（第2卷）[M].北京：生活·读书·新知三联书店，2005：37.

6月21日，日本终于盼来了中国对于这个建议的回复。汪凤藻将清廷的公文回复给日本，提出中国不可能同意所谓的"中日共同协助朝鲜改革内政"。

很显然，清廷已经识破了日本的鬼蜮伎俩，拒绝了日本"促进朝鲜内政改革"的建议，而且所提出了三个针针见血、面面俱到的理由。

第一，朝鲜的内乱已经平定，如今中国军队已不必代替朝鲜政府去剿伐叛乱，在此之际，已没有日中两国相互合作来对此加以镇压的必要；

第二，日本政府对朝鲜的善后之策虽然用意是好的，但朝鲜的改革应由朝鲜自己来进行，连中国也对其内政不加干涉，日本原本就认同朝鲜是一个自主的国家，并无干涉其内政的权利；

第三，事变平定之后各自将撤回本国的军队，这是《天津条约》所规定的，此时互相撤兵，就更无需讨论了。❶

唯恐天下不乱的日本人终于抓到了口实，6月22日，日本政府照会清廷，对清廷拒绝采纳日本建议的三个理由逐条驳斥，驳斥的理由也非常荒唐：日中两国对目前朝鲜的形势存在着歧见，对此我们甚感遗憾，回顾以往的历史，朝鲜历来存在朋党争斗、内讧暴动的积弊，由此屡屡发生事变，我们深信其原因在于朝鲜无法作为一个独立的国家来履行其职责和职守。我国与朝鲜乃是仅隔一苇之水、疆土几乎相连的邻邦，两国在贸易上的重要性自不必说，且日本帝国与朝鲜具有极为密切的利害关系，因此，我国对于朝鲜如今的惨状绝不能袖手旁观。❷

日本的这份照会回避了关键问题，反驳的理由也极其站不住脚，甚至可称之为诡辩。纵然朝鲜的内政败坏，但这绝不能成为日本干涉其内政的理由。

日本的这封回复发出后，针对朝鲜问题已经和中国撕破脸，这是日本向清廷发出的"第一份绝交书"。

中日双方已经闹僵，事已至此，中日两国在朝鲜的争锋，既是时间战，又是攻坚战。中日两国将会如何调整对外策略？

先来看日本的策略。

日本向清廷发出"第一份绝交书"后，迫不及待地开始帮助朝鲜改革内政。陆奥宗光针对朝鲜的内政改革拟就了一份草案，提交日本内阁并获得了通过，6月28日，日本政府将这份草案下达给日本驻朝公使大鸟圭介，授权大鸟圭介在朝鲜着手实施内政改革。这份改革草案共五项，二十七条，要领大致如下："明确官司的职守，矫正地方官吏的积弊；重视与外国的交涉，选择适宜的外交人选；司法审判必须公正；会计出纳制度必须严格；必须改良兵制，设立警察制度；应建立便利的交通。"❸

另外，大鸟圭介逼迫朝鲜否认自己是中国的属国，并强迫朝鲜限期接受日本的好意——改革草案。面对这种恩威并施的手段，朝鲜政府显得很狡猾：一方面，朝鲜国王发布了罪己的诏书，并在重臣中挑选了申正熙、金宗汉、曹寅承等人担任改革委员；另

❶ [日] 陆奥宗光. 蹇蹇录 [M]. 徐静波, 译. 上海：上海人民出版社, 2015: 24.

❷ [日] 陆奥宗光. 蹇蹇录 [M]. 徐静波, 译. 上海：上海人民出版社, 2015: 25.

❸ [日] 陆奥宗光. 蹇蹇录 [M]. 徐静波, 译. 上海：上海人民出版社, 2015: 35.

一方面，朝鲜政府却阳奉阴违、敷衍塞责，这是因为朝鲜十分反感日本的蛮横。这个事件起码可以说明，朝鲜政府当时仍是亲华的，据当时日本驻朝的杉村濬所说："当时的情况是，趁朝鲜变乱之机出兵的清国，暗中有所图谋，本应予以反对，但朝鲜政府不仅无丝毫憎恶之感，反而予以同情。"❶陆奥宗光也看出了朝鲜政府的这种心理："（朝鲜政府）对外装作热心于改革的样子，而实际上那些'事大党'却悄悄地在与清使袁世凯商量，这些不过是一个暂时避开我国锋芒的缓冲之计。"❷

以上是日本的对外策略，再来看中国的策略。

尽管清廷拒绝日本的态度是坚决的，所坚持的理由也是毫无瑕疵的，但是，直隶总督兼北洋大臣李鸿章却一直秉持着议和的思想，想用外交折衷的方式化解中日之间的矛盾。此外，李鸿章也一味地寄希望于俄、英、美等国的调停。

结果如何？通过外交谈判的方式当然不能让日本撤兵，外交折衷的策略完全落空。非但如此，李鸿章寄予厚望的欧美各国，虽然对日本表示"谴责"，但并未采取任何强硬措施，加之日本灵活的外交策略，列强最后都纷纷袖手观望（欧美各国的调停，下一节详细讲述）。

在此期间，袁世凯于7月2日向李鸿章指出"我先撤亦无损"，聂士成也在7月10日力主中方先撤兵，使驻朝日军处于被动状态。在这种僵持不下的局面里，袁世凯、聂士成的这种先行撤兵的建议，也有一定的道理，但是，在举棋不定、寄希望于他人的策略影响下，李鸿章既未向朝鲜增援军队，又没有按袁世凯、聂士成等人的建议先撤兵。中国在这个节骨眼上，丧失了最好的时机，同时也给日本人带来了可乘之机，让日本能够不断向朝鲜进兵。

7月14日，在英、俄等国均调停无望的情况下，日本抓住机会，向清廷发出了"第二份绝交书"。日本在该绝交书中表示其不会撤兵，还诬陷中国"有意滋事"，扬言"嗣后因此即有不测之变，我政府不任其责"，❸这简直就是"恶人先告状"。至此，中日谈判彻彻底底地破裂了。

日本向清廷发出"第二份绝交书"后，时局已经不可挽回，中、日双方都开始积极策划战争之事。中日两国将会进行何种战争前的部署？

先来看清廷的部署。

日本向清廷发出"第二份绝交书"后，光绪帝大怒，将谈判破裂、事情得不到妥善解决的原因归结于李鸿章的绥靖之策。这个时候，清廷内部的"清流党"再次登上了舞台，发出了主战的声音，光绪帝召集清流党的领袖翁同龢、李鸿藻等人，让其详议朝鲜之事。

翁同龢与李鸿藻主战，光绪帝让他们参加枢垣会议，其实是想推行主战的主张，而此时的慈禧太后不希望自己六十大寿的庆典受到影响，但又迫于清流党的舆论压力，所以也做出了一副主战的姿态。清廷坚定了主战的思想后，决意向朝鲜增兵，于1894年7月16日向李鸿章下发了一道言辞严厉的谕旨：

❶ [日]杉村濬.明治廿七八年在韩苦心录[M].东京：杉村阳太郎，1932：18.

❷ [日]陆奥宗光.蹇蹇录[M].徐静波，译.上海：上海人民出版社，2015：37.

❸ 王芸生.六十年来中国与日本（第2卷）[M].北京：生活·读书·新知三联书店，2005：55.

现在倭韩情事，已将决裂，如势不可挽，朝廷一意主战。李鸿章身膺重寄，熟谙兵事，断不可意存畏葸。著懔遵前旨，将布置进兵一切事宜，迅筹覆奏。若顾虑不前，徒事延宕，驯致贻误事机，定惟该大臣是问！●

清廷突然下定主战的决心，除了光绪帝、翁同龢一直主战之外，还有三个方面的原因：

第一，宗主国观念作祟，而且朝鲜是当时中国的最后一个藩篱，清廷认为朝鲜负有保卫北方的重担。

第二，虽然清廷极其不愿相信日本这种"蕞尔小国"会大动干戈，但是事实摆在眼前，日本不断增兵，中日已将决裂，清廷吸取了之前边疆危机的教训，想化被动为主动，努力控制住局面。

第三，中日谈判失败，各国的调停也告吹，摆在中国面前的选择，只有背水一战。

光绪帝下达主战的谕旨后，清流派人士仍然对主和的李鸿章不依不饶，7月17日，礼部右侍郎志锐上奏：

为今之计，应请皇上宸衷独断，速饬北洋大臣李鸿章厚集兵力，分驻高境，克期进发，迅赴事机……军国大计，利害所关甚重：要藩岂容轻弃，而狡夷非可缓图；衅端不可妄开，而兵力实宜震慑；势无可缓，计不必疑。●

说到底，清流党人士是怀揣着很大的自信的，他们认为以中国的兵力而言，实在是可以"震慑"一下日本。

至此，一直按兵不动的李鸿章才在光绪帝的要求之下增兵朝鲜。李鸿章的军事部署分为北路和南路：北路方面，7月21日，李鸿章派遣原驻天津的总兵卫汝贵部盛军步骑13营计6000人，及驻旅顺口的总兵马玉昆部毅军6营2000人，开赴平壤；此外，又派遣总兵左宝贵部奉军3500人赶赴平壤，北路兵力共计11500人。南路方面，已有直隶提督叶志超驻守牙山，李鸿章又增调了淮系吴育仁部仁字营以及天津练军2500人，由记名总兵江自康率领，向牙山增援。

在此期间，中国驻朝总理交涉通商大臣袁世凯见势不妙，开始向清廷请旨回国，清廷于1894年7月18日准其回津，其主持各事交由唐绍仪代办。

以上是清廷的部署，再来看看日本的部署。

具体而言，日本做了两件事：

第一，扶植朝鲜傀儡政权。

日本政府苦心孤诣，但朝鲜政府却不断拖延时间，到了1894年7月17日，日本忍无可忍，日朝谈判宣告破裂。

7月19日，大鸟圭介向朝鲜政府下达了最后通牒，要其"废华约、逐华兵"，并要求朝鲜政府在7月22日之前答复。最后通牒的内容为：

（1）汉城和釜山之间的军用电信的架设应由日本政府自己着手进行。

（2）朝鲜政府应遵照《济物浦条约》立即为日军建造足够的兵营。

● 中国史学会.中国近代史资料丛刊·中日战争（第2册）[M].上海：上海人民出版社，2000：620.
● 中国史学会.中国近代史资料丛刊·中日战争（第2册）[M].上海：上海人民出版社，2000：624—625.

（3）驻在牙山的中国军队原本就是以不正当的名义开进朝鲜的，应该迅速撤回。

（4）《中朝水陆贸易章程》以及其他与朝鲜独立相抵触的中朝之间的各项条约应尽快废除。❶

面对日本咄咄逼人的态度，朝鲜政府继续敷衍日本，于是，日本决定出兵控制朝鲜政府。

1894 年 7 月 23 日凌晨，日军突袭汉城王宫，击败朝鲜守军，挟持朝鲜国王李熙，解散了朝鲜的亲华政府，并扶植国王的生父大院君李昰应上台摄政，李昰应成了日本人的傀儡。同时，日本不断唆使朝鲜亲日政府断绝与清朝的关系，并"委托"日军驱逐驻朝清军。

第二，军事部署。

1894 年 7 月 17 日，日本大本营做出开战决定。随后，桦山资纪出任日本海军军令部部长，对海军进行战前准备，日本海军的主力舰队被统一编成了"联合舰队"，以伊东祐亨为舰队司令。

中日双方的局势已经发展到了无法挽回的地步，双方之间的战争一触即发。

第四节　俄国的干涉，英国的调停，美国的忠告

东学党起义爆发时，欧美各国并未密切关注中日之间的态势，等到中日两国相继向朝鲜出兵，欧美各国才意识到事态的严重性，纷纷开始干预和调停。

一、俄国的干涉

所有干预与调停中日矛盾的西方列强中，俄国最为积极。因为俄国是极具扩张欲望的国家，希望在远东地区攫取利益，从而与日本竞争。

早在 1891 年，俄国皇太子亚历山德罗维奇曾经到日本访问，俄国皇太子在前往琵琶湖参观时，被负责保卫工作的日本警察砍伤，史称"琵琶湖事件"，这个事件让日俄之间的矛盾加剧。所以，当李鸿章与日本方面的谈判迟迟打不开僵局时，李鸿章更倾向于俄国出面干预。

当时，俄国驻华公使喀西尼准备休假回国，于 1894 年 6 月 20 日路过天津时拜访了李鸿章。李鸿章抓到了救命稻草，请求俄国政府出面干预。两天后，喀西尼将此事电告俄国外交大臣吉尔斯，同时又认为：我国决不应错过目前中国要求我们担任调停者的机会，况且此事对于我方既无任何牺牲，又能大大增加我国在朝鲜以及整个远东的势力，并足以消除在朝鲜发生不可避免而对我方甚为不利的武装冲突之可能。❷

沙俄政府立刻同意了喀西尼的建议，电令俄国驻日公使希特罗渥，向日本政府提出劝告。

❶ ［日］陆奥宗光. 蹇蹇录 [M]. 徐静波，译. 上海：上海人民出版社，2015：38.

❷ 王芸生. 六十年来中国与日本（第 2 卷）[M]. 北京：生活·读书·新知三联书店，2005：44–45.

6月25日，俄国驻日公使希特罗渥与日本外相陆奥宗光会面，希特罗渥希望中日之间的矛盾能够和平解决，也希望中日两国的军队同时从朝鲜撤兵。陆奥宗光提出了两点要求，称只要中国能做到两点要求之一并撤军，日本政府也可以撤军，这两点要求是：

（1）是否同意日中两国共同担当并完成朝鲜的内政改革。

（2）如果中国方面不管出于何种理由拒绝与日本合作来共同完成朝鲜的改革，那么日本政府就单独来实行这一改革，这一过程中中国不可以直接或间接的方式加以阻碍。❶

日本提出的这两点要求是无理的，而且这些要求仍然是"朝鲜内政改革"的陈词滥调。同时，陆奥宗光还向俄国公使保证：日本政府希望朝鲜独立与和平，将来不管中国政府有何举动，日本绝不会挑起攻击性的战争。这种所谓的"保证"，纯粹是在欺骗俄国。

6月30日，希特罗渥又与陆奥宗光会面，带来一份俄国政府的公文：

朝鲜政府已公开告知各国驻该国的公使说，本国的内乱已经平息。并且请求各国公使等促使日中两国军队同时从朝鲜撤退。因此，俄国政府劝告日本政府接受朝鲜的请求。并忠告日本，倘若日本政府拒绝与中国政府一起同时将各自的军队撤出的话，日本政府将自己承担重大的责任。❷

俄国的这份公文，虽用"劝告""忠告"等词语，但语气非常严厉。

面对俄国强硬的态度，日本下了很大的决心，决定与俄国"硬碰硬"。日本政府于7月2日复照俄国：

此次朝鲜变乱之根本原因尚未荚除，即促成日本派遣军队之内乱亦未完全平服……帝国政府对于俄国政府友谊的劝告，深表谢意，同时希望俄国政府本两国政府间现存之信义及友谊，对帝国政府此项保证给予充分信任。❸

7月13日，希特罗渥又向陆奥宗光送来一份俄国政府的公文：

（日本）申明对朝鲜并无侵略之意……的表态，俄国沙皇陛下对此表示认可并感到十分满意。但除此之外，希望日中两国应迅速开启谈判，尽早达成和平的局面。❹

俄国的这份公文不疼不痒，之前那种让日本撤兵的严厉口气也荡然无存，很明显，俄国对于干涉中日矛盾的态度已经趋向消极。

俄国想要干预中日矛盾的决心，为何会虎头蛇尾？这是因为俄国虽然对中国东北和朝鲜怀有极大的野心，但当时尚未准备就绪，所以对日本暂时采取"不干涉政策"。

俄国的纵容，日本政府喜出望外，日本外相陆奥宗光认为"俄国政府至少是暂时撤回了设置在我国面前的障碍，令人稍可安心"❺。7月21日，俄国再次照会日本，提出了一个软绵无力的"警告"，即"日本向朝鲜提出的条件中，如果有违朝鲜与列国已签署条约的，俄国将不予认可"。俄国提出此项警告，是亮出了自己的外交底牌，说白了，就是日本不论怎么蹂躏朝鲜，都千万不能影响俄国在朝鲜的既得利益。俄国的这份"警

❶ [日]陆奥宗光.蹇蹇录[M].徐静波,译.上海：上海人民出版社,2015：42.

❷ [日]陆奥宗光.蹇蹇录[M].徐静波,译.上海：上海人民出版社,2015：43.

❸ 王芸生.六十年来中国与日本（第2卷）[M].北京：生活·读书·新知三联书店,2005：46-47.

❹ [日]陆奥宗光.蹇蹇录[M].徐静波,译.上海：上海人民出版社,2015：45.

❺ [日]陆奥宗光.蹇蹇录[M].徐静波,译.上海：上海人民出版社,2015：45.

告"刚发出不久，中日之间就开战了。面对战争，俄国之前的强硬态度早已不在，反而开始袖手旁观。

至此，李鸿章寄希望于俄国干预的计划落空，这对于李鸿章来说，无疑是一个巨大的打击。

二、英国的调停

英国人眼见俄国人出面干预中日问题，也不甘落后地出面调停。

英国有自己的一番考虑，即无论中日之间如何纠缠，都千万不能影响到英国在东亚的对外战略和对外贸易。英国人的算盘打得很精，虽然表面上是在居中调停，但却是力图保住其在中国的商业利益。

英国采用双管齐下的方式，同时与中、日两国进行协商，英国人向中日双方提出的建议，是"中日两国应就朝鲜的内政改革展开商议"。

第一，中国方面。

在英国驻华公使欧格纳的撮合下，日本驻华代理公使小村寿太郎与总理衙门大臣会商。1894 年 7 月 9 日中英双方会商后，总理衙门大臣奕劻始终坚持一个原则——日本先撤兵，再谈朝鲜内政改革的事宜。最终，中英双方的这次会谈无疾而终。

之后，欧格纳亲自登门造访，向总署的奕劻询问中英谈判无果的原因。《清光绪朝中日交涉史料》记载了欧格纳与奕劻的问答过程：

欧云："我上次来所说朝鲜的事，贵衙门并未定有办法，失此机会，未免可惜。"

答以："本衙门之意，总要日本先撤兵，后商量，并非未有办法。"

欧云："日本现在已与朝鲜商改内政，中国此时总应出头；否则，抚取朝鲜权柄恐日减了。"

答以："中国原可劝令朝鲜酌改内政，但不能逼勒。刻下日本以重兵压汉城，勒令朝鲜改革内政，中国何能同议？还是方才所说，先令日本将续派之兵撤去，剩留之兵与中国兵数相埒，然后开议，最为公平。"❶

从上述中英双方的会谈中不难看出，英国实际上是在逼迫中国让步，而暗里在帮助日本，因为这样可以利用日本牵制住俄国在远东的势力。然而，此时中方根本不买英国人的账，而且态度很坚决——日本先撤兵。因此，就算是英国驻华公使欧格纳亲自出面调停，但仍然毫无效果。

英国调停无果还有另外一点原因，那就是中国更倾向于由俄国出面调停。陆奥宗光认为：比起英国方面提出的日中两国应就朝鲜的内政改革展开商议的建议，俄国方面提出的日中两国军队同时自朝鲜撤兵的提议无疑更投合他们（中国）的心怀。❷

此外，英国驻华公使欧格纳选择的会谈对象是总署的奕劻，而不是操纵权柄的北洋大臣李鸿章，况且李鸿章此时正与俄国人打得火热，寄予了俄国人浓浓的希望。

第二，日本方面。

英国驻华公使欧格纳与英国驻日临时代理公使巴柴特电商，巴柴特向日本提议与中国协商解决矛盾。

---

❶ 中国史学会．中国近代史资料丛刊·中日战争（第 2 册）[M]．上海：上海人民出版社，2000：612-614.

❷ [日]陆奥宗光．蹇蹇录 [M]．徐静波，译．上海：上海人民出版社，2015：49-50.

与此同时，欧格纳与奕劻会谈无果的消息传到了日本，日本人窃喜，认为其获得了行动自由："如今闻悉这一结果，（我）内心颇感窃喜，因为调停的失败，最后反而会使我国获得在今后的行动上的自由。"❶ 趁此良机，陆奥宗光于 7 月 12 日电令日本驻朝公使大鸟圭介："不妨使用任何借口，迅速地开始实际的行动。"❷ 随后，日本政府于 1894 年 7 月 14 日向中国发出"第二份绝交书"，摆出了一副对中国已经失望至极的姿态。

事情发展至此，英国第一轮斡旋的努力白费了，中国对其调停之事爱理不理，日本也断然拒绝英国的调停，甚至向中国发出"第二份绝交书"。但是英国不甘失败，旋即又开始了第二轮调停。

英国驻日临时代理公使巴柴特与日本外相陆奥宗光会晤，力促中日双方再次和谈。此时中日战事一触即发，日本不想在外交方面再耗费时间与精力，所以陆奥宗光直接提出了一个中国无法接受的条件，断绝外交周旋之可能。这个中国无法接受的条件是：

朝鲜问题如今已有很大的变化，其事态绝非昔日可比，日本政府已无法按照当初与中国商议的条件来进行，纵令中国政府向朝鲜派遣内政改革的共同委员，事已至此，日本政府已决定单独进行此项事务，不允许他者置喙。❸

面对这个条件，作为居中者的英国人于 7 月 21 日向日本递交了一份备忘录，强烈谴责日本这种"不允许他者置喙"的行为。7 月 22 日，日本复照英国，据理力争，态度极其狂妄。

英国觉得调停无望了，所以于 7 月 23 日亮出了外交底牌：中日之间交战，战火不可波及上海及周边地区。说到底，英国还是在担心他们的商业利益。

三、美国的忠告

美国也于 7 月 9 日向日本发出了忠告式的公文：美国对日本以及朝鲜两国均抱有深厚的情谊，因此希望日本尊重朝鲜的独立和主权，倘若日本大兴无名之师，将一个弱小而无防御能力的邻国演变为一个兵火相交的战场的话，合众国总统对此深表痛惜。❹

美国本来就支持日本侵略朝鲜，所以这种"忠告"，只不过是走走外交形式，而且坦言如果中日开战，美国仅仅是"深表痛惜"，而远非俄、英那种强烈的警告、谴责。

日本拒绝了美国的忠告，而美国再也没有深入的外交干预。

除了俄、英、美三国之外，德国和法国也在此期间对日本提出了忠告，但是这些国家都想趁日本侵华之机夺取新的利益，所以都暗中支持日本侵略中国。

中日甲午战争爆发后，列强纷纷中立。英国、德国、意大利、荷兰、西班牙、葡萄牙、丹麦、瑞典、挪威均发表声明，表示持中立立场，俄国、法国、奥匈帝国虽未明确声明，但也是严守中立。列强的这种行为，暴露了其不想引火烧身，只想坐收渔利的嘴脸。

❶ [日] 陆奥宗光 . 蹇蹇录 [M]. 徐静波 , 译 . 上海 : 上海人民出版社 , 2015: 48.

❷ [日] 陆奥宗光 . 蹇蹇录 [M]. 徐静波 , 译 . 上海 : 上海人民出版社 , 2015: 38.

❸ [日] 陆奥宗光 . 蹇蹇录 [M]. 徐静波 , 译 . 上海 : 上海人民出版社 , 2015: 51.

❹ [日] 陆奥宗光 . 蹇蹇录 [M]. 徐静波 , 译 . 上海 : 上海人民出版社 , 2015: 56.

在甲午战争爆发前夕，欧美各国的调停纷纷宣告失败，原因有以下三点。

第一，从欧美各国而言。这些国家并非真心斡旋，而是各怀鬼胎，比如俄国是为了扩张本国利益、英国是为了保护自己的商业利益。当中日的局面已经无可挽回时，各国的态度立即中立，采取观望态度，之前谴责、调停、干涉的各种言辞瞬间烟消云散。

第二，从中国而言。中国的外交策略是病急乱投医，既抱厚望于俄国，又不放过英国的调停，这种"两边押宝"的手段，必然会弄巧成拙，中国的这种策略甚至被日本外相陆奥宗光戏称为"一女二嫁"。❶

第三，从日本而言。日本挑起战争的欲望非常强烈，加之灵活的外交策略，面对这种态势，西方列强纷纷望而却步。

调停失败后，欧美列强最终对日本采取了默许或纵容的态度，这造成了两个严重的后果：

第一，为日本实施侵略计划创造了有利条件；

第二，中国竹篮打水，而且严重贻误了战机。

第五节　中日两国的战前军事力量对比

甲午战争之前，中、日两国的军事力量如何？

一、军力、军备方面

1888 年北洋水师成军时，实力曾是东亚第一，之后，日本人一直在穷追猛赶。

从 1883 年开始，至甲午战争爆发前，日本的军事实力发生了翻天覆地的变化。日本先后四次提出了海军的扩张方案，购买了一大批新式船舰："筑紫""浪速""高千穗""松岛""严岛""桥立""秋津洲""吉野"……

1892 年，日本提前完成了自 1885 年起的十年扩军计划，到了甲午战争前夕，日本已经建立了一支拥有 63000 名常备兵和 23 万预备兵的陆军，包括 6 个野战师和 1 个近卫师。战前，日本海军拥有军舰 32 艘、鱼雷艇 24 艘，总排水量 72000 吨。此时，日本海军的实力已经超过了北洋海军，位列东亚第一。

宗泽亚对甲午战争开战前日本的军事力量进行了详细考证：

> 日清战争开战时，日军诸部队总动员 220580 人。开战后，一些师团兵员得到补充，加上朝鲜半岛山岳地带不宜使用野炮，炮兵连队全部改配山炮，清国北部马粮筹集困难，马匹用量减少等因素，作战实际用兵超过总动员数，合计 240616 人，马 47221 匹。除军事人员外，还派遣高等判任文官、雇员、佣员等 6497 人。全国雇用的战争临时军夫为 154000 人，主要担任作战部队物资搬运输送的职能。❷

❶ [日] 陆奥宗光 . 蹇蹇录 [M]. 徐静波，译 . 上海：上海人民出版社，2015: 50.

❷ 宗泽亚 . 清日战争 [M]. 北京：北京联合出版公司，2014: 25.

而这个时期的中国，已经经过了数十年的洋务运动，海军、军备方面不能说全无成效。宗泽亚对当时中国的军队兵员数量考证后认为：

清军战争总兵员数约 35 万。战争期间，清国朝廷临时新征兵 60 余万人，全国各总督防区的清国陆军兵员数合计 962463 人，与日军总兵员数 240616 人比较，总量超过日军 3 倍。但是清军大部分分散在全国各地，战时从内地调遣出关作战的部队，兵员搬运及后勤支援上存在诸多困难。因此，清日战争时，清军实际参战部队只有十余万人，作战兵员的实际数量劣于日军。❶

中国幅员辽阔，兵力分散，在甲午战争爆发时，想要倚靠其他地区的兵力奥援是不实际的，所以，甲午战争中清军的主力，主要是李鸿章的北洋海军的兵力。

甲午战争之前，北洋海军的兵力情况见表 7-1，7-2，7-3。

---

❶ 宗泽亚. 清日战争 [M]. 北京：北京联合出版公司，2014：21-22.

表7-1 北洋海军兵力表

队别	船名	船式	吨数	马力	速力	炮数	船员	进水年份
主战舰队	定远	铁甲	七三三五	六〇〇〇	十四点五	二二	三三〇	光绪八年（一八八二年）
	镇远	铁甲	七三五五	六〇〇〇	十四点五	二二	三三〇	光绪八年（一八八二年）
	经远	铁甲	二九〇〇	三〇〇〇	十五点五	十四	二〇二	光绪十三年（一八八七年）
	来远	铁甲	二九〇〇	五〇〇〇	十五点五	十四	二〇二	光绪十三年（一八八七年）
	致远	巡洋	二三〇〇	五五〇〇	十八	二三	二〇二	光绪十二年（一八八六年）
	靖远	巡洋	二三〇〇	五五〇〇	十八	二三	二〇二	光绪十二年（一八八六年）
	济远	巡洋	二三〇〇	五五〇〇	十八	二三	二〇三	光绪九年（一八八三年）
	平远	巡洋	二三〇〇	一五〇〇	十四点五	十一		
	超勇	巡洋	一三五〇	二四〇〇	十五	十八	一三〇	光绪七年（一八八一年）
	扬威	巡洋	一三五〇	二四〇〇	十五点五	十八	一三〇	光绪七年（一八八一年）
防守舰队	镇东	炮船	四四〇	三五〇	八	五	五五	光绪五年（一八七九年）
	镇西	炮船	四四〇	三五〇	八	五	五五	光绪五年（一八七九年）
	镇南	炮船	四四〇	四四〇	八	五	五五	光绪五年（一八七九年）
	镇北	炮船	四四〇	四四〇	八	五	五五	光绪五年（一八七九年）
	镇中	炮船	四四〇	七五〇	八	五	五五	光绪七年（一八八一年）
	镇边	炮船	四四〇	八四〇	八	五	五五	光绪七年（一八八一年）

续 表

队别	船名	船式	吨数	马力	速力	炮数	船员	进水年份
练习舰	康济	炮船	一三〇〇	七五〇	九点五	十一	一二四	光绪七年（一八八一年）
	威远	炮船	一三〇〇	八四〇	十二	十一	一二四	光绪三年（一八七七年）
	泰安	炮船	一二五八	六〇〇	十	五	一八〇	光绪二年（一八七六年）
补助舰	镇海	炮船	九五〇	四八〇	九	五	一〇〇	同治十年（一八七一年）
	操江	炮船	九五〇	四〇〇	九	五	九一	同治五年（一八六五年）
	湄云	炮船	五七八	四〇〇	九	四	七〇	同治八年（一八六九年）

表7-2 水雷表

船名	船式	吨数	速力
左队一号	一等水雷	一〇八	二四
左队二号	一等水雷	一〇八	一九
左队三号	一等水雷	一〇八	一九
右队一号	一等水雷	一〇八	一八
右队二号	一等水雷	一〇八	一八
右队三号	一等水雷	一〇八	一八

表7-3 直隶淮军练勇表

军队	营数	人数	将领	驻地
盛军	十八	九〇〇〇	卫汝贵	小站
铭军	十二	四〇〇〇	刘盛休	大连湾
毅军	十	四〇〇〇	宋庆	旅顺口
芦防淮勇	四	二〇〇〇	叶志超、聂士成	芦台北塘、山海关
仁字虎勇	五	二五〇〇	聂士成	营口
合计四十九营两万五千人之间				

（梁启超：《李鸿章传》，第187～188页。）

梁启超所收集的资料有遗漏，比如并未把"广甲""广乙"和"广丙"三艘广东水师的军舰列入其中（当时这三艘军舰已经调用北洋），但是，这种遗漏并不影响中日双方的军事实力对比。

从军备而言，北洋海军自 1888 年成军后，就再没有购买过新舰，舰龄渐渐老化，与日本新添的战舰相比，呈现出火力弱、射速慢、航速缓等弱点。从军队力量而言，清朝所谓的加强军事实力，基本停留在改良武器装备的低级阶段，陆海军总兵力乍一听来虽然很多，但编制落后、管理混乱、训练废弛、战斗力低下。甲午开战时，清朝陆军总兵力达 96 万余人，而日军总兵力为 24 万人，清军与日军的兵力之比达到 4:1，然而，清军一线战场实际参战部队主要以淮军为主，只有十余万人，实际参战兵力根本不如日本。

综上，无论从军备，还是军队力量，中国都不敌日本。

二、军事经费保障方面

军事经费的保障，体现着一个国家的政府对军事建设的重视程度，也关系到军队整体作战能力。

日本政府在海军经费方面给予了大力支持。1890 年时，日本海军军费占国家预算的 10%，1892 年又增至 40% 以上，● 若连同海军和陆军同时计算，日本投入其中的财力已经达到国家财政收入的 60%。此后，日本财政逐渐难以应付如此巨大的负担，因而从 1893 年起，日本天皇又决定每年从自己的宫廷经费中拨出三十万元，再从政府公务人员的薪金中抽出 10%，用作海军建设的费用。● 对于海军的经费，日本可以说是"咬紧牙关，攻坚克难"。

中国的情况却不容乐观，北洋海军成军后，再未购得一艘炮舰，1891 年以后，北洋海军甚至连枪炮弹药都停止购买了。

这是为何？因为没钱！

有学者分析，海军经费之所以不足，是户部尚书翁同龢与北洋大臣李鸿章之间的私怨与斗争所致，翁同龢坚持让户部不给北洋海军拨款，双方的政斗影响了北洋海军的发展。此外，又有学者分析，海军经费本来是充足的，但是因为清廷的最高统治者慈禧太后大兴奢靡之风，为了准备 1894 年的六十大寿，挪用海军经费来修颐和园。

不论如何，中国在军事经费保障方面的重视程度，远远不如日本。

三、军事策略方面

清廷一开始根本瞧不起日本，认为这种"蕞尔小国"难掀大浪，加之海军建设在清廷眼中似乎颇有建树，所以麻痹的清廷开始得意轻敌。

中法战争后，中国东南、西北、西南的边疆危机大体上已经告一段落，中国迎来了难得的中外和局，清廷也非常珍惜这种和局。甲午战争爆发前，前线将帅李鸿章主和，寄希望于国际调停，而光绪帝主战（此时光绪帝已经亲政），与李鸿章一直唱反调的翁

● 田中惣五郎. 日本军队史 [M]. 东京：株式会社理论社，1954:197.

● 孙克复，关捷. 甲午中日海战史 [M]. 哈尔滨：黑龙江人民出版社，1981：44-45.

同龢等人也极力主战，而且翁同龢是光绪帝的老师，终日围绕在光绪帝身边。在这种中央与前线矛盾的情况下，军事策略一再被掣肘，中国也于战前频频贻误战机。

另一方面，日本人加紧了谍报工作。战前，日本出动乐善堂、玄洋社等间谍组织和人员潜入中国，全力收集中国的战前情报，中国的一些军事机密，被日本人一览无遗。

此时的日本，扩张主义欲望极其强烈，举国上下也陷入了一种几近疯狂的地步，他们以中国为假想敌，以赶超中国为奋斗目标，已经做足了挑起战争的准备。总体而言，日本的国力蒸蒸日上，军队军备力量、后勤经费保障、军事策略等方面也都领先于中国。中国似乎在开战前，就已注定了败局。

第六节　甲午战争爆发

一、丰岛海战

1894 年 7 月 16 日，清廷下达开战的谕旨后，李鸿章开始在朝鲜地区展开了军事部署。通过李鸿章的部署，中国的军队分为南北二路，进驻朝鲜。

于此同时，李鸿章租用了英国的三艘商轮，船名分别为"爱仁""飞鲸""高升"，这三艘商轮负责往返中、朝之间，并向朝鲜运送兵勇、军马、军饷、粮食和武器。为了安全起见，李鸿章决定每日由大沽口向朝鲜发商轮一艘，并由北洋舰队派出的战舰护卫这些商轮。

很不幸，李鸿章雇用英国商轮担任运兵船的军事机密，被日本间谍所探知。日本的联合舰队根据所获取的情报，摸清了 7 月 21 日之后"爱仁""飞鲸""高升"三艘英国商轮的动向，进而迅速调整计划，准备偷袭中国雇用的这些运兵船。

英国商轮"高升"号于 7 月 23 日从中国出发，向朝鲜运送兵员、炮弹。7 月 25 日凌晨 4 时，北洋水师的"济远""广乙"二舰在协助英国商轮"飞鲸"号从牙山港运送物资完毕后，开始起锚返航，接应由中国前来的"高升"号。"高升"号在两艘北洋军舰的护送下，逐步驶近牙山。

这时，日本联合舰队的第一游击队"吉野""浪速""秋津洲"三舰发现了中国的军舰"济远""广乙"。在中、日双方的舰队距离缩短时，日舰突然向中舰发起了猛烈的炮击。至此，中日双方的丰岛海战拉开了序幕。

北洋军舰"广乙"被日舰炮轰后遭受重创，开始南逃，日舰"秋津洲"穷追不舍，继续炮击。"广乙"退逃时触礁，清军引爆火药自沉。

北洋军舰"济远"也中炮，于是也开始逃走，日舰"吉野""浪速"开始追击。"济远"渐渐不敌日舰，开始升起白旗，示意投降，但是日舰仍然猛追。最终，"济远"逃至旅顺，管带方伯谦竟然发送电报报捷。

此时，载运兵员、炮弹的英国商轮"高升"才驶进海战区域，但是这艘商轮也难逃厄运，最终被日舰击沉。当时有一名德国退伍军人名叫汉纳根，此人以普通旅客的资格搭载"高升"号由中国大沽前往朝鲜牙山，"高升"号被日舰击沉后，因为汉纳根会游泳，所以幸免于难，根据其事后在济物浦（今韩国仁川）所作的证言，可以大致回顾当时"高升"号被击沉前的经过：

（日舰）令我们下锚停驶，我们停下来……日本小船到了，有几个军官上了我们的船……日本军官上船后，即到船长住的房间，船长把船的文件给他们看，证明他实在是负责驾驶一艘英国船，日本军官很不客气地令船长跟随日本军舰开驶。❶

后来，"高升"号上的清军知道了船长和日本人的谈话内容，用刀枪胁迫船长，不让船长起锚。因为船上的清军拒绝投降，所以日舰开始对这艘挂着英国国旗的商船发动炮轰。根据张荫麟《甲午中国海军战绩考》的记载：

高升煤舱立中炮。一时黑氛煤屑，弥漫海天。船之末部先沉，逾半时始全没，时一点三十分钟也。桅顶尚露，其上攀援呼救者累累然。❷

这就是日本蓄意挑起的海战，史称"高升号事件"。甲午战争由此而爆发，丰岛海战也成为了甲午战争的第一战。此战虽然已属甲午战争爆发后的战役，但此时中日双方均未宣战，系日本主动挑起的兵端，因此日本在丰岛海战中的行为又称作"不宣而战"。

目前，对于北洋军舰"济远"临阵逃离的原因，学界仍有争议，但尽管如此，这场丰岛海战的结果是令人悲怆的，清军的重创简直惨不忍睹，可谓"死伤严重，炮舰重创，水员被俘"。据宗泽亚记载：

（日本）联合舰队吉野舰中三弹，中度伤；秋津洲无损伤；浪速中一弹，信号索切断，轻伤。北洋水师济远舰重伤，死13人、伤27人，但成功摆脱敌舰追击逃回旅顺港基地。广乙舰受伤搁浅自爆沉没，死10人、伤40人。操江舰不战自降，82名水手被俘，成为清日战争中清军最初的俘虏。俘舰操江号，后编入日本联合舰队，参加了对清威海卫作战。英国商船高升号，因载乘的清军拒绝降伏，遭到日舰浪速号攻击。高升号被弹沉没，千余名清军将士和无辜民间水手牺牲。❸

对于清军而言，损失最严重的莫过于运送兵员的英国商轮"高升"号。对于"高升"号所载送的清军数量，不同的史料有不同的记载，大概在1100～1300名，这些清军连同船上无辜的水手、旅客，大部分都于船沉后被淹死。

通过这一役，清廷的虚弱的海军实力、脆弱的谍报系统都暴露无遗。丰岛海战也给今后的中日战局留下了严重的影响：清军在朝鲜的兵力呈现劣势。

日本海军阴谋袭击北洋军舰和英国商轮"高升"号之后，也略显焦急，因为其击沉英国商轮的行为，已然违背了国际法。日本外相陆奥宗光称：

当初接到丰岛海战中我军舰击沉了挂有英国国旗的运输船的报告时，有不少人大为惊骇，认为此举有可能引发日英之间的一大纷争，应该尽快给予英国一个令其充分满意的补偿。❹

可是，事态的发展却让日本人送了一口气，起初英国驻日使节一度提出抗议，但后

❶ 中国史学会. 中国近代史资料丛刊·中日战争（第6册）[M]. 上海：上海人民出版社，2000: 20.

❷ 王芸生. 六十年来中国与日本（第2卷）[M]. 北京：生活·读书·新知三联书店，2005: 75.

❸ 宗泽亚. 清日战争[M]. 北京：北京联合出版公司，2014: 49.

❹ [日]陆奥宗光. 蹇蹇录[M]. 徐静波，译. 上海：上海人民出版社，2015: 86-87.

来英国政府想要暗中支持日本的侵略行为，所以既不要求日本道歉，也不索要赔偿，此事最终不了了之。

二、牙山之战

丰岛海战爆发后，总理衙门于1894年7月30日照会各国公使，谴责日本的行径，并认为是日本先挑起了衅端：

> 该国（日本）忽逞阴谋，竟于本月二十三日在牙山海面突遣兵轮多只，先行开炮，伤我运船，击沉挂英旗英国高升轮船一只。此则衅由彼启，公论难容，中国虽笃念邦交，再难曲为迁就，不得不另筹决意办法。●

总署发此照会给各国公使，意在争取各国的舆论力量，可是日本人根本不加理会，在总署向各国照会之前，日本又在朝鲜的牙山地区挑起了战事。

丰岛海面的清军被日舰偷袭后，驻扎在牙山的清军成为了一支孤军。当时驻扎在牙山一带的清军是叶志超部，而在全州一带，也有聂士成部的清军。

叶、聂所部的清军被在陆上的成欢驿的日军偷袭，史称"牙山之战"，又称"成欢之战"。

由于朝鲜政府已被日本控制，叶志超、聂士成等部驻牙山的清军被迫绕道汉城，北撤到朝鲜北部的平壤。马玉昆率毅军五营一队（约2100人），与淮军盛字军以及奉天的奉字练军、盛军练军一起，构成了四大军29营，于8月入朝，在平壤与从牙山退回的叶志超、聂士成部会合，朝廷任命叶志超为驻平壤各军的统帅。

可是，这个直隶提督叶志超身为统帅，为了掩饰败绩居然虚报战功，邀功受赏，极为可耻。姚锡光的《东方兵事纪略》记载：残军饥疫死者相属。志超方以成欢之战杀敌过当，并沿途叠败倭兵铺张电鸿章入告，且论功奏保员弁数百人，获嘉奖，并赏军士银二万两，未几复拜总统诸军之命。●

清廷被叶志超的这些谎言所欺骗，还给予了叶志超很大的嘉奖。

三、中日两国同时宣战

1894年8月1日（光绪二十年七月初一），忍无可忍的清廷终于向日本宣战。

清廷的宣战诏书如下：

> 朝鲜为我大清藩属二百余年，岁修职贡，为中外所共知。近十数年来，该国时多内乱；朝廷字小为怀，叠次派兵前往戡定，并派员驻扎该国都城，随时保护。本年四月间，朝鲜又有土匪变乱，该国王请兵援剿，情词迫切；当即谕令李鸿章拨兵赴援，甫抵牙山，匪徒星散。乃倭人无故派兵突入汉城，嗣又增兵万余，迫令朝鲜更改国政，种种要挟，难以理喻。我朝抚绥藩服，其国内政事向令自理；日本与朝鲜立约，系属与国，更无以重兵欺压、擅令革政之理。各国公论，皆以日本师出无名，不合情理，劝令撤

● 中国史学会.中国近代史资料丛刊·中日战争（第3册）[M].上海：上海人民出版社，2000：9-10.

● 姚锡光.东方兵事纪略[M]//中国史学会.中国近代史资料丛刊·中日战争（第1册）.上海：上海人民出版社，2000：19.

兵，和平商办；乃竟悍然不顾，迄无成说，反更陆续添兵。朝鲜百姓及中国商民日加惊扰，是以添兵前往保护。讵行至中途，突有倭船多只，乘我不备，在牙山口外海面开炮轰击，伤我运船。变诈情形，殊非意料所及！该国不遵条约，不守公法，任意鸱张，专行诡计，衅开自彼，公论昭然。用特布告天下，俾晓然于朝廷办理此事，实已仁至义尽；而倭人渝盟肇衅，无理已极，势难再予姑容。著李鸿章严饬派出各军，迅速进剿，厚集雄师，陆续进发，以拯韩民于涂炭；并著沿江、沿海各将军督抚及统兵大臣，整饬戎行，遇有倭人轮船驶入各口，即行迎头痛击，悉数歼除，毋得稍有退缩，致干罪戾。将此通谕知之。钦此。❶

清廷的这封宣战书，大致上梳理了从朝鲜东学党起义开始至今的整个事件的来龙去脉，于情于理都说得很透彻，甚至言辞激烈，力斥日本"不遵条约，不守公法，任意鸱张，专行诡计"。

就在 8 月 1 日的当天，日本明治天皇睦仁也向清廷下了宣战书：

保全天祐践万世一系之帝祚大日本帝国皇帝示汝忠实勇武之有众：朕兹对清国宣战，百僚有司，宜体朕意，海陆对清交战，努力以达国家之目的。苟不违反国际公法，即宜各本权能，尽一切之手段，必期万无遗漏。惟朕即位以来，于兹二十有余年，求文明之化于平和之治，知交邻失和之不可，努力使各有司常笃友邦之谊。幸列国之交际，逐年益加亲善，讵料清国之于朝鲜事件，对我出于殊违邻交有失信义之举。朝鲜乃帝国首先启发使就与列国为伍之独立国，而清国每称朝鲜为属邦，干涉其内政。于其内乱，借口于拯救属邦，而出兵于朝鲜。朕依明治十五年条约，出兵备变，更使朝鲜永免祸乱，得保将来治安，欲以维持东洋全局之平和，先告清国，以协同从事，清国反设辞拒绝。帝国于是劝朝鲜以厘革其秕政，内坚治安之基，外全独立国之权义。朝鲜虽已允诺，清国始终暗中百计妨碍，种种托辞，缓其时机，以整饬其水陆之兵备，一旦告成，即欲以武力达其欲望。更派大兵于韩土，要击我舰于韩海，狂妄已极。清国之计，惟在使朝鲜治安之基无所归。查朝鲜因帝国率先使之与诸独立国为伍而获得之地位，与为此表示之条约，均置诸不顾，以损害帝国之权利利益，使东洋平和永无保障。就其所为而熟揣之，其计谋所在，实可谓自始即牺牲平和以遂其非望。事既至此，朕虽始终与平和相始终，以宣扬帝国之光荣于中外，亦不得不公然宣战，赖汝有众之忠实勇武，而期速克平和于永远，以全帝国之光荣。❷

在日本的宣战诏书中，日本针锋相对，大肆抹黑中国，还称中国"狂妄已极"，非但如此，日本声称其开战的目的是"使朝鲜永免祸乱""维持东洋全局之平和""宣扬帝国之光荣于中外"，简直是巧词诡辩、一派胡言！

此时此刻，英国、德国、意大利、荷兰、西班牙、葡萄牙、丹麦、瑞典、挪威等国家均发表声明，表示持中立立场，俄国、法国、奥匈帝国虽未明确声明，但实际行动也是在隔海观望。

1894 年 7 月 25 日的丰岛海战拉开了甲午战争序幕，而几天后的 8 月 1 日，中日两国政府在同一天发出了宣战书。中日之间战争的火药味，瞬间弥漫了整个东亚。

---

❶ 中国史学会. 中国近代史资料丛刊·中日战争（第 3 册）[M]. 上海：上海人民出版社，2000：16–17.

❷ 王芸生. 六十年来中国与日本（第 2 卷）[M]. 北京：生活·读书·新知三联书店，2005：84–85.

第七节　平壤战役

　　从 1894 年 7 月 21 日开始，清廷的南、北两路援军向朝鲜进发。虽然南路援军在丰岛海战中被日军歼灭，但北路援军比较顺利地进入了朝鲜。

　　卫汝贵部盛军以及马玉昆部毅军，率先于 8 月 6 日进驻平壤，其后，左宝贵部奉军、丰升阿部奉天练军盛字营和吉林练军，也于 8 月 9 日赶赴平壤。至此，四支部队成功会师，四大军共约 32 营，因有些营兵不足额，故合计仅 13526 人。❶

　　早在牙山之战后，清廷就曾降旨，向驻扎在朝鲜北部平壤的清军发出命令："一俟诸军齐到，即可合力驱逐倭寇，以解汉城之围。"❷清廷的目的是让各军会合，从而进一步支援汉城。8 月 21 日、28 日，叶志超、聂士成先后率领牙山之战的残兵进驻平壤（聂士成在 9 月 2 日离开平壤回国），至此，清军在朝鲜的原驻军和之后赶来的叶、聂部军队会师，达到了"诸军齐到"的效果，朝廷任命叶志超为平壤诸军的统帅。

　　诸路清军在平壤会师后，与日军相比，中国在陆战方面呈现出以下几点优势。

一、军力优势

　　当时驻扎在平壤的清军如下：芦防六营（叶志超部并江自康、夏青云各一营在内）、盛军十三营（卫汝贵部）、奉军六营（左宝贵部）、奉天之盛军六营（丰升阿部）、毅军四营（马玉昆部），共三十五营，❸驻扎平壤的总兵力达到 15000 人左右，略少于之后进攻平壤的日军 16000 余人。清廷在兵力上下了血本，中日双方在兵力上可谓旗鼓相当。

二、天时优势

　　四路大军抵达平壤时，因叶志超、聂士成的军队遭受了成欢之役，所以日军"无南顾忧，而犹麕聚王京，迟回未发，盖新倭未集，且其元山枝队未东渡也"❹，这对于清军而言，是一个整合资源、调整战略的绝好时机。

三、地利优势

　　平壤城共有城门六座：南为朱雀门，西南为静海门，西北为七星门，北为玄武门，东为长庆门，东南为大同门。其中，东南部的大同门、东部的长庆门，倚大同江为天

---

❶　戚其章.甲午战争史 [M].上海：上海人民出版社，2014：85-86.

❷　中国史学会.中国近代史资料丛刊·中日战争（第 3 册）[M].上海：上海人民出版社，2000：19.

❸　姚锡光.东方兵事纪略 [M]// 中国史学会.中国近代史资料丛刊·中日战争（第 1 册）.上海：上海人民出版社，2000：19.

❹　姚锡光.东方兵事纪略 [M]// 中国史学会.中国近代史资料丛刊·中日战争（第 1 册）.上海：上海人民出版社，2000：19.

险；北部的玄武门倚靠牡丹峰而修筑，因牡丹台紧靠城墙，所以玄武门成了守卫平壤的关键，"为全城命脉所在"❶。总体而言，平壤城地势险要，易守难攻。

四、人和优势

人和的优势表现为朝鲜的支持。当清朝的四路大军入驻朝鲜时，朝鲜人民非常欢迎："朝民以王师至，欢呼夹道，为时盛暑，争献茶浆，饷我军士。"朝鲜的平安道观察使闵丙奭也积极协助清军作战，比如，闵丙奭于9月2日发电报给李鸿章，向李鸿章提供了日军的登陆信息。此外，就连日本扶植的傀儡政权都暗中给清军传递情报："自大院君以下，时密输倭人消息于我，日盼我军进趋汉城。"❷

面对这些优势，清廷以及一线官兵的所作所为却令人汗颜，他们的所作所为可谓"连失战机，自毁长城"。

面对天时优势，清军没有抓住机遇，既未直驱汉城，也没妥善驻屯，而是"以二十九营万四千余人聚平壤，置酒高会，日督勇丁并朝民于城内外筑垒，环炮而守"。叶志超抵达平壤后，也是"弥庸懦，无布置，识者忧之"❸，这些将领认为，清军的兵员、武器、粮食都很充足，因此清军只要严守平壤城，足以击退日军。为此，丰、卫、左、马四位将领电告李鸿章，称其用军策略应是"先定守局，再图进取，稳扎稳打，庶进退裕如"。李鸿章也认为四位将领的守御部署"尚为周密"，让其"相机进取"❹。可是，屯扎平壤的将领们再也没能"相机进取"。

从人和优势而言，面对朝鲜人民的盛情，"（清军）军士残掠，毁器皿，攫财物，役丁壮，渔妇女，汝贵军尤甚，朝民大失望"❺；面对朝鲜政府积极提供情报，清军诸将也是"一蹶不振"。在清军自毁长城之时，日军抓紧各项军事部署，"倭焰益张，骎骎有内犯之志已"❻。

清军唯一让人欣慰的，是在"先定守局，再图进取"的指导方针下，进行了一些防御部署。

清军在平壤的防守部署是在牡丹台外侧修筑堡垒四座，由左宝贵部奉军、丰升阿部盛军、江自康部仁字两营镇守，左宝贵统一指挥；西部七星门至内城景昌门，由叶志超

---

❶ 姚锡光.东方兵事纪略[M]//中国史学会.中国近代史资料丛刊·中日战争（第1册）.上海：上海人民出版社,2000:19.

❷ 姚锡光.东方兵事纪略[M]//中国史学会.中国近代史资料丛刊·中日战争（第1册）.上海：上海人民出版社,2000:23.

❸ 姚锡光.东方兵事纪略[M]//中国史学会.中国近代史资料丛刊·中日战争（第1册）.上海：上海人民出版社,2000:20.

❹ 中国史学会.中国近代史资料丛刊·中日战争（第3册）[M].上海：上海人民出版社,2000:29.

❺ 姚锡光.东方兵事纪略[M]//中国史学会.中国近代史资料丛刊·中日战争（第1册）.上海：上海人民出版社,2000:19.

❻ 姚锡光.东方兵事纪略[M]//中国史学会.中国近代史资料丛刊·中日战争（第1册）.上海：上海人民出版社,2000:23.

部芦防营镇守；南部的朱雀门、大同门等处，由卫汝贵部盛军守御，还在大同门外的大同江面搭建了一座浮桥，以通往来；东部的长庆门以及大同江的东岸，由马玉昆部毅军镇守。

平壤城垣壮阔，清军的几路大军分军镇守，其实并无不当，但这种部署有一个致命的弱点，就是将大军分散，遇到劲敌时不能合而击之。针对这种守御弱点，日军采取"分进合击，四面包围"的战术，逐步向平壤包围，由大岛义昌少将率领混成第九旅团（约3600人）自汉城出发，抵达大同江南岸，企图牵制清军，为其他部队包围清军提供便利；野津道贯率领第五师团本队（约5400人）自汉城出发，进攻平壤城的西南面；立见尚文少将率领第十旅团（约2400人）由汉城出发，绕攻平壤城东北；佐藤正大佐率领元山支队（约4700人）自元山出发，进攻平壤城西北的顺安，企图切断清军向义州的退路，并与立见尚文少将率领的第十旅团会合，共同进攻平壤城的北面。

当日军向平壤进发时，清军并无积极的备战措施。

9月6日，左宝贵部奉军在城外探敌，与日军第九混成旅团的一支军队相遇，双方交火后，奉军撤队回营。叶志超也感到日军进逼的严重性，于当天便召集卫、左、马、丰等将领召开会议，加紧了城防部署。清军一直屯在平壤，毫不突围或进取，日军则利用这个机会，顺利地完成了对平壤的包围。

9月12日至13日，四路日军均已逼近平壤。14日午夜，日军汇聚于大同江南岸，元山、朔宁两支队一齐发起攻击，攻占清军营垒数座。当晚，叶志超见城北形势危急，主张弃城逃跑，被左宝贵痛斥。之后，左宝贵派亲兵监视叶志超，防止其逃跑。左宝贵决心抗敌，是难得的好将领。

9月15日晨，日军按照原定计划，将包围平壤的军队重新整合，对平壤发动总攻。战役在三个战场展开：大同江南岸战场（又称船桥里战场）；玄武门战场；平壤城西南战场。

船桥里战场：日军第九混成旅团在大岛义昌的指挥下，首先向大同江南岸清军发起进攻。经过恶战，2200名清军重创了3600名日军，将领马玉昆在战斗中表现得英勇无比。戚其章给予这场战斗极高的评价："船桥里之战，是甲午战争的陆战中打得最好的一次战斗。"❶这一仗，日军遭受了重大伤亡，据日本文献记载："将校以下死者约百四十名，伤者约二百九十名。"❷

玄武门战场：玄武门地理位置重要，所以也是日军进攻的重点。镇守此处的仅有左宝贵部奉军及江自康部仁字军，共2900余人，而日军集中优势兵力7800余人，由立见尚文少将的第十旅团（又称朔宁支队）和佐藤正大佐的第十八联队（又称元山支队）主攻。清军将领左宝贵在激战中中炮牺牲，其部下三位营官也先后阵亡。玄武门被日军攻陷后，清军的奋力抵抗，日军只得退守玄武门。战役中牺牲的将领左宝贵，被光绪帝追赠太子少保衔，赐谥号"忠壮"。

城西南战场：野津道贯亲自率领日本第五师团本队，于15日晨从平壤西南向清军发起进攻。战至中午，野津道贯见难以得手，下令暂停攻击，退回驻地。

---

❶ 戚其章. 甲午战争史 [M]. 上海：上海人民出版社, 2014: 101.

❷ 日本参谋本部. 明治二十七八年日清战史（第2卷）[M]. 东京：东京印刷株式会社, 1900: 172.

午后，三个战场中，船桥里战场清军大胜，玄武门战场清军大败，城西南战场胜负未分。此时，清军统帅叶志超已经被清军玄武门的大败吓破了胆，竟然树起白旗，下令全军撤退，而且厚颜声称："北门之咽喉既失，子药又不齐全，转运不通，军心惊惧，设敌军连夜攻打，何以防御！不如暂弃平壤，增彼骄心，养我精锐，再图大举，一气成功。"❶

晚 8 时，清军开始撤退，当时下着倾盆大雨，撤退的清军中了日军的埋伏，死亡2000 余人，被俘 500 人左右，惨不忍睹。据《东方兵事纪略》记载：倭人要于山隘，枪炮排轰，我溃兵回旋不得出，以避弹故，围集愈紧，死亡愈众。其受伤未殊之卒纵横偃卧，求死不得，哀号之声，惨不可闻。❷

之后的几天中，叶志超更是吓得不轻，一夜狂奔五百里，逃至鸭绿江边，于 21 日仓惶渡江回国。9 月 24 日，清军全部退过鸭绿江，而日军一路高歌，占领了整个朝鲜半岛。

溃逃回中国的叶志超，竟然无耻地向清廷虚报战功，称"血战五昼夜，诸军奋勇杀敌，以弹尽援绝而退"❸。纸包不住火，叶志超捏造战功一事最终被御史揭发，叶志超被清廷判斩监候，盛军的将领卫汝贵也因多项罪名被处斩。

平壤战役是中日双方宣战后的第一场战役，开战前，清军拥有诸多优势，但最后却被日军打得溃不成军、逃回境内。中日之间这场陆战，给今后的战局带来的影响是巨大的。

首先，清军伤亡惨重，死亡近 2000 人，被俘数百人。而日军的伤亡数，远不及清军。

其次，朝鲜北部的重镇平壤落入日军之手，清军的势力彻底退出朝鲜。日本自此在朝鲜半岛横行无忌，朝鲜直至第二次世界大战后才摆脱其魔爪。

第三，此役严重挫败了清军的锐气，清军此后的陆战几乎连战连败；作为敌军的日军则气焰大盛，逐步扩大侵略战火，最终将战火烧至中国境内。

清军在平壤战役中战败，最重要的原因就是统帅无能。叶志超身为统帅，全无抗敌决心，只能用"畏葸懦弱、昏聩无能"来形容。统帅如此，清军岂有战胜的可能？！

第八节　黄海海战

日军围攻平壤城后，在黄海海域，中日双方的军队也于 1894 年 9 月 17 日爆发了黄海海战。此时平壤战役尚未完全告终，中日可谓陆战与海战交叠。

在平壤战役之前，叶志超不断电请清廷增兵，当时日军呈大军压城之势，清廷慎重

❶ 栾述善.楚囚逸史 [M]// 戚其章.中国近代史资料丛刊续编·中日战争（第 6 册）.北京：中华书局，1993: 182..

❷ 姚锡光.东方兵事纪略 [M]// 中国史学会.中国近代史资料丛刊·中日战争（第 1 册）.上海：上海人民出版社，2000: 23.

❸ 王芸生.六十年来中国与日本（第 2 卷）[M].北京：生活·读书·新知三联书店，2005: 103.

考虑后，决定增调刘盛休部铭军向平壤一带增援。为了避免刘盛休部铭军前去增援后金州、旅顺一带防守空虚，李鸿章又从山海关调集赵怀业率领的怀军五营进驻大连湾。

向平壤增援的铭军共 10 营（一说 12 营，一说 8 营），这支军队要乘坐轮船招商局的五艘轮船渡海至朝鲜。李鸿章吸取了丰岛海战清军遭日舰袭击的教训，命令海军提督丁汝昌用北洋军舰护送这五艘轮船，保证援军顺利抵达朝鲜半岛。

这次护送援军的北洋舰队共计军舰 10 艘，附属舰 8 艘，见表 7-4。

表7-4 护送援军的军舰一览表

舰名	舰种	吨位	速力（节）	装甲部位	厚度（公分）	炮种	数量（门）	鱼雷发射管（个）	官阶	姓名
定远	铁甲	7335	14.5	装甲堡	35.6	30.5公分口径	4	3	右翼总兵	刘步蟾
				炮塔	30.5	15公分口径	2			
				司令塔	20.3					
镇远	铁甲	7335	14.5	装甲堡	35.6	30.5公分口径	4	3	左翼总兵	林泰曾
				炮塔	30.5	15公分口径	2			
				司令塔	20.3					
经远	铁甲	2900	15.5	铁甲	24.0	21公分口径	2	4	副将	林永升
				炮塔	20.0	15公分口径	2			
				司令塔	20.0					
来远	铁甲	2900	15.5	铁甲	24.0	21公分口径	2	4	副将	丘宝仁
				炮塔	20.0	15公分口径	2			
				司令塔	20.0					
致远	巡洋	2300	18.0	铁甲	5至10	21公分口径	3	4	副将	邓世昌
				司令塔	15.0	15公分口径	2			
靖远	巡洋	2300	18.0	铁甲	5至10	21公分口径	3	4	副将	叶祖珪
				司令塔	15.0	15公分口径	2			
济远	巡洋	2300	15.0	炮台	25.4	21公分口径	2	4	副将	方伯谦
				司令塔	12.7	15公分口径	1			
				水线下甲板	7.6					

（续 表）

舰名	舰种	吨位	速力（节）	装甲		主要兵器		鱼雷发射管（个）	管带	
				部位	厚度（公分）	炮种	数量（门）		官阶	姓名
平远	装甲	2100	11.0	甲带 炮塔 司令塔	20.3 20.3 15.2	26公分口径 15公分口径	1 2	1	都司	李和
超勇	巡洋	1350	15.0	舰体	1左右	25公分口径	2		参将	黄建勋
扬威	巡洋	1350	15.0	舰体	1左右	25公分口径	2		参将	林履中
广甲	巡洋	1296	14.0			15公分口径	2		都司	吴敬荣
广丙	巡洋	1030	15.0			12公分口径	3		都司	程璧光

另外 6 艘舰艇为炮舰镇南、镇中和鱼雷舰福龙、左一、右二、右三。

（戚其章：《甲午战争史》，第 120～121 页。）

表 7-4 所述北洋军舰，于 1894 年 9 月 15 日抵达大连湾。16 日，援军所乘坐的"新裕""图南""镇东""利运""海定" 5 艘轮船，在 18 艘北洋军舰的护送下起航，向鸭绿江口的大东沟进发。9 月 16 日中午，北洋舰队护送的运兵船抵达大东沟口外。援军陆续登陆后，北洋舰队也完成了护送任务。

9 月 17 日上午 8 时，18 艘北洋军舰准备返航。与此同时，日本联合舰队也从海洋岛向东北方向航进，此次的日本联合舰队共有 12 艘，均为精舰：

第一游击队的巡洋舰四艘："吉野"（第一游击队司令坪井航三海军少将之旗舰，舰长大佐河原要一）、"浪速"（舰长大佐东乡平八郎）、"高千穗"（舰长大佐野村贞）、"秋津洲"（舰长少佐上村彦之丞）。

本队第一群阵的海防舰、巡洋舰三艘："松岛"（联合舰队司令伊东佑亨海军中将旗舰，舰长大佐尾本知道）、"千代田"（舰长大佐内田正敏）、"严岛"（舰长大佐横尾道昱）。

本队第二群阵的海防舰、巡洋舰三艘："桥立"（舰长大佐日高壮之丞）、"比睿"（舰长少佐樱井规矩之左右）、"扶桑"（舰长大佐新井有贯）。

本队右侧的代用巡洋舰、炮舰二艘："西京丸"（舰长少佐鹿野勇之进）、"赤城"（舰长少佐板元八郎太）。

10 时 23 分，日本联合舰队第一游击队率先发现了北洋军舰。10 时 30 分，北洋海军的"镇远"号军舰的哨兵也发现了日本舰队。之后，北洋舰队进一步看清了敌人的动态："南望不仅可见烟氛，且可见烟氛所从发出之战舰一串。"❶ 中日海战即将爆发。

12 时 50 分，双方舰队相距 5300 米，北洋海军的旗舰"定远"号率先开炮。联合舰队第一游击队在距北洋军舰 5000 米处即向左转弯，航向北洋军舰右翼，冒险将舰队暴露于北洋军舰阵前。十秒钟后，"镇远"号军舰也发出炮弹，紧接着，北洋舰队各舰一齐发炮轰击。三分钟后，日本旗舰"松岛"舰也开始发炮还击，"忽分忽合，船快炮快，子弹纷集"❷，北洋舰"定远"号中弹，在飞桥上督战的丁汝昌身负重伤，总兵刘步蟾代为督战。双方激烈的炮火自此展开，可谓"火光烛天，海水如沸"。13 时左右，第一游击队炮击北洋军舰右翼的"超勇""扬威"两舰，20 分钟后，这两艘军舰起火。另一边，联合舰队本队航速较慢的几艘军舰成为了北洋军舰的打击目标，日本第一游击队左转，回救两舰，本队右转，形成了夹击阵势。

14 时 20 分，日舰"西京丸"中弹起火退出战场。北洋军舰"超勇"沉没，"扬威"受重伤而驶离战场搁浅（有记载被济远撞沉于浅海）。14 时 30 分，北洋军舰"平远"号命中日舰"松岛"，被其所伤并引起火灾，暂时退避。15 时 04 分，北洋军舰的旗舰"定远"中弹起火。15 时 20 分，第一游击队集中打击北洋军舰"致远"号，"致远"号沉没。"济远""广甲"在"致远"沉没后，径直驶回旅顺（广甲在途中触礁搁浅，两天后被日舰击毁）。此时，北洋军舰已经溃不成军，无法保持战斗队形。

15 时 30 分，联合舰队旗舰"松岛"被击中，并引起堆积在甲板上的弹药爆炸。16

---

❶ 中国史学会 . 中国近代史资料丛刊·中日战争（第 6 册）[M]. 上海：上海人民出版社 ,2000:45.

❷ 中国史学会 . 中国近代史资料丛刊·中日战争（第 3 册）[M]. 上海：上海人民出版社 ,2000:134.

时 10 分，北洋军舰"靖远""来远"受伤，退向大鹿岛，日本联合舰队旗舰"松岛"随即发出了"各舰随意运动"的信号。17 时左右，北洋军舰"靖远""来远"经抢修恢复战斗力。"靖远"代替旗舰升起队旗，收拢各舰。17 时 30 分，北洋军舰"经远"沉没，日本联合舰队发出"停止战斗"的信号，脱离战斗。战斗结束后，北洋舰队返回了旅顺。

至此，黄海海战在历时 5 个多小时后结束。

黄海海战是甲午战争爆发后，继丰岛海战之后的第二次海战，之前的丰岛海战是日舰袭击北洋军舰，而且双方动用的军舰较少，而此次黄海海战呈现出了规模大、战斗剧烈等特点。黄海海战中，中国的北洋军舰有 18 艘，其中有 10 艘是主力舰，而日本投入战斗的军舰则有 12 艘，包括其全都精舰，中、日的这场黄海海战，可以说是双方的海军主力战。

这场海战与朝鲜内陆的陆战（平壤战役）同时发生，对于中日的战局而言，极具重要性。当时，加入北洋海军的英国人泰莱对其重要性说得很透彻："陆军已败，势必败也；海军之注，延待至今，当在必掷。中国之命运，视乎此注。"❶

对于这样一场极具战略意义的海战，清军仍然没有获胜。从战争的结果来看：北洋舰队损失了"致远""经远""超勇""扬威""广甲"5 艘军舰，邓世昌、林永升等将领牺牲，死伤官兵千余人，而日本舰队方面，"松岛""吉野""比睿""赤城""西京丸"5 舰受重创，死伤官兵 600 余人。讽刺的是，7 月 25 日的丰岛海战，与 9 月 17 日的黄海海战，都是北洋舰队在护送运兵船的航行中，被日本人的炮舰攻击，在某种程度上，这两次海战极具相似性。清军在间隔不到两个月的两次海战中，连续栽了两个跟头，问题究竟出在哪里？

黄海海战战败后，清廷曾竭力寻找战败原因，沈寿堃认为：大东沟之败，非弹药不足，乃器之不利也……中国所制之弹，有大小不合炮膛者；有铁质不佳，弹面皆孔，难保其未出口不先炸者……临阵之时，一遇此等军火，则为害实非浅鲜。❷

不仅中国人有此感慨，连英国人泰莱也认为：中国舰队，就枪炮及铁甲而论，至少与日本相埒。炮术甚佳；训练虽稍有遗憾，惟水兵可称善战。极严重之事因，厥为子弹之缺乏。❸

弹药的问题已然如此，就更别提其他方面的问题了。

北洋舰队虽然损失了几艘战舰，但主力犹存，然而李鸿章视北洋舰队为私产，为了保存实力，竟然命令北洋舰队全部躲入威海港内，不准巡海迎敌。这种策略是保守而又怯懦的，宗泽亚评价："在李鸿章'御敌保船'的方针下，（北洋舰队）最终成为日军的囊中之物。"❹

中国在此次海战中失败，给之后的战局带来的影响是非常巨大的，正因如此，9 月

---

❶ 中国史学会.中国近代史资料丛刊·中日战争（第 6 册）[M].上海：上海人民出版社，2000：43–44.

❷ 季平子，齐国华.盛宣怀档案资料·甲午中日战争（上册）[M].上海，上海人民出版社，2016：403–404.

❸ 中国史学会.中国近代史资料丛刊·中日战争（第 6 册）[M].上海：上海人民出版社，2000：47.

❹ 宗泽亚.清日战争 [M].北京：北京联合出版公司，2014：60.

15 日的平壤战役与 9 月 17 日的黄海海战一起构成了甲午战争的转折点，日军通过陆战的胜利，控制了整个朝鲜半岛，之后又通过海战的胜利，夺取了黄海的制海权。

事态发展至此，日本已经完全掌握了战争的主动权，因此，王芸生评价："甲午之战，陆战决于平壤，海战决于黄海，以后诸役，更为不堪。"❶

第九节　清廷的"回天之术"

日军在平壤战役、黄海海战中取胜后，欧美各国的态度忽然出现了"一边倒"的现象，《蹇蹇录》记载：这场海陆大捷传到了世界各国的报纸上，就一下子改变了欧美各国的视听和想法，过去曾对我国的行为多少抱有批评的国家，也转瞬之间不惜使用了各种过分的赞美之辞。❷

这些欧美列强中，只有俄国比较例外，俄国政府将舰队通过苏伊士运河开往远东，似乎有自己的一番计算。

当时的国际舆论对中国非常不利，中国没能保住朝鲜藩篱的安危不说，还让日本在海战、陆战中占尽便宜，清廷不仅面子上挂不住，而且心灵也遭受了重创。

黄海海战后，日本经过了一个多月的休整和筹备，才再次扩大侵略，而在这一个多月的时间里，清廷内部发生了什么事？是痛定思痛，及时调整战略？还是再次贻误战机？

总体而言，在这段时期里，清廷从上到下，还是有一番作为。

一、李鸿章遭谴

1894 年 9 月 17 日，清廷传谕：

倭人渝盟肇衅，迫胁朝鲜；朝廷眷念藩封，兴师致讨。北洋大臣李鸿总统师干，通筹全局，是其专责；乃未能迅赴戎机（平壤战役），以致日久无功，殊负委任：著拔去三眼花翎，褫去黄马褂，以示薄惩。该大臣务当力图振作，督催各路将领，实力进剿，以赎前愆。钦此。❸

这恐怕是李鸿章自天津教案时被调任直隶总督以来所受的最重的一次惩罚，李鸿章以"未能迅赴戎机，以致日久无功"等原因，被清廷拔去了三眼花翎，并被褫去黄马褂。

在这道谕旨下达的前后，清流党再次发出清议，众多言官对李鸿章贻误战机之事口诛笔伐，共有翰林院 35 名翰林联名折参李鸿章，可谓墙倒众人推。就在清廷这道罢黜谕旨下发前的 9 月 8 日，江南道监察御史张仲炘就已经上奏，批驳李鸿章："北洋大臣李鸿章，韬略夙娴，久领洋务，敌情军事，宜所素知；而顾举动乖方，机宜坐失，岂其智虑果出倭人下哉？"❹罢黜谕旨下发后的 9 月 20 日，给事中洪良品上奏："李鸿章志存和局，

❶　王芸生. 六十年来中国与日本（第 2 卷）[M]. 北京：生活·读书·新知三联书店，2005：98.

❷　[日]陆奥宗光. 蹇蹇录 [M]. 徐静波，译. 上海：上海人民出版社，2015：108.

❸　中国史学会. 中国近代史资料丛刊·中日战争（第 3 册）[M]. 上海：上海人民出版社，2000：101.

❹　中国史学会. 中国近代史资料丛刊·中日战争（第 3 册）[M]. 上海：上海人民出版社，2000：88.

致诸将观望不前……李鸿章乃以素不知兵之周馥调临前敌，总理营务，盖意不在战而在和也。"❶ 这个时期，清流党看到清廷谴责李鸿章，认为李鸿章"主和"的策略已经被清廷视如敝屣，所以不失时机地奏劾李鸿章，大胆放言"主战论"。

李鸿章也真是有口难言，看到自己成为众矢之的，于 9 月 19 日上奏，为自己辩解："方倭事初起，中外论者，皆轻视东洋小国，以为不足深忧……倭人于近十年来，一意治兵，专师西法，倾其国帑，购制船械，愈出愈精。中国限于财力，拘于部议，未能撒手举办，遂觉稍形见绌"。❷ 按理来说，李鸿章总结的"中国轻敌""治兵、师西法未能撒手举办"等战败理由也有一定的道理，但这些理由并不能涵盖所有的战败因素，也不能成为其畏罪开脱的理由。从丰岛海战到牙山战役，再到后来的平壤战役、黄海海战，清军基本上都战败，不论是作为中枢决策的清廷，还是统筹全局的李鸿章，或是一线御敌的将帅，都对战争的失败脱不了干系。

二、起用奕䜣

恭亲王奕䜣的一生颇具传奇色彩，其政治活动贯穿了道光、咸丰、同治、光绪四朝，际遇也映射了"宦海浮沉，一波三折"的道理。

中法战争期间，清廷发生了"甲申易枢"的政变，奕䜣被罢去首席军机大臣、总理衙门大臣等职务。至 1894 年甲午战争爆发后，奕䜣已经赋闲整整十年。1894 年以来，从朝鲜危机，到中日宣战，再到平壤、黄海战役连连挫败败，清廷一直处处碰壁。1894 年 8 月 3 日，御史长麟上奏，"请起用恭亲王奕䜣"❸，这个御史是较早想起起用奕䜣之人。此后，清廷内部的诸多大臣也开始想起了奕䜣这位外交、洋务重臣。

或许是中国打不开战争的被动局面，也打不开外交的僵局，又或许是清廷还有其他方面的考虑，总而言之，清廷于 9 月 29 日起用奕䜣，"命在内廷行走，管理各国事务衙门，并添派总理海军事务，会同办理军务"❹，清廷的这个决定，让奕䜣再次回到了政坛。

三、赏善罚恶、筹划边防

平壤战役后，清廷于 9 月 23 日降旨，对将帅分别予以奖惩：我军奋勇迎敌，力战五昼夜，子尽粮绝，总兵左宝贵阵亡，叶志超等遂拔队退至安州一带，在博川画江固守……除本日明降谕旨，将左宝贵赐恤外，叶志超等均著加恩免其议处。❺

英勇牺牲的将领左宝贵被清廷追赠太子保衔，加恩入祀昭忠祠，而此时清廷还没识破叶志超的谎言，仍旧认为清军"力战五昼夜"，所以没有降罪叶志超。后来东窗事发，叶志超被判斩监候，也是其应得的报应。

黄海海战后，清廷听闻北洋军舰"济远"号的管带副将方伯谦在海战中逃走，随即

❶ 中国史学会．中国近代史资料丛刊·中日战争（第 3 册）[M]．上海：上海人民出版社，2000：109．

❷ 李鸿章．李文忠公全集·奏稿，第 78 卷，第 61 页．光绪三十一年至三十四年金陵刻本，天津图书馆藏．

❸ 郭廷以．近代中国史事日志（下册）[M]．北京：中华书局，1987：879．

❹ 郭廷以．近代中国史事日志（下册）[M]．北京：中华书局，1987：885．

❺ 中国史学会．中国近代史资料丛刊·中日战争（第 3 册）[M]．上海：上海人民出版社，2000：117．

大怒，降旨将方伯谦"即行正法"❶。10月5日，李鸿章奏请优恤黄海海战中阵亡的清军，两天后，清廷降旨，对邓世昌、陈金揆、黄建勋、林履中等死难官兵，均予以恤赏。

此外，清廷还积极筹划海防，于军事抵御方面做了一些努力，比如在黄海海战战败后的9月19日，清廷降旨，饬令张锡銮迅速率领军队前往鸭绿江一带防守，又谕令宋庆部毅军驰赴九连城驻守。❷通过这些部署，清廷做出了一副保卫沿海、力战到底的样子。

平壤、黄海战败后，清廷所做的这三件大事，看似各不相关，实则有着重大的内在联系。这种内在联系可概括为四个字："战战和和"。详细而言，"战战和和"也就是清廷的作战策略开始在"战"与"和"之间出现踟蹰。

评析"战战和和"，应当先确立这样一个结论：此时清廷内部的议和氛围悄然酝酿，而且越来越浓，面对主战还是主和，俨然已经产生两种不同的势力——慈禧太后、李鸿章、奕䜣等人主和；光绪帝以及翁同龢、李鸿藻等清流党人士主战。确立这个结论，不仅可以看清楚清廷在这个月里所做的三件事的内在联系，清廷采取这些"回天之术"的原因也自然能够解释得通。

带着这个结论，我们来反观一下清廷所做的这三件事。

第一，来看李鸿章遭谴一事。

清廷其实并非把李鸿章打入谷底，而真实的用意，正如谕旨所言，仅仅是"以示薄惩"。理由如下：李鸿章只是被"拔去三眼花翎，褫去黄马褂"，而官职并未被扒光，仍留任直隶总督等要职；9月19日，清廷传谕："山海关各口后路，及畿辅一带，应如何增兵驻守之处，并著李鸿章悉心筹划，严密布置，毋稍疏虞。"❸清廷如果真的要把李鸿章踩到底，不会在罢黜的谕旨下达的两天后，又委以李鸿章重任；清流党一直以极高的论调在叫嚣着"主战论"，清廷降旨谴责李鸿章，能稍微安抚清流党的情绪，进而平息一下清廷内部"主战"与"主和"的矛盾。

从上述三个方面可以看出，清廷惩戒李鸿章只是摆摆姿态而已。这个时期，议和的思想已经开始在清廷内部逐步酝酿，俄、英等国家看到日本于平壤、黄海战役中取胜，也再次摆出调停者的姿态，开始干预中、日之间的局面。俄国驻华公使喀西尼与李鸿章频频联络；英国驻华公使欧格纳也于10月10日与李鸿章会晤，劝李鸿章早日议和。慈禧太后历来都主张和局，而且此年正逢其六十大寿，所以慈禧太后是倾向议和的，并对俄国的调停抱有很高的期望。李鸿章向来得慈禧之宠，对于慈禧太后而言，李鸿章此时肩负着很重要的任务——联俄、议和。

第二，再来看起用奕䜣一事。

清廷决定起用奕䜣的时期，正是"战与和"的策略扑朔迷离的时期。在这种"战和不定"的情况下，倾向议和的慈禧太后自然而然地想起并起用了奕䜣，所以说，奕䜣在这种节骨眼上重回政坛，其实是辅助李鸿章促成和局。

奕䜣的一生已经到了晚年，经历了起起落落的奕䜣显得暮气沉沉。奕䜣原先就主张对外国屈服，所以他复出后便亲自出面，请求英国联合美国和俄国共同调停中日战争。

❶ 中国史学会.中国近代史资料丛刊·中日战争（第3册）[M].上海：上海人民出版社,2000：119.

❷ 中国史学会.中国近代史资料丛刊·中日战争（第3册）[M].上海：上海人民出版社,2000：108.

❸ 中国史学会.中国近代史资料丛刊·中日战争（第3册）[M].上海：上海人民出版社,2000：108.

在李鸿章的斡旋下，英国公使欧格纳于 10 月 13 日在总署与奕䜣会晤，向奕䜣提出了调停建议：由各国保护朝鲜，中国赔偿日本军费。很显然，各国的这些调停，各有各的打算，而且所谋私利太深，所以这些调停建议最终都没有获得任何结果。

第三，最后看赏善罚恶、筹划边防一事。

赏善罚恶一事很好理解，这是对于战败的一种总结，用意在于稳定军心、振奋军心。对于边防的筹划，此时议和思潮尚在酝酿阶段，舆论界仍是一片主战的声音，面对日军，清廷也不敢疏忽，所以筹划边防对中国而言也是极其必要的，面对大敌迫临我国之境，清廷总不能什么也不做。

清廷在战战和和之间，还产生了一个副产品：帝党与后党开始形成，并逐步对立。

1894 年 9 月 21 日，清廷下达了一道奇怪的谕旨给李鸿章："朕钦奉慈禧端佑康颐昭豫庄诚寿恭钦献崇熙皇太后懿旨：……"❶ 这封谕旨不伦不类，既然是以"朕"的口气下谕旨，开篇却冠以"钦奉皇太后懿旨"之词，说白了就是皇帝以太后的意志来下达了一封谕旨。

在甲午战争期间，清廷多次下达这种谕旨，而这种"谕旨与懿旨相融合"的最高政令，充分说明了一个问题：此时光绪帝虽已亲政，但重要的国策问题还是慈禧在操纵，慈禧太后甚至在暗中不断干预中日战事。不幸的是，慈禧太后和光绪帝所持有的策略不同，慈禧主和，光绪主战，这种分歧分化了帝、后，形成了所谓的"帝党"和"后党"。

第四，清流党是一支不得不说的政治力量。

当李鸿章被清廷下旨谴责后，清廷的主战意愿仿佛非常坚定，这让主战的清流党看到希望，进而抓紧时机，极力鞭笞李鸿章。后来清廷的主旋律又变了，尽管光绪帝主战，但慈禧太后更倾向于国际调停与议和，所以清流党又突然被压制，翁同龢、李鸿藻等主战人士"闻和议而求死不得"❷。

在这一个多月的"战战和和"期间，清流党人士也做出了一些匪夷所思的举动，他们虽然一直主战，但在后期的言论中也主张联合国际力量，寄希望于国际调停。比如，早在日本向清廷发出第二次绝交书时，礼部右侍郎志锐曾奏请清廷开战，其言行乃是彻底的"清流"，然而此时的志锐却于 10 月 5 日奏请"连英伐倭，许以三千万两"❸；又如，翰林院的诸多翰林在李鸿章遭谴时曾经奏劾李鸿章，而在 10 月 7 日，翰林院一干人等竟然奏请"密连英德，以御日人"❹。这些清流党人士之所以会有如此匪夷所思之举，主要是因为他们时刻围绕在慈禧太后与光绪帝之间，他们的一言一行，正好可以影射出这段时期清廷内部的重大决策正在悄然发生着变化。

清流党之中，翁同龢最为典型，也最为特殊。此人是光绪帝的老师，因与李鸿章的政治派系不同，所以为了和李鸿章这个假想敌政斗，一直与李鸿章唱反调，李鸿章干什么，翁同龢就拆什么，李鸿章主和，翁同龢就放言主战。翁同龢曾嘲讽李鸿章："宰相合

---

❶ 中国史学会.中国近代史资料丛刊·中日战争（第 3 册）[M].上海：上海人民出版社，2000：113.

❷ 王芸生.六十年来中国与日本（第 2 卷）[M].北京：生活·读书·新知三联书店，2005：129.

❸ 郭廷以.近代中国史事日志（下册）[M].北京：中华书局，1987：886.

❹ 郭廷以.近代中国史事日志（下册）[M].北京：中华书局，1987：886.

肥天下瘦"（李鸿章是合肥人），而李鸿章反讥翁同龢："司农常熟世间荒"（翁同龢是常熟人），由此可见二人嫌隙之深。

甲午战争爆发后，翁李矛盾不断加剧，李鸿章之所以获谴，翁同龢出力不少。毕竟姜还是老的辣，这个翁同龢徘徊于帝党和后党之间，游刃有余，看似帝党而不是，看似后党又不像，可见其为官处事之圆润。

综上，清廷这一个多月的时间内，还是做了一些实事，但这些实事不是有效地调整战略，而是单纯地调整枢员、增兵筹防。随着人员的调整，再加上帝党与后党的分歧、清流党的掺和，清廷的主要策略变得战和不定。

这就是清廷在这一个多月的宝贵时光里所采取的"回天之术"，日军将要压进中国境内，中国还在上演这些"好戏"，从客观而言，中国再次贻误了战机。

第十节　一败再败的辽东战场

从 1894 年 10 月 24 日起，日本将战火烧入中国。此间，中国境内的辽东地区，爆发了鸭绿江江防之战、金旅之战、辽阳东路之战、辽阳南路与规复海城之战、辽河下游之战等战役。辽东地区的战役持续了近五个月，中日双方从 1894 年 10 月底，一直打到了 1895 年 3 月初。

一、鸭绿江江防之战

清军于平壤战败后，开始全军溃退至鸭绿江。从 1894 年 9 月 20 日起，原驻朝鲜的将领马玉昆、丰升阿、聂桂林（左宝贵的继任者）、叶志超、聂士成、卫汝贵相继汇聚义州，23 日，全部残军集结后，开始渡过鸭绿江，退回中国境内。25 日，全军完成渡江作业，撤入中国境内的九连城一带。而此时，日军则步步紧逼，呈进逼中国辽东之势。

由于辽东是清廷的"龙兴之地"，所以清廷不敢怠慢，在谴责李鸿章、起用奕䜣的同时，在该地也开始了一些边防部署。

9 月 19 日，清廷降旨，谕令四川提督宋庆率领其部驻守在旅顺的毅军驰赴九连城驻守；21 日，清廷又命令黑龙江将军依克唐阿率领 3000 人增援九连城。10 月 11 日、13 日，宋庆、依克唐阿分别率领军队抵达九连城。原驻朝鲜而溃退的残军和后来增援的援军会合后，清廷开始对军队资源进行整合。10 月 18 日，叶志超、卫汝贵被清廷革职，其所部军队由聂士成、吕本元、孙显寅等继续统领；同时，清廷任命宋庆、依克唐阿为鸭绿江防线的最高统帅。

宋庆挂帅后，开始大力增强鸭绿江的防御，增添兵勇、筑固防线。至 10 月中旬，清军鸭绿江两路防线兵力总计：兵员 23750 人、野炮山炮 81 门、机关炮 4 门，此外，尚有一部分战力配置在鸭绿江防线以外，担任增援后续任务。●

日军在平壤、黄海战役后经过一个多月的休整，于 10 月底才发起了新一轮攻势，

● 宗泽亚．清日战争 [M]．北京：北京联合出版公司，2014：62.

直犯我国境内。面对辽东这块肥肉，日军采取了兵分两路的作战计划：10月24日，日本第一军司令山县有朋率日军由义州渡过鸭绿江，攻打清军驻守的九连城；同日，日本第二军司令大山岩率队，向旅顺、大连进攻。

这次进攻鸭绿江防线的日军共15052人。❶ 10月24日，日军先于九连城上游的安平河口渡河，驻守此地的清军虽然顽强抵抗，但抵挡不住日军的攻势，最终放弃阵地退往虎山。当夜，日军在虎山附近的鸭绿江中架起浮桥，桥基所用的材料，竟然包括清军的小木船。

10月25日晨6时，日军迫不及待地越过浮桥，向虎山清军发起进攻。清军守将马金叙、聂士成率部抵抗，又有马玉昆、宋得胜、刘胜休等部援军前来支援。可是，清军仍然抵抗不住日军的炮火，最终丢盔弃甲，退向栗子园、云河方向。清军溃退后，日军随即占领了虎山。

10月26日，日军抵达九连城外，但探子回报城中空无一人。清军并非上演"空城计"，而是在紧要关头全部逃命了。当时，清军统帅宋庆见势不妙，急忙向凤凰城方向逃走，其余各部将领也随之撤离，日军竟然在不费一枪一弹的情况下就占领了九连城，之后又顺利占领了安东城。逃往凤凰城的宋庆觉得当地不宜防守，又继续撤退，日军趁机又拿下了凤凰城。宋庆一直退至摩天岭，终于在此地驻扎，构筑工事。

这是日本陆军跨入中国境内的第一战，然而，在三天之内，清朝两万余人驻守的鸭绿江防线全线崩溃。面对日军的汹汹攻势，清军先是予以抵抗，之后却连战连败，连败连退，到后来干脆连打都不打了，仓惶逃命。清军之所以在鸭绿江江防之战中连失虎山、九连城、凤凰城等军事要地，主要是因为以下几个方面出现了问题。

第一，清军虽然在兵力上占有优势，但军士多无抗敌决心，反而是日军士气高昂、来势汹汹。

第二，清廷的部署充满了问题，鸭绿江防线的清军包括原驻朝鲜而退守的残军、后期支援的军队，这些军队本来就有不同的分属，各有各的将领，而清军没有选择一个德高望重之人担任统帅，反而选择了两个人共同担任最高指挥（宋庆、依克唐阿），这让两万多人的大军缺乏统一的节制，进而丧失了权威有力的军事调度。

第三，统帅、将领素质不高，宋庆虽是武官，但"无调度，非大将材"，诸多将领听闻清廷派了统一的节制（宋庆、依克唐阿）后，也是"多不悦，故诸军毕集，仍散漫无纪"❷，而且这些将领毫无斗志，关键时刻望风而逃。

清军退守摩天岭后，日军第一军司令山县有朋犯了一个军事错误，他违抗日本大本营的命令，冒进作战，以致于11月至12月初，日军与清军展开了困苦的搏斗，陷入周旋的困境，日军也损失惨重。11月中旬，日本政府将山县有朋从前线召回，由野津道贯继任日本第一军司令。

---

❶ 宗泽亚《清日战争》中记载的数字。

❷ 姚锡光.东方兵事纪略[M]// 中国史学会.中国近代史资料丛刊·中日战争（第1册）.上海：上海人民出版社,2000:24.

二、金旅之战

就在鸭绿江江防之战爆发的同一时间，日本第二军司令大山岩率领日军向金州、旅顺发起了进攻。

10月24日，25000人左右的日军在日舰的掩护下，开始在金州、旅顺后路的花园口登陆。此时驻守在金州一带的清军只有三支：捷胜营副都统连顺部清军驻守金州城；拱卫军总兵徐邦道部清军驻守徐家山；怀字军总兵赵怀业部清军驻守各炮台。这三支军队没有共同的主帅，徐邦道、赵怀业归李鸿章调遣，而连顺则归奉天将军裕禄指挥。得知日军向花园口登陆的消息后，徐、赵二人慌忙电告李鸿章，请求支援，李鸿章痛斥二人："大敌当前汝等如此惊慌失措……南来之军已调往山海关守备，尔等不能过度期待增援。"[1]

10月28日，日军向驻守貔子窝的清军开战，清军不战而退，返回金州。11月6日，日军开始进攻金州，金州守将徐邦道写信给驻守在各炮台的赵怀业求援，赵怀业拒绝了徐邦道的请求。金州城内的清军被日军击溃，向大连湾、旅顺口方向溃逃，日军攻占了金州。

11月7日，日军分三路向大连湾进攻，守将赵怀业闻风溃逃，日军不战而得大连湾。

日军攻占大连湾后，休整了十天，又开始向旅顺进逼。当时旅顺一带的清军汇集了桂字军、和字军、亲庆军、铭字军、怀字军、拱卫军等，约13000人，共有七个将领，而道员龚照玙虽是文官，但官衔大于诸将领，所以龚照玙隐隐然成为了诸将之首。日军进犯旅顺后，龚照玙竟置诸军于不顾，乘鱼雷艇逃往烟台，专程去向李鸿章求援，结果又被李鸿章痛斥。

11月18日至21日，中日双方在旅顺发生的战役有土城子战役、于大山战役、案子山战役、二龙山战役、旅顺口战斗。在诸多战役之中，清军只在一开始的土城子战役中取胜，此役中，日军遭到了徐邦道率领的拱卫军顽强抗击，日军恼羞成怒。然而，在随后的战役中，清军都是即战即败，越败越退。在最后一场战役即11月21日的旅顺口战役里，日军整合兵力后对清军发起猛攻，清军各路将领已经无法控制溃败的局面。

11月22日，号称"东亚第一要塞"的旅顺陷于日军手中，至此，金州城、大连湾、旅顺口的清军全线溃败。

关于日军的死伤人数，宗泽亚的《清日战争》记载：旅顺之战，日军战死40人，负伤241人，下落不明7人；缴获清军枪械1650支，以及旅顺口全部炮台设施和炮械、弹药。[2]

而戚其章考证后认为"日军死66人，伤353人"。[3]总之，日军则以较小的代价，取得了很大的果实。

日军攻陷旅顺后，制造了旅顺大屠杀的惨案，4天之内连续屠杀中国居民，死难者

---

❶ 宗泽亚. 清日战争 [M]. 北京：北京联合出版公司, 2014: 77.

❷ 宗泽亚. 清日战争 [M]. 北京：北京联合出版公司, 2014: 89.

❸ 戚其章. 甲午战争史 [M]. 上海：上海人民出版社, 2014: 209.

最高估计达 2 万余人。《甲午战争在旅大》一书中记载了日本人发起的这场毫无人性的屠杀：

> 日本兵把许多逃难的人抓起来，用绳子背着手绑着，逼到旅顺大医院前。砍杀后，把尸体推进水泡子里，水泡子变成一片血水……日本兵侵入市内，到处都是哭叫和惊呼声。日本兵冲进屋内见人就杀……有一家炕上，母亲身边围着四五个孩子，小的还在怀里吃奶就被捅死了……旅顺家家户户都敞着门，里面横七竖八的尸体，有的掉了头，有的横倒在柜台上，有的被开膛，肠子流在外面一大堆，鲜血喷得满墙都是，尸体把街都铺满了。❶

日本在旅顺的屠杀令人发指，美国《纽约世界报》、英国《泰晤士报》均披露了日本这一惨无人道的行径。旅顺大屠杀后的第三天，大山岩司令的国际法顾问有贺长雄曾经找到在旅顺的随军记者（美国、英国的记者），有贺长雄问记者们："请毫无顾忌地告诉我，你会不会把过去三天的状况称作'屠杀'？"一名叫弗里德里克·维利耶的记者回答道："那是冷血的屠宰。"❷

1895 年 1 月 10 日，李鸿章电告总理衙门："伦敦电，英国泰谟新闻纸刊有外国章云：日本攻取旅顺时，戕戮百姓四日，非理杀伐，甚为惨伤。"❸ 面对舆论压力，日本人慌了，急忙发表公开声明，指责美国《纽约世界报》所载内容是"大加夸张渲染以耸人听闻的"。此外，日本又向其驻美公使发出一份《关于旅顺口事件善后工作的训令》，企图用一些谎言来应对国际舆论，这显然是欲盖弥彰、厚颜无耻之举。

三、辽阳东路之战、辽阳南路与规复海城之战、辽河下游之战

金州、旅顺等地陷落后，清廷大为震动，光绪帝将李鸿章革职留任，摘去顶戴，并责令其严防各口；随即又任命两江总督刘坤一为钦差大臣，督办东征军务。

1895 年初，刘坤一率领湘军前往辽东战场，亲抵山海关节制关内外诸军，并开始构筑工事，以阻挡日军进一步的进攻。

另一方面，日军在取得胜利的同时，进一步向驻守在辽河以东营口、牛庄、鞍山一带的清军发动新的攻势，把战火烧入辽东半岛的腹地。此后，辽东半岛又爆发了辽阳东路之战、辽阳南路与规复海城之战、辽河下游之战等战役，清军还是不敌日军，节节败退，牛庄、营口、田庄台相继失陷，日军将辽东半岛及其以北的大孤山、宽甸以及辽河以西、以北的田庄台等重要城镇全部占领。

辽东战场爆发的大小战役，从 1894 年 10 月底一直持续到 1895 年 3 月初，清军在此战场上捷报极少，几乎都是溃败。中国的这种"败"，可以用"愈战愈败，一败再败"来形容。

第一，"愈战愈败"，指的是清军于鸭绿江之战、金旅之战的失败。

鸭绿江之战与金旅之战同时发生（日军均于 1894 年 10 月 24 日开始进犯），由于李

---

❶ 戚其章. 甲午战争史 [M]. 上海：上海人民出版社，2014：215.

❷ 万国报馆. 甲午：120 年前的西方媒体观察 [M]. 北京：生活·读书·新知三联书店，2014：207.

❸ 中国史学会. 中国近代史资料丛刊·中日战争（第 3 册）[M]. 上海：上海人民出版社，2000：303.

鸿章极其重视鸭绿江防线，所以把宋庆部毅军等重要的军队调离旅顺，对鸭绿江防线孤注一掷，导致鸭绿江和金旅的兵力严重失衡。重兵防守的鸭绿江防线都没能守住，而防守空虚的旅顺、金州更是不堪一击。

日本大军花园口登陆后的 12 天内，清军没有采取强有力的措施，坐失机遇，姚锡光认为："方倭人之至花园港也，以浮码头运炮马登岸，甚艰阻，凡阅十二日始毕登，我海陆军无过问者。"❶ 姚锡光所言有些夸大，清廷海陆军面对日兵登陆，并非"无过问者"，毕竟还是做了一些应敌准备，只不过力不从心而已。在日军登陆前后，李鸿章电令驻旅顺的海军提督丁汝昌，让其迅速修复黄海海战中受创的军舰，❷ 但是想要在短期内修复这些满目创伤的北洋军舰，希望微乎其微。

放眼整个辽东战役，一开始的鸭绿江江防之战、金旅之战是辽东战场的决定性战役，也是甲午战争期间中日双方的关键一战。鸭绿江防战、金旅之战，与之前的平壤战役、黄海海战具有不可忽视的内在因果联系，因为平壤战役导致清朝陆军溃败回境，日军乘胜追击；而黄海战役则让日军取得黄海制海权，为日军进犯金州、旅顺提供便利。清军在平壤、黄海战役之后，士气大跌，之后的鸭绿江之战、金旅之战，可谓"愈战愈败"。

第二，"一败再败"，指的是清军于辽阳东路之战、辽阳南路与规复海城之战、辽河下游之战的失败。

清军于鸭绿江之战、金旅之战战败后，清廷调两江总督刘坤一为钦差大臣督办东征事务，但是，此时清军的颓势，并不是简单地把李鸿章换成刘坤一就能挽回的。因此，自 1895 年 3 月 4 日起，日军相继攻占牛庄、营口和田庄台，清军一再被日军的铁蹄蹂躏，可谓"一败再败"。

第十一节　北洋舰队的最后一战

1895 年 1 月 20 日至 2 月 12 日，中国山东境内发生了威海卫之战，这是日本进攻北洋海军驻地之战，也是中国北洋舰队的最后一战。

日军在 1894 年 9 月 17 日的黄海海战中获胜后，夺取了黄海的制海权。黄海海战中，北洋舰队损失了 5 艘军舰，但"来远""定远"等军舰虽然受损，却尚有修复可能。所以，北洋军舰在黄海海战后并非直接前往威海卫，而是先前往旅顺，因为旅顺军港是北洋海军的军舰维修基地，李鸿章等人希望这些负伤累累的军舰在旅顺得到维修。可是，日军随时可能再犯，旅顺军港想要在短时间内对多艘受损的军舰完成修复，难上加难。

1894 年 10 月下旬，日军突然对我国辽东半岛发起猛攻，将战火烧入我国境内，并占领了金州。11 月 7 日，大连湾弃守，日军不战而得大连湾，而这一天恰好也是慈禧太后六旬庆辰，太后在宫中受贺。

面对局势越来越紧张的辽东战场，李鸿章颇为焦急，于 11 月 7 日致电督办军务处

❶　姚锡光.东方兵事纪略 [M]// 中国史学会.中国近代史资料丛刊·中日战争（第 1 册）.上海：上海人民出版社，2000：37.

❷　戚其章.甲午战争史 [M].上海：上海人民出版社，2014：177.

称："湾旅情形万紧，倭提督大山岩，水陆全力专注此路……丁汝昌海船现仅修好六只，小雷艇仅二只可出海，力量凤单，未便轻进，致有损失。"❶ 清廷见辽东半岛局势不妙，电令南洋大臣张之洞，让其调 4 艘战舰北上援助："近日倭氛偪近旅顺，北洋战舰不敷，若得南洋四艘前来助剿，较为得力。"❷ 李鸿章将北洋军舰视为私产，百般呵护，署理南洋大臣张之洞又何尝不爱惜麾下的战舰？所以，张之洞表面上积极响应清廷的号召，实则找各种借口推宕，浪费了大量时间。在张之洞与李鸿章、丁汝昌反复电商之时，11 月 22 日，旅顺已经被日本人攻陷。

在日军攻陷旅顺之前的 11 月 13 日，北洋水师的海军提督丁汝昌曾经奉命率舰抵达旅顺探查，发现旅顺的局面已极不乐观。北洋军舰尚未完全修好，而援舰迟迟未至，在这种形势下，如果北洋军舰与日舰交火，无疑是以卵击石。为了保存北洋军舰的实力，李鸿章等人决定将北洋军舰全部避入威海卫港口。

14 日晨，在旅顺修复的北洋军舰向威海卫进发，随后，北洋军舰全部避入威海卫港内。就在北洋军舰全部深藏到威海卫港内之后的 11 月 22 日，旅顺就落入了日军之手，日本海军在渤海湾获得了重要的根据地。

威海卫港与辽东半岛的旅顺口共同扼守着渤海门户，所以威海卫是清廷眼中的重要军事海港，被称为"渤海锁钥"。洋务运动期间，经过海防大臣们的努力，威海卫港区陆上共筑有炮台 23 座，岸炮 160 余门，守军 19 营，在烟台、宁海、荣成、登州等处也有驻军 41 营。甲午战争之前，山东半岛的总兵力达到了 60 营，共约 3 万人，❸ 北洋军舰避入威海卫，虽然是无奈之举，但李鸿章等人认为此处防御严密，北洋海军可以借此地得以喘息。

当时，渤海湾即将进入冰封期，而北洋海军的主力军舰已经全部避入威海卫港，鉴于这些情况，日本政府经过考虑后，决定暂缓执行进攻直隶的平原作战计划，而将战略进攻方向转至山东半岛，企图攻占威海卫，并歼灭黄海海战后撤退到此地的北洋海军。

为了夺取威海卫，歼灭北洋海军，日本整合了陆军与海军的资源：陆军方面，日本重新改编了第二军，将两个师团组建为"山东作战军"，共计 2.5 万余人；海军方面，日本联合舰队此时拥有 25 艘主力舰和 15 艘鱼雷舰，这些船舰对陆军提供运输和掩护。此外，威海卫港口炮台较多，守卫严密，日军为了顺利夺占威海卫，采用了"海、陆两军相互配合、共同作战"的计划，由"山东作战军"先于山东荣成登陆，袭击并攻占陆上炮台，断绝威海卫的后路，而陆军与海上的海军两面夹击，全力剿灭北洋海军。

日军突然将进攻方向转为山东半岛，这让清廷始料未及。当时清廷仍然将重兵集结于奉天、辽阳和京津一带，山东半岛的海防、陆防反而显得较为薄弱。清廷得知日军在山东作战的企图后，才仓惶开始做迎战准备。李鸿章令北洋舰队水陆相依，陆军固守大小炮台，舰船依托岸上炮台进行防御。

日军的炮火直指威海卫，企图水陆并进、两面夹击，而躲入威海卫港的北洋军舰共

---

❶ 中国史学会. 中国近代史资料丛刊·中日战争（第 3 册）[M]. 上海：上海人民出版社，2000: 192.

❷ 中国史学会. 中国近代史资料丛刊·中日战争（第 3 册）[M]. 上海：上海人民出版社，2000: 193–194.

❸ 戚其章. 甲午战争史 [M]. 上海：上海人民出版社，2014: 318–319.

有大小舰艇 27 艘，这些军舰都是北洋水师的命脉，也是洋务运动中极为重要的成果。所以，威海卫一带的海防、陆防显得极为关键，甚至决定着北洋海军的生死存亡。

日军计划于 1895 年 1 月 20 日在山东的荣成登陆，在登陆期间第二军司令大山岩派第二军参谋陆军步兵少佐神尾光臣及其法律顾问有贺长雄，携带着一份《劝降书》送给北洋海军的海军提督丁汝昌。这份《劝降书》是日本海军中将伊东祐亨所拟，为了招降丁汝昌，伊东祐亨不惜采用种种肉麻之语，甚至还借中国"会稽之耻"的历史之鉴。该《劝降书》称：

> 大凡天下事，当局者迷，旁观者审……仆于是乎指誓天日，敢请阁下暂游日本，切愿阁下蓄余力，以待他日贵国中兴之候，宣劳政绩，以报国恩，阁下幸垂听纳焉。贵国史册所载，雪会稽之耻，以成大志之例极多，固不待言……阁下苟来日本，仆能保我天皇陛下大度优容……仆之斯书，洵发于友谊之至诚，决非草草，请阁下垂察焉。❶

面对日军的劝降，丁汝昌毅然决然地予以拒绝！

1 月 19 日，日本的山东作战军在联合舰队的护送下乘坐运兵船从大连湾出发，次日在山东半岛的荣成湾登陆，占领了滩头阵地。荣成湾的清军兵力只有 5 个营，共约 2800 人，面对日本的山东作战军，驻扎此地的清军被迫后撤，日军乘势进占荣成。23 日，日军全部登陆完毕，共约 3.4 万余人。

1 月 26 日，日本第二军分两路包抄威海卫，形成夹击之势。日本陆军行至白马河，遭到福字军和嵩武军总兵孙万林率领的 1000 多名清军的英勇阻击。双方激战 2 小时后，日军死伤 10 余人，被迫后撤。

1 月 30 日，日军集中兵力进攻威海卫南帮炮台。驻守南帮炮台的清军仅六营三千人，营官周家恩带领军队顽强抵抗，最后被日军歼灭，日军也死伤累累，其左翼司令官大寺安纯少将被清军炮弹打死，这是日本在甲午战争中唯一阵亡的将军。由于兵力悬殊，南帮炮台终被日军攻占。不久，百尺崖、龙庙嘴、鹿角嘴等海岸炮台相继失守。后来，丁汝昌为了避免日军利用海岸炮台轰击威海港内的北洋舰队，下令将皂埠嘴炮台炸毁，威海港南岸炮台至此全部失守！

2 月 1 日，日军开始进攻威海卫和北岸炮台。炮台的清军势单力孤，最终无力回天。2 月 2 日，丁汝昌下令将北岸炮台炸毁，就这样，"威海之防尽堕"，威海卫城随之陷落，北洋海军被封锁在港内，形势万分危急。

2 月 3 日，日本海军大举出动，准备进攻威海卫港的门户刘公岛和日岛，日本陆军也将原南岸炮台的 7 门大炮修复，从海岸射击北洋军舰。日本的海、陆两军同时进攻，北洋海军和岛上的陆军奋起还击，击中了"筑紫""葛城"等日舰。

2 月 5 日凌晨，日军鱼雷艇潜入港内，偷袭北洋军舰。北洋军舰的旗舰"定远"被击伤搁浅。6 日凌晨，日军鱼雷艇再次袭击北洋军舰。之后，北洋军舰"来远""靖远""威远"等舰也被日军的鱼雷击沉，北洋海军的实力大大受损。

2 月 11 日，丁汝昌在洋员和威海营务处提调牛昶昞等投降将领的胁迫下，拒绝投降，服毒自杀。

❶ 王芸生.六十年来中国与日本（第 2 卷）[M].北京：生活·读书·新知三联书店,2005:171-173.

第
七
章

甲
午
战
争

关于丁汝昌自杀的原因，目前学界尚有争议，有的学者认为丁汝昌是拒降而自杀，有的学者认为丁汝昌并不是以死报国，而是以死卸责，以免家族遭到株连。近年来，陈悦考证后认为，丁汝昌的自杀确实含有"以免拖累众人"的因素，据陈悦所著的《甲午海战》一书中记载："丁汝昌在向老同事营务处道台牛昶昞交代后事之际，流露了心迹：'只得一身报国，未能拖累万人'。"❶

将领已亡，清军更无作战决心。2月12日，美籍洋员浩威起草了一份投降书，这份投降书是冒用丁汝昌的名义而写。❷广丙管带程璧光带着这份投降书，亲自送至日本旗舰。这份乞降书这样记载：

本军门始意必战至船没人尽而后已，今为保全生灵起见，愿停战事，所有刘公岛现存船只及炮台军械委交贵营，但冀不伤中西水陆官弁兵勇民人之命，并许其离岛还乡，如荷允许，则请英国水师提督为证。❸

日军收到清军的乞降书后大喜过望，伊东祐亨中将复函清军，接受其投降，言辞洋溢着胜利者的骄慢："请于明日将兵船军械炮台之属悉数交下。本中将当遣一船，渡送贵部下将弁兵勇，旋返贵国。至贵军门如欲前赴本国，并无不可。"❹此外，日军还赠与清军香槟酒蛎黄等礼物三种，让程璧光带回。

2月14日，中方的牛昶昞与日方的伊东佑亨签订了《威海降约》。这个降约规定，将威海卫港内舰只、刘公岛炮台及岛上所有军械物资悉数交给日军。

2月17日，日军在刘公岛登陆，威海卫海军基地陷落，北洋舰队全军覆没，"镇远""济远""平远""广丙""镇东""镇西""镇南""镇北""镇中""镇边"等10艘舰船全部作为日军战利品，被插上了日本国旗。北洋练习舰"康济"号被解除武装，交还中国。下午，"康济"号载着丁汝昌、刘步蟾、杨用霖等将领的灵柩，凄然离港，向烟台驶去。

威海卫之战，让清廷在洋务运动之中苦心经营多年的北洋军舰全军覆没！遥想数年之前，北洋海军成军之时，舰队龙旗飘扬，军队英姿飒爽，可是，仅仅几年之后，这支舰队竟然遭受了这样的命运，实在令人哀伤。

清军在这场战役中的失败，后果是极其惨重的，具体而言，有五个惨重的后果。

首先，北洋海军在此战中全军覆没，将领兵勇死伤惨重，这也标志着洋务运动的"海军近代化"破产。

其次，日军获得了北洋海军的多艘军舰作为日军的战利品，中国海军的实力大挫，而日本海军则是强上更强。

第三，日本运用劝降的方式，不断动摇着清军的作战意念与决心。清军于威海卫海战之中战败，不仅是军事上的战败，更是作战意念的崩溃与瓦解。

❶ 陈悦. 甲午海战 [M]. 北京：中信出版社，2014：464.

❷ 这份乞降书究竟出炉于丁汝昌死之前还是死之后？丁汝昌是否参与降书的草拟？对于这些问题，目前学界尚有争议。

❸ 王芸生. 六十年来中国与日本（第2卷）[M]. 北京：生活·读书·新知三联书店，2005：173.

❹ 王芸生. 六十年来中国与日本（第2卷）[M]. 北京：生活·读书·新知三联书店，2005：174.

第四，日本先是在辽东战场捷报连连，现在又在山东战场（威海卫海战）中获胜，这让中国的京畿地区顿时门户洞开，清军在辽东、山东的防线可谓全线溃败。

第五，在平壤、黄海海战之后，清廷已经开始酝酿中日议和。而清军在辽东、山东战场的溃败，清廷更加坚定了议和的态度。

第十二节　德璀琳东渡，广岛拒使

清廷的议和思想，从"酝酿"到"萌发"，再到"坚定不移"，主要经历了两个过程。

第一个过程发生 1894 年 9 月的平壤、黄海战役之后，当时清廷虽然已经开始酝酿"和局"，但议和思想只是刚刚冒头，尚不算十分浓厚。第二个过程发生在 1894 年 10 月底之后，当时日军大肆进犯辽东半岛，清军一败再败，而在 1895 年 1 月的威海卫之战中，清军更是不堪，威海卫港的防线全线崩溃，北洋海军也在此役中覆灭。面对丧师失地的惨状，清廷内部的"主战"与"主和"的矛盾变得异常尖锐：以慈禧太后为首的主和者更加坚定了乞降的决心，而主战者对乞降议和的行为大力批驳。在清廷内部，显然是主和派占了上风。

议和的方针既定，摆在清廷面前的问题只有一个：日本会以怎样的条件而同意结束战争？面对这个问题，清廷绞尽了脑汁。

当时，日本也不希望战争无休止地继续下去，而是早有媾和的愿望，据日本外相陆奥宗光的回忆，早在 1894 年 10 月 8 日之后，陆奥宗光就已经与内阁总理伊藤博文讨论并制定了一份中日的媾和条约。❶ 但是，日本之所以迟迟不与清廷展开谈判，是因为当时日军在中国辽东的战斗正酣，日本认为此时媾和的时机尚不成熟，想要以战争的进一步胜利而对清廷进行更大的要挟。

中、日均有媾和的愿望，而随着辽东战场各个战役的爆发，中、日双方的局势已经逐渐明晰，此间，欧美各国企图趁机捞取利益，又开始了新一轮的斡旋和调停，英国甚至企图利用"欧洲列强的联合调停"的方式来干预中国和日本。欧美各国的插足欲望，与清廷的议和思想暗合，因此，清廷也积极向俄国、美国、德国等国频频提出请求，希望这些国家出面调停中日战争，并探知日本息兵的条件。

在欧美列强中，美国显得尤为积极，因为美国政府认为对清廷进行讹诈的时机已到。美国驻东京公使谭恩于 11 月 6 日向日本外相陆奥宗光递上了美国政府的指示："为了东方的和平和日中两国均得以保持体面的结局，美国政府愿意来承担调停之劳。"❷ 11 月 17 日，陆奥宗光回复美国公使："帝国政府除了乘胜前进获得足以与这次战争相适宜的正当结果之外，不会提出超出这一限度的要求，不会显示过分的欲望。但是中国政府直到目前尚未向帝国政府直接提出媾和的请求，因此不能认为帝国政府已经达到了上述的限度。"❸

---

❶ [日] 陆奥宗光. 蹇蹇录 [M]. 徐静波, 译. 上海：上海人民出版社, 2015: 145.

❷ [日] 陆奥宗光. 蹇蹇录 [M]. 徐静波, 译. 上海：上海人民出版社, 2015: 137.

❸ [日] 陆奥宗光. 蹇蹇录 [M]. 徐静波, 译. 上海：上海人民出版社, 2015: 138.

经过美国的这一轮调停，中日双方媾和问题的焦点已经暴露出来：中国希望议和，但不知道日本会提出什么样的息兵条件；日本则以"中国没有提出媾和请求"为借口，拒绝了美国的调停。

美国的第一次调停没有结果，所以美国驻华公使田贝向清廷提出了一个建议，包含了两项媾和条件，即"承认朝鲜的独立和支付赔偿金"。总理衙门急于探知日本的息兵条件，所以接受了美国的这个建议，希望用这个停战条件来"抛砖引玉"。

11 月 22 日，美国驻日公使谭恩向日本外相提出了这种调停的建议，并转告了中国提出的媾和条件，而日本外相陆奥宗光认为中国选择的停战条件非常"廉价"，所以于11 月 27 日回复美国公使："我们无法认为中国政府具有同意令人满意的媾和基础的诚意。虽然如此，中国若真诚地希望和平，任命具有正当资格的全权委员前来和谈，日本政府会在两国全权委员的谈判会上，公布停止战争的条件。"❶

从美国的第二次调停可知，随着事态的变化，中日双方媾和问题的胶着之处：中国仍然不清楚日本的停战条件，企图通过各种手段探明日本的这种停战条件；而日本对于停战条件丝毫不肯透露，声称中国若有明显的诚意（派全权公使前来），才肯将停战条件公布。

综上，对于清廷来说，此时的局势错综复杂：前线的清军节节退败，日本的停战条件扑朔迷离，欧美各国又趁机调停。在这些内外因素的促动下，清廷在 10 月底的辽东战役之后，共上演了两次派遣使节东渡日本的乞降举动，史称"德璀琳东渡"和"广岛拒使"。

一、德璀琳东渡

李鸿章为了顺利达到停战的目的，打算派一个"既易得彼中情伪，又无形迹之疑"❷的洋人作为日本人口中的"全权使节"前往日本，打探日本的停战条件。选来选去，李鸿章选中了一个德国人——天津海关税务司德璀琳。

当时，辽东战场的清军已经一败再败，战败的现实也加剧了议和的压力，因此，清廷对于日本提出的"应派全权委员"之事有所让步，接受了总署和李鸿章的建议，决定派德璀琳东渡日本，并赏予德璀琳顶戴。11 月 19 日，德璀琳携带着一份"李鸿章致日本总理大臣伊藤博文的照会"从中国启程。

12 月 16 日，德璀琳抵达日本神户，向兵库县知事周布公平提出了面见伊藤博文的要求。周布公平将此事电达东京后，日本政府对德璀琳的身份充满了疑虑：德璀琳究竟是否符合交战国使者的资格，是一个疑问……我国政府自然无法与这样一位身份暧昧不清的中国使者共同商议军国大事，开谈媾和条件。❸

德璀琳所携带的公文，只是李鸿章的一封公函，这封公函载明："本大臣（李鸿章）奏奉谕旨，德璀琳在中国当差有年，忠实可靠，著李鸿章，将应行筹办事宜，详晰告

❶ [日]陆奥宗光.蹇蹇录[M].徐静波,译.上海：上海人民出版社,2015:139.

❷ 李鸿章.李文忠公全集·译署函稿,第 20 卷,第 57 页.光绪三十一年至三十四年金陵刻本,天津图书馆藏.

❸ [日]陆奥宗光.蹇蹇录[M].徐静波,译.上海：上海人民出版社,2015:128.

知德璀琳，令其迅速前往东洋办妥，并随时将现议情形，由李鸿章密速电闻等因，钦此。"❶ 从公函的文面上看，德璀琳确实没有被清廷授予"全权大臣"，况且，李鸿章也没得到清廷的全权委托，更别提将此事"转委托"给一个洋人。

清廷想让一个洋人去探知日本的停战动向，岂料弄巧成拙，日本政府根本不准备与德璀琳展开谈判，所以，德璀琳东渡一事无疑是白费力气，而中国仍然没有达到"探知日本的息兵条件"的目的。为此，王芸生评价清廷此举是"非驴非马"。❷

二、广岛拒使

德璀琳东渡的任务失败之时，旅顺等地已经失守，慈禧太后害怕日军大肆进犯京津地区，急忙让奕䜣委托美国驻华公使田贝与日本疏通。另一边，李鸿章建议清廷任命户部侍郎张荫桓、湖南巡抚邵友濂为全权大臣赴日谈判。为了争取最后一点颜面和谈判主动权，李鸿章还企图将谈判地点选在上海。

作为"调停者"的美国公使将清廷的这些建议告知日本后，日本政府于 12 月 26 日回应清廷："日本政府将任命具有与中国任命的两名委员缔结和议全权的全权委员。日本政府选定广岛作为全权委员的会商之地。"❸ 日本的回应，是对清廷做出了进一步的逼迫，其提出的条件是中国必须遣派全权使节赴日谈判，同时又一口拒绝了清廷将谈判地点选在上海的建议。日本政府咄咄逼人，清廷彻底泄了气，慈禧太后不顾光绪帝的反对，决定正式遣使日本。

1895 年 1 月 5 日，光绪帝以"朕钦奉慈禧端佑康颐昭豫庄诚寿恭钦献崇熙皇太后懿旨"的方式传谕，任命张荫桓、邵友濂为"全权大臣"前往日本，谕曰："朕钦奉慈禧端佑康颐昭豫庄诚寿恭钦献崇熙皇太后懿旨：'张荫桓、邵友濂，现已派为全权大臣，前往日本会商事件；所有应议各节，凡日本所请，均著随时电奏，候旨遵行；其与国体有碍及中国力有未逮之事，该大臣不得擅行允诺。懔之，慎之！钦此。'"。❹ 清廷此举可谓瞻前顾后，既然任命张、邵二人为全权大臣，又对其谈判权力加以限制，比如"随时电奏""不得擅自允诺有碍及中国力有未逮之事"。

张荫桓怀揣着"全权任命状"，于 1895 年 1 月 6 日离京赴上海，并于 13 日抵达上海与邵友濂会合。1 月 26 日，张、邵二人及多名随员从上海出发，东渡日本，于 1 月 31 日抵达日本广岛，准备与日本政府所任命的使节展开谈判。1 月 31 日即张、邵抵达广岛之时，日本政府任命内阁总理伊藤博文与外务省大臣陆奥宗光作为中日谈判的全权办理大臣。

当时，日军正在山东半岛对威海卫发动猛攻，面对军事上的节节胜利，日本人认为逼迫清廷无条件投降的机会还未到来，所以在张、邵二人还未抵达日本之前，日本内阁总理伊藤博文就私下向日本外相陆奥宗光"面授机宜"："今细察内外形势，觉得媾和的

---

❶ [日] 陆奥宗光. 蹇蹇录 [M]. 徐静波，译. 上海：上海人民出版社，2015：127.

❷ 王芸生. 六十年来中国与日本（第 2 卷）[M]. 北京：生活·读书·新知三联书店，2005：200.

❸ [日] 陆奥宗光. 蹇蹇录 [M]. 徐静波，译. 上海：上海人民出版社，2015：141.

❹ 中国史学会. 中国近代史资料丛刊·中日战争（第 3 册）[M]. 上海：上海人民出版社，2000：293.

第七章 甲午战争

287

时机尚未成熟……吾侪在与中国使臣会面的时候，在仔细察知他们的才能和权限之前，不可轻易地开启媾和的端绪，且这个赋予使臣的全权，与国际公法上的例规往往不符，这尤须吾侪深加考察。"❶伊藤博文的意图很明确：此时时机不到，不能轻易开启谈判，应极力在中国使臣的"全权任命"方面挑刺，暂缓谈判。

日本虽然做好了上演"广岛拒使"一幕的安排，但为了以防万一，还是对媾和条约有所准备。在张、邵二人抵达日本前的 1 月 27 日，广岛大本营召集了内阁大臣及大本营的高级官僚，召开了一个"御前会议"，针对中日媾和的条件展开了讨论。会议中，日本外相陆奥宗光呈上了中日媾和条约的草案，此草案得到了日本天皇的同意。媾和条约的要领如下：

（1）日本须使中国确认引起这场战争原因的朝鲜的独立。

（2）作为日本战胜的结果，从中国获得割地和赔款两项。

（3）为确保在与中国的交往上日本的利益和特权，使日本与中国的关系达到欧美各国与中国关系同等的程度，并进一步设置几个新的开放港口以及扩大在江河通航的权利以及日本在中国永久性的通商航海的相关权利。

此外，这份草案还明确了"中日两军的俘房交换事项""中国政府不可对投降日本的官兵和个人进行严苛的处置"等事宜。❷

从草案的内容来看，日本政府连"保护投敌汉奸"的问题都考虑到了，堪称面面俱到。而且，日本政府胃口极大，草约还涵盖了朝鲜独立、割地、赔款、开埠、通商特权等问题。总而言之，这份草约成为了之后中日《马关条约》的雏形。

2 月 1 日 11 时，中、日双方的全权代表在广岛县政府会晤。当张、邵二人向日本谈判代表递交光绪帝"全权任命"的文书时，日本代表马上在任命书的形式要件方面进行刁难，认为这个"全权任命"的谕旨只是一份中国皇帝敕谕张、邵二人作为使臣的命令书，并非正式的全权委任状。另外，日本代表对清廷授予给张、邵二人的"全权"权限也颇为不满，日本代表说："他们（张荫桓、邵友濂等人）只是单单来听闻我政府的意见，并将此通报给总理衙门，再根据该衙门的命令来作有限的谈判，除此之外没有任何权力。"❸

基于上述种种理由，日本代表拒绝开启谈判，并于 2 月 8 日通过美国公使向清廷传达了公函，阐述了拒绝开启谈判的理由："中国政府若真诚希望和平，应派遣具有正当委托状的，富有名爵、资望的全权委员，日本政府任何时候都可重启媾和谈判。"❹张、邵二人东渡日本，却遭到日本"拒使"的闭门羹，清廷又做了一次无用功，张、邵等人只得于 2 月 12 日悻悻离开长崎，返回中国。

时任二品候选道员的伍廷芳，是李鸿章的幕僚，也是张、邵二人前往日本的随员之一。早在 1885 年，伊藤博文至天津时，曾与伍廷芳相识。伊藤博文为了钓大鱼，在拒

---

❶ ［日］陆奥宗光. 蹇蹇录 [M]. 徐静波，译. 上海：上海人民出版社，2015: 152.

❷ ［日］陆奥宗光. 蹇蹇录 [M]. 徐静波，译. 上海：上海人民出版社，2015: 147.

❸ ［日］陆奥宗光. 蹇蹇录 [M]. 徐静波，译. 上海：上海人民出版社，2015: 153.

❹ ［日］陆奥宗光. 蹇蹇录 [M]. 徐静波，译. 上海：上海人民出版社，2015: 159–160.

绝开启谈判后，又悄悄向伍廷芳透露了日本开启谈判的首要条件："来者（全权大臣）的爵位、名望越高，就越适合进行谈判……例如像恭亲王、李中堂这样的人担任全权就很好，总而言之，不要使得彼此谈判的结果只停留在一纸空文上，一定需要能够履行条约的掌权者。"❶ 伊藤博文的这些暗示的言语，看似是善意的提醒，其实是咄咄逼人的命令，伊藤博文甚至直接点出了清廷应当派遣的全权大臣的姓名——"恭亲王""李中堂"。

从英、美等国的调停，到德璀琳东渡，再到遣使广岛被拒，清廷想要与日本开启谈判简直是困难重重。日本人暗地里步步紧逼，表面上却不冷不热、不可一世。日本故做神秘，其迟迟不肯亮出媾和条件的原因，有如下四点：

（1）日军在中国的辽东、山东战场节节胜利，日本若在这个时候轻易开启谈判，将丧失外交讹诈的砝码。

（2）如果开启了谈判，欧美列强会对日本攫取利益的行为进行干预，日本只希望将谈判对象限定在中日两国之间，不希望欧美列强的插足。

（3）日本采用延宕的手法延迟谈判，既能为前线日军争取作战时间，也能趁机用各种无理要求逼迫清廷，对清廷形成心理恫吓，让清廷步步妥协。

（4）日本找各种理由拒使，其实是在等李鸿章。在日本人眼中，李鸿章是清廷首屈一指的大员，同时也是日本对中国进行外交讹诈的最佳人选。

第十三节　马关议和

张、邵东渡期间，威海卫失陷，北洋海军全军覆灭。于是，清廷更加坚定了议和的思想，为了让日本停战，清廷甚至不惜付出任何代价。

1895 年 2 月 11 日，清廷决定派李鸿章为全权大臣赴日谈判。2 月 17 日，清廷通过美国公使田贝向日本提出派遣全权大臣李鸿章赴日谈判一事。日本虽然在战场上连战连捷，但毕竟国力有限，也认为媾和一事不宜再拖。但是，日本为了把握住谈判主动权，仍然摆出佼佼者的姿态，通过美国公使向清廷传话，并透露出了媾和条件的轮廓："中国除了确认军费赔偿和朝鲜独立之外，作为战争的结果还应割让土地。"❷ 在日本开出的条件中，日本政府尤其强调了割地一事，王芸生对此评价："李鸿章尚未出国，割地求和的局面已定。"❸

日本将谈判地点确定在日本的马关，李鸿章遂于 3 月 5 日离京，14 日从天津乘轮船东渡日本，19 日抵达日本马关。李鸿章为了凸显其为全权大臣，特意在渡轮上悬挂"中国头等全权大臣"的旗帜。在此期间，伊藤博文、陆奥宗光也被日本政府被任命为全权代表，前赴马关陆谈判。

3 月 20 日，中、日双方开始了谈判，地点在春帆楼。中方的代表有：全权大臣李

❶ [日]陆奥宗光．蹇蹇录 [M]．徐静波，译．上海：上海人民出版社，2015: 158.

❷ [日]陆奥宗光．蹇蹇录 [M]．徐静波，译．上海：上海人民出版社，2015: 162.

❸ 王芸生．六十年来中国与日本（第 2 卷）[M]．北京：生活·读书·新知三联书店，2005: 223.

鸿章、参赞李经方、❶二品顶戴候选道马建忠、二品顶戴记名海关道罗丰禄、二品顶戴候选道伍廷芳、翻译官卢永铭与罗庚龄；日方的代表有：内阁总理伊藤博文、外相陆奥宗光、内阁书记官长伊东巳代治、外务书记官井上胜之助、外务大臣秘书官中田敬义、外务省翻译官陆奥广吉（陆奥宗光之子）与楢原陈政。

当时，北洋海军虽然全军覆灭，但辽东战场的战斗并未结束，所以在这次谈判中，李鸿章首先提出了一个请求，即两国海陆军先停止一切战斗，再进入媾和条款的谈判。日方听到李鸿章提出的这个条件后，称此事需翌日才能答复，第一天的谈判到此结束。

在正式谈判结束后，双方又闲聊了几个小时，李鸿章夸夸其谈，大谈"中日友好、同宗同源"之类的话语，还赞赏日本明治维新的成果，企图通过"打亲情牌"的方式顺利推动谈判的进展。岂料，李鸿章的这些举动在日本代表眼中根本不值一哂，陆奥宗光事后回忆："他（李鸿章）纵论滔滔，想要博得我方的同情，话语之间又交杂着嬉笑怒骂，试图掩盖败者屈辱的地位，其老道圆滑的做派反倒显得颇为可爱，真不愧为当世中国的一大人物。"❷李鸿章已经是70多岁的古稀老人，而且是中国的"头等全权大臣"，而在谈判中，却惨遭日本代表的暗中嘲笑，听者流泪，看者神伤。

由于中方在谈判之前突然提出了停战的要求，日方也不得不回应。但日方又考虑到不能冷冷地拒绝，所以想提出一些苛刻的条件，迫使中方打消此念头，并撤回停战要求。3月21日，日方果然提出了停战前的几个苛刻的条件：

（1）日本国军队应占守大沽、天津、山海关，并所有城池堡垒，清国军队之驻上各处者，应将一切军器军需交与日本国军队暂管。

（2）天津山海关间铁路应当由日本国军务官管理。

（3）停战限期之内军需军费应由清国支付。❸

李鸿章看到日本提出的这些苛刻条件后大吃一惊，请日本代表再考虑考虑。日方则语气坚定地称："中方若不撤回停战的要求，日本无法提出媾和问题。"❹李鸿章原先想先让中日双方停战，不料反被日方提出多项条件来讹诈，无奈之下，李鸿章称其需要考虑考虑日本的这些条件，之后再做答复，日方毫不留情，让中方在三天之内答复。中日的第二次会谈到此结束。

到了这个时候，日方仍旧死死地捏着媾和条件的王牌，丝毫不向李鸿章透露，李鸿章原本想让中日双方停战，但反被日方讹诈。无奈之余，李鸿章称其需要考虑日方提出的条件，但日方却坚持让李鸿章在三天内答复，中日的第二次会谈到此结束。

3月24日，❺中方向日方提出愿意撤回之前所说的停战请求，希望中日直接进入媾和谈判，并要求日方尽快提出媾和条件。伊藤博文却称"明日再将和款出示"，至此，中日的第三次会谈结束。另外，在这次会谈中，李鸿章还提出了一个建议，即中日的会谈不让欧美各国插足，也不要有牵涉他国利益的条款，李鸿章加以叮嘱："如所示和款或

---

❶ 李经方是李鸿章的六弟李昭庆之子，过继给李鸿章为长子。

❷ [日]陆奥宗光.蹇蹇录[M].徐静波，译.上海：上海人民出版社，2015：165.

❸ 王芸生.六十年来中国与日本（第2卷）[M].北京：生活·读书·新知三联书店，2005：233-234.

❹ [日]陆奥宗光.蹇蹇录[M].徐静波，译.上海：上海人民出版社，2015：166.

❺ 第三次和谈的时间是3月24日，《蹇蹇录》误载为3月23日。

有牵涉他国权利者，必多未便，我两国相交有素，故预为提及。"日本历来都反感欧美各国干涉中日之事，所以，伊藤博文也爽朗地答道："此次议中东两国之事，他国皆在局外，未便挽越。"❶ 清廷于战争爆发后到马关和谈前，一直都主张利用国际力量来调停中日的战事，此时反倒不想让外国插手中日谈判，颇为奇怪。其实，李鸿章此举是有深层次的原因，因为中日和谈必然牵涉欧美各国的利益，诸国必将干涉，李鸿章想静下来与日方谈判，速谈速决，于是先和日方代表统一思想，做好谈判的铺垫。

吉辰在《昂贵的和平：中日马关议和研究》一书中认为："这次会谈，是停战谈判与议和谈判之间的过渡。"❷ 这次会谈中，中方做出了很大的让步，而随着中方的让步，日方终于决定抛出媾和条款了。但是，当李鸿章离开春帆楼后，发生了一个惊天意外——李鸿章被刺！这个意外，打乱了中日双方接下来的和谈安排。

被刺事件的经过如下：李鸿章行至行馆的途中，人群里突然冒出一个名叫小山丰太郎的刺客，以手枪袭击李鸿章。枪击后，小山丰太郎逃逸，最终被日本警察捕获。李鸿章被刺后昏厥，所幸没有被击中要害，只是子弹已嵌入颊骨，流血不止。

当时已经是中日谈判的关键时期，然而在这个关键时期，日本的国土上居然发生了这样一件刺杀中国使节的事件，这让日方非常惊恐。日本天皇立即派遣医生赶到马关，命其专门给李鸿章治伤，日本皇后还专门御赐了御制的绷带。伊藤博文与陆奥宗光也赶赴李鸿章榻前，表示慰问。3 月 25 日，日本天皇明降谕旨："朕业已迭降特旨，饬令文武官员懔遵办理去后，现查遽有不法凶徒，下贱已极，竟敢伤及中国头等全权大臣之身，朕心深为忧愁惋惜。"❸ 事后，凶犯小山丰太郎被判定为谋杀未遂，判处无期徒刑。

事情既然发生，总要妥善处理，而日本方面最担心的事情，是这个事件会给欧美各国提供干涉谈判的借口。陆奥宗光认为："倘若李鸿章以伤痛为借口中断双方的谈判而中途回国，对日本国民的行为痛加贬斥，并巧妙地招引欧美各国再度居中调停的话，要博取两三个欧洲强国的同情亦非难事。在这样的时刻，一旦招致欧洲强国的干涉，我国对中国的要求恐怕也不得不要做大幅度的让步。"❹ 在李鸿章被刺事件中，日本毕竟理亏，所以日本政府几经考虑后，决定做出一点点的让步，即无条件地答应李鸿章此前一直恳求的停战要求。

3 月 25 日，伊藤博文前往广岛大本营，说服了大本营的大臣。3 月 27 日，伊藤博文将天皇敕许日军先停战一事电告陆奥宗光，陆奥宗光随即开始起草停战条约的草案。

3 月 28 日，陆奥宗光亲自前往李鸿章的病床前，将日军可以停战的好消息告知李鸿章，但是当陆奥宗光陈述出停战条款时，第一条就让李鸿章大跌眼镜！

日本提出的停战条款的第一条是："大日本国政府除在台湾澎湖列岛及其附近从事交战之远征军外，承诺在其他战地停战。"❺ 也就是说，日军可以在中国的其他地方停战，

❶ 王芸生.六十年来中国与日本（第 2 卷）[M].北京：生活·读书·新知三联书店,2005:241.

❷ 吉辰.昂贵的和平：中日马关议和研究 [M].北京：生活·读书·新知三联书店,2014:162.

❸ 顾廷龙,戴逸.李鸿章全集·电报六（第 26 册）[M].合肥：安徽教育出版社,2008:85.

❹ [日] 陆奥宗光.蹇蹇录 [M].徐静波,译.上海：上海人民出版社,2015:171.

❺ 王芸生.六十年来中国与日本（第 2 卷）[M].北京：生活·读书·新知三联书店,2005:247-248.

但在台湾及澎湖列岛地区仍要保持军事压力。日本提出这个条件之时，日军的战火不仅烧到了中国的辽东、山东，而且日军已经袭占了澎湖，对台湾造成了威胁之势。台湾的地理位置很重要，日本也于19世纪70年代侵略过台湾，所以，台湾成为了日本眼中"割地"的首选之地。

之后，李鸿章向日方提出日军的停战范围应包含台湾及澎湖列岛，而日方不想再节外生枝，所以在最终核定的停战条约中没有谈及台湾停战的问题。

3月29日，伊藤博文从广岛回到马关。30日，中日双方达成了最终的停战条约，并签订了停战条约，共六款。

遇刺事件解决完毕，日本也同意休战，媾和谈判事宜重新提上日程。4月1日，陆奥宗光与李鸿章之子李经方会面，提出了两种议定和约的程序，一是将整个条约方案一次性提出来商议，二是将条约的条款逐条提出来讨论。

李经方回行馆与李鸿章商议后，决定采用第一种方式来商议条款，并告知了日方代表。

4月1日当天，日本就以极高的效率，将之前草拟的媾和条约草案的全部条款送达到李鸿章处，让李鸿章阅看条款，并限李鸿章于四日之内答复。日本方面终于将媾和条款和盘托出，李鸿章盼星星盼月亮，终于拿到了日本的媾和底牌，可是，当李鸿章看到这些条款草案时，又是大吃一惊！

和约草案的条款共计11款，其中，第一款是中国承认朝鲜独立自主；第二、三款是"割地"，即中国将奉天省南部土地、台湾全岛及附属各岛、澎湖列岛全部割让给日本；第四款是"赔款"，即中国向日本赔偿军费三亿两，分五年付清；第五款之后，是开放通商口岸、通商行船事宜、最惠国待遇、关税等约定。❶

日本的这些媾和条款，暴露了日本的巨大野心，这些条款的侵略利益已经远远超过欧美各国的特殊权利，光是"割地""赔款"一事就让中国吃不消。

李鸿章看到这些条款的草案后，大是懊丧，并将这些条款电告总理衙门。但清廷显然也被日本的"狮子大开口"弄得慌了手脚，在4月5日的答复之期届满时，清廷并未给李鸿章明确的指示。李鸿章无奈之下，于4月5日向日方递交了一份"和约底稿答复"的说帖，对和约草案中的"朝鲜自主""割地""赔款""通商权利"四端，开始与日本人"打太极"。李鸿章的这份说帖，其实是在与日本人拖延时间，同时也乞求日方降低条件。

针对李鸿章这种含糊其辞、暧昧不明的表态，日本人很不耐烦，4月6日，日方递交了一份公文给李鸿章，逼迫中方直谈条款："对此前我方媾和条约提案是整体还是逐条表示同意，请予以明确的答复。"❷ 李鸿章此时尚在养伤，清廷为了顺利谈判，于4月6日任命李经方为全权大臣，并将此事照会日本政府。4月8日，伊藤博文将李经方召至自己的旅馆，对李经方言辞恫吓，逼迫李经方针对和约草案迅速答复。

4月9日，走投无路的李鸿章、李经方父子向日本提出了一份草案的修正案，共有六个要点：

---

❶ 王芸生.六十年来中国与日本（第2卷）[M].北京：生活·读书·新知三联书店，2005：256–260.

❷ [日]陆奥宗光.蹇蹇录[M].徐静波，译.上海：上海人民出版社，2015：182.

（1）承认朝鲜的独立。

（2）割地部分限于奉天省内的安东县、宽甸县、凤凰厅、岫岩州以及南方的澎湖列岛。

（3）赔款为一亿两，无息。

（4）日本享有最惠国待遇。

（5）日本可临时占领威海卫。

（6）和约发生争议时，中日可委托第三国仲裁。❶

4月10日，伊藤博文提出日方的最后修正案，中日双方再次展开谈判，而谈判的焦点集中于"割地""赔款"等方面。这次谈判中，日本对于割占台湾与澎湖列岛的条件毫不松口，但赔偿的军费同意改为两亿两。李鸿章则苦苦哀求："总之现讲三大端：二万万为数甚巨，必请再减；营口还请退出；台湾不必提及。"❷谈判结束后，李鸿章在离席前与伊藤博文握手时，还抱有希望地恳求伊藤博文减少赔款，但伊藤博文"笑而摇首云"："不能再减"。堂堂中国头等全权大臣李鸿章，面对日本人的讹诈，丝毫不能抵抗，反而苦苦哀求，此状好不凄惨！

面对日本人的巨大胃口，李鸿章彻底做不了主了，在谈判结束后，他迅速将谈判条款的内容电告总理衙门，请旨定夺。4月11日，日本代表仍未等到李鸿章的回复，早已急不可耐，再次致函李鸿章，称昨日议定的条款已经是"尽头条款"（最终的、不容修改的条款），同时，日本代表骄妄地称："中国或允或否，务于四日内告明。"❸可怜的钦差大臣李鸿章，在日本的逼迫之下，已经只有"答应"或"不答应"的话语权了。

被逼迫后的李鸿章，一面尽量与日方拖延时间，一面再次紧急电告总署，请清廷下旨决定。清廷在这个时候似乎还认为谈判尚有回旋余地，想尽量减轻割地赔款，命李鸿章"再与磋磨"。在总署与李鸿章一来一往的电商之间，李鸿章又浪费了两天。13日，李鸿章派随员伍廷芳前去面见伊藤博文，伊藤博文又对伍廷芳大力恐吓。李鸿章认为事情已经不宜再拖，遂于当日电告总理衙门："是其愈逼愈紧，无可再商，应否即照伊藤前所改订条款定约，免误大局。乞速请旨，电饬遵办。"❹

谈判形势剑拔弩张，而清廷迟迟不降旨，不予最终定夺。李鸿章夹在其间，被逼得走投无路！

第十四节　《马关条约》

李鸿章与日本代表谈判时，不断将谈判细节、和款草案电告总理衙门，而清廷内部也针对日本提出的和款，进行了广泛的、规模较大的辩论。

---

❶　[日]陆奥宗光.塞塞录[M].徐静波，译.上海：上海人民出版社，2015：185.

❷　王芸生.六十年来中国与日本（第2卷）[M].北京：生活·读书·新知三联书店，2005：287–289.

❸　王芸生.六十年来中国与日本（第2卷）[M].北京：生活·读书·新知三联书店，2005：296.

❹　顾廷龙，戴逸.李鸿章全集·电报六（第26册）[M].合肥：安徽教育出版社，2008：105.

李鸿章一催再催，清廷也感觉到谈判的局面无法挽回，遂于4月14日电告李鸿章，让其按照日本的要求订约，电旨曰："原冀争得一分有一分之益，如竟无可商改，即遵前旨与之定约，钦此。" ❶ 至此，清廷彻彻底底向日本妥协了。

李鸿章接到清廷最高的指示后，于4月15日与日本代表进行了最后一次谈判，即签约前的最后商议，李鸿章同意按照日本提供的和款方案签订条约。在这次谈判中，李鸿章虽然认为日本已经不可能松口，但还是舰着老脸哀求伊藤博文，让伊藤博文降低两千万的赔款，将这两千万作为李鸿章回国的"临别赠礼"。《蹇蹇录》记载：

> 他（李鸿章）力争将两亿赔款再减少五千万，见这一目的无法达成，便要求减少两千万，最后竟向伊藤全权大臣哀求说，这两千万就权当给我回国的临别赠礼。这样的举动，从他的地位来说，也真有些玷污自己的脸面。❷

李鸿章从3月19日至4月15日的多次谈判，是中国外交的一种屈辱，也是一种悲哀。

1895年4月17日，在马关的春帆楼，李鸿章代表清廷与日本全权大臣签订了丧权辱国的《马关条约》。

《马关条约》是一个总概念，李鸿章此次签订的条约其实包括四个：《马关条约》十一款、《另约》三款、《议订专条》三款、《停战展期专条》二款。为了便于表述，学界通常把这四个条约统称为《马关条约》。这几个条约，包括以下几个方面的重要内容。❸

（1）中国承认朝鲜国独立。此外，条约原文中还加了一句"如该国向中国所修贡献典礼等，嗣后全行废绝"。

（2）割让土地给日本，这些土地上的所有堡垒、军器工厂及一切属公物件均归日本。条约签订后，中日双方各派二名以上的官员，前往这些地方确定界限。中国此次割让的土地包括以下三处：

①奉天省南部地区（辽东半岛南部），具体范围是：从鸭绿江口溯该江以抵安平河口，又从该河口划至凤凰城、海城及营口而止，画成拆线以南地方，所有前开各城市邑皆包括在划界线内，该线抵营口之辽河后，即顺流至海口止，彼此以河中心为分界。

②台湾全岛及所有附属各岛屿。

③澎湖列岛，具体经纬度是英国格林尼次东经百十九度起至百二十度止，及北纬二十三度起至二十四度之间诸岛屿。

（3）中国赔偿日本军费二亿两，分八次交完。第一次赔款交清后，未交清的款项按每年加5%的利息计算。

分期交付的时间及具体金额如下：第一次五千万两，应在本约批准互换后六个月内交清；第二次五千万两应在本约批准互换后十二个月内交清。余款平分六次递年交纳，其法列下：第一次平分递年之款，于两年内交清，第二次于三年内交清，第三次于四年

❶ 顾廷龙，戴逸.李鸿章全集·电报六（第26册）[M].合肥：安徽教育出版社，2008：107.

❷ [日]陆奥宗光.蹇蹇录[M].徐静波，译.上海：上海人民出版社，2015：191.

❸ 王铁崖.中外旧约章汇编（第1册）[M].北京：生活·读书·新知三联书店，1957：614–620.

内交清，第四次于五年内交清；第五次于六年内交清；第六次于七年内交清，其年分均以本约批准互换之后起算。

（4）割让土地内居民的去留问题。

条约互换后的两年内，被割让的土地内的居民可以迁走，若期满未迁走，视为日本臣民。

（5）条约互换后，中日应及时订立通商行船条约及陆路通商章程。

这些通商条约应以中国与西方列强签订的通商条约为摹本。

（6）开放通商口岸，日本派领事官驻该口岸。

这些口岸包括：湖北省荆州府沙市；四川省重庆府；江苏省苏州府；浙江省杭州府。

（7）内陆航行自由。

日本轮船可按以下路线驶入通商口岸，"从湖北省宜昌溯长江以至四川省重庆府；从上海驶进吴淞江及运河及苏州府、杭州府"。

（8）贸易自由。

日本人在中国内地通商时，可将货物存放于中国的栈房。允许日本在中国的通商口岸开设工厂，机器装运进口时，日本只交进口税；日本工厂的产品运销中国内地时，免收内地税。

（9）日本撤军。

条约互换后三个月内，日本撤军。

（10）日军暂驻威海卫。

日本军队暂时占守山东省威海卫，具体位置是刘公岛及威海卫口湾沿岸，中国不得在这些地区的附近驻扎。日本军队暂驻威海卫，所需军费，由中国承担。中国达到以下条件后，驻威海卫的日军撤走：中国交清前两次赔款；中国与日本签订通商行船章程；将通商口岸关税作为剩款并息之抵押。

（11）归还俘虏、释放间谍。

条约互换后，中日两国相互交还俘虏，中国不得虐待俘虏；中国将日本间谍释放，中国应优待本国的间谍，不得逮捕。

（12）条约发生争议时的补救措施。

此外，条约以中、日、英三国文字签订，如将来汉文、日文有舛错、分歧时，以英文版的解释为准。

以上是《马关条约》及附属条约的重点内容的浓缩。从这些条约的内容可知，日本人的野心极大，而且心思极为缜密。从条约的危害程度来看，这批条约是继《南京条约》以来侵略程度最严重的不平等条约，给中国带来了惨重的灾难。

首先，割地的屈辱。

《马关条约》严重侵害了我国领土主权的完整，让领土被迫与祖国相离，而且，中国这次割让的领土包括辽东半岛南部、台湾岛及澎湖列岛，领土之多、范围之广，仅次于俄国的鲸吞蚕食。不仅如此，《马关条约》中还约定了割让土地内的居民的去留问题，反观1881年中国与俄国签订的《改订条约》，这个条约虽然也约定了伊犁居民的去留问题，但内容是"（伊犁居民）或愿仍居原处为中国民，或愿迁居俄国入俄籍者，均听其便"❶，日本人可不同，他们的胃口更大，因为《马关条约》中约定的是割地内的居民"若两年期满未迁走，视为日本臣民"，换句话说，两年期限一到，管你愿不愿意，你都变成日本人了！

其次，赔款的压力。

清廷已经积贫积弱，巨大的军费赔偿对于清廷来说无疑是火上浇油。清廷为了交付赔款，不得不大量举借外债。欧美各国为了控制中国的经济命脉，很乐意做中国的债主，积极向中国出借债款。

第三，开埠、航行的后患。

日本通过《马关条约》，将侵略势力深入到中国腹地，这对于中国内地来说，是一个遗患无穷的条款。

第四，贸易自由的流毒。

条约中约定日本可以在中国开设工厂，而且有诸多便利，这个条款是除了割地、赔款以外，对中国伤害最严重的条款。这个条款能让日本贪婪地、毫无忌惮地在中国进行经济掠夺，可谓"吸髓之举"。

第五，刺激了欧美列强的野心。

《马关条约》让日本跻身于侵略中国的行列，这让欧美各国无不眼红，也进一步激起了欧美各国侵略中国的欲望。比如，欧美各国眼见日本在华开设工厂，纷纷援引"利益均沾"条款，效仿日本此举；又如，19世纪末，欧美各国掀起了瓜分中国的狂潮，中国被瓜分得不堪入目。

第六，失去了朝鲜藩篱。

甲午战争前，朝鲜是中国的最后一个属国；战后，清廷只能眼睁睁地看着朝鲜成为"完全无缺之独立自主"的国家。与前几个危害相比，这个方面的危害最小，甚至是可有可无。讽刺的是，清廷在战争爆发之前最想捍卫的"宗藩关系"，在战败时被践踏得一文不值。

条约虽已签订，但签订条约只是媾和的第一步，之后双方的政府还要对条约进行批准，并将条约互换。清廷知道败局已定，无力回天，遂于1895年5月3日降旨，任命二品顶戴候选道伍廷芳、三品衔升用道联芳为换约大臣，前往烟台与日本使节换约。日本的换约使节是内阁书记官长伊东巳代治，其亦于5月2日从日本出发，前往烟台。5月8日，中、日双方使节在烟台互换《马关条约》，至此，中、日两国的媾和历程，才算全部走完。

就在条约签订后、互换前的期间内，中国发生了三件大事，均与《马关条约》的签订有关。

第一件事，是俄德法三国干涉还辽（下一节详述）。

第二件事，是台湾军民反对割台的斗争。

台湾自古就是中国的领土，1885年中法战争结束后，清廷将台湾设置为行省，并任命刘铭传为首任台湾巡抚。之后的若干年间，台湾一带加强海防，兴办洋务，颇具成效。

《马关条约》签订的当天，割让台湾之事就传到了台湾，台湾军民无不愤懑，哭声四野。

---

❶ 参见本书第四章第十二节"中俄交涉，议收伊犁"。

时任台湾巡抚的唐景崧为了抵抗清廷的割台行动，于 4 月 20 日电奏，商请向英国乞援，让英国把台湾作为英国的保护国，抵抗日本占台。这个建议被清廷拒绝后，台湾又于 5 月 20 日向法国提出了同样的建议，但也遭拒绝。

无奈之下，台湾的军民在 5 月 24 日做了一个惊天地的举动——宣告"台湾共和国"独立。客观而言，这种宣告独立的行为，并非分裂之举，而是被逼无奈之下的保台之举，在台湾军民的脑海中，这样起码能让台湾岛免遭日本的侵占。王芸生这样评价此事："其事虽昙花一现，瞬即消失，然颇足表现我中华民族之精神，尚胜于不战而亡也。"❶

条约已订，日本政府频频催促清廷交割台湾，日军更是迫不及待地于 5 月 29 日在台湾澳底登陆，很快攻陷了基隆。随后，"台湾共和国"也被迫瓦解。清廷迫于压力，派全权大臣李经方办理交割台湾一事。

6 月 2 日，李经方与日本全权大臣桦山资纪在一艘日本旗舰上完成了交接手续，签订了中日《交接台湾文据》，正式把台湾岛交给日本。之后，日军以胜利者的姿态进驻台湾，并于 6 月 7 日进入台北，6 月 9 日占领淡水，10 月 21 日占领台南。10 月底之后，台湾省全部沦陷。

此间，台湾军民进行了历时五个月的台湾保卫战，刘永福被推选为领袖，驻守在台湾的黑旗军和义军奋力抵抗日军，日军的主力部队近卫师团伤亡惨重，北白川宫能久亲王和山根信成少将在战役中被击毙。可是，台湾军民终究难以抵抗日军，台湾被日本占据，日本在台湾统治了 50 多年。

第三件事，是中国舆论界的沸腾。

条约签订的消息传到中国后，中国的舆论界瞬间沸腾了。康有为、梁启超等千余人，联名公车上呈万言之书，力阻清廷批准合约，史称"公车上书"。清流党人士一直对乞和签约一事愤愤不平，接到中国签约的消息后更是炸开了锅，纷纷上奏，批斥和约。刹那间，反对议和者、反对换约者纷纭，但这些人的言论水平参差不齐，有的极力陈述换约利害，有的只是逞口舌之快，有的居然还电请整军再战！可见，从李鸿章签约，到清廷批约，再到烟台换约，清廷承担了多么巨大的舆论压力！

这些批斥和约的官员中，尤以张之洞的奏折最凸出。4 月 20 日，署理两江总督张之洞电奏总理衙门：倭约各条，贪苛太甚……朝廷所以勉为和议者，不过为保全京城根本，姑冀目前粗安，徐图补救。若照倭索逐诸条，更是自困自危之道……此时总须乞援，方易措手。惟有速向英俄德诸国，恳切筹商，优与利益，订立密约，恳其实力相助，问其所欲，许以重酬，绝不吝惜。❷

在这篇电奏稿中，张之洞对《马关条约》的危害逐条批驳，力阻和议，而且提出了一个建议：联合英俄德等国，许之重金，让其援助中国抵抗日本。

张之洞恐怕是被丧权辱国的条约气昏了头脑，这篇奏折有两个糊涂之处。其一，对于清廷的统治者而言，《马关条约》纵然丧权辱国，但起码开启了一个难得的和局，为

❶ 王芸生．六十年来中国与日本（第 3 卷）[M]．北京：生活·读书·新知三联书店，2005：30.
❷ 王芸生．六十年来中国与日本（第 2 卷）[M]．北京：生活·读书·新知三联书店，2005：321–322.

了这个昂贵的和平，清廷煞费苦心、筋疲力尽。对于清廷的统治者而言，条约既签，只会顺理成章地继续披约、换约，而绝对不可能推倒重来。其二，张之洞主张的"联英俄而抗日本"的策略，其实是引狼入室的下下招，列强插足后，非但不能解决根本问题，反而会上演瓜分中国的狂潮。对于张之洞的这个建议，王芸生评价道："媾和固丧权，结援尤肇祸，谋国者可不慎哉！"❶

无论如何，中国割地赔款之事已成定局，万难改变，如果非要扭转乾坤，似乎真的只有按照张之洞所述，依靠欧美列强的干预了。

第十五节　三国干涉还辽

在《马关条约》签订后、互换前的期间内，日本人一直担心的事情出现了，那就是俄、德、法三国基于自身利益，对日本在《马关条约》中所攫取的侵略果实不满，进而使用外交手段前来干涉日本，让日本向中国归还辽东半岛。这件列强干涉日本归还辽东半岛的事件，史称"三国干涉还辽"。

1895 年 4 月 23 日，也就是《马关条约》签订后的第六天，驻日的俄、德、法三国公使一同抵达东京的外务省，面见外务次官林董。三国公使突如其来，而且来者不善，他们分别向日本外务省递交了了一份"奉劝式""忠告式"的照会，让日本骑虎难下、胆颤心惊。

俄国公使的照会是：俄国皇帝陛下在查阅日本向中国提出的媾和条件时认为，辽东半岛归日本所有不仅危及中国的首都，同时也使得朝鲜的独立变得有名无实，这将对远东将来的永久和平构成障碍，因此，俄国政府为对日本皇帝陛下的政府再次表示诚挚的友谊，在此奉劝日本政府放弃对辽东半岛的所有权。❷

德、法二国递交照会的内容与俄国的照会大同小异，主旨一致。

这三份照会可不得了，首先，照会的内容代表的是三国政府的意旨；其次，三国的意图是让日本放弃快要到嘴的侵略果实，即放弃中国已经割让的辽东半岛；第三，三国公使一同前来，说明这三个国家已经暗中形成联盟，共同向日本发难。

从俄、德、法三国发给日本的照会来看，三国让日本放弃占领辽东半岛的理由，居然是从"中国京师的安危""朝鲜的独立"等方面考虑，这种理由显然是猫哭耗子假慈悲。那么，三国前来干涉的真正原因是何？原因很简单，因为《马关条约》里日本占领辽东半岛南部的约定，深深触及了各国的在华利益。

俄国对于中国满洲北部以及朝鲜北部早就怀有觊觎之心，在甲午战争爆发前，俄国就积极调停中日的矛盾，防止日本扩大在远东地区的侵略；平壤、黄海战役后，中国败相已显，俄国政府为了能随时出兵干预，竟然将舰队通过苏伊士运河开往东亚地区，还调动一定数量的陆军前往符拉迪沃斯托克（海参崴）；《马关条约》签订后，俄国更是担

❶　王芸生.六十年来中国与日本（第 2 卷）[M].北京：生活·读书·新知三联书店，2005：323.
❷　[日]陆奥宗光.蹇蹇录[M].徐静波，译.上海：上海人民出版社，2015：194.

心日本在辽东半岛占据了优良军港后，会逐步吞并朝鲜及中国满洲地区，从而影响俄国的利益、威胁俄国的安全。从俄国的这些举动来看，俄国可以说是三国之中的"带头大哥"，也是最积极的发起者。

德、法两国虽然与俄国结成同盟，共同干涉日本，但也有各自的小算盘。当时的德国皇帝是威廉二世，其企图在远东攫取军港，所以积极响应俄国，同时也希望俄国支持其在东亚的扩张；法国则早在 1892 年就与俄国结成同盟，同样想在东亚地区攫取侵略利益。另一方面，向来从商业利益出发的英国认为《马关条约》有利于英国，遂拒绝加入干涉日本的行列。因此，俄、德、法共同干涉日本还辽的举动，也有"联手乖离英国"的深层次原因。

此时，清廷已经听闻了三国干涉还辽的风声，当李鸿章奏请清廷早日批准《马关条约》之时，清廷发布了"三国已干涉，将来（条约）仍需修改"❶的诏告，显然，清廷也为这个消息感到高兴，认为通过三国的干预，恶劣的结果尚有转圜的余地。

日本方面就不那么乐观了。日本在马关谈判时之所以迟迟不肯透露媾和条约的内容，就是因为媾和条约（即后来《马关条约》的雏形）带来的侵略利益太大，冒然公布的话必然会引起欧美各国的干涉。果不其然，条约签订后，俄、德、法三国就登临三宝殿。当时，中日的条约虽已签订，但尚未互换，对于日本而言，三国干涉还辽的问题，既无法回避，又相当棘手，俄、德、法三国纯粹就是半路杀出的程咬金。

日本外相的陆奥宗光得知 4 月 23 日三国干涉还辽之事后，认为日本政府应秉持强硬态度："我国政府如今已经骑虎难下，不管会冒怎样的风险，我们现在只有向外界显示维持现状毫不退让的决心。"❷日本内阁总理伊藤博文得知此事后，觉得事态严重，第一时间征询了陆奥宗光的意见，并在广岛召集陆军司令山县有朋、海军大臣西乡从道，召开了一次御前会议。此次会议中，面对三国干涉的难题，伊藤博文提出了三个解决方案：

（1）毫不留情地、断然地拒绝俄、德、法三国的劝告。

（2）召集列国会议，详细研讨如何处置辽东半岛的问题。

（3）完全接受俄、德、法的忠告，将辽东半岛归还中国。

最终，会议采纳了第二个方案。

为了慎重起见，伊藤博文专程赶往舞子（现日本神户）与陆奥宗光会面，再次对三国干涉的问题展开讨论。这次舞子会议对于日本来说很重要，因为会议确定了今后日本对于解决三国干涉还辽问题的基本策略。这种策略是："将两个问题（三国干涉还辽问题、与中国换约及占领辽东半岛问题）明确分开，不要使其彼此相互牵连。简而言之，即便对三国不得不做出彻底的让步，但对中国却是一步都不能退让。"❸说白了，日本的这种策略就是"两不误"策略，即一边对三国进行敷衍塞责的"让步"，另一边却不放弃占领中国的辽东半岛，该换约还是换约。这是一种狡诈的外交策略。

❶ 郭廷以 . 近代中国史事日志（下册）[M]. 北京 : 中华书局 , 1987: 913.

❷ [日] 陆奥宗光 . 蹇蹇录 [M]. 徐静波 , 译 . 上海 : 上海人民出版社 , 2015: 196.

❸ [日] 陆奥宗光 . 蹇蹇录 [M]. 徐静波 , 译 . 上海 : 上海人民出版社 , 2015: 199.

制定外交策略的同时，日本也积极拉拢英国、美国和意大利，希望这些国家能支援日本，以壮声势。可惜，英国基于自身利益考虑，拒绝了日本的支援请求；美国的回复含含糊糊，偏向中立；意大利虽然愿意支持日本，但既然英、美都不明确支持，意大利的支持也显得意义不大。

日本的外交方针确定后，4月25日，日本驻俄国公使西德二郎向俄国政府发出照会，声称日本难以遵从俄国的劝告，而且将会永久占领辽东半岛。这是一封态度强硬的照会，然而，4月30日俄国向日本发出的复照更是强硬："俄国皇帝认为日本并无足够的理由来推翻俄国的劝告，不能接受日本方面的请求。"❶此外，西德二郎还听说俄国政府正将运输船派往敖德萨，摆出一副随时集结军队的态势。

面对俄国的强硬，日本也害怕与俄国的关系闹僵，所以灵机一动，于5月1日复照俄、德、法三国，提出了一个新的建议：（日本）决定在《马关条约》批准交换之后，同意另外签署补充条约，对原条约的相关内容作如下的修改：（1）除金州厅之外，日本政府放弃对奉天半岛的永久占领权。但经日本国与中国的商议，对其放弃的领土，应商定相当的金额报酬；（2）在中国政府彻底履行媾和条约的义务之前，日本政府具有占领上述的领土的权利，以此作为担保。❷

不得不承认，日本的这种建议是一种另辟蹊径的方法，而且精明至极，首先，日本企图先把条约互换了再说；其次，日本能趁机向清廷讹诈到一笔丰厚的"赎辽报酬"；第三，就算不能顺利换约，日本也能以担保的理由变相地占领着辽东半岛。

可是，俄国根本不买日本的账，于5月3日复照日本：俄国政府对日本的备忘录难以感到满意……俄国坚持认为，日本占有旅顺口对俄国构成了障碍，因而决定，依然坚决维持当初劝告中的主张，且这一决定已经获得俄国皇帝的认定。❸

看到俄国坚定不移的态度后，日本的大臣们汗流浃背。当时，日本企图联合英国、美国和意大利的计划已经泡汤，而日本的重兵基本上驻扎在辽东半岛，精锐的军舰也全部徘徊在澎湖列岛，日本国内防御异常空虚。可以说，如果俄、德、法三国真的动起手来，日本根本就难以招架。

日本的大臣们分析时势后，于5月4日在东京召开了京都会议。会中，大臣们认为此时的局势对日本不利，日本必须向三国妥协，但这种妥协并非真正的妥协，而是一种"两不误"的策略，正如陆奥宗光在会议上所述：

> 如今姑且全盘接受三国劝告的要求，首先在外交上将一个葛藤了断；另一方面，在马关条约的批准交换上则毫不让步，不得有任何的拖延，坚决予以实施。❹

京都会议后，陆奥宗光拟订了一份照会："日本帝国政府基于俄、德、法三国的友好忠告，承诺永久放弃对奉天半岛的领土所有。"❺这封照会得到日本天皇的允肯后，日本驻

❶ ［日］陆奥宗光．蹇蹇录 [M]．徐静波，译．上海：上海人民出版社，2015: 202.
❷ ［日］陆奥宗光．蹇蹇录 [M]．徐静波，译．上海：上海人民出版社，2015: 207.
❸ ［日］陆奥宗光．蹇蹇录 [M]．徐静波，译．上海：上海人民出版社，2015: 207.
❹ ［日］陆奥宗光．蹇蹇录 [M]．徐静波，译．上海：上海人民出版社，2015: 208.
❺ ［日］陆奥宗光．蹇蹇录 [M]．徐静波，译．上海：上海人民出版社，2015: 209.

俄、德、法的公使分别将照会发给三国。5月9日，俄、德、法三国政府分别向日本发出照会，称赞日本的承诺，认为日本放弃占领辽东半岛的行为是有利于世界和平之举。

可惜的是，就在5月9日三国称赞日本时，中日两国已经换约完毕（中日于5月8日互换《马关条约》），生米已经煮成了熟饭！之后，日本忙于征战台湾的各大小战役，三国也因日本的承诺而暂时停止干涉，所以，三国干涉还辽一事暂时告一段落。

直到1895年的年中，日本再次将还辽一事提上日程。7月19日，日本临时代理外务大臣西园寺公望约晤俄、德、法三国的驻日公使，提出了归还辽东半岛的具体操作办法：

（1）日本政府鉴于中国偿付与交还地域价值相当之款额，殊属困难，特将以交还辽东半岛为条件之赔款数目，定为五千万两。

（2）日本政府准备于中国偿清上述赔款（即五千万两的"赎辽款"）及战费赔款第一次应付数目（即《马关条约》里中国分期交付的第一笔赔偿费用五千万两）后，将军队撤至金州，并于中国交清战费赔款第二次应付数目（即五千万两）及交换修订通商行船条约后，即行退出辽东半岛。

（3）日本政府认台湾海峡为公共航路，并不归日本管辖，亦非日本所得独自利用。日本政府宣言，不将台湾及澎湖列岛让与他国。❶

俄、德、法三国接到日本的归还办法后展开了磋商，最终，经过三国的"斡旋"，日本同意将"赎辽"费用降低至三千万两。可是，日本又在另一方面抬高了条件，并非在中国交款后立即撤兵，也非在中国与日本议订通商条约后撤兵，而是在中国交款后三个月内撤兵。

万事俱备，只欠东风。10月14日，清廷任命李鸿章为全权大臣，让李鸿章与日本使节商议归还辽东的事宜。11月8日，李鸿章与日本使臣、外务次官林董签订了中日《辽南条约》六款以及《议定专条》。此后，清廷积极筹集赔款，日军也陆续退离辽东半岛。

三国干涉还辽一事，从1895年4月底持续到年末，辽东半岛最终也重新回到了中国的怀抱。

这个事件的爆发原因在于日本的贪婪，正是因为日本吃下去的肉太多了，影响到他国的既得利益，所以吃到嘴里的肉不得不吐出来一些。日本为何要吐出到嘴的肉？这又印证了"外交往往以武力为后盾"的道理，因为日本真心害怕三国动真格，所以力图稳住三国，被迫妥协。

从俄、德、法三国的角度而言，三国虽结盟为"干涉集团"，但貌合神离、尔虞我诈，这也充分反映了欧美各国恶性竞争的现实。

从清廷的角度而言，三国"挺身而出""拔刀相助"的举动，简直是天上掉馅饼，清廷也为此欣慰不已，对三国感激涕零。清廷收回辽东半岛后，为了酬谢俄、德、法三国，奕䜣专门奏请清廷赏给三国使节"宝星"，以示嘉奖。于是，俄国使节喀西尼、德国使节绅珂、法国使节施阿兰都得到了"第三宝星"的勋章奖励，俄国使节喀西尼的嘉奖尤为优异，"宝星"不但"中嵌珊瑚"，还"环以真珠宝石，华瞻饰观"。❷

---

❶ 王芸生.六十年来中国与日本（第3卷）[M].北京：生活·读书·新知三联书店,2005:70.

❷ 王彦威,王亮.清季外交史料（第5册）[M].长沙：湖南师范大学出版社,2015:22.

可是，三国干涉还辽的事实，并非如清廷认为的那么美好。这个事件的本质，是清廷签了丧权辱国的《马关条约》后，为了赎回辽东半岛，白白地花费了三千万两的冤枉钱。这还不够，清廷向列强乞援，大大助长了列强争夺中国的野心，实乃引狼入室之举，至此以后，列强瓜分中国的狂潮突然掀起，中国的领土被列强瓜分得四分五裂。不幸的是，这个"引狼入室"的问题，光绪帝与慈禧太后没有觉察到，李鸿章、奕䜣等外交重臣也没觉察到，就连张之洞之类的清流党也没觉察到。

所以，三国干涉还辽，受害最深的仍然是中国！

第十六节　甲午之殇

19世纪70年代至80年代，中国经历了边疆危机，中国的东南、西南、西北边疆被列强侵略得满目疮痍，而当时作为东北藩篱的朝鲜，并没有遭到太大的伤害。可惜好景不长，在19世纪90年代中期，朝鲜藩篱乃至中国的辽东、山东等地，遭受了一次巨大灾难，这个灾难，就是中日甲午战争。

揆诸事实，从19世纪70年代开始，日本就加紧了侵略朝鲜的部署，目的是想要与中国争夺"朝鲜之权"，而这种"争朝鲜之权"的行为，也正式成为中日甲午战争爆发的根源。可笑的是，日本侵略朝鲜的理由是"维持中日之间在朝鲜的力量平衡"，这种理由根本就站不住脚，只不过是一种掩饰自己侵略行径的华丽借口。正因日本的出发点就是错的，后面的一系列行为也都是错的，是带有侵略性质和扩张性质的行为。随着事态的发展，日本的侵略气焰越来越张狂，侵略战火也越烧越大，侵略脚步迈大了，自然也就越要极力对真相进行粉饰和歪曲。

中国呢？"宗属思想"根深蒂固，看到藩属国有难，毫不犹豫地想要维护一下大清的威严，于是将援助之手伸入朝鲜半岛。殊不知，日本早有预谋，中国援朝后，就以迅雷不及掩耳之势被拉进了日本侵略朝鲜的战场，并在战场中越陷越深，最终和局不保，不得不对日宣战。在宣战之时，清廷上下仍旧表现得信心满满，可是，在之后的战场上，中国越打越败，越败就越想求和，越想求和就越被别人牵制与要挟，最终，清廷以签订丧权辱国的条约的方式收场。

那么，中国为何会在甲午战争中战败，最终议和乞降？是技不如人？是政治制度腐朽？是将领无能？还是受到"战和策略摇摆不定"的影响？非常不幸，以上原因皆有。

一、技不如人

战争是综合国力的较量，自19世纪60年代开始，中国与日本先后推动了发展图存的救国运动，日本的救国之举是"明治维新"，而中国的救国之举是"洋务运动"。因此，从救国图存的层面而言，甲午战争其实是中、日两国救国图存成果的一次较量。

甲午战争中爆发了多次海战，单从海军质量而言，日本的海军整体实力在甲午战争之前就已经超越了中国的北洋海军，作为洋务运动重大成果的北洋海军，在威海卫海战之中全军覆没，而作为清廷眼中"傲人资本"的北洋海军都被击败了，作为陆军就更是不堪一击了，在战场上连战连败。

威海卫海战中，日本海军中将伊东祐亨曾经递给中国海军提督丁汝昌一份劝降书，虽然这封劝降书中全是歪理，但其中大力宣扬日本明治维新改革成果的段落，又是不争的事实，该段落写道："前三十载，我日本之国事，遭若何之辛酸，厥能免于垂危者……正当此时，我国实以急去旧治，因时制宜，更张新政，以为国可存立之一大要图。"❶ 透过这封劝降书，我们可以看到日本人脸上洋溢着得意的表情，不仅是日本人得意，就连李鸿章在马关议和的谈判桌上也由衷地赞赏日本的改革成果，称中日的这次战争让中国觉醒了。李鸿章的原话是："这次的战争，促使中国从长年的昏睡中惊醒过来了，这实在是日本促进了中国的自我奋发，帮助了中国未来的进步，裨益宏大。"❷ 李鸿章一直惯于在外交辞令上"打太极"，但这句话应该是其肺腑之言。

甲午战争的过程及结果表明，中国的洋务运动确实输给了日本的明治维新。洋务运动虽然推动了国内一些层面的近代化，有一定的进步意义，但基于种种原因，大多数近代化的革新都是"纸糊的房子"，这座房子表面上美轮美奂、光鲜亮丽，一旦遇到狂风暴雨，却又随时倾倒、不堪一击。

二、政治制度腐朽

清朝的国力，从嘉庆年间就开始走下坡路，到了同治、光绪年间，清王朝在政治、经济、军事、官吏等方面的弊端已经积重难返。可以说，在晚清时期，清廷统治下的中国在政治、经济、军事、吏治等方面都已经烂透了。此处单举政治积重之例，一叶知秋。

甲午战争爆发前，慈禧太后为了供自己享乐，竟然挪用海军军费修复颐和园，《十叶野闻》记载：

颐和园之修理，乃移海军经费以足成者，将以为慈禧六旬万寿大壮观瞻，而不意天道之巧，即于是岁出中日战事，败衄频仍。❸

慈禧挪用海军经费的行为，直接导致海军建设经费捉襟见肘。

除了慈禧太后的大肆搜刮之外，学界一直以来都认为北洋海军得不到发展的另一个重要原因是户部尚书翁同龢掣肘北洋经费。持这个观点的学者认为，北洋海军的经费之所以不足，是由户部尚书翁同龢与北洋大臣李鸿章之间的私怨与斗争所致，翁同龢在甲午战争期间坚持不让户部给北洋海军拨款，双方的政斗影响了北洋海军的发展。

针对这个观点，戚其章在其《晚清史治要》一书中，专门写了一篇名为《翁同龢以军费掣肘北洋说辨正》的文章。戚其章认为，"翁以军费掣肘北洋说系来自道听途说，并无确证"，而且翁同龢对于慈禧一伙的大肆搜刮也极不满意，却又无力阻止。戚其章考证后进一步认为："翁同龢是一位公忠体国的大臣，与李鸿章之政见虽时有不同，但并

❶ 王芸生. 六十年来中国与日本（第2卷）[M]. 北京：生活·读书·新知三联书店，2005：172.

❷ [日]陆奥宗光. 蹇蹇录 [M]. 徐静波，译. 上海：上海人民出版社，2015：165.

❸ 许指严. 十叶野闻 [M]. 北京：中华书局，2007：62.

未影响二人的私交和友谊。所传翁利用职权以军费掣肘北洋，乃好事者之捕风捉影，纯属无稽之谈，是不能视为信史的。"❶

事实上，在甲午战争爆发后，翁同龢在户部经费窘迫的情况下，还是咬紧了牙关，艰难地给李鸿章提供了数百万两白银，让李鸿章速购船舰。然而，甲午战争的号角已经吹响，中国的败局已定，就算拨再多的款用于海军建设，都已是杯水车薪。

北洋海军停滞发展的原因很多，而政治制度腐朽糜烂、慈禧太后大兴奢靡之风等政治原因才是北洋海军发展迟滞的重要原因。威海海战后，日军收获累累，光绪帝骤闻清军的败讯，"言及宗社，声泪并发"❷。堂堂一国天子，听闻清军战败后声泪俱下，这是多么的无奈，而光绪帝这种无奈的背后，暴露的恰恰是晚清政治制度的千疮百孔。

三、将领无能

甲午战争中，将领的无能也是导致清军作战失策、越战越败的原因之一。以平壤战役中的清军统帅叶志超为例，临阵脱逃，"一夜狂奔五百里"的举动，让其背上了千古骂名。

近来的学术研究中，大有为叶志超翻案的味道，比如1989年《安徽史学》第三期的《实事求是地评价平壤之役中的叶志超》，又如新编《肥西县志》中的《叶志超传》，均认为平壤战败的根本原因在清廷，不能过分指责叶志超。

清廷当然要对这场战役中清军的战败负根本责任，但是，清军统帅作战失策也是清军战败的重要原因之一，我们不能因为清廷应负主要责任的根本原因，而忽略了其他方面的重要原因。那么，如何客观地评价清军统帅叶志超，我们不妨通过其主持一线军务期间的一些作为而窥探一二。

第一，清廷于1894年7月16日下达主战的谕旨后，李鸿章计划让牙山一带的清军与北路清军会合，但是叶志超唯恐被日军歼击，坚持驻扎在日军后方，不进不退。此时的叶志超就已暴露了胆怯的嘴脸，只不过还没完全露出马脚。之后，清廷的南路军队在丰岛海战中被日军歼灭，对于此事，叶志超或多或少地要负一些责任。

第二，牙山战役后，叶志超虚报战功，清廷也被其蒙骗，对叶志超又是加官，又是赏银，还赞其"战功夙著，坚忍耐劳"❸。

第三，1894年9月3日，日军已经迫近平壤，叶志超电告李鸿章："现平壤（清军）不过万人。陆军劳费万端，必有四万余人，厚集兵力，分布前敌后路，庶可无虞。请筹调添募。"❹ 面对大敌，叶志超不是思索如何精密部署，而是在向清廷请求再派援兵，畏葸畏敌之状，可见一斑。

第四，平壤战役爆发后，叶志超没有正确评估双方实力，而是两股栗栗、全力撤退，"一夜狂奔五百里"，导致清军受到重创，也让日军的战火烧到我国境内。

❶ 戚其章.晚清史治要[M].北京：中华书局，2007：295-300.

❷ 陈义杰.翁同龢日记（第5册）[M].北京：中华书局，2006：2777.

❸ 中国史学会.中国近代史资料丛刊·中日战争（第3册）[M].上海：上海人民出版社，2000：59.

❹ 中国史学会.中国近代史资料丛刊·中日战争（第3册）[M].上海：上海人民出版社，2000：83.

四、战和策略摇摆不定

整个甲午战争之中，清流党一直活跃于政治舞台，而其所主张的"主战论"偏偏又与慈禧太后等主和者的意见相左。

清军经历了平壤、黄海几场硬仗之后，中国的败局已定，清廷逐渐走向了乞和之路。1884 年 12 月 28 日，御史安维峻上了一封奏折，对议和之举大力斥责，还请旨诛杀主和的李鸿章，该奏折曰："中外臣民，无不切齿痛恨，欲食李鸿章之肉。而又谓和议出自皇太后，太监李莲英实左右之。此等市井之谈，臣未敢深信。"❶虽然这位安御史在"和议出自皇太后，太监李莲英实左右之"的言语之前用了"又谓"的闪烁言辞，但明眼人一看就知道这是在拐着弯骂慈禧！清军当时在辽东战场上一败再败，清廷内部又战战和和，清流党的这些言论，不但让清廷的统治者大为苦楚，也深深影响了清廷的决策。

然而，议和之路也极不好走。据野史记载，1871 年日本大藏伊达宗城与柳原前光来华订约，说："贵国已同意我们通商，我们这次来，是要建立一个友好条约。"李鸿章曰："就来两人？是不是太无礼了？"日本使臣曰："李中堂大人，大清国人口众多，大大的；我们日本是大清国的孩子，小小的。我们来这里，是小孩找大人，来的人不应该太多的。"李鸿章大笑："小小的。"同时伸出小拇指对着日本使臣。❷

我们不必考证上述野史笔记的真实性，但这些史料的记载未必空穴来风，因为李鸿章历来傲慢的外交态度是不争的事实。岂料，被清廷称作"岛夷"的日本人，在马关议和时来了一个大翻身，从"小小的"变成"大大的"，身为"中国头等全权大臣"的李鸿章，在马关议和过程中一直被日本人牵着鼻子走，甚至遭尽了日本人的奚落与胁迫，惨不忍睹。

中国的战败，除了上述四个方面的主要原因之外，还夹杂着一个极为复杂的情况：欧美各国自始至终的干预。

欧美各国在战前就开始干预中日之间的矛盾，中国外交重臣李鸿章一直秉持"以夷制夷"的老策略，所以寄予极大的希望于欧美列强，可是，面对日本人挑动战争的决心，各国的调停都显得苍白无力。战争爆发后，各国的态度立即变了，之前对日本的各种严厉劝告都抛到了九霄云外，纷纷中立观望，企图找准时机侵略中国。中国战败签约后，又发生了俄、德、法三国干涉还辽之事，虽然辽东半岛最终在列强的干预下回归中国，但清廷又被日本人讹诈了三千万两，得不偿失。可以说，列强对中日战事的干预，成了中国在甲午战争中无法避免的葛藤、羁绊。

中日的甲午战事，以《马关条约》的签订而告终。如果说 1842 年的《南京条约》等条约是第一批不平等条约，1860 年的《北京条约》等条约是第二批不平等条约，1876 年《烟台条约》是第三批不平等条约，那么，1895 年的《马关条约》及附属条约无疑是第四批不平等条约，这是列强侵华的新阶段。

---

❶ 王芸生.六十年来中国与日本（第 2 卷）[M].北京：生活·读书·新知三联书店，2005：197.

❷ [日]端木赐香.大清第一外交家的傲慢[J]// 袁伟时，马勇，等.从晚清到民国.北京：现代出版社，2017：57.

甲午战争让中国人感觉到了前所未有的屈辱，这是"甲午之殇"，这种殇怆也让当时的中国人有所觉醒。

梁启超曾说："吾国四千年大梦之唤醒，实自甲午战争败割台湾，偿二百兆始！"史学家陈旭麓也曾评论："深重的灾难同时又是一种精神上的强击。"相比这些评论，中国最快、最直接的觉醒是《马关条约》换约后，清廷于 5 月 11 日下的一道朱谕，这道谕旨宣示了中日订立和约的缘由，也道出了批准和约的苦衷，谕旨的最后，清廷立志自强：嗣后我君臣上下惟期坚苦一心，痛除积弊。于练兵筹饷两大端，实力研求，亟筹兴革。毋萌懈志，毋鹜虚名，毋忽远图，毋沿积习，务宜事事核实，力戒具文，以收自强之效，于内外诸臣实有厚望焉！钦此。❶

这道谕旨用了四个"毋"和一个"务"，言语间充满了诉苦的泪水，也充满了觉醒的自励。

那么，清廷这种痛定思痛、立志自强的行为算不算晚呢？晚矣！

一方面，清廷在继续推动洋务运动近代化的同时，❷也开始了戊戌变法等救国图存的运动，可是事与愿违，面对积重难返的清王朝，这些救国之举成效甚微，根本无法让风雨飘摇的清王朝起死回生。

另一方面，中国继续遭受西方列强的践踏，而且愈加悲惨。仅在甲午战争后的五年里，中国就上演了一出又一出的"悲剧"：东北铁路问题的爆发、《中俄密约》的签订、德国踞胶州、俄国租旅大、英国索威海九龙、法国占广州湾、美国提出著名的"门户开放"政策、八国联军侵华……

中国于甲午战争中战败，洋务运动也于 19 世纪末宣告破产，但是，时代的车轮滚滚向前，中国的近代化道路并未停止，在之后的漫长的岁月里，中国继续在戊戌变法、辛亥革命等救国运动中摸索，继续在前进的道路上寻找着种种救国之道。

---

❶ 王芸生 . 六十年来中国与日本（第 2 卷）[M]. 北京：生活·读书·新知三联书店，2005: 335.

❷ 当时，作为洋务运动主要成果之一的北洋海军虽已覆灭，但诸如民用企业、教育等方面的近代化仍在继续，所以清廷在甲午战争后仍在推动洋务运动之中其他方面的近代化。参见本书第六章第十二节"洋务运动，不败又如何"。

参考文献

[1]　许指严 . 十叶野闻 [M]. 北京：中华书局 ,2007.

[2]　赵尔巽 . 清史稿 · 宗室肃顺传（第 9 册）[M] 天津：天津古籍出版社 ,2012.

[3]　萧一山 . 清代通史（第 3 册）[M]. 上海：华东师范大学出版社 ,2006.

[4]　王闿运 . 祺祥故事 [M]// 丛书集成续编（第 25 册）. 上海：上海书店 ,1995.

[5]　赵尔巽 . 清史稿 · 杜翰传、穆荫传、匡源传、焦佑瀛传（第 9 册）[M] 天津：天津古籍出版社 ,2012.

[6]　费行简 . 慈禧传信录 [M]. 台北：广文书局 ,1980.

[7]　阎崇年 . 正说清朝十二帝 [M]. 北京：中华书局 ,2014.

[8]　余炳坤，等 . 西太后 [M]. 北京：紫禁城出版社 ,1985.

[9]　赵尔巽 . 清史稿 · 孝钦显皇后传（第 6 册）[M] 天津：天津古籍出版社 ,2012.

[10]　故宫博物院明清档案部 . 清代档案史料丛编（第 1 辑）[M]. 北京：中华书局 ,1978.

[11]　人民教育出版社历史室 . 中国近代现代史（上册）[M]. 北京：人民教育出版社 ,2006.

[12]　陈潮 . 慈禧策动辛酉政变质疑 [J]. 复旦学报 ,1996（6）:97–99.

[13]　赵尔巽 . 清史稿 · 杜受田传（第 9 册）[M]. 天津：天津古籍出版社 ,2012.

[14]　中华书局编辑部整理 . 筹办夷务始末 · 咸丰朝（第 7 册）[M]. 北京：中华书局 ,1979.

[15]　夏笠 . 第二次鸦片战争史 [M]. 上海：上海书店出版社 ,2007.

[16]　贾熟村 . 祺祥政变 [J]// 余炳坤，等 . 西太后 . 北京：紫禁城出版社 ,1985.

[17]　高阳 . 慈禧前传 [M]. 北京：新星出版社 ,2015.

[18]　郭廷以 . 近代中国史事日志（上册）[M]. 北京：中华书局 ,1987.

[19]　吴相湘 . 晚清宫廷实纪 [M]. 北京：中国大百科全书出版社 ,2016.

[20]　薛福成 . 庸盦笔记 [M]// 薛福成，钮琇，著 . 傅一，陈迹，标点 . 庸盦笔记 · 觚剩 . 重庆：重庆出版社 ,1999.

[21]　佚名 . 热河密札 [M]// 中国社会科学院近代史研究所近代史资料编辑组 . 近代史资料（总第 36 号）. 北京：中华书局 ,1978.

[22]　王开玺 . 慈禧垂帘：祺祥政变始末 [M]. 北京：东方出版社 ,2014.

[23] 李慈铭 . 越缦堂日记（第 3 册，辛集）[M]. 扬州 : 广陵书社 ,2004.

[24] 华文书局股份有限公司 . 清穆宗实录（第 1 册）[M]. 台北 : 华文书局股份有限公司 ,1970.

[25] 王开玺 . 董元醇述论 [J]. 安徽史学 ,2016（1）.

[26] 陈义杰 . 翁同龢日记（第 1 册）[M]. 北京 : 中华书局 ,2006.

[27] 周建波 . 洋务运动与中国早期现代化思想 [M]. 济南 : 山东人民出版社 ,2001.

[28] 徐珂 . 清稗类钞（第 8 册）[M]. 北京 : 中华书局 ,2010.

[29] 恽毓鼎 . 崇陵传信录 [M]. 北京 : 中华书局 ,2007.

[30] 丁贤俊 . 洋务运动史话 [M]. 北京 : 社会科学文献出版社 ,2011.

[31] 徐中约 . 中国近代史 :1600—2000 中国的奋斗 [M]. 计秋枫，等 , 译 . 北京 : 世界图书出版公司北京公司 ,2013.

[32] 冯桂芬 . 校邠庐抗议 [M]. 郑州 : 中州古籍出版社 ,1998.

[33] 齐思和，等 . 筹办夷务始末·道光朝（第 5 册）[M]. 北京 : 中华书局 ,1964.

[34] 陶短房 .1856 纠结的大清、天国与列强 [M]. 北京 : 化学工业出版社 ,2015.

[35] 蒋廷黻 . 中国近代史 [M]. 武汉 : 武汉出版社 ,2012.

[36] 夏东元 . 洋务运动史 [M]. 上海 : 华东师范大学出版社 ,1992.

[37] 李书源，等 . 筹办夷务始末·同治朝（第 8 册）[M]. 北京 : 中华书局 ,2008.

[38] 崔之清 . 太平天国战争全史（第 2 卷）[M]. 南京 : 南京大学出版社 ,2002.

[39] 徐泰来 . 洋务运动新论 [M]. 长沙 : 湖南人民出版社 ,1986.

[40] "中央"研究院近代史研究所 . 海防档·购买船炮（上册一）[M]. 台北 : "中央"研究院近代史研究所 ,2015.

[41] 戚其章 . 晚清史治要 [M]. 北京 : 中华书局 ,2007.

[42] 中国史学会 . 中国近代史资料丛刊·洋务运动（第 1 册）[M]. 上海 : 上海人民出版社 ,1961.

[43] 芮玛丽 . 同治中兴 : 中国保守主义的最后抵抗（1862–1874）[M]. 房德邻，等 , 译 . 北京 : 中国社会科学出版社 ,2002.

[44] 茅家琦 . 太平天国对外关系史 [M]. 北京 : 人民出版社 ,1984.

[45] 太平天国历史博物馆 . 太平天国史料丛编简辑（第 6 册）[M]. 北京 : 中华书局 ,1963.

[46] 崔之清，陈蕴茜 . 太平天国战争全史（第 4 卷）[M]. 南京 : 南京大学出版社 ,2002.

[47] 罗尔纲 . 太平天国史纲 [M]. 长沙 : 岳麓书社 ,2013.

[48] 姜涛 . 中国近代人口史 [M]. 杭州 : 浙江人民出版社 ,1993.

[49] 秦翰才 . 左文襄公在西北 [M]. 长沙 : 岳麓书社 ,1984.

[50] 陈恭禄 . 中国近代史 [M]. 简宁 , 整理 . 北京 : 新世界出版社 ,2017.

[51] 袁腾飞 . 历史是个什么玩意儿（第 2 册）[M]. 上海 : 上海锦绣文章出版社 ,2009.

[52] 容闳 . 西学东渐记 [M]. 徐凤石，等 , 译 . 北京 : 生活·读书·新知三联书店 ,2011.

[53] 赵尔巽 . 清史稿·八旗志（第 5 册）[M]. 天津 : 天津古籍出版社 ,2012.

[54] 赵尔巽 . 清史稿·绿营志（第 5 册）[M]. 天津 : 天津古籍出版社 ,2012.

[55] 王定安 . 湘军记 [M]. 长沙 : 岳麓书社 ,1983.

[56] 顾廷龙 , 戴逸 . 李鸿章全集·信函一（第 29 册）[M]. 合肥 : 安徽教育出版社 ,2008.

[57] 赵尔巽 . 清史稿·制造志（第 5 册）[M]. 天津 : 天津古籍出版社 ,2012.

[58] 梅毅 . 帝国殇咎 : 太平天国真史 [M]. 深圳 : 海天出版社 ,2012.

[59] 徐珂 . 清稗类钞（第 2 册）[M]. 北京 : 中华书局 ,2010.

[60] 赵尔巽 . 清史稿·训练志（第 5 册）[M]. 天津 : 天津古籍出版社 ,2012.

[61] 中国史学会 . 中国近代史资料丛刊·洋务运动（第 3 册）[M]. 上海 : 上海人民出版社 ,1961.

[62] 王铁崖 . 中外旧约章汇编（第 1 册）[M]. 北京 : 生活·读书·新知三联书店 ,1957.

[63] 马士 . 中华帝国对外关系史（第 3 卷)[M]. 张汇文 , 等 , 译 . 上海 : 上海书店出版社 ,2006.

[64] 魏尔特 . 赫德与中国海关 [M]. 陆琢成 , 等 , 译 . 厦门 : 厦门大学出版社 ,1993.

[65] 费正清 , 等 . 剑桥中国晚清史（上卷）[M]. 中国社会科学院历史研究所编译室 , 译 . 北京 : 中国社会科学出版社 ,1985.

[66] 邢超 . 致命的倔强 : 从洋务运动到甲午战争 [M]. 北京 : 中国青年出版社 ,2013.

[67] 王绳祖 . 中英关系史论丛 [M]. 北京 : 人民出版社 ,1981.

[68] 高斯特 . 中国在进步中 [M]// 中国史学会 . 中国近代史资料丛刊·洋务运动（第 8 册）. 上海 : 上海人民出版社 ,1961.

[69] 顾廷龙 , 戴逸 . 李鸿章全集·信函一（第 29 册）[M]. 合肥 : 安徽教育出版社 ,2008.

[70] 乔还田 , 晋平 . 洋务运动史研究叙录 [M]. 天津 : 天津教育出版社 ,1989.

[71] 赵尔巽 . 清史稿·徐寿传（第 12 册）[M]. 天津 : 天津古籍出版社 ,2012.

[72] 赵尔巽 . 清史稿·华蘅芳传（第 12 册）[M]. 天津 : 天津古籍出版社 ,2012.

[73] 中国史学会 . 中国近代史资料丛刊·洋务运动(第 5 册)[M]. 上海 : 上海人民出版社 ,1961.

[74] 林干 . 清代回民起义 [M]. 上海 : 新知识出版社 ,1957.

[75] 左宗棠 . 左宗棠全集·奏稿（第 41 卷）[M]. 上海 : 上海书店 ,1986.

[76] 中国史学会 . 中国近代史资料丛刊·洋务运动(第 2 册)[M]. 上海 : 上海人民出版社 ,1961.

[77] 茅海建 . 近代的尺度 : 两次鸦片战争军事与外交 [M]. 北京 : 生活·读书·新知三联书店 ,2011.

[78] 庄和灏 . 从策略到象征 : 清末法国保教政策的再定位 [J]. 兰台世界 ,2016（19）:120.

[79] 李刚已 . 教务纪略（第 1 卷）[M]. 上海 : 上海书店 ,1986.

[80] 曾国藩 . 曾国藩全集·家书之二（第 21 册）[M]. 长沙 : 岳麓书社 ,2011.

[81] 王学斌 . 天津教案如何毁了曾国藩一生清誉 [EB/OL]. （2016–08–29）[2017–05–22]. https://view.news.qq.com/a/20160829/004735.htm.

[82] 曾国藩 . 曾国藩全集·书信之十（第 31 册）[M]. 长沙 : 岳麓书社 ,2011.

[83] 赵尔巽 . 清史稿·曾国藩传（第 9 册）[M]. 天津 : 天津古籍出版社 ,2012.

[84] 赵尔巽 . 清史稿·殷兆镛传（第 10 册）[M]. 天津 : 天津古籍出版社 ,2012.

[85] 赵尔巽 . 清史稿 · 奕䜣传（第 6 册）[M]. 天津 : 天津古籍出版社 ,2012.

[86] 赵尔巽 . 清史稿 · 丁宝桢传（第 10 册）[M] 天津 : 天津古籍出版社 ,2012.

[87] 黄濬 . 花随人圣庵摭忆（下册）[M]. 北京 : 中华书局 ,2013.

[88] 赵尔巽 . 清史稿 · 穆彰阿传（第 9 册）[M]. 天津 : 天津古籍出版社 ,2012.

[89] 隋丽娟 . 说慈禧 [M]. 北京 : 中华书局 ,2007.

[90] 濮兰德，白克好司 . 慈禧外纪 [M]. 陈冷汰 , 译 . 北京 : 紫禁城出版社 ,2010.

[91] 小横香室主人 . 清朝野史大观（上册）[M]. 上海 : 上海科学技术文献出版社 ,2010.

[92] 中国第一历史档案馆 . 清代档案史料丛编（第 7 辑）[M]. 北京 : 中华书局 ,1981.

[93] 赵尔巽 . 清史稿 · 穆宗本纪（第 2 册）[M] 天津 : 天津古籍出版社 ,2012.

[94] 阎崇年 . 正说清朝十二帝 [M]. 北京 : 中华书局 ,2014.

[95] 赵尔巽 . 清史稿 · 台湾志（第 3 册）[M] 天津 : 天津古籍出版社 ,2012.

[96] 连横 . 台湾通史（上册）[M]. 北京 : 商务印书馆 ,2010.

[97] 顾廷龙，戴逸 . 李鸿章全集 · 奏议四（第 4 册）[M]. 合肥 : 安徽教育出版社 ,2008.

[98] 王芸生 . 六十年来中国与日本（第 1 卷）[M]. 北京 : 生活 · 读书 · 新知三联书店 ,2005.

[99] 台湾银行经济研究室 . 同治甲戌日兵侵台始末 [M]. 南投 : 台湾省文献委员会 ,1997.

[100] 赵国辉 . 近代初期中日台湾事件外交 [M]. 台北 : 海峡学术出版社 ,2008.

[101] 于乃仁 , 于希谦 . 马嘉理事件始末 [M]. 德宏 : 德宏民族出版社 ,1992.

[102] 王彦威，王亮 . 清季外交史料（第 1 册）[M]. 长沙 : 湖南师范大学出版社 ,2015.

[103] 吕蒙 . 滇案与烟台条约再研究 [D]. 贵阳 : 贵州师范大学 ,2007.

[104] 屈春海、谢小华 . 马嘉理案史料（一）[J]. 历史档案 ,2006（1）:28.

[105] 沙俄侵略中国西北边疆史编写组 . 沙俄侵略中国西北边疆史 [M]. 北京 : 人民出版社 ,1979.

[106] 袁大化 , 等 . 新疆图志 [M]. 上海 : 上海古籍出版社 ,1988.

[107] 左宗棠 . 左宗棠全集 · 奏稿（第 6 册）[M]. 刘泱泱 , 注解 . 长沙 : 岳麓书社 ,2009.

[108] 胡绳 . 从鸦片战争到五四运动 [M]. 上海 : 华东师范大学出版社 ,2014:175–176.

[109] 秦翰才 . 左文襄公在西北 [M]. 长沙 : 岳麓书社 ,1984.

[110] 杨书霖 . 左文襄公全集 · 奏稿 [M]. 台北 : 文海出版社 ,1983.

[111] 赵尔巽 . 清史稿 · 刘锦棠传（第 10 册）[M]. 天津 : 天津古籍出版社 ,2012.

[112] 邵友濂文稿 , 镇江市博物馆藏手稿 .

[113] 赵尔巽 . 清史稿 · 刘永福传（第 10 册）[M]. 天津 : 天津古籍出版社 ,2012.

[114] 罗惇曧 . 中法兵事本末 [M]// 中国史学会 . 中国近代史资料丛刊 · 中法战争（第 1 册）. 上海 : 上海人民出版社 ,1957.

[115] 高第 . 一八七四年越法和平同盟条约 [M]// 中国史学会 . 中国近代史资料丛刊 · 中法战争（第 1 册）. 上海 : 上海人民出版社 ,1957.

[116] 牟安世 . 中法战争 [M]. 上海 : 上海人民出版社 ,1961.

[117] 中国史学会 . 中国近代史资料丛刊 · 中法战争（第 1 册）[M]. 上海 : 上海人民出版社 ,1957.

[118] 中国史学会.中国近代史资料丛刊·中法战争(第5册)[M].上海:上海人民出版社,1957.

[119] 中国史学会.中国近代史资料丛刊·中法战争(第4册)[M].上海:上海人民出版社,1957.

[120] 陈悦.中法海战[M].北京:台海出版社,2018.

[121] 罗亚尔.中法海战[M]//中国史学会.中国近代史资料丛刊·中法战争(第3册).上海:上海人民出版社,1957.

[122] 中国史学会.中国近代史资料丛刊·中法战争(第7册)[M].上海:上海人民出版社,1957.

[123] 采樵山人.中法马江战役之回忆[M]//中国史学会.中国近代史资料丛刊·中法战争(第3册).上海:上海人民出版社,1957.

[124] 黎贡德.法军谅山惨败[M]//中国史学会.中国近代史资料丛刊·中法战争(第3册).上海:上海人民出版社,1957.

[125] 赵尔巽.清史稿·冯子材传(第10册)[M]天津:天津古籍出版社,2012.

[126] 中国史学会.中国近代史资料丛刊·中法战争(第6册)[M].上海:上海人民出版社,1957.

[127] 华文书局整理.清德宗实录(第3册)[M].台北:华文书局股份有限公司,1970.

[128] 吕思勉.中国近代史[M].南京:江苏人民出版社,2014.

[129] 徐润.徐愚斋自叙年谱[M]//中国史学会.中国近代史资料丛刊·洋务运动(第8册).上海:上海人民出版社,1961.

[130] 汪熙、陈绛.盛宣怀档案资料·轮船招商局[M].上海:上海人民出版社,2016.

[131] "中央"研究院近代史研究所.海防档·电线(上册一)[M].台北:"中央"研究院近代史研究所,2015.

[132] 曹凯风.轮船招商局:官办民营企业的发端[M].成都:西南财经大学出版社,2002.

[133] 戴逸.洋务历史试论[N].人民日报,1962-9-13(2).

[134] 孙毓棠.中国近代工业史资料(第一辑,下册)[M].北京:中华书局,1962.

[135] 李鸿章.李文忠公全集·朋僚函稿,第16卷,第25-26页.光绪三十一年至三十四年金陵刻本,天津图书馆藏.

[136] 中国史学会.中国近代史资料丛刊·洋务运动(第7册)[M].上海:上海人民出版社,1961.

[137] 赵尔巽.清史稿·水师志(第5册)[M]天津:天津古籍出版社,2012.

[138] 赵尔巽.清史稿·海军志(第5册)[M]天津:天津古籍出版社,2012.

[139] 文庆,等.筹办夷务始末·道光朝(第1册)[M].北京:中华书局,1964.

[140] 中国近代兵器工业档案史料编委会.中国近代兵器工业档案史料(第1册)[M].北京:兵器工业出版社,1993.

[141] 陈红、雪野.北洋海军兴亡史[EB/OL].(2014-07-29)[2017-12-05].http://tv.cntv.cn/video/VSET100200753875/0d986279837e4347bb87d8215d58ad13.

[142] 朱寿朋.光绪朝东华录(第4册)[M].北京:中华书局,1960.

[143] 张侠等.清末海军史料[M].北京:海洋出版社,2001.

[144] 姜鸣.龙旗飘扬的舰队：中国近代海军兴衰史[M].北京：生活·读书·新知三联书店,2014.

[145] 李鹏年.一人庆寿,举国遭殃：略述慈禧六旬庆典[J]//余炳坤,等.西太后.北京：紫禁城出版社,1985:197.

[146] 宓汝成.中国近代铁路史资料（第1册）[M].北京：中华书局,1963.

[147] 顾廷龙,戴逸.李鸿章全集·信函五（第33册）[M].合肥：安徽教育出版社,2008:4-5.

[148] 沈渭滨.道光十九年：从禁烟到战争[M].上海：华东师范大学出版社,2014.

[149] 森时彦.中国近代棉纺织业史研究[M].袁广泉,译.北京：社会科学文献出版社,2010.

[150] 郑观应.盛世危言（下册）[M].北京：朝华出版社,2017.

[151] 顾廷龙,戴逸.李鸿章全集·奏议十（第10册）[M].合肥：安徽教育出版社,2008.

[152] 严中平.中国棉纺织史稿[M].北京：商务印书馆,2011.

[153] 李玉.有名无实的晚清洋务企业股东会[EB/OL].（2013-05-31）[2018-01-16].https://history.news.qq.com/a/20130531/003824.htm.

[154] 曾纪泽.中国先睡后醒论[M].//于宝轩.皇朝蓄艾文编.台北：台湾学生书局,1965.

[155] 陈旭麓.论"中体西用"[J].历史研究,1982（5）:39.

[156] 陆奥宗光.蹇蹇录[M].徐静波,译.上海：上海人民出版社,2015.

[157] 中塚明.日清战争的研究[M].东京：青木书店,1968.

[158] 马勇.还原真实的慈禧与光绪的关系[J].博览群书,2015（2）:58.

[159] 中国史学会.中国近代史资料丛刊·中日战争（第2册）[M].上海：上海人民出版社,2000.

[160] 李鸿章.李文忠公全集·电稿,第15卷,第33页.光绪三十一年至三十四年金陵刻本,天津图书馆藏.

[161] 杉村濬.明治廿七八年在韩苦心录[M].东京：杉村阳太郎,1987.

[162] 宗泽亚.清日战争[M].北京：北京联合出版公司,2014.

[163] 姚锡光.东方兵事纪略[M]//中国史学会.中国近代史资料丛刊·中日战争（第1册）.上海：上海人民出版社,2000.

[164] 日本参谋本部.明治二十七八年日清战史（第2卷）[M].东京：东京印刷,1900.

[165] 栾述善.楚囚逸史[M]//戚其章.中国近代史资料丛刊续编·中日战争（第6册）.北京：中华书局,1996.

[166] 季平子,齐国华.盛宣怀档案资料·甲午中日战争（上册）[M].上海,上海人民出版社,2016.

[167] 万国报馆.甲午：120年前的西方媒体观察[M].北京：生活·读书·新知三联书店,2014.

[168] 吉辰.昂贵的和平：中日马关议和研究[M].北京：生活·读书·新知三联书店,2014:162.

[169] 顾廷龙,戴逸.李鸿章全集·电报六（第26册）[M].合肥：安徽教育出版社,2008:85.

[170] 端木赐香.大清第一外交家的傲慢[J]//袁伟时、马勇等.从晚清到民国.北京：现代出版社,2017:57.